송귀섭의

붕어

대물낚시

송귀섭의 붕어 대물낚시

1판 4쇄 인쇄 2014년 12월 10일
1판 4쇄 발행 2014년 12월 16일

지은이 송귀섭

발행인 김국률
발행처 예조원

출판등록 제301-2010-184호

주소 서울특별시 중구 퇴계로 180-3
전화 (02)2272-7272 팩스 (02)2272-7275

값은 표지에 있습니다.
ISBN 978-89-94129-31-0 (03690)

송귀섭의

붕어 대물낚시

송귀섭 지음

예조원

봄 만물이 생동하는 새봄. 물가에 수선화가 피었고, 수면엔 파릇파릇 수초가 돋았다(고창 광조지).

대물낚시의 4계 四季

낚시의 사계는 참으로 빠르다. 얼음이 녹은 수면 가장자리에 파릇파릇 수초 돋아날 즈음의 산란기 낚시가 엊그제 같은데, 어느새 여름 지나고 갈대꽃 나부낀다 싶으면 수면 가장가리에 살얼음 끼고 눈보라 치는 겨울이다. 풍경이 다른 우리나라의 사계절은 낚시인들에게 베푸는 대자연의 은총이다.

여름 햇살은 따가워도 강가엔 한줄기 바람이 불어 파라솔 자락이 나부낀다(섬진강 곡성 고달 포인트). 진땀 나는 한판 승부가 펼쳐지면 여름의 화신인 양 대물이 모로 드러눕는다(무안 운남수로에서 42cm).

가을 어느새 만자홍엽(萬紫紅葉). 수면도 단풍에 물들고(당진 마산지), 빈 들판 수로엔 갈대꽃 무리가 마지막 계절을 노래한다. 한꺼번에 두 마리 4짜를 수확한 주인공은 그야말로 운수대통!

겨울 은둔의 계절. 세상이 고요에 잠들어도 대물 꾼들은 쉬지 않는다. 수면에 살얼음 끼고, 텐트 움막 위로 흰 눈이 수북이 쌓여도…. 단 한 번의 입질, 오직 그 한 마리를 기다리며! (고흥 계매지)

대물낚시의 5경 五更

대물(大物)과 대도(大盜)는 밤을 좋아한다? 그래서 그럴까, 대물낚시는 밤낚시다. 오후 이른 시각에 낚시터에 도착해 이것저것 준비를 끝내고 나면 어느덧 주위는 낙조에 물든다. 드디어 밤낚시의 서막이 오르고 수면의 찌불은 서서히 광채를 발한다. 들리는 건 풀벌레 울음소리뿐, 적막 속의 전운이 감돈다.

하오 下午 | 주말 오후, 모처럼 나들이한 부부는 한갓진 웅덩이에서 오붓한 시간을 즐기고(위), 간척지 상류에 앉은 대물 꾼은 일몰 시간에 벌써 한 마리 걸었다(해남 고천암호).

초경 初更 · 19시~21시 | 어둠이 내려앉기 시작한 시각, 드디어 밤낚시 5경(五更)이 시작되는 첫 막이 올랐다. 초경의 물가엔 온갖 소리 · 영상 다 사라지고 낚시꾼의 눈빛과 수면 위의 찌불만 남아 초롱초롱 빛난다.

이경 **二更 · 21시~23시** | 점점 눈꺼풀이 무거워지는 시각. 잘까 말까 망설이는데, 오른쪽 찌 하나가 솟아오른다. 하마터면 보물을 놓칠 뻔했지….

삼경 **三更 · 23시~01시** | 어느새 자정. 입질이 끊긴 지도 오래다. 중천의 달빛이 하도 요요해 옛 시조 한 수가 떠오른다 '이화에 월백하고 은한이 삼경인 제…'

사경 **四更 · 01시~03시** | 자정을 훨씬 넘겨 대물(大物)과 대도(大盜)도 잠든 시간. 풀벌레 울음소리마저 잠들어 사위는 적막강산인데, 음력 스무 사흘을 알리는 새벽 달(下弦)이 떴다.

오경 **五更 · 03시~05시** | 일찍 일어나는 새가 먹이를 찾듯, 새벽 일찍 일어난 보람으로 전리품 한 마리가 떠올랐다. 40 하고도 1센티다.

대물낚시의 6미 六味

혀끝으로 느끼는 맛은 5가지다. 신맛·쓴맛·짠맛·매운맛·단맛이 그것이다. 낚시의 6미(六味)는 여기에 한 가지가 더 보태진다. 다름 아닌 '죽을맛'이다. 달고 매운 맛이, 때로는 짜고 쓴 맛이 너무 혹독할 때 신음하듯 터져 나오는 바로 그 맛이다. 낚시의 손맛은 그럴수록 더 짜릿하다.

매운맛 | 뒤에서 응원하는 가족들, 건너편에서 째려보는 동료들… 그러지 않아도 입안이 바짝 바짝 타는데, 바라보는 눈초리들로 인해 더 맵다 매워!

단맛 | 고흥 해창만에서 46cm짜리를 올린 대물 조사. 세상의 어떤 맛이 이처럼 달콤할까!

죽을맛 | 혼신을 다하는 힘겨루기 한판! 이쯤 되면 낚시꾼도 대물도 모두가 '죽을맛'이다(고흥 내대지에서).

쓴맛 | 생애 첫 월척을 올린 동료. 뜰채 조사도 겉으론 함께 웃기는 해도 속으로는 안 그럴 수도 있다. 돌아서 혼자 앉으면 왠지 입맛이 쓰디쓰다.

신맛 | 깜빡~ 깜빡, 쭈~욱! 예신 좋고 본신 좋아 기대를 걸었는데, 막상 올리고 보니 다섯 치짜리. 시큼털털한 느낌이 입가에 맴돈다.

짠맛 | 황금 시즌의 가을 수로를 찾아 몇 번째인가 자리를 옮겨 다니는데도 막무가내 허탕! 한 번만 더 옮겨볼까, 그냥 철수해 버릴까? 해안가 수로 인심 한 번 짜다 짜!

대물낚시의 7락 七樂

낚시의 즐거움이 어찌 일곱 가지뿐이랴. 그저 준비하는 즐거움에 찌만 바라보아도 기쁨이요, 호젓이 물가에 앉아 풍경만 눈에 담아도 가슴 벅찬 희열이다. 큰 씨알 올려 손에 쥐면 더욱 즐겁고, 잔챙이 올려 되돌려 보내면 그 기쁨 역시 한량없다. 우선 사진에 담긴 일곱 가지 즐거움을 나열해 본다.

기대에 부풀어 '찾아가는 즐거움'
이때는 발걸음이 자꾸만 빨라진다. 여럿일수록 더 그렇다.

모든 준비를 끝내고 '기다리는 즐거움'
온갖 근심걱정 사라지고 마음 편하기가 명경지수(明鏡止水)와 같다.

일촉즉발(一觸卽發)! 숨 죽여 '지켜보는 즐거움'
스멀스멀 치솟기 시작한 찌가 몸통 직전까지 오를 때면 머리끝이 쭈뼛 서고 입안에선 단내가 난다. 심하면 손이 부들부들 떨린다.

때로는 '까무러치고' 때로는 '가슴 쓸어내리는 즐거움'

제압과 유도 그리고 들어올려 손아귀에 넣기까지.
세 과정 모두 다리가 후들거리고 손이 떨리기는 마찬가지다.

휴식을 위해 공복을 달래기 위해 '먹고 마시는 즐거움'

한바탕 격전을 끝내고 마시는 커피일수록, 그리고
소주 한 잔일수록 그 맛이 꿀맛이다.

온갖 적들에 둘러싸여 '고생하는 즐거움'

낚시야말로 고생도 낙이다.
모기가 없다면 더 이상
여름밤이 아니다.

모든 것 훌훌 털어내고 '귀가하는 즐거움'

이때의 표정과 발걸음은 저마다 다르다.
남편 조력이 오래된 아내일수록
척 보면 간밤의 저간 사정을
단박에 알아차린다.

붕어를 위하여 낚시를 위하여

붕어낚시를 즐기는 동호인 대부분은 30.3cm(월척)를 꼭 소원한다. 또 월척(越尺)을 올린 동호인들은 더 나아가 4짜 또는 5짜를 올려 자신의 기록을 경신하고자 도전한다.

지금이야 월척을 낚을 수 있는 대물낚시 장비와 기법이 보편화되어 붕어낚시 경력 1년 차만 되어도 월척 조사로 등극하는 경우가 많으나 예전에는 그야말로 월척은 애틋한 꿈이었고, 붕어낚시 10년 차 중에도 월척과 인연을 맺지 못한 사람이 많았다. 그러나 한 사람이 같은 날 한 자리에서 몇 마리의 월척을 올리는 사례가 잦은 오늘에도 월척은 여전히 꾼들의 로망이요, 선망의 대상이다. 낚시 초보자는 물론 조력이 쌓여갈수록 한해가 저물면 '올해도 소원을 이루지 못하고 끝나는구나' 하고 서운해 한다.

왜 월척은 낚는 사람만 계속 낚고 낚지 못한 사람은 계속 못 낚는 것일까. 운(運)이 지배하는 것일까?

필자는 지난 2007년 10월, 우리나라 전통 붕어낚시 입문서로 〈송귀섭의 붕어낚시 첫걸음〉을 펴낸 데 이어 이번 저서를 준비하면서 대물낚시의 이론 정립과 전달에 비중을 크게 두었다. '어쩌다 낚아 올리는 대물 붕어'가 아니라 '목적과 수단이 정확히 활용된 결과'가 될 수 있도록 노력한 것이다.

그렇다면 붕어낚시에서 월척급 이상의 대형급만을 노리는 낚시가 가능

한 것인가? 가능하다면 어떻게 하는 것인가? 그리고 그것이 어떤 이론적 합리성을 가질 수 있을까? 대형급만을 골라 낚아낼 수 있는 기법이 논리적이되 효율적이어야만 '대물낚시'라는 장르가 성립될 수 있기 때문이다.

이에 필자는 대물 붕어에 대한 자연 생태적 접근과 채비의 과학적 논리성에서부터 여러 가지 문제를 풀어나가기로 했다. 어느 분야에선 필자의 지식 한계를 벗어나는 난제도 있었지만 전문서적을 활용하고 나름대로의 실험도 거듭해 보았다. 부족한 부분과 오류가 지적되면 거듭 보완할 각오이지만 나름대로 최선을 다했다고 자위도 한다.

그리고 이 책이 우리나라 붕어낚시에 작으나마 변화를 일으키는 계기가 되었으면 한다. 갈수록 줄어드는 붕어 자원을 생각할 때 많이 잡는 낚시보다는 한 마리를 낚아도 더 즐겁게 더 뜻 깊게 낚는 풍토가 조성돼야 한다는 것이다. 현인의 명귀를 인용, 변형하자면 '취대비취소(取大非取小)' 즉 큰 것만 취하고 작은 것은 취하지 않는 '대물낚시'가 한 가지 대안이 될 수 있다는 점이다. 대물낚시는 분명 붕어낚시 중에서도 독특한 장르이고, 대물낚시에 대한 경험과 이론을 갖춘 사람일수록 대물 확률이 높은 것은 이미 주지의 사실이기 때문이다.

이 책이 나오기까지 함께 다듬고 애써주신 예조원의 김국률 대표께 감사드리고, 오랜 세월 함께 하면서 연구 실험을 하고 자료 사진을 마련해 준 '팬클럽 평산가인'의 김중석, 허형 조우 그리고 작품 사진 제공해 준 낚시춘추 이기선 기자에게 고마움을 표한다. 아울러 1978년 이후 평생 조우인 아내 김인화에게 감사의 마음 전한다.

2011년 입춘지절
평산 송귀섭

Contents

Part 3 전개

Contents

Part 4 전술

Part 5 전략

Part 6 완성

▲ 해빙기의 아침. by 이기선

Part 1

준비

▲ 이 정도면 가히 '대박!'이라 할 만하다. 함평 문암지에서 3인이 낚은 붕어는 거의가 27~33cm급들이다.

대물낚시란?

▪ 대물낚시란 큰 물고기를 낚는 '기법'까지를 포함하는 말이다

대물낚시를 단어 그 대로 해석하면 대물(大物) 즉, 큰 물건을 낚는다는 뜻이다. 낚시에서의 '큰 물건'은 체구가 큰 어종을 지칭하거나 특정 대상어 중에서 대형급을 지칭하는 것이다. 따라서 대물낚시란 체구가 큰 어종을 상대하거나, 목적하는 대상어 중에서 잔챙이는 멀리하고 대형급만 노리는 낚시를 말한다. 어쩌다 대물이 걸려 주기를 막연히 기대하는 낚시가 아닌, 보다 적극적인 자세의 낚시를 의미하는 것이다.

우리가 낚시를 하다 보면 우연히, 그야말로 운 좋게 큰 물고기를 낚을 때가 있다. 그러나 그런 결과의 낚시를 두고 대물낚시라고 말하지 않는다. 진정한 대물낚시는 우선 접근하는 마음 자세에서부터 시작해 채비와 구사하는 기법이 대물을 겨냥하는 낚시여야 한다. 즉, 대물에 대한 시도와 과정이 모두 포함되어야 하는 것이다.

이 같은 대물낚시 가운데 붕어 대물낚시란 월척(30.3cm)급 이상의 대형 붕어를 겨냥하는, 적극적인 공세 의미의 붕어낚시를 말한다. 그리고 이러한 대물낚시는 오늘날 갑작스레 유행하기 시작한 것이 아니다. 이미 선조들로부터 이어온 전통적인 낚시 기법이기도 하다.

멀리는 중국 당나라 때의 선비 한유(韓愈 · 768~824)가 그의 친구 후희(侯喜)에게 보낸 서신에 '새우와 거머리를 다 미끼로 써 보아도 물고기가 의심하여 물지를 않는다'는 내용이 있는데, 이는 오늘날 대물낚시 미끼 사용과 같다. 우리나라 기록으로는 조선 효종 때의 문신 조석윤(趙錫胤 · 1605~1654)이 그의 시조 작품에서 '대어는 원래 잘 안 물리는 게다'라는 표현을 했는데, 이는 오늘날 우리가 말하는 기다림의 대물낚시 심리와 다를 바가 없다.

근대의 기록에도 잘 나타나 있다. 1939년 8월호, 월간 조광(朝光)에 발표한 기자 겸 소설가 계용묵의 「낚시질 독본」에 의하면 '새우나 옥수수 등 대어용 미끼를 사용하면 큰 물고기를 골라서 낚을 수 있다'라는 아주 구체적인 내용이 있다. 이러한 기록으로 보아 선조 때부터 이미 많은 낚시인들이 대물을 염원하였고, 대물을 겨냥한 나름대로의 묘수와 비책이 발전을 거듭해 온 것으로 생각된다.

오랜 세월 맥을 이어온 대물낚시가 오늘날에 이르러 크게 유행하고 기법도 새로이 발전하고 있는 추세는 또 한편으론 매우 바람직한 현상으로 받아들여진다. 낚시의 다양성에서도 그렇지만 많이 잡지 않고 큰 놈만 골라 취한다는 의미에서 자원보호 측면에도 크게 기여하는 낚시 장르이기 때문이다.

01 붕어의 생태

▲ 색깔 좋고 모양 좋은 38cm짜리 우리나라 토종붕어. 옥수수 미끼에 낚였다.

될성부른 나무는 떡잎부터 다르다

■ 2~3년생이면 산란 참여

붕어는 3~6월의 수온이 17~20℃일 때 산란을 한다. 산란 시기는 지역별로 차이가 있으며, 이는 자연환경과 깊은 관계가 있다.

모든 생물체가 그러하듯이 붕어도 다음 세대의 종족보존을 위해 산란한 알이 제대로 부화되고 성장할 수 있는 환경 조건을 맞추게 된다. 따라서 수온이 빨리 오르는 남쪽 지역의 붕어가 북쪽보다 먼저 산란을 하게 되며, 같은 지역이라도 수온상승이 빠른 평지형 저수지 → 수로 → 계곡형 저수지 → 강 순으로 산란이 이루어진다. 심지어 섬 또는 해안가의 일조량이 풍부한 평지형 소류지에선 2월 중순에도 붕어의 산란이 확인되기도 하는데, 이는 일부 개체들의 한정된 산란으로, 집단이 집중적으로 산란을 하는 시기는 역시 적정수온이 되는 3월 이후부터다. 이는 자연의 섭리로서 진달래 · 개나리 등 식물의 개화 시기 북상과도 맞물린다.

산란 시기를 앞둔 붕어는 체력 보강을 위해 아주 활발한 섭이 활동을 전개하는데, 암컷이 수초나 수몰 나무 또는 수중 암석 등에 알을 낳게 되면 수컷이 정자를 뿌려서 수정을 하는, 이른바 '체외수정'을 한다.

봄철, 수초대 부근에서 낚시를 하다 보면 흔히 붕어의 산란 행동을 목격하게 된다. 수초가 흔들리면서 파문이 이는 광경은 곧 붕어 암컷이 몸부림치며 수초에 알을 붙이는 동작이고, 수초 위를 헤집고 다니면서 정신없이 철버덕거리는 것은 수컷이 정자를 뿌리고 다니는 동작이다.

붕어는 2~3년생이면 산란의 능력을 가지며, 초기에는 2만여 개, 7치급이면 4만여 개, 월척급이면 약 15만여 개의 알을 보유하는 것으로 알려진다. 그러나 이렇게 많은 알을 일시에 배출하는 것은 아니다. 집중산란시기에 대부분 배출하지만 포란 상태의 일부를 2차, 3차에 걸쳐 배출하기도 하며, 드물게는 여름 장마철 오름수위 때 산란하기도 한다. 집중산란 후의 붕어를 채집하여 뱃속을 관찰해 보면 거의 모든 붕어에게 알이 남아 있는 것으로 설명이 되는 대목이다.

일단 산란을 치른 붕어는 3~4일간은 휴식을 취하게 되며, 이 휴식 기간이 끝나고 나면 체력 회복을 위한 먹이 활동을 활발히 전개한다. 산란 후 수정이 이루어진 알은 5~7일이면 부화가 되는데, 이때 이미 대물급으로 성장할 붕어는 유전적으로 우성 유전자를 가지고 태어난다. '될성부른 나무는 떡잎부터 다르다'는 속담처럼, 한날 한시에 태어난 붕어일지라도 어떤 녀석은 평균치 이상으로 쑥쑥 자라는가 하면, 어떤 녀석은 성장은 물론 먹이활동마저 부실한 모습을 보인다. 물론 후천적인 환경 요인에 따라 성장 과정이 달라질 수도 있지만 근본적으로는 우성유전자를 보유한 치어가 대물급으로 성장할 가능성이 더 높다. 그래서 대물 붕어가 잘 나오는 낚시터가 따로 있는 것이다. 다만 사람도 형제 중에서 특이하게 큰 사람이 있는 것처럼 붕어도 어느 경우에는 특이하게 큰 붕어로 성장하는 경우가 있어서 의외의 장소에서 5짜 붕어가 나오기도 한다.

■ 빠르면 4~5년 만에 월척급으로 성장

갓 태어난 치어는 배에 붙어 있는 난황(卵黃)에 의존해 영양을 공급받으면서 5~7일간을 성장한다. 그러다가 난황의 영양이 고갈되면 미세 플랑크톤을 취하면서 성장한다. 붕어의 모습을 제대로 갖추는 데는 약 15일 정도

〈붕어의 산란과 부화, 성장 과정〉

① 수초 줄기에 잔득 점착된 붕어 알.

② 고배율 현미경에 관찰된 부화 과정의 발안란(發眼卵). 수온 25℃에서 수정 후 2일이면 이렇듯 눈이 생기기 시작한다.

③ 부화 4~5일 후 6~7mm 크기로 자란 새끼가 수초 줄기에서 떨어져 나왔다.

④ 같은 날 태어난 새끼(仔魚)지만 서로 크기가 다르다.

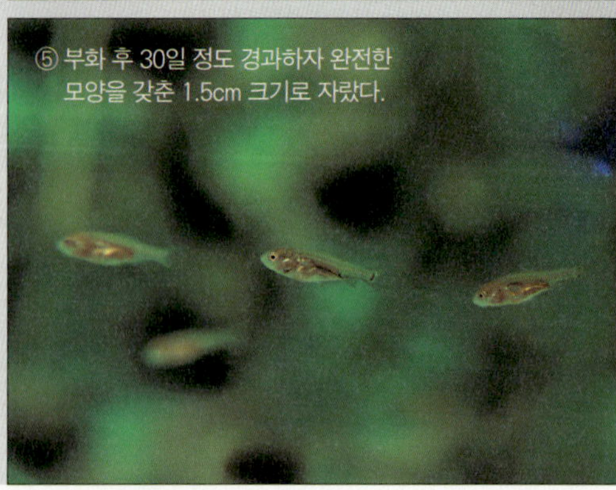

⑤ 부화 후 30일 정도 경과하자 완전한 모양을 갖춘 1.5cm 크기로 자랐다.

⑥ 부화 후 60여 일이 경과하자 3~3.5cm 안팎의 붕돌이와 붕순이로 자랐다.

가 소요되며, 이 시기에 비로소 부위별로 지느러미를 갖추는 등 붕어다운 체형을 갖춘다.

이렇게 붕어의 모습을 갖춘 치어는 초기에는 성장이 빨라서 1년이 지나면 9~15cm(3~4치) 크기로 자라며, 2년 후에는 15~20cm(5~6치), 3년 후에는 20~25cm(7~8치) 크기로 성장한다. 그리고 4년이 지나면 대부분 27cm(9치급) 이상 크기가 되는데, 우성인자를 타고 난 개체는 서식환경이 좋을 경우 4년 만에 월척급으로 성장하기도 한다. 그러나 5년차 이상이 되면 성장 속도가 떨어지게 된다. 이전의 성장 속도가 매년 2~3치(6~9cm)였다면 차츰 1치(2~3cm) 이내로 성장 속도가 더뎌지는 것이다. 다만 우성인자를 보유한 개체는 예외적으로 성장을 지속해 나간다.

이러한 붕어의 성장 곡선은 인간을 비롯한 모든 동물의 세계와도 유사하다. 인간의 수명을 80세로 보았을 때 그 4분의 1인 20세까지는 급성장을 하고, 성인이 된 20세 이후부터는 성장이 더디거나 멈춘다. 수명이 20년으로 알려지는 붕어는 그 4분의 1인 5년차까지는 빠른 성장을 보이지만 성어가 된 이후에는 차츰 성장이 둔화되는 것이다.

그렇다면 대형급 붕어는 어떻게 성장하는 것일까? 두 가지 요인, 즉 유전적 요인과 환경적 요인이 그 해답이다. 거듭 거론되는 얘기지만 붕어가 대형급으로 성장하기 위해선 무엇보다 우성 유전자를 가지고 태어나야 한다. 사람 가운데 같은 20세의 나이임에도 1m 70cm 정도의 평균 키로 자란 사람이 있는가 하면, 무려 2m가 넘는 장신이 있는 것처럼, 5년생 붕어 중에서도 8치급의 평균 체구도 있고 월척을 훨씬 넘어 40cm급으로까지 성장하는 경우도 있는 것이다.

다음으로 대물로 성장하기 위해서는 환경적 요건이 뒷받침되어야 한다. 환경적 요인이라 함은 연중 적서수온 유지와 용존산소량, 유기물의 유입, 풍부한 먹이사슬(플랑크톤 및 먹이사슬 하층의 수서생물) 등을 들 수 있다.

앞서 설명한 바와 같이 유전적 요인과 환경적 요인에 따라 낚시터마다 주로 낚이는 붕어 씨알이 다를 수밖에 없는데, 이는 곧 그곳에 서식하는 붕어의 평균적인 성장을 나타내는 요소가 되는 것이다. 대물급이 배출된 곳에서 또 따른 대물이 배출되는 것 또한 같은 이치로 설명된다.

붕어는 왜, 어디로 돌아다닐까?

■ 붕어의 회유 목적과 방향

회유(回遊)란 물고기가 계절이나 시기에 따라 어떤 정해진 방향으로 이동하는 것을 말하며, 먹이를 취하거나 산란을 위해 이동하는 붕어는 심천(深淺) · 수직(垂直) · 수평(水平) 등 크게 세 가지 방향을 이룬다. 이 지면에서 붕어의 회유 활동을 심도 있게 거론하는 것은 붕어의 회유를 잘 이해해야 포인트 선정은 물론, 낚싯대 편성 및 낚시의 집중력을 안배할 수 있기 때문이다.

• **회유의 목적** – 붕어가 회유하는 목적은 먹이를 찾기 위해 연안으로 접근하는 탐이회유(探餌回游)와 산란을 위해 연안으로 접근하는 산란회유(產卵回游)로 나뉜다. 이 가운데 탐이회유는 연중 지속적으로 하루에도 여러 차례 집단 또는 개별적으로 먹이를 찾아 이동하는 데 비해, 산란회유는 주로 봄철 산란기에 이루어지는 동시다발적인 형태를 띤다.

• **회유의 방향** – 붕어의 회유 과정은 수심이 깊은 곳과 낮은 곳을 오가는 심천회유(深淺回游)와 수심의 상층부와 하층부를 떠올랐다 내려갔다 하는 수

▼산란기에 접어든 붕어 암수가 서로 뒤좇아 다니는 모습.

직회유(垂直回游), 그리고 연안을 따라 그냥 옆으로 이동하는 수평회유(水平回游)로 나뉜다. 이 중에서 심천회유는 낮 동안 깊은 수심대에 머물던 붕어가 밤이 되어 경계심을 풀고 연안으로 접근하는 경우이다. 그리고 겨울철 저수온 때 깊은 수심대에 머물던 붕어가 수온이 회복되어 연안으로 접근하거나, 반대로 하절기의 고수온 때 깊은 수심대에 머물던 붕어가 밤이 되어 수온이 적당히 떨어질 무렵 연안으로 접근하는 회유 형태이다. 특히 대형급 붕어가 한여름 고수온기나 겨울철 저수온기에 물의 대류를 따라서 이런 회유 현상을 보일 경우가 많다.

수직회유는 붕어가 휴식을 취하거나 가벼운 유영을 즐길 때 일제히 바닥으로부터 떠오르거나 가라앉기를 반복하는 회유 형태로, 활동이 활발할 때는 수면 위로 튀어 오르기도 한다. 이에 비해 수평회유는 일단 연안으로 접근한 붕어가 그 자리에 머무르지 않고 자기활동 영역의 얕은 수심대를 따라서 측면으로 일정 구간 이동하는 회유 형태를 말한다.

이상과 같은 붕어의 회유는 주로 수온 변화에 따른 본능적인 대처와 생존에 필요한 먹이사슬의 형성, 그리고 그것을 취하는 식사를 위해서 이루어지는 것이 대부분이다.

■ 붕어의 회유 습성과 대물낚시

• 개별회유와 군집회유 – 사람은 어린 시절에는 가족과 함께하거나 단체활동을 많이 하고, 성인이 되면 스스로의 판단에 의한 독자적인 행동을 많이 하게 된다. 동물의 세계에서도 이러한 현상이 두루 적용된다. 물고기도 이와 같아서 치어급일 때는 서로 무리를 지어 활동하고, 중치급이 되면 일부씩 어울려 단체활동(군집회유)을 하며, 성어가 되면 개별활동을 많이 한다. 그러다가 더욱 대물급이 되면 대부분을 단독행동, 즉 개별회유를 한다. 대물낚시에서 월척급 이상의 씨알을 마릿수로 만나기 어려운 것이 바로 이런 이유 때문이다.

• 골자리 회유와 둔덕 회유 – 일반적으로 붕어가 이동할 때는 골자리를 따라 이동한다. 그러나 골자리를 따라 이동을 하다가도 먹이 활동을 할 때는 둔덕으로 오르는, 이른바 둔덕회유를 한다. 특히 큰 붕어일수록 이러한 현상이 두드러진다. 그 이유는 골자리 바닥보다는 둔덕 쪽에 붕어의 먹이가

되는 수생생물들이 많이 서식하고 있기 때문이다. 따라서 대물낚시 때 채비를 드리울 자리는 수심이 깊은 골자리보다는 상대적으로 수심이 얕은 둔덕 쪽에 찌가 서도록 하는 것이 유리하다. 대개의 경우 이런 곳에 수초가 잘 분포되어 있다.

• **수온에 따른 회유** – 물고기에게 있어 수온은 인간 생활의 대기 온도와 같다. 그나마 사람은 의복을 이용해 어느 정도 춥거나 더운 상황을 극복할 수 있지만 물고기는 벌거벗은 그대로 추위와 더위를 극복해야만 한다. 육상의 털을 가진 짐승은 털갈이를 하여 어느 정도 체온 조절을 한다. 그러나 물고기는 그마저도 할 수가 없다. 단 물고기는 변온동물이라 일정한 적응기간이 지나면 해당 수온에 적응을 하는 것이 그나마 다행이다.

따라서 물고기는 수온 변화에 적응이 될 때까지는 일정 기간 움츠리거나 적정 수온대를 따라 이동할 수밖에 없다. 바다 어종 가운데 계절별 수온 변화에 따라 철새처럼 장거리로 이동하는 회유성 어종의 경우가 그것이다. 그러나 바다 어종의 경우는 난류와 한류 등 계절적인 큰 흐름에 영향을 받지만 붕어의 경우는 아침저녁 등 단기간의 수온 변화에도 민감한 반응을 보인다.

▼붕어는 아침저녁의 수온 변화에 따라 회유 범위가 바뀌고 용존산소량이 부족할 경우는 수면 근처로 몰리기도 한다.

우리가 낚시를 하는 것은 주로 하루 또는 1박 2일이다. 하루 중 오전과 오후, 심지어 1시간 전후의 수온 차이를 고려해야 하며, 1박을 한다면 낮과 밤의 수온 차이 및 어제와 오늘의 수온 차이를 고려해야 한다. 이렇게 짧은 시간인데도 상대적 수온 차이가 발생하게 되면 붕어는 보다 안정된 곳에 안주하며 움직이지를 않다가도 거짓말처럼 활발한 움직임을 보이기도 한다.

필자의 실험에 의하면 겨울에는 1℃ 정도의 수온 하강만 있어도 물색이 맑아지면서 입질이 끊겼고, 여름에는 3℃ 정도의 변화에 붕어의 활동이 달라졌다. 이것은 붕어가 수온에 따라 움츠리거나 적정 수온대를 따라 회유를 하기 때문이다. 늦가을 낚시 때 짧은 낚싯대에 입질이 없어 긴 대로 공략하여 입질을 받는 경우가 있는데, 비록 몇 미터 안팎의 차이일지라도 그곳이 바로 붕어 회유의 경계 범위가 되기 때문이다.

• **물색과 회유** – 물색은 수온과 긴밀한 관계가 있다. 물색이 짙어서 좋다는 것은 그곳이 적정 수온대가 되어 수중 플랑크톤 형성이 잘 되고 있다는 것을 의미한다. 붕어는 일생을 통해 가장 많이 취하는 영양 공급원이 바로 수중 플랑크톤이다. 그러므로 붕어는 플랑크톤이 번성한 곳을 가장 즐겨 찾아든다. 또한 물색이 짙으면 붕어의 경계심이 떨어져 낚시의 유리한 점으로 작용된다. 결국 물색은 붕어의 회유와 불가분의 관계이며, 이는 곧 낚시의 조황과 일맥상통하는 요소가 된다.

• **낮과 밤의 회유** – 낮 시간에 연안으로 접근한 붕어는 주로 수평회유를 한다. 그러나 밤에는 심천회유를 많이 한다. 다시 말해 낮 시간대에 연안으로 접근하는 보통의 붕어들은 연안을 따라 오랜 시간 머물면서 수평회유를 통해 취이 활동을 전개하거나 일반적인 유영을 한다. 그러나 대형급일수록 낮 시간대에는 주로 안정된 수심대나 은신처에서 제한적인 활동을 하다가 밤 시간이 되면 회유를 시작한다. 그리고 적정 조건이 되어 깊은 곳에서 연안으로 나왔다가 제한된 장소에서 취이 활동을 할 뿐, 장시간에 걸쳐 넓은 범위를 더듬는 행동을 하지 않고 이내 안정된 곳으로 되돌아가는, 이른바 '심천회유'를 하는 경우가 많다.

우리가 낮 시간대에 대물 붕어를 만날 수 있는 확률은 은신처를 직접 공략하거나 어쩌다 미끼가 그곳에 떨어지는 등 극히 제한적인 경우에 불과하지만, 동절기의 대형 붕어는 오히려 적정 수온대가 형성되는 낮 시간에 활동을 더 많이 하므로 낮낚시의 확률이 더 높은 것이 사실이다.

• **비바람과 회유** – 하절기에 내리는 비는 붕어의 회유를 촉진시킨다. 그러나 동절기에 수면을 때리는 비는 붕어의 회유를 위축시킨다. 특히 하절기에 50mm 이상의 비가 집중적으로 내려 급속히 수량이 유입되면 그 유입구 방향으로 붕어가 몰려드는 회유 현상을 보인다. 낚시인들은 이것을 '오름수위 특수'라고 표현한다.

바람 또한 수면에 산소 공급을 원활히 하여 붕어의 회유를 촉진시킨다. 이렇게 바람이 불어 물결이 치면 붕어들은 그 물결이 닿는 연안 쪽으로 회유를 하게 되는데, 그곳이 산소량이 풍부하고 많은 먹잇감이 밀려들기 때문이다. 그러나 동풍(샛바람) 계열의 바람이 불면 오히려 붕어의 회유 활동이 위축된다. 샛바람은 수온을 급속히 저하시키기 때문이다.

• **달과 회유** – 밤이라 하더라도 달이 밝은 날에는 붕어의 회유 활동이 극도로 위축된다. 이런 날은 중심부의 안정된 수면 하에 군집하여 떠 있거나, 수중 장애물이나 수초 등에 의지해 움직임을 최소화한다. 이러한 현상은 '달빛의 영향'과 '달 인력의 영향'을 들 수가 있는데, 상세한 것은 후에 〈자연현상과 낚시〉에서 설명하기로 한다.

• **수초에 의존하는 회유** – 붕어가 회유를 할 때는 안정된 경로를 따른다. 그 대표적인 경로가 수초지대로, 수초의 연결선이거나 넓은 수초밭 틈새, 혹은 수초가 듬성듬성한 통로이다. 이러한 통로를 우리는 어로(魚路)라고 부른다.

붕어가 회유를 할 때는 주로 수초의 가장자리 그늘을 따르거나 수초와 수초 사이가 벌어진 어로를 따른다. 이런 곳에서 중간 중간 취이 활동을 하지만 본격적인 취이 활동은 주로 수초 속을 파고들어가 사냥하듯이 한다. 즉 접근은 길을 따라서 편하게 하고 사냥은 밀림 속에서 거행하는 셈이다. 붕어 대물낚시에서 밀생한 수초밭을 공략했을 때 확률이 높은 것은 바로 이 때문이다.

▪ 대물 붕어 특유의 회유 형태

대물 붕어는 사람으로 치면 성인이다. 본능적인 행동에 지혜를 더하여 활동하게 되는 것이다. 당연히 환경 변화에 대한 적응력이 강하고 불필요한 활동을 억제하는 등 지혜로운 생활을 영위한다. 그러므로 대물 붕어는 단체 행동보다는 단독행동을 많이 하고, 노출이 불가피한 주간보다는 야간행동을 많이 하는 등 경계심이 특히 강하다.

대물 붕어는 회유 범위가 크지만 스스로의 영역을 쉽게 벗어나지 않으며, 회유를 할 때도 가급적 안전한 경로를 이용한다. 대물 붕어가 먹이 활동을 목적으로 회유할 때는 새우나 참붕어 · 물벼룩 등의 먹잇감이 주로 서식하는 낮은 수심대를 따라 움직인다. 이때도 수심이 깊은 곳에선 바닥을 훑지 않고 대부분 지나치며, 적절한 수심대에 도달해서야 그 일대에서 먹이 활동을 한다. 그러므로 대물낚시는 야간, 그리고 얕은 수심대로서 어로가 형성된 연안 수초지대일수록 포인트로 손꼽히는 것이다.

Tip

그물쟁이에게 한 수 배운다

낚시인의 입장에서 보면 가장 싫은 것이 그물쟁이이다. 또한 붕어의 입장에서도 가장 두려운 것이 갈 길을 가로막는 그물이다. 그런데 전문 그물쟁이들이 그물을 설치하는 것을 보면 여지없이 대물 붕어의 주요 회유로를 차단하는 형국이다. 그들은 오랜 경험을 통해서 어디에 어떻게 그물을 설치해야 대물 붕어가 잘 걸리는지를 알고 있는 것이다. 즉 대물 붕어의 회유 습성을 완전히 읽고 있는 것이다.

전문 그물쟁이는 그날그날 환경에 따라 그물의 위치나 방향을 바꾼다. 그것이 하필이면 우리가 접근하고자 하는 주요 포인트를 가로막고 있어서 여간 불편한 게 아니다. 그런데 왜 그물을 깊고 넓은 곳에 설치하지 않고, 협소하고 수심도 얕으며 복잡한 곳에 설치했는가를 잘 눈여겨보면 그곳에 사는 대물 붕어의 회유 습성을 파악할 수 있는 실마리가 풀린다.

그물질을 하는데도 고수가 따로 있고 포인트가 따로 있는 것이다. 즉 붕어의 회유 습성을 잘 알고 당일의 환경에 맞게 적절히 그물 위치와 방향을 변환할 줄 아는 그물쟁이가 바로 고수인 셈이다.

붕어는 왜, 어디에 머물까?

■ 붕어는 겁이 많은 물고기이다

담수어 중에서도 붕어는 경계심이 아주 강한 종이다. 수중 먹이사슬에서 중간 계층 이하에 위치하는 붕어는 본능적 감각에 의해 위험지대를 회피해 은신하기를 좋아한다. 아마 수중 생태계를 면밀히 관찰한다면 붕어는 하루 종일 은신 중이라고 해도 과언이 아닐 것이다. 대형급 붕어일수록 은신 본능이 더 강하며 수초지대나 석축의 틈새, 또는 수몰된 나무 등 온갖 장애물에 의지해 스스로를 보호한다.

수초지대에 은신 중인 붕어를 관찰해 보면 몇 가지 특징이 발견된다. 정수수초에 의지한 붕어는 수초 줄기에 몸을 살짝 기대고 있기를 좋아하고, 침수수초대에 은신 중인 붕어는 수초 더미를 파고들어 있기를 좋아한다. 또한 석축을 이용할 때는 석축 틈새를 파고들어 머리를 바깥쪽으로 하여 경계 상태를 유지하며, 수몰된 나무 등 수중 장애물을 이용할 때는 경계 방향의 후면에 자신의 모습을 숨긴다.

은신처의 붕어라 할지라도 그냥 숨어있기만 하는 것이 아니라 항상 극도의 경계 상태를 유지하며, 눈앞에 먹잇감이 보이게 되면 일정 구역 내에서 제한된 먹이 활동을 하기도 한다. 이렇듯 대물 붕어는 은신하기 좋은 영역을 확보한 상태에서 대부분의 시간을 보내게 되므로 당연히 수초나 장애물

▼ 붕어, 특히 대형급 붕어의 은신처는 수초대가 최우선으로 꼽힌다.

이 있는 곳이 낚시 포인트가 되는 것이다.

다시 말해 대물 붕어는 자신의 활동 영역 중에서도 가장 수심이 깊은 곳이나 안전하다고 판단되는 깊은 틈새, 또는 회유로가 보장되는 연안 수초지대를 선호하며, 필요한 시간대에 슬그머니 나와 영역 범위 내에서의 먹이 활동을 한다. 대물낚시 도중 같은 자리에서 입질 붙는 시간대가 몰리는 것도 바로 이런 이유 때문이다. 따라서 대물 붕어가 은신할 만한 곳을 포인트로 정하는 일 못지않게 입질 시간대를 집중 공략하는 순발력이야말로 대물낚시의 승패를 결정짓는 핵심 요소가 된다.

■ 휴식 중인 붕어는 먹이에 관심이 없다

붕어는 대형급이라 할지라도 먹이사슬의 상위에 있는 포식성 어류를 피하기 마련이며, 각종 위험에 노출되지 않는 중앙부의 깊은 수심대에 웅크리거나 수면 가까이 떠올라 무리를 지어 일광욕을 취하듯 휴식을 즐긴다. 또는 수초지대 안쪽을 휴식처로 삼되, 수초 그림자 바닥에 붙어 꼼짝 않고 휴식을 취하기도 한다. 이외에도 깊은 돌 틈이나 수중 장애물 그림자에 몸을 숨기고 휴식을 취한다.

그런데 휴식 중의 붕어는 은신 중인 붕어와 다른 행동을 보인다. 우선 휴식 중인 붕어는 외부 자극에 둔한 편이다. 가수(假睡) 상태로 여겨질 만큼 움직임을 거의 보이지 않는 한편, 은신 중인 붕어와는 달리 먹이 활동도 잘 하지 않는다. 그저 아가미호흡을 통한 미세 플랑크톤이나 미네랄을 취하는 정도로 영양을 보충하는 것이다. 따라서 이런 휴식 상태의 붕어가 아무리 떼로 몰려 있다 한들 입질을 받기란 거의 불가능할 따름이다.

대형급 붕어들이 주로 거리가 먼 중심부에서 무리지어 휴식을 취하는 반면, 잔챙이들은 연안 가까이에서 수면 근처로 떼 지어 올라 휴식을 취하는 광경을 흔히 목격할 수 있다. 만약 낚시터에서 이런 광경이 목격된다면 낚시를 잠깐 쉬고서 붕어가 가라앉은 한두 시간 후에 새롭게 집중하는 요령이 필요하다. 특히 일교차가 큰 초봄이나 늦가을의 낮 시간에 이 같은 현상이 많이 나타나는데, 이런 경우는 붕어가 가라앉은 후 한두 시간이 지나야 바닥에서 먹이 활동을 전개한다. 그러나 무더운 여름에는 휴식이 끝난 후에도 어둠이 깔려 수온이 떨어지기 전까지는 먹이 활동을 게을리 한다.

붕어는 먹잇감 사냥하는 또 다른 낚시꾼

근본적으로 붕어의 주된 영양 섭취는 아가미 호흡을 통해 얻는 수중 미네랄과 플랑크톤이다. 그러나 그것만으로는 부족한 대물 붕어는 수서곤충을 비롯한 수중 생물체를 먹이로 취한다.

촉각 · 후각 · 시각 · 미각 등 모든 감각기관을 동원해 먹잇감으로 판단되면 서서히 접근하되, 대물 붕어는 먹잇감을 눈앞에 두고도 성급하게 단숨에 취하려 들지 않는다. 식물성 미끼의 경우는 최종 관찰과 건드려 보는 동작을 한다. 큰 먹잇감은 주둥이로 툭툭 건드려 보다가 딱딱하면 포기하고 돌아서거나, 먹을 수 있는 상태가 되기를 기다렸다가 흡입하기도 한다. 그러나 작은 먹잇감은 서서히 접근하여 관찰과 함께 일단 쑥 빨아들인 후 입 안의 감각으로 다시 한 번 판단을 한다. 먹을 만한 것으로 판단되면 계속 취하는 동작을 하고, 먹지 못할 것이면 곧바로 뱉어내는 동작을 한다.

지렁이나 새우와 같은 동물성 미끼의 경우는 서서히 근접하여 잠시 관찰을 하다가 한순간에 공격적으로 흡입을 한다. 붕어의 입장에서 보면 사냥을 하는 것이다. 특히 먹이의 대상이 살아 움직이는 생물인 경우는 초원의 포

▼ 붕어가 수중 바닥에 떨어진 떡밥을 취하는 모습. 몸을 비스듬히 세우는 동작을 취한다.

식동물처럼 날쌘 공격(순간 흡입)으로 먹잇감을 제압하는 동작을 보인다.

대물 붕어가 먹잇감에 접근하는 자세는 대략 수평 형태이지만, 정작 먹이를 취할 때는 몸을 45~60도 각도로 세워 짓누르듯 공격하는 자세를 취한다. 이때 잔챙이 붕어는 먹이 경쟁을 하다가 위를 향해 거꾸로 솟구치는 모습을 보이기도 하지만, 대물 붕어는 서서히 떠오르거나 슬그머니 이동하는 모습을 주로 보인다. 낚시를 할 때 이러한 동작이 고스란히 찌에 전달되는데, 그것을 두고 우리는 어신(魚信)이라 표현한다.

▪ 붕어는 잡식성이다

붕어는 어떤 먹이든 취한다. 서식하는 장소와 기상 등 여건에 따라 선호하는 먹이와 선호하지 않는 먹이가 있을 뿐이다. 호수나 강에 서식하는 붕어가 식물성 먹이를 좋아하고, 수로나 소류지에 서식하는 붕어일수록 동물성 먹이를 선호하는 것처럼 특정 낚시터에서 특정 미끼가 효과를 발휘하는가 하면, 계절과 수온 변화에 따라 효과를 발휘하는 미끼가 바뀔 때도 있다.

따라서 특정 낚시터에 잘 먹히는 미끼 정보를 참고하되, 당일 포인트 여건 및 날씨에 따라 현장 붕어의 반응이 얼마든지 바뀔 수 있다는 점을 염두에 두어야 한다. 만약 그렇지 못하면 그날의 낚시는 실패하기 십상이다.

▼ 붕어는 다양한 먹이를 취한다. 새우 · 참붕어 · 납자루(각시붕어)는 물론 우렁이 알과 물벼룩까지.

먹고 도망치고 때로는 쉬며…

■ 접근과 이탈의 발생 요인들

대형 붕어는 일정 영역 내에서 '구역 순찰'과 유사한 회유 활동을 하는 특정이 있다. 그렇다고 낚시 하는 자리에 항상 붕어가 다가와 기다리고 있는 것은 아니다. 일정 영역 내에서도 안정적인 곳에서 휴식 또는 은신을 하다가 때가 되면 먹이 활동을 위해 연안의 낚시 거리로 접근하는 것이다.

붕어가 가장 활발하게 접근하는 공통적인 시간대는 하루 중 아침과 저녁 시간대이다. 하지만 이 또한 일정하지 않고 계절적인 특성과 당일의 기상 조건에 따라 달라진다. 어떤 때는 조건이 맞지 않아 며칠이고 연안 접근을 하지 않아 저조한 조황이 계속되기도 한다.

계절적으로 대물 붕어가 가장 활발하게 접근을 할 때는 봄철 산란기이며, 그 다음은 여름 장마철 물이 불어날 때이고, 그 다음으로 가을철 식물의 씨앗이 영글어 수중으로 유입될 때이다. 이는 곧 붕어들이 겨울 식량난을 대비해 연안으로 접근하는 시기이기도 하다. 이후 겨울철 저수온 상황이 되면 붕어들의 연안 접근이 현저히 줄어든다.

하루 중에 접근이 활발한 시간대는 앞서 언급한 대로 아침과 저녁 시간대가 공통적이긴 하나 여름과 겨울철에는 대류 현상에 따라 접근과 이탈이 영향을 받기도 한다. 그러므로 대물낚시를 할 때는 계절과 기상 여건을 고려해 낚시에 집중해야 할 시간대와 적절히 휴식을 취할 시간대를 잘 안배해야 한다.

아무튼 대물 붕어는 스스로 가장 안전하다고 판단되는 구역으로 접근을 한다. 예를 들면 우리가 낚시를 할 때 앉은 자리와 전혀 동떨어진 곳이거나 심지어 반대편 연안에서 붕어가 튀는 광경이 목격되곤 하는데, 그럼에도 불구하고 입질을 받을 수 있는 것은 동일한 진동과 소음, 불빛이 지속될 경우 붕어가 스스로 경계심을 늦추고 접근을 해주기 때문이다.

만약 낚시를 하는 도중 사소한 행동에도 붕어가 끝까지 경계심을 품고 접근을 하지 않을 경우, 연안뿐만 아니라 보트낚시로 전환한들 붕어 구경하기가 어렵기는 마찬가지다. 그렇지만 물을 휘저어 가며 찌를 세우는 보트낚시에서 대물 붕어가 낚이는 일반적인 경우는 일시 긴장했던 붕어가 시간의 흐름에 따라 긴장을 풀고 먹이 활동을 전개하기 때문이다. 그뿐만이 아니다. 항시 소음과 불빛이 있는 가로등 아래, 소음과 진동이 더 심한 철교 아래나 도로변 포인트의 붕어들은 그 소음과 진동에 이미 적응한 나머지 웬만한 인기척에도 크게 경계심을 보이지 않는다.

일반적으로 붕어가 연안으로 접근할 때는 대부분 작은 놈들이 앞장서서 접근을 하고, 점차 큰 붕어가 뒤에서 접근을 한다. 대물 붕어는 그만큼 지혜로운 것이다.

■ 대물급일수록 '이탈'이 빠르다

수초나 기타 수중 장애물을 끼고 생활하는 대물 붕어의 경우는 거의 붙박이처럼 연안 영역 내에서 생활하기도 한다. 이런 붕어들은 접근과 이탈의 범위가 좁은 편이지만 새로운 자극을 받게 되면 역시 그 자리를 이탈한다. 더욱이 원거리의 안정적인 장소에서 은신하나가 일시 연안으로 접근한 놈들은 아주 사소한 자극에도 일제히 이탈하는 현상을 보인다. 그러므로 낚시를 할 때는 준비에서부터 낚시를 진행하는 과정 내내 가급적이면 붕어에게 자극을 주지 않아야 대물 붕어의 포인트 이탈을 방지할 수 있는 것이다. 특히 대물 붕어는 단독으로 행동하는 경향이 많으므로 한두 마리가 빠져 나가버리면 다시는 돌아오지 않을 수도 있음을 명심해야 한다.

붕어가 이탈을 할 때는 접근할 때와는 반대로 큰 붕어가 먼저 멀리 이탈을 하고, 작은 붕어들은 그 자리에 그대로 남거나 약간의 이동 후 멈춘 자세로 소극적인 활동을 하지만, 추가적인 자극이 가해질 경우는 미련 없이 사라져버린다. 그런데 이런 과정을 전후해 낚시인들이 잠시 착각할 수도 있다. 즉 잔챙이들이 여전히 입질을 하게 되면 아직 붕어가 이탈을 하지 않고 포인트 주변에 머물고 있는 것으로 착각할 수 있는데, 품어야 할 대물은 사라지고 그저 철없는 잔챙이들만 남은 것임을 알아야 한다.

대물낚시는 결국 초기 과정부터 주의를 기울여야 한다. 처음부터 대물 붕어의 이탈을 방지해야 빠른 입질을 기대할 수 있는 것이다. 그렇지 못했을 경우는 이탈한 붕어가 다시 접근을 해 줄때까지 기다려야 한다.

02 장비 및 소품

▲ 대형급 붕어를 겨냥하는 낚싯대는 허리힘이 강한 경질 대가 우선이다.

대물 낚싯대의 조건

낚싯대를 고르는 기준은 크게 두 가지다. 마릿수 조황을 포함한 평범한 낚시의 경우는 연질 또는 중경질 낚싯대를 고르고, 전문 대물낚시를 위해서는 경질 대를 우선한다. 전자는 손맛을 극대화하기 위함이고, 후자는 제압을 극대화하기 위함이다.

▪ 제1조건, 우선 강해야 한다

여기서 '강하다'라는 의미는 낚싯대 허리의 지탱력을 말함이다. 몸집이 큰 대상어를 걸어 힘겨루기를 할 때는 낚싯대 허리가 지탱력을 충분히 발휘해 줘야 상대의 저항을 능히 제압할 수 있는데, 35cm 안팎의 씨알도 낚싯대 허리의 힘만으로 끌어낼 수 있는 정도여야 한다. 또한 대상어가 수초에 걸리거나 빈 바늘이 수초에 걸렸을 경우, 설사 원줄이나 목줄이 끊어질지언정 낚싯대는 손상을 입지 않을 만큼 강해야 한다.

낚싯대 허리힘이 약하다는 것은 생산 과정에서 재료의 강도는 높였으되 완성된 낚싯대의 무게 감소화에 치중한 때문인 경우가 많다. 강한 소재가 잘 휘지 않고 쉽게 부러진다는 것은 진리다. 더구나 강하면서 가늘거나 얇다면 더욱 잘 부러질 수밖에 없다. 그럼에도 시판 중인 대물 전용 낚싯대의 홍보 문구를 보면 하나같이 '소재의 강도를 높이면서 무게도 줄였다'고 자랑한다. 고가의 제품일수록 더욱 그렇다. 그러니 실제 사용을 해보면 잘 부러지는 경우가 많다. 이것은 일부 기술력이 모자란 메이커의 상술과 가벼운 제품만을 선호하는 소비자의 잘못된 선택 때문이기도 하다. 진정한 대물낚싯대라면 허리힘, 즉 지탱력이 유지되어야 하는 것이다. 그렇지 못하다면 어느 정도 무게감이 있더라도 쉽게 부러지지 않아야 한다.

그렇다면 무거워야 좋다는 뜻인가? 그렇게 생각하는 것은 너무 흑백논리적인 사고다. 가벼우면서도 지탱력이 강하고 파손되지 않는 낚싯대를 연구개발하여 생산할 수만 있다면 그것이 상책일 것이다. 그러나 아직까지 기술적인 한계 때문인지 현재 시판 중인 '가벼운' 낚싯대들의 경우 실전에서 사용해 보면 너무 쉽게 손상되는 사례가 많다. 따라서 제대로 제작된 낚싯대라면 차라리 조금은 무겁더라도 마음 놓고 사용할 수 있는 제품이 유리하다는 소감을 피력하게 되는 것이다.

사실 대물낚시를 하면서 하룻밤에 몇 번이나 대를 들었다 놓았다 할까? 초저녁에 케미 끼우고 한 번, 밤중에 미끼 교환할 때 한 번, 새벽에 미끼 교환하면서 한 번 …. 그리고 그 중간 중간, 입질이 있을 때 어쩌다 낚싯대를 드는 정도다. 그러니 대물낚시에서 낚싯대가 다소 무겁다고 해서 크게 문제될 게 없는 것이다. 그래도 무겁다고 생각되면 4칸 이상의 긴 대는 두 손을 사용해 캐스팅하면 되고….

대물낚시는 찌 한 번 세워놓고 밤을 꼬박 지새우기가 예사다. 그러니 낚싯대는 가벼운 쪽을 택하느니 밀생한 수초지대를 극복해내고 대어와의 한판 승부에 끄떡없는 '튼튼함'을 우선하는 것이 좋다. 특히 대물낚시에 입문하고자 처음으로 대물 전용 낚싯대를 구입할 경우는 무게감이 있고 튼튼하되 가격 부담이 덜한 실용성도 고려해야 한다.

■ 길이를 다양하게 구비해야 한다

떡밥 콩알낚시를 할 때는 한두 대로 집어(集魚)를 하는 동안 끊임없이 대를 들었다 놓았다 반복하며 낚시를 한다. 그러므로 4.0칸 이상의 긴 대는 용도가 거의 없다. 그러나 대물낚시는 연안 발밑 거리로부터 먼 중심부까지 다양한 길이의 낚싯대를 펼쳐 집어보다는 붕어의 은신처나 회유로 등 다양한 거리의 포인트를 겨냥한다. 그리고 한 뼘 공간의 수초 사이에 정확히 찌를 세워야 할 경우도 많이 발생한다.

그러므로 대물낚시에는 1.0칸에서부터 5.0칸 이상에 이르기까지 다양한 길이의 낚싯대가 필요할 뿐만 아니라 그 길이의 구성도 기존의 0.5칸(90cm) 간격이 아닌 0.2칸(36cm) 정도의 다양한 간격으로 구비하는 것이 좋다.

■ 휨새의 중심이 초릿대 쪽에 있어야 한다

떡밥낚시에서는 낚싯대 휨새의 중심이 허리에 있어야 손맛이 극대화 된다. 이것을 우리는 '허리가 낭창거린다'고 표현한다. 그러나 대물낚시의 경우는 휨새의 중심이 허리 쪽에 있게 되면 필요한 수초 공간에 정확히 찌를 세우기가 어렵고, 큰 대상어를 걸어낼 때도 기대하는 만큼의 제압과 유도가 잘 안 된다. 따라서 대물 전용 낚싯대는 휨새가 초릿대 쪽에서 있어야 하고, 허리는 지탱력이 강해야 한다. 이것을 우리는 '허리힘이 강하다'고 표현한다.

낚싯대의 휨새

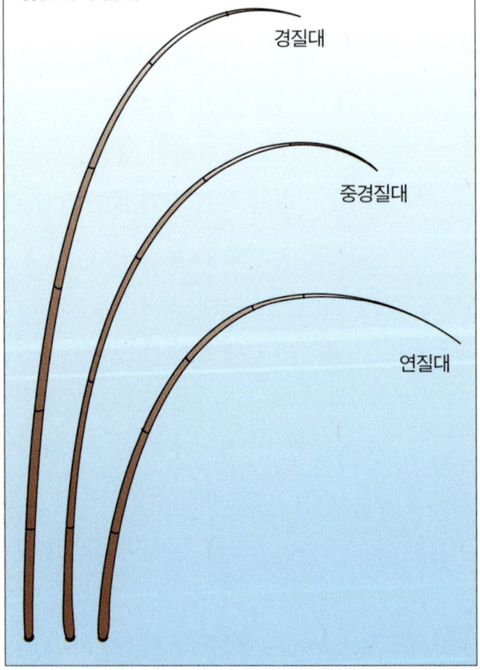

■ 낚싯대는 몇 대나 필요할까?

붕어 대물낚시를 위해 필요한 낚싯대 숫자는 한 마디로 '많아야 한다'라고 표현할 수 있다. 낚시를 할 때 대략 6~8대를 편성하게 되므로 갖춰두어야 할 낚싯대 숫자는 그 곱절 정도 되어야 하는 것이다. 포인트 여건에 따라 짧은 대 위주로 편성하거나 긴 대 위주로 편성해야 될 경우가 있으므로 길이가 서로 같거나 비슷한 길이의 낚싯대가 최소한 2개씩 짝을 이뤄야 하기 때문이다.

▼ 붕어 대물낚시에 필요한 낚싯대 숫자는 그야말로 다다익선. 실제로 펼치는 숫자는 6~8대가 평균이다.

따라서 만약 8대를 펼치고 낚시를 하고 싶다면 16~20대의 낚싯대가 구비돼 있어야만 출조 때마다 처하는 다양한 낚시 여건에 대응할 수 있을 것이다.

대물낚시에 필요한 부속 장비

붕어 대물낚시에서 가장 중요한 낚싯대를 제대로 갖추고 나면 장비 마련의 절반이 마무리된 셈이다. 그러나 나머지 부속 장비라 할지라도 대물낚시의 특성을 고려해야 한다. 게다가 일반 낚시와는 달리 대물낚시에만 꼭 필요한 품목이 있는가 하면 아쉬운 대로 겸용이 가능한 품목도 있다.

• **앞받침대** – 대물 전용 낚싯대처럼 경질로 제작된 것이 좋다. 지탱력이 있어야 하기 때문이다. 앞받침대의 숫자는 낚싯대 숫자와 동일하게 구비하면 좋지만 사정이 여의치 않을 경우 최소한 2절짜리 2개, 3절짜리 4개, 4절짜리 4개, 5절 이상 2개 정도는 구비되어야 한다.

• **뒷꽂이** – 뒷꽂이는 높이 조절이 가능한 제품으로 10개 정도 준비하면 된다.

▼ 대물낚시에 사용되는 받침틀은 우선 튼튼해야 하고, 한꺼번에 낚싯대 10여 대를 펼칠 수 있는 것일수록 좋다.

• **받침틀** – 대물낚시를 위한 부속 장비 중에서도 큰 비중을 차지하는 것이 받침틀이다. 석축이나 시멘트 등 일반 받침대를 꽂기가 곤란한 지형에 꼭 필요할 뿐만 아니라 견고성도 수반되어야 한다. 낚싯대 10대 정도를 차릴 수 있는 10단 정도의 받침틀이 대물낚시용으로 적합하다.

• **낚시가방** – 대물낚시는 많은 낚싯대와 많은 도구를 휴대하게 된다. 따라서 4단 이상의 큰 가방이 필요하다. 만약 보조가방 없이 낚시가방 하나에 모든 도구를 넣어 다니려면 5단짜리를 구비하는 것이 좋다.

• **의자** – 대물낚시는 장시간 의자에 앉아서 움직임 없이 기다려야 하는 낚시다. 따라서 의자는 견고하면서도 가장 안락한 자세를 취할 수 있는 제품이어야 한다. 이를 위해선 좌우, 상하 조절 기능이 있는 제품이 우선이다. 이러한 의자에 등받이와 머리받침 등을 추가적으로 설치하여 편의성을 보강하면 훨씬 편안한 낚시를 즐길 수 있다.

• **텐트** – 낚시 전용 텐트를 준비하되 쉽게 펼치고 접을 수 있는 제품을 마련하는 것이 좋다. 또한 텐트 커버는 물론 텐드 비닥깔개도 같이 마련하는 것이 좋다.

• **파라솔** – 45인치 이상의 대형 파라솔을 준비하는 것이 좋다. 하지만 파라솔이 크면 바람의 영향을 많이 받는 폐단이 따른다. 따라서 대형 파라솔을 고르되 파라솔 위로 바람이 빠져나가도록 설계된 제품을 고르도록 한다. 또한 딱딱한 땅에 설치가 쉽도록 별도의 나사식 파라솔꽂이를 마련해두는 것이 좋다.

▼ 파라솔도 필수 도구이지만 여름철에는 모기장 또한 빠뜨려선 안 될 준비물이다.

• **도구가방(자크망)** – 도구가방은 낚시터 현장에서 상황 따라 필요한 각종 소품을 넣어 다니기에 적합한 것을 선택한다.

• **수초낫** – 수초를 정리하는데 필요한 도구다. 사용 빈도수가 많은 건 아니지만 꼭 필요할 때가 있으므로 결코 걸치레 품목으로 생각해선 안 된다. 대물낚시용 수초낫은 10m 이상의 긴 것이어야 다양한 여건에서 제대로 활용할 수 있다.

있을수록 좋은 살림밑천들

붕어 대물낚시에 필요한 소품은 일반 붕어낚시와 별다를 게 없다. 그러나 붕어 대물낚시는 낚시터 현장에서 생미끼를 직접 채집하는 경우가 많고 밤낚시 및 여러 가지 악조건에서 낚시를 하는 경우가 많아 소품 종류가 늘어날 수밖에 없다. 생미끼 사용을 위한 채집망과 보관통, 각종 조명기구와 취사도구, 방한대책 용품들이 바로 그 사례이다. 그러나 이들 복잡다양한 소품들을 한꺼번에 구입할 필요는 없고, 한꺼번에 다 휴대할 필요도 없다. 계절별로 필요한 용품이 있고, 필요 없는 용품도 있기 때문이다.

• **(새우)채집망** – 미끼로 사용할 새우나 참붕어 등을 직접 조달하기 위해 꼭 필요한 도구이다. 채집망은 휴대하기 편리한 정도의 크기로 한 개만 있어도 충분하다.

• **(새우)보관통** – 현장에서 채집한 새우나 참붕어 등 생미끼를 비닐봉지 등에 보관하게 되면 죽거나 활동성이 저하된다. 장시간 신선한 상태를 유지하기 위해서는 새우보관통이 꼭 필요하다.

• **아이스박스** – 음식 등을 얼음과 함께 넣어 안전하게 보관하고, 철수 시에는 물고기를 신선하게 담아 올 수 있는 용기로 사용한다. 너무 크거나 작지도 않은, 24*l* 정도가 개인이 사용하기에 알맞다.

• **버너** – 가방이나 도구함에 넣어 다니기 편리한 정도의 소형 가스버너를 구비한다. 안전성이 있어야 하며, 바람막이도 같이 구입하는 것이 좋다.

• **코펠** – 비록 혼자 다니더라도 다양한 그릇이 구비된 5~6인용 정도를 준비하는 것이 좋다. 만약 소형 주전자가 포함되어 있지 않다면 별도로 준비를 해야 한다. 휴대용 컵도 함께 준비하면 낚시터 쓰레기를 줄일 수 있다.

• **손전등** – 큰 랜턴 종류로 준비하고, 모자에 부착하는 전등도 별도로 구비하는 것이 좋다.

• **우의** – 낚시뿐만 아니라 모든 야외 활동의 필수 품목이다. 아무리 방수가 보장되는 낚시복을 갖추었더라도 우의는 별도로 꼭 준비해야 한다.

• **난로** – 휴대가 간편하고 안전성이 보장되는 개인용 난로를 마련한다. 동절기 밤낚시 때는 필수 품목이다.

• **방한복** – 동절기뿐만 아니라 초봄이나 늦가을 밤낚시 때도 필히 방한복을 챙겨야 한다. 방한복을 마련할 때 방한용 담요도 마련해 두는 것이 좋다.

• **장화** – 장화는 항상 휴대품에 포함되어 있어야 한다. 비가 오는 날은 물론이고 비가 오지 않더라도 장화가 필요한 포인트를 만날 때가 많기 때문이다. 특히 이슬에 젖은 풀밭을 헤치고 돌아다닐 때 장화를 착용하면 풀독에 의한 피부질환을 예방할 수 있다.

• **장갑** – 낚시 전용 장갑을 마련하여 손을 보호한다. 장갑은 엄지와 검지를 자유롭게 사용하도록 제작된 것이 유용하다. 또한 면장갑 한 켤레도 도구가방에 넣어두면 수초 제거 등, 여러 가지 작업 시 편리하게 사용된다.

• **니퍼** – 낚시용 소형 니퍼를 준비한다.

• **바늘뽑기** – 민물낚시라 할지라도 생미끼를 주로 사용하는 대물낚시에서는 바늘뽑기가 필요하다. 붕어의 목 깊숙이 바늘이 박혔을 때는 상처가 적게 나도록 처리해야 하기 때문이다.

• **소도구함** – 낚시가방 옆주머니나 별도의 도구가방에 넣어 다니기 편할 정도의 크기를 준비하여 원줄 · 목줄 · 바늘 · 줄감개 · 구급약 등을 넣는 용도로 사용한다.

• **바늘쌈지** – 소도구함에 넣어 다니는 예비용 바늘 외에 용도별로 묶은 바늘을 별도의 바늘쌈지에 보관하면 적시적소에 사용할 수 있어 편리하다.

• **찌통** – 낚시가방에 넣어 다니기 편할 정도의 규격품을 구입해 유사시에 즉각 사용할 수 있도록 봉돌 맞춤이 된 예비 찌를 보관해 두면 편리하게 낚시를 즐길 수 있다.

• **뒷고리** – 뒷고리는 낚싯대마다 부착돼 있어야 하고, 낚싯대 뒷마개에 부착돼 있는 것과는 별개로 2~4개 정도를 예비로 휴대해야 한다.

• **고무줄끈** – 유사시에 사용할 수 있도록 길이 2m 정도의 고무줄끈을 도구가방에 넣어 다닌다. 예전에는 큰 잉어나 향어를 낚았을 때 넥타이용으로 활용했으나 뜻밖의 사고를 당했을 때 응급처치용으로 꼭 필요하다. 간혹 높은 자리에서 물을 떠 올려야 할 경우, 페트병 등에 연결하는 물통끈으로 사용되기도 한다.

03 대물낚시 채비

▲ 대물낚시 채비는 겨냥하는 붕어의 크기도 생각해야 하지만, 뒤엉켜 나오는 수초 덤불도 이겨내야 한다.

대물 채비, 오해와 편견을 버리자

월척급 이상을 목표로 하는 대물낚시를 오래 하다 보면 출조 횟수에 비해 월척을 만나는 확률이 야구선수의 타율과 비슷하다는 생각을 갖게 된다. 계절과 날씨, 낚시터, 붕어의 활성도 등 제반 여건이 좋을 때는 야구선수의 연속안타 행진과 같이 호황을 이어나가지만, 경력이 오래 된 낚시인이라 할지라도 대부분 출조 횟수 대비 타율 3할을 넘기기 어렵다. 보다 적극적이고 능동적인 낚시를 하지 않고 마릿수낚시 때와 같이 깔끔한 포인트에서 깔끔한 채비만을 고집하게 되면 타율은 더욱 저하될 수밖에 없다.

대물낚시에서 '적극적이고 능동적'이라 함은 남들이 접근하기 어려워하는 장소와 포인트를 두려워하지 않고 공략하는 자세를 말한다. 밀생한 수초를 두려워하지 않고 적절한 채비를 이용해 이를 극복해 나가는 과정이 수반되어야 하는 것이다.

▪ 대물 채비는 무식한 채비일까?

혹자는 대물낚시 채비를 보고 '무식한 채비'라고 말한다. 그러나 그렇게 말하는 사람은 미안하지만 대물낚시를 제대로 해보지 않은 사람이니 신경 쓸 일이 아니다.

밀생한 수초대를 겨냥해 대물낚시를 시도하면서 2호 원줄에 아주 가느다란 찌톱과 5호 바늘 채비를 구사한다면, 설사 월척급 이상을 걸었다 해도 수초를 극복하는 동안 틀림없이 원줄이 끊어지거나 찌톱이 부러지는 등의 사고가 발생할 것이다. 그럼에도 불구하고 채비의 예민성에 집착하는 사람들이 많다. 관통찌를 비롯한 고부력의 튼튼한 찌 채비는 예민성이 떨어질 것으로 우려하는 것이다. 그러나 대형급 붕어는 고부력 관통찌에도 중후한 어신을 보여준다. 간혹 찌에 별다른 반응이 전달되지 않는 입질을 보고 붕어가 예민한 것으로 판단한 나머지 채비 전환을 시도하는 경우가 있는데 이 역시 오해에 불과하다. 새우나 참붕어 등 대물을 겨냥한 미끼에 잔챙이 붕어나 잡어가 덤벼 한입에 삼키지 못하고 깔짝대는 상황으로 이해해야 하는 것이다.

만약 대형급인데도 찌를 제대로 올리지 않는다면 당일 낚시 조건을 헤아려 그 상황에 대처하는 전략이 필요하다. 즉, 찌 끝의 변화를 살펴 그날의 붕어 행동 변화에 맞는 챔질 타이밍을 포착하는 등 나름대로의 노력이 필요한 것이다. 이런 날에는 아무리 민감한 채비로 교체해도 붕어의 행동이 변하지 않는 한 찌놀림도 크게 변화지 않는 법이다.

아무튼 대물낚시의 타율을 올리기 위해선 튼튼한 채비로 수초를 두려워 말고 적극 공략할 수 있어야 한다. 수초를 두려워하거나 회피하고서는 천하 없는 사람도 그 타율이 올라가지 않는다. 거듭 강조하건데, 무식하게 튼튼한 채비나 작은 수초구멍을 공략하는 직공 채비에 대해 왈가왈부하는 것은 대물낚시에서만큼은 어울리지 않는다.

원줄의 선택과 원줄 채비

대물낚시에 사용하는 원줄은 플로로카본(Flourocarbon)을 주로 사용한다. 카본 원줄은 물에 가라앉아서 안정적인 채비 정렬이 되며, 경직성이 있어 수초나 장애물 혹은 찌 등에 감김 현상이 적고, 챔질의 충격이 즉각 바늘에 전달되어 입걸림을 용이하게 해 주기 때문이다.

■ '원줄 굵기'의 타당성

원줄은 물고기와 힘겨루기를 하는 데 있어 낚싯대의 탄성과 함께 살바 역할과 완충 역할을 한다. 그러면서 낚시의 '손맛'을 전해준다. 원줄이 너무 굵고 투박하면 손에 전해지는 맛이 줄어들고, 원줄이 너무 가늘고 연하면 힘겨루기에서 끊어지는 나머지 허무하게 물고기를 놓치게 된다.

필자가 대물낚시를 앞장서서 보급하던 1990년대 말경에는 필자의 4호

▼ 대물낚시에 사용되는 낚싯줄은 아무리 굵어도 6호 이상은 곤란하다. 낚싯대를 상하게 할 수도 있고 채비 투척에도 지장을 초래하기 때문이다.

원줄을 보고 고래 사냥하느냐고 비웃는 사람들이 많았다. 그러다 2000년대 들어 대물낚시가 붐을 이루면서 4~5호 원줄 사용자가 늘기 시작하더니 지금은 5호 원줄마저 보편화 되었다. 물론 지금도 3호 이하 사용을 주장하는 사람들이 있다.

그렇다면 대물낚시에 있어 원줄 굵기는 어느 정도가 타당할까? 그것은 본인이 어떤 상황에서 어떤 낚시를 구사할 것인가가 우선 고려되어야 한다. 만약 수초가 없거나 일부 연약한 수초가 있더라도 넓은 공간에서 낚시를 할 경우는 3호 이하로도 충분하다. 그러나 밀생한 수초지대나 장애물이 있는 곳에서 낚시를 할 경우는 4~5호 정도가 타당하다. 게다가 장비의 조화도 고려해야 한다. 강한 챔질의 힘이 실려 전달되는 경질대에 적합한 원줄의 굵기는 아무래도 4호 이상은 되어야 순간적으로 줄끊김을 방지할 수 있는 것이다.

가장 고려해야 할 대상은 큰 물고기이다. 그래서 그 대상, 즉 대물에 맞는 강한 채비를 하는 것이 타당하다. 그러나 아무리 튼튼한 줄을 사용한다 해도 6호 이상은 곤란하다. 6호 이상이 되면 찌와 봉돌 등의 채비 저항이 실려 채비 투척 자체에 지장을 초래할 뿐만 아니라 찌놀음에도 지장을 주기 때문이다.

■ '원줄 길이'는 낚싯대보다 짧게

대물낚시에서 원줄의 길이는 낚싯대보다 짧게 하는 것이 좋다. 우선 앞치기를 하기 쉬워야 하고, 다음으로는 대물을 걸었을 때 강제로 제압하기 쉬워야 하기 때문이다. 그렇다면 낚싯대보다 얼마나 짧게 해야 할까? 대개의 경우 3.0칸(5.4m) 이하의 낚싯대에는 한 뼘 정도 짧게 하고, 그 이상 길이의 낚싯대에는 1칸(1.8m) 증가마다 한 뼘씩 더 짧게 사용하면 된다. 즉 4칸 낚싯대에는 두 뼘 짧게, 5칸은 세 뼘정도 짧게 하는 것이다.

그러나 원줄을 낚싯대보다 얼마나 짧게 할 것인지는 자신이 사용하는 낚싯대의 휨새도 고려해야 한다. 가장 이상적인 길이는 자신이 즐겨 사용하는 채비를 달아 낚싯대를 똑바로 세웠을 때 초릿대 끝이 약간 휘면서 봉돌이 낚싯대 손잡이 끝보다 한 뼘 위에 위치하면 되는 것이다. 결과적으로 앞서 설명한 뼘 단위 길이 맞춤보다 약간 더 짧은 원줄 채비가 되는 셈이다.

채비 만들기 (1)

① 초리끈에 원줄 달기

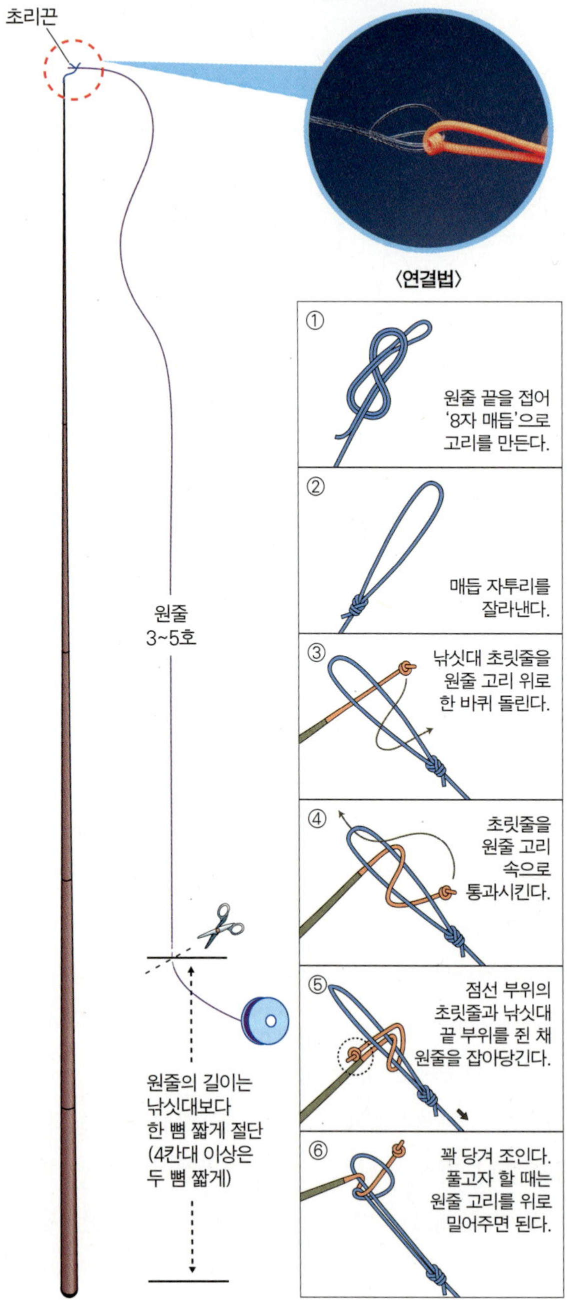

② 찌고무 달기

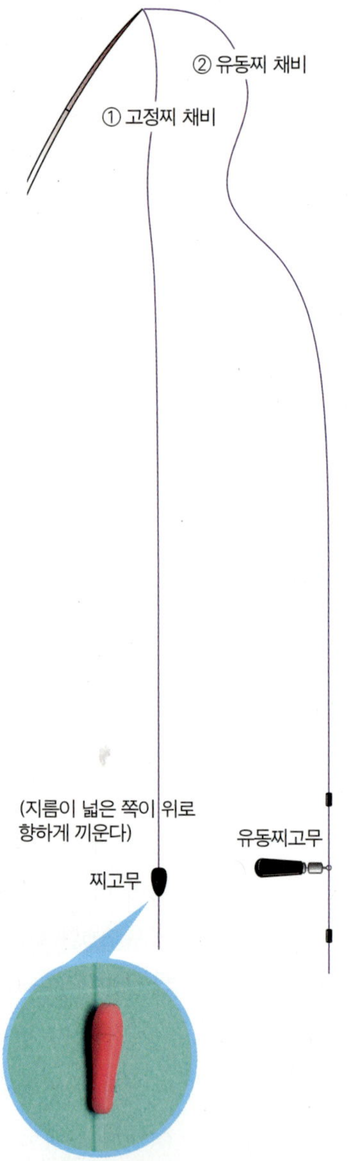

원줄에 다는 찌고무의 선택은
고정찌 채비를 할 것이냐, 유동찌 채비를
할 것이냐에 따라 달라진다

채비 만들기 (2)

③ 원줄고리 만들기(8자묶음)

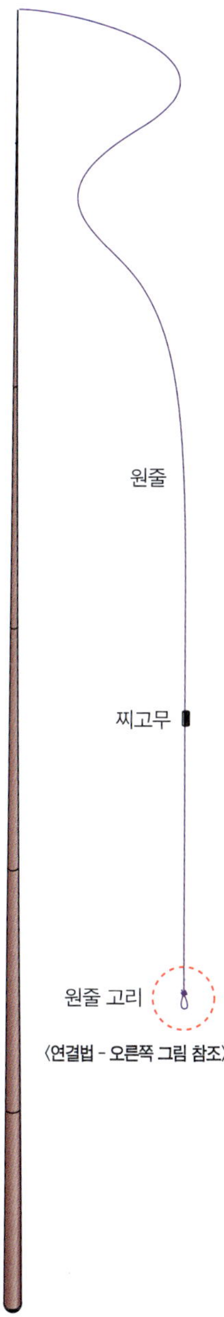

〈연결법 - 오른쪽 그림 참조〉

〈원줄고리 연결법〉

①

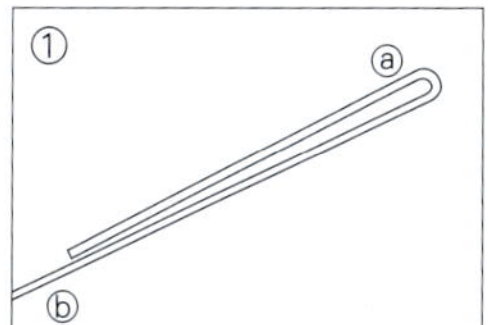

낚싯줄 한 쪽 끝을
접어 겹짓는다.

②

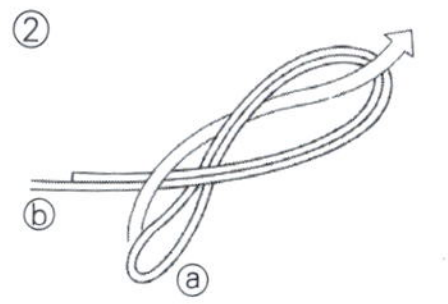

고리 끝(ⓐ)을 아래로
돌려 원을 만든다.

③

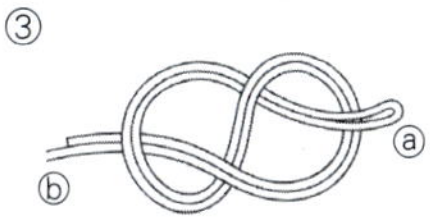

ⓐ줄을 ⓑ줄 위로 넘겨
고리 속으로(밑에서부터 위로)
통과시켜 빼낸다.

④

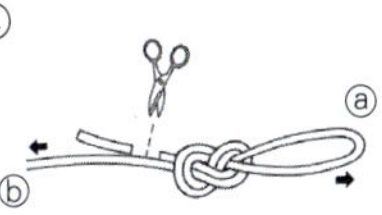

양쪽을 맞잡아 당겨 조인 후,
자투리 줄을 잘라내면
완성이 된다.

④ 고리봉돌 달기

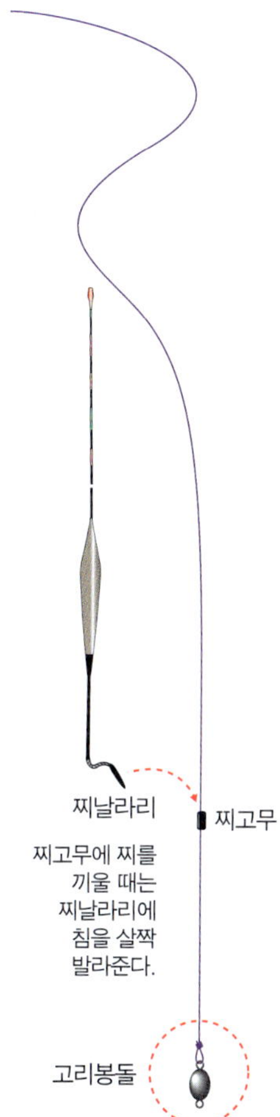

〈연결법 - 오른쪽 그림 참조〉

〈고리봉돌 연결법〉

①

②

끝고리를 도래의
고리 속으로 통과시킨다.

③

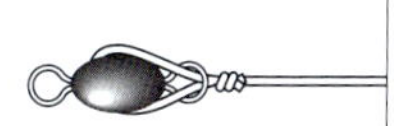

끝고리를 도래 전체 위로
씌워 넘긴다.

④

끝고리가 도래의 고리
끝으로 모이게
잡아당기면 된다.

■ '원줄 연결'은 8자묶음 고리로

초릿대에 원줄을 매달 때나 원줄 끝에 봉돌을 연결할 때는 각각 8자묶음으로 고리를 만들어야 한다. 그리고 그 8자묶음 고리에 〈그림〉과 같은 방법으로 각각 연결을 한다(앞쪽 지면 참조).

중요한 것은 모두 매듭을 지어 연결하지 않는다는 점이다. 초릿대에 원줄을 연결하면서 매듭을 짓게 되면 채비를 교체하는 등 연결 부위를 풀어야 할 때 뜻대로 되질 않아 애를 먹게 된다. 특히 봉돌을 고리 연결 방식이 아닌 일반 매듭으로 묶게 되면 필요시 봉돌 교환이 어려울 뿐만 아니라, 매듭 부위의 결절 강도가 약해 유사시 터져버리는 결함이 따른다.

▼ 집안에서 채비를 준비하는 것도 낚시삼매경 중의 하나다.

목줄의 선택과 목줄 채비

대물낚시 채비에 사용되는 목줄은 합사(合絲) 및 단사(單絲) 계열의 나일론(Nylon) 줄이다. 합사는 주로 3~4호가 사용되고, 나일론 줄의 경우는 2~3호가 주류를 이룬다. 특히 대물낚시에는 케블러(Kevler) 합사가 많이 사용되는데, 나일론 분자를 변형시켜 만든 아라미드(Aramid) 섬유 계열에 속하는 케블러는 마찰강도와 인장강도가 뛰어나 붕어 대물낚시는 물론 바다 돌돔낚시 목줄로도 즐겨 사용된다.

■ '목줄 길이'의 기준

목줄의 길이는 자신의 낚시 습관이나 낚시 기법, 그리고 당일의 낚시 여건에 따라 달라질 수 있다. 전통 바닥낚시 및 전층낚시 기법에 따라 목줄 길이가 달라질 수밖에 없으며, 입질이 민감할 때의 양어장과 활발할 때의 노지낚시 또한 마찬가지다. 그리고 성급한 챔질을 하는 습관의 낚시인과 느긋한 챔질을 하는 습관의 낚시인 간에도 목줄 길이가 달라질 수밖에 없다.

그렇다고 목줄의 길이를 그때그때 일일이 조절하기는 너무 번거롭다. 자신의 평소 취향에 따른 평균적인 목줄 길이를 정해두는 것이 좋다. 즉, 자신이 즐겨 구사하는 낚시 기법에 따른 평균적인 목줄 길이가 설정돼 있다면 사소한 변화에 자꾸만 조절할 필요가 없다는 뜻이다.

필자의 경우는 대물낚시 채비를 할 때 목줄의 길이를 미리 6cm로 상정해 두고, 바늘쌈에 4~9cm 목줄의 바늘 채비를 예비로 휴대하고 다닌다. 대물낚시를 즐기는 필자 주변 낚시인들의 채비를 보아도 목줄 길이가 대개 6~9cm로 나타나는데, 드물게는 20cm 정도로 아주 길게 사용하는 경우도 보인다.

■ 목줄이 짧으면… 예민성에 신속 대응해야

붕어가 입질을 할 때 찌에 반응이 오는 것은 미끼의 움직임이 목줄을 통해 봉돌에 전달되면서부터이다. 이때 목줄이 짧으면 입질의 충격이 곧바로 봉돌에 전달되고, 그렇기 때문에 찌에 나타나는 반응도 민감하게 나타난다.

입질이 까다로운 양어장낚시를 하거나 동풍 및 냉수대 여건, 혹은 주변이 소란한 곳에서 낚시를 할 때는 붕어의 예민한 입질을 읽어내기 위한 방법으로 목줄을 짧게 하는 것도 바로 이 같은 이유 때문이다.

따라서 목줄이 짧은 채비일수록 빠른 챔질을 요구한다. 목줄이 짧은 경우는 붕어가 미끼를 뱉어내는 동작도 빨라지기 때문이다. 붕어는 먹이를 취할 때 항상 긴장을 늦추지 않고 행동하며, 특히 입술과 입속의 피부감각이 잘 발달하여 아주 사소한 이물감에도 일단 취한 먹잇감을 뱉어냈다가 일정 시간이 경과한 후에 다시 취하는 동작을 반복하는데, 이때 목줄이 짧을수록 붕어에게 이물감이 빨리 전달되므로 그만큼 더 빨리 뱉어내는 동작을 취하는 것이다.

결국 목줄이 짧은 경우는 미끼를 흡입한 붕어가 이물감을 느끼고 뱉어내기 전에 빠른 챔질을 해야 하는데, 상대적으로 낚시인 자신이 평소 빠른 챔질을 하는 습관이라면 그에 상응한 조치로 목줄을 짧게 사용하는 것이 바람직하다.

목줄 길이에 따른 찌의 반응

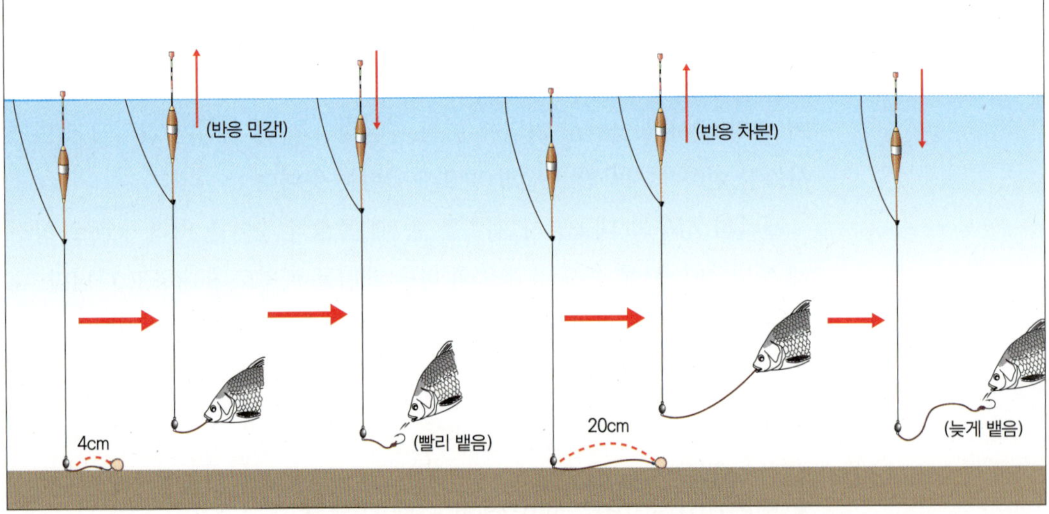

▪ 목줄이 길면… 멋진 찌올림 연출

목줄이 길면 붕어가 미끼를 취할 때 그 충격이 완화되는 만큼 봉돌에 이어 찌에 전달되는 어신 또한 부드럽게 나타난다. 보기 좋은 찌놀림이 연출되는 것이다. 그러나 짧은 목줄에 비해 즉각적인 반응이 나타나지 않고, 조심스런 입질의 경우는 느리고도 미약하게 나타나 찌놀림을 감지하기 어려울 때도 있다. 그렇지만 붕어가 일단 미끼를 흡입하게 되면 부담감을 덜 느끼는 나머지 비교적 차분한 동작을 이어감으로써 찌놀림이 아주 중후하고 부드럽게 나타는 것은 틀림없다. 이를 두고 우리 낚시인들은 '찌맛이 좋다'는 표현을 쓴다.

목줄이 짧거나 긴 경우의 장단점을 어떻게 택할 것이냐는 여러 가지 조건이 따를 수 있겠지만, 낚시인 자신이 평소 차분한 챔질을 하는 성격이라면 목줄을 길게 사용하는 편이 바람직할 것이다.

▪ 목줄이 원줄보다 꼭 약해야 할까?

대부분 낚시인들은 목줄이 원줄보다 한 호수 이상 낮아야 한다고 말한다. 유사시에 목줄이 먼저 끊어져야 원줄과 채비를 보호할 수 있다는 생각 때문이다. 일견 맞는 생각일 수도 있다. 그러나 대물 붕어의 저항력은 낚싯대와 원줄에 고루 분산되는 반면, 목줄에는 그 충격이 집중되기 마련이다. 따라서 동일한 호수(號數)일지라도 원줄보다 목줄이 먼저 끊어질 수도 있는 것이다.

이러한 논리는 힘의 분산과 집중, 힘의 작용점을 아는 초등학생들도 설명이 가능한데, 실제로 낚싯바늘을 장애물에 걸어놓고 한동안 낚싯대를 툭툭 쳐보면 주로 목줄이 끊어지는 것을 경험할 수 있다.

결론적으로 대물낚시에서는 꼭 목줄이 원줄보다 한 호수 약할 필요는 없다. 같은 호수를 사용해도 목줄이 손상되는 경우가 더 많으므로 목줄을 원줄과 같은 호수로 사용해도 무방하다. 다만 콩알 떡밥낚시 때에는 목줄의 유연성이 강조될 뿐만 아니라, 쌍바늘 중 한 개가 장애물에 걸리는 경우를 감안해 해당 목줄이 끊어지게 할 필요가 있다. 다시 말해 원줄보다 목줄을 한 호수 정도 약하게 할 경우이다.

목줄 연결법

① 고리 연결법

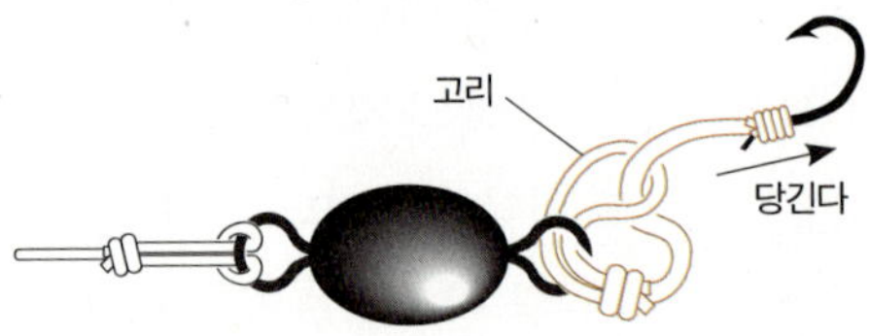

② 매듭 직결법

■ '목줄 연결'은 두 가지 방식

목줄을 봉돌에 연결하는 방법은 <그림>에서 보는 것처럼 고리를 만들어 연결하는 방식과 매듭을 지어 연결하는 두 가지 방식이 있다. 고리연결 방식은 바늘을 묶을 때 목줄 끝에 고리를 만들어 두었다가 봉돌과 연결하는 방식이다. 즉 목줄 고리를 봉돌의 아랫고리로 통과시킨 후, 그 고리에 다시 바늘을 통과시켜 고정하면 된다.

매듭연결 방식은 목줄 끝에 매듭을 만들어 두었다가 봉돌의 아랫고리에 그 매듭을 걸쳐 풀리지 않게 묶는 형식이다.

바늘의 선택과 바늘 채비

■ 붕어 낚싯바늘의 종류와 용도

붕어 대물낚시에 흔히 사용되는 낚싯바늘은 '붕어바늘' '잉어바늘' '감성돔바늘' 종류가 있다. 각각의 용도에 따라 서로 다른 모양으로 만들어진 제품이지만 우리 낚시인들은 그것을 따지지 않고 각자의 취향에 따라 취사선택하고 있다. 그런데 낚싯바늘을 구입하기 위해 낚시점에 가보면 어느 것이 붕어바늘이고, 어느 것이 잉어바늘인지 식별하기 어렵다. 제품 포장이 대부분 일본어 표기로 되어있기 때문이다. 아니 일본어 표기라기보다는 일본식 표기라고 해야 맞겠다. 그러면서 구분하기를 붕어바늘은 '우미다나고'라고 하고, 잉어바늘은 '이두메지나'라고 하며, 감성돔바늘은 '지누'라고 한다.

이 세 가지 바늘은 붕어낚시에 공통적으로 사용되고 있는데, 크기가 작은 바늘은 떡밥 콩알낚시에 사용하고 큰 바늘은 대물낚시에 사용한다. 특히 우미다나고 바늘과 이두메지나 바늘은 모양에 큰 차이 없이 크기만을 구분하여 공통적으로 사용하는 경향이 있다.

• 우미다나고(붕어바늘) – 우미다나고에서 '우미'는 바다(海)의 일본말이다. 그리고 '다나고'는 민물의 납자루를 뜻한다. 그래서 우미다나고는 '바다의 납자루'라는 뜻의 망상어를 일컫는 일본어로, 결국 우미다나고는 붕어바늘이 아닌 '망상어바늘'이라 불러야 옳다.

아무튼 이 바늘은 몸체가 가늘고 섬세하여 우리나라 붕어낚시 바늘의 대세를 이루고 있다. 전체적으로 가벼우며 허리가 밋밋하고 바늘 폭이 넓은 편이며, 특히 바늘 끝이 길고 뾰족하여 날카로운 것이 특징이다.

• 이두메지나(잉어바늘) – 이두메지나의 '이두(伊豆)'는 일본 도쿄만 남쪽의 이즈제도(伊豆諸島)의 지명에서 따온 말이다. 대형급 벵에돔이 잘 낚이기로 유명한 곳으로, 일본에서 벵에돔바늘을 생산하면서 이곳의 지명(伊豆=이즈)에다가 메지나(벵에돔)를 붙여서 '이즈메지나'라 명명하게 된 것이다.

이두메지나 바늘의 큰 특징은 허리가 강하고 품이 약간 좁은 편으로, 허리 아래 부분에서 약간 뒤틀려 안쪽으로 굽은 모양이다. 이는 벵에돔이나 잉어 등의 크고 강한 대상어의 입걸림을 용이하게 하고, 걸었을 때 강한 힘

붕어낚시에 사용되는 낚싯바늘의 실물 모양 및 크기

우미다나고
(망상어바늘 또는 붕어바늘)

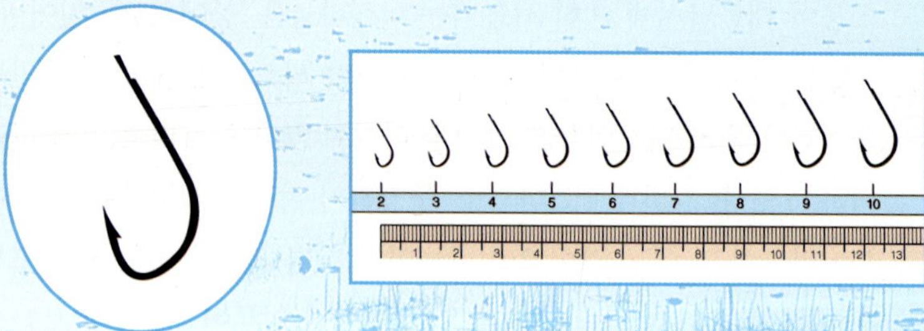

이두메지나
(벵에돔바늘)

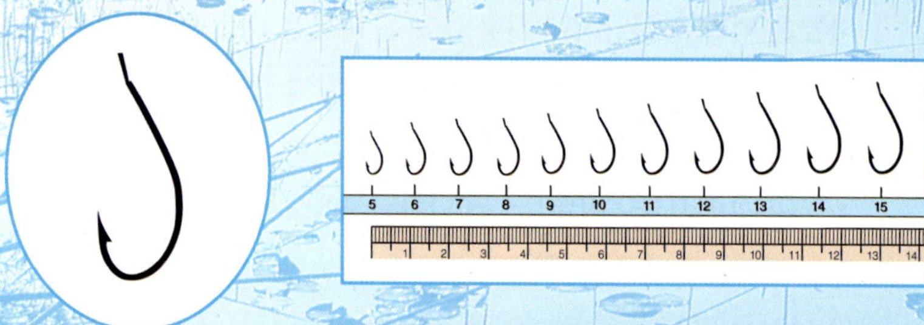

지누바늘
(감성돔바늘)

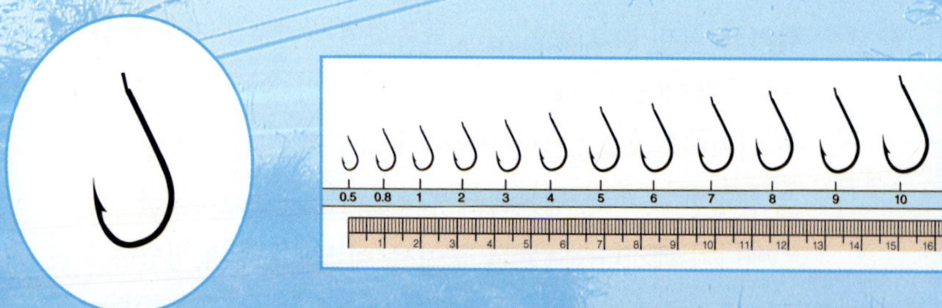

에 지탱할 수 있도록 고안됨으로써 붕어 대물낚시에도 즐겨 사용되고 있다.

• **지누바늘(감성돔바늘)** – '지누'는 감성돔을 지칭하는 일본어. 직역 그대로 우리나라 감성돔낚시에도 가장 많이 사용되는 바늘이며, 그 튼튼함과 한 번 꽂히면 잘 빠지지 않는 특징으로 인해 붕어 대물낚시 바늘로도 인기가 높다.

이 바늘의 가장 큰 특징은 끝이 안쪽으로 굽어 있다는 점이다. 이는 떠올라서 예민하게 먹이를 흡입하는 벵에돔에 비해 약간 깊은 수심층에서 먹이를 취하는 감성돔의 취이 습성을 고려한 것인데, 바늘 끝이 조금 미끄러져 나왔으되 입걸림에는 지장이 없고, 일단 입걸림이 된 후에는 잘 빠지지 않는 특성을 발휘한다. 또한 허리힘이 강해 쉽게 부러지지 않는다는 점도 특징이다.

■ 대물낚시용 바늘의 선택 기준

붕어 대물낚시에 사용하는 바늘은 붕어바늘(우미다나고) 또는 잉어바늘(이두메지나) 10~15호, 감성돔바늘(지누) 3~7호가 주류를 이룬다. 이렇게 큰 바늘을 사용하는 이유는 대형 붕어를 대상으로 큰 미끼를 사용하기 때문이며, 험한 장애물을 극복하기 위한 목적도 있다. 만약 마릿수에 주안점을 두는 일반 붕어낚시처럼 작은 바늘을 사용하게 되면 우선 새우나 메주콩 등의 큰 미끼를 꿰기가 곤란할 수밖에 없는 것이다.

어떤 종류의 바늘을 선택할 것이냐는 각자의 취향으로, 앞서 설명한 바늘 종류의 특성을 고려하면 되겠다. 하지만 바늘의 크기만큼은 보편성에 따르길 바란다. 작은 바늘로 큰 붕어를 낚아내는 것이 묘미이고 자랑거리가 될 수도 있겠으나 대물은 정녕 귀하게 다가오는 것인데, 공연히 고집 부리다 모처럼의 행운을 떨어뜨리고 나면 평생 한이 될 수도 있음을 명심하자. 붕어, 잉어바늘이라면 13호 정도, 감성돔바늘이라면 5호 정도를 권하고 싶다.

■ 왜 큰 바늘이어야 할까?

• **첫째, 큰 붕어의 입걸림을 고려해야 하기 때문이다.** 붕어가 입질을 하여 챔질을 하게 되면 붕어 입속의 낚싯바늘은 그 자리에서 바로 꼽히지 않고, 챔질 순간 바늘 끝이 위쪽으로 회전을 하면서 잠시 튕겨 나오는 도중 입속

어느 부위에 바늘 끝이 닿아 입걸림이 된다. 만약 이때 바늘이 작을 경우는 붕어 입에서 바로 미끄러져 나오거나 설사 걸리더라도 입술 언저리에 걸릴 가능성이 높은 것이다. 그리고 바늘이 너무 작을 경우는 힘겨루기 과정에서 부러지거나 펴질 위험이 높고, 또 입 언저리에 걸리게 되면 붕어의 입술이 찢어져 떨어뜨리게 되고 만다.

물론 작은 바늘이라도 정확히 꿥혀서 바늘허리에 힘이 실리면 쉽게 부러지거나 펴지지 않겠지만 항상 그런 경우를 기대하기는 어렵다. 이에 비해 큰 바늘은 대부분 회전하는 과정에서 붕어의 윗입술 안쪽에 끝이 닿아 정확히 꿥히게 되므로 바늘허리에 힘이 집중되어 떨어뜨릴 위험도 줄어드는 것이다.

• **둘째, 수초에 바늘이 걸렸을 때를 고려해야 하기 때문이다.** 수초에 바늘이 걸리면 강한 힘으로 챔질을 하거나 지긋이 당겨서 수초가 뽑혀 나오게 해야 한다. 아니면 수초가 잘려 나가게 해야 한다. 이러한 과정에서 바늘이 작고 약할 경우는 수초보다 바늘이 먼저 손상을 입는 나머지 허리가 부러지거나 펴지게 된다. 이에 비해 큰 바늘일 경우는 웬만한 수초가닥을 이겨냄으로써 채비 교환 없이 지속적인 낚시를 할 수 있는 것이다.

바늘 묶음법 (1) - 바깥 돌리기

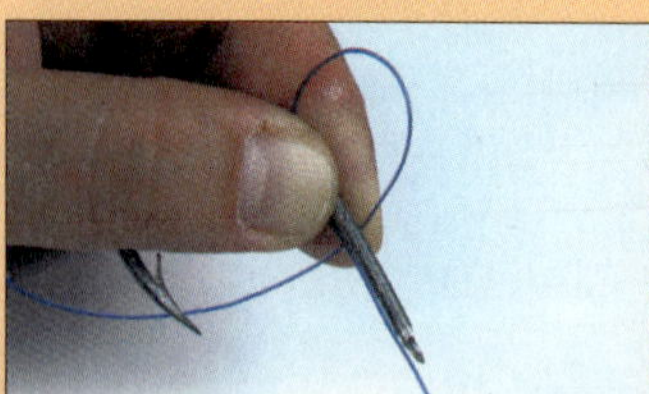

1) 낚싯줄이 그림2와 같은 형태가 되도록 왼손에 바늘을 쥔다.

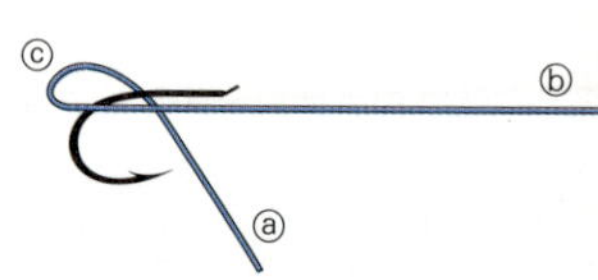

2) 오른손으로 ⓐ를 ⓑ와 바늘 축 위로 5~6회 감아 돌린다.

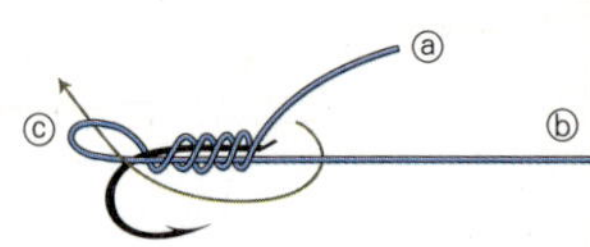

3) ⓐ를 ⓑ 뒤로 돌려 ⓒ고리 속으로 집어넣는다.

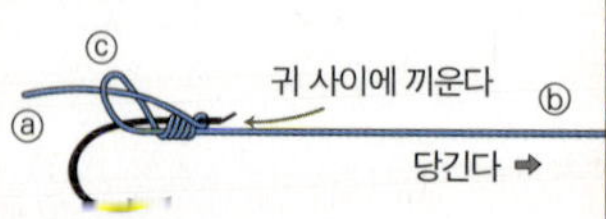

3-1) 그림3과는 달리 ⓐ를 바늘귀와 ⓑ줄 사이에 끼워 ⓒ고리 속으로 넣어도 된다.

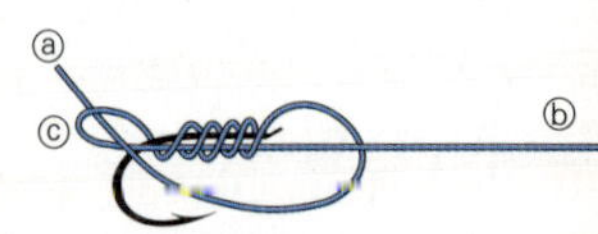

4) ⓑ를 먼저 당기고 ⓐ를 나중에 당긴다.

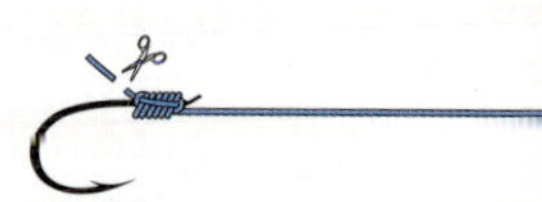

5) 자투리를 잘라낸다. 바짝 잘라도 풀리지 않는다.

바늘 묶음법 (2) - 안 돌리기

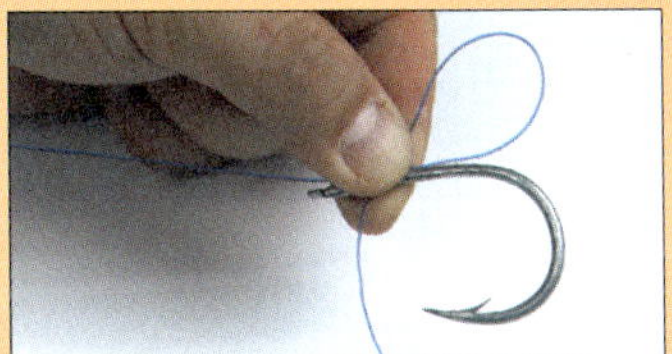

1) 왼손 엄지와 검지로 그림2와 같은 형태가 되도록 바늘귀와 낚싯줄 교차 지점을 쥔다.

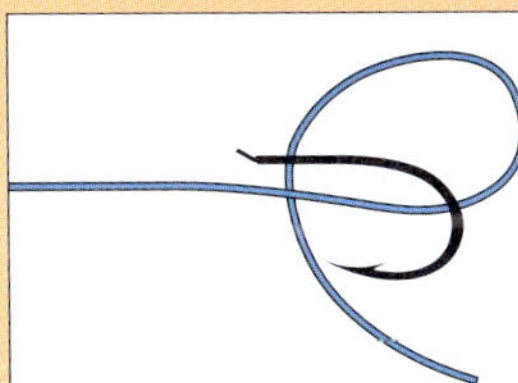

2) 고리를 크게 만들어 주어야 작업하기가 쉽다.

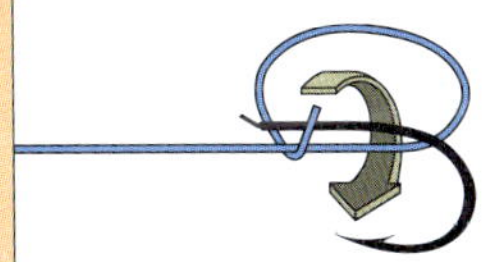

3) 낚싯줄 끝단을 고리 속으로 집어넣고 돌려 빼내기를 5회 가량 반복한다.

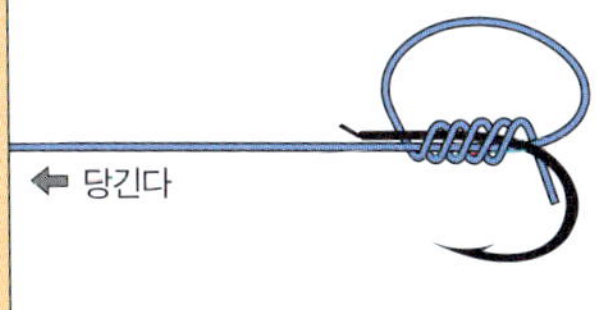

4) 낚싯줄 끝이 바늘 축 안쪽에 놓이게 한 후 반대쪽 긴 줄을 잡아당긴다.

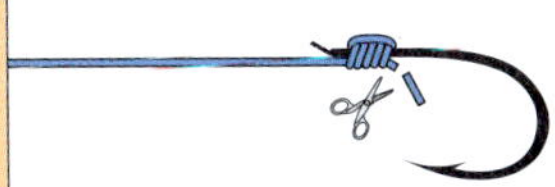

5) 자투리 줄을 잘라낸다.

Tip 낚시를 하는 도중 바늘이 떨어져 나갔을 때, 목줄을 새로 교체할 필요 없이 끄트머리에 바로 바늘을 묶을 수 있는 방법 중의 한 가지이다. 손쉬운 바늘 교체 방법이긴 하지만 너무 작은 바늘의 경우에는 낚싯줄을 묶기가 불편한 것이 단점이다.

바늘 묶음법 (3) - 손가락 돌려 묶기

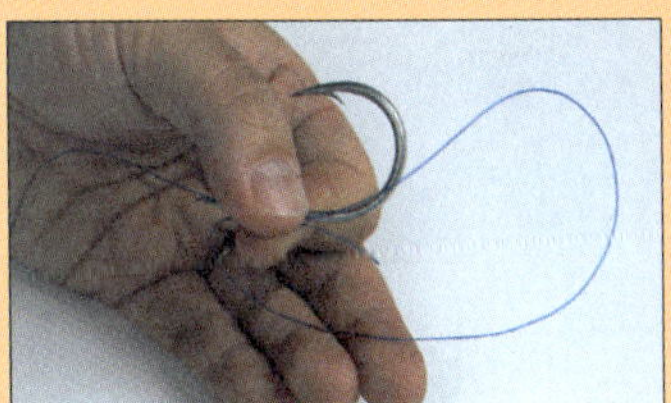

1) 그림2와 같은 형태가 되도록 왼손으로 낚싯줄과 바늘귀를 쥔다.

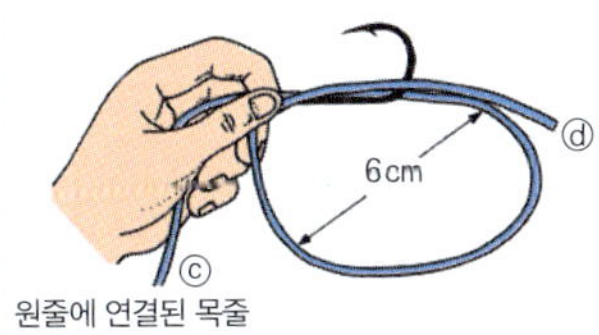

2) 고리의 크기를 직경 6cm 정도 되게 넉넉하게 만들어 준다.

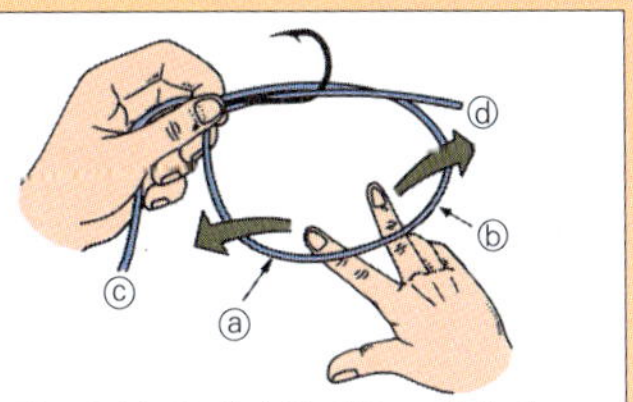

3) 오른손 검지와 중지를 고리 속에 양쪽으로 벌린다.

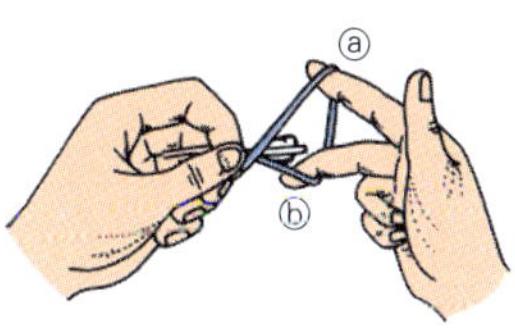

4) 그림2에서 중지 끝을 ⓑ에 걸어 누르는 기분으로 시계 방향으로 돌리는 한편,

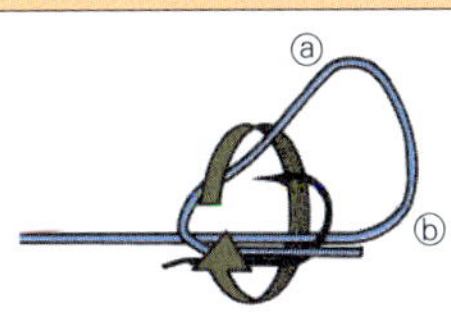

5) 검지는 그냥 곧추 세워주는 것으로 ⓐ부분 줄이 손가락에서 이탈되지 않게 한다.

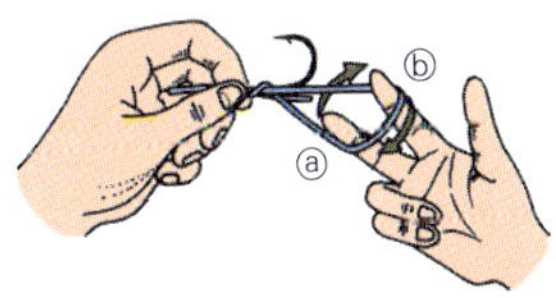

6) 그림3에서 검지로 ⓐ부분을 바늘 너머로 한 바퀴 돌리는 동시에 두 손가락 방향을 뒤집는다.

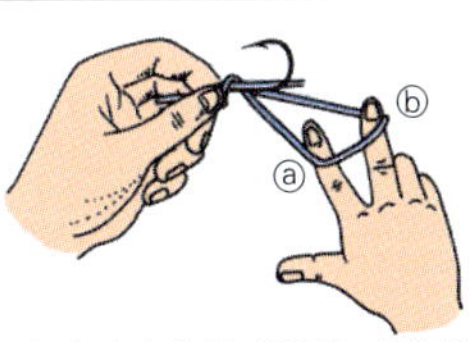

7) 이제 검지와 중지를 반 바퀴 돌려 서로 위치를 바꾼 후, 4~6단계 동작을 4~5회 반복한다.

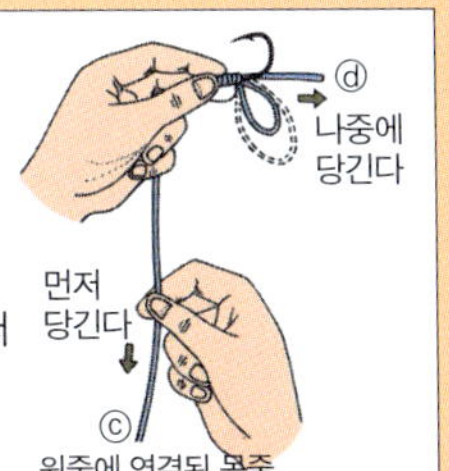

8) ⓒ를 먼저 당기고 ⓓ를 나중에 당긴다.

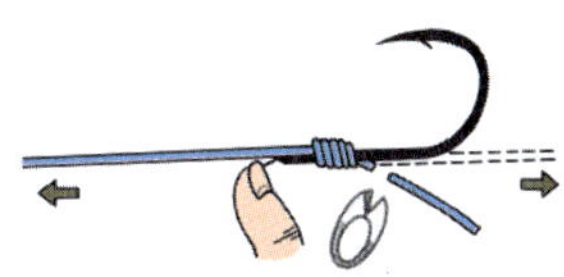

9) 손톱으로 바늘귀를 매듭 부위까지 밀어내린 후 자투리를 잘라낸다.

• **셋째, 대형 붕어와의 힘겨루기에서 강해야 하기 때문이다.** 대형 붕어가 초기 힘을 쓸 때는 우리가 상상하는 것보다 훨씬 더 강한 용틀임을 한다. 이때 붕어의 강한 저항력을 이겨낼 수 있는 큰 바늘일수록 붕어의 힘을 빼는 데 유리하다. 대물낚시를 오래 한 사람이라면 붕어와 힘겨루기를 하나가 바늘이 부러지거나 펴져서 그만 실패한 경험이 여러 번 있을 것이다. 심지어 붕어를 마지막으로 끌어내는 순간에 이르러 바늘 손상으로 인해 눈앞의 보물을 놓치는 경우도 있다.

바늘이 커서 붕어의 입속에 못 들어 갈 것이라는 생각은 기우에 불과하다. 붕어의 입은 겉으로 보기보다 취이 활동 시 훨씬 더 확대되기 때문이다.

■ 바늘 채비의 주안점

대물낚시 바늘 채비는 외바늘을 기본으로 한다. 대물낚시가 주로 험한 수초 등의 장애물이 있는 곳을 대상으로 행해지기 때문이다. 만약 외바늘 채비를 하지 않고 욕심을 부려 쌍바늘 채비를 하게 되면 붕어를 걸어 힘겨루기를 할 때 남은 바늘이 수초에 걸려 낭패를 겪기 십상이다.

그러나 수초가 전혀 없는 포인트에서 떡밥 미끼로 대물을 노릴 때는 쌍바늘 채비를 구사할 수도 있다. 이런 경우를 대비해 대물낚시를 할 때는 자신이 즐겨 사용하는 바늘 크기보다 작은 호수(號數)와 큰 호수의 바늘을 예비로 마련해 바늘쌈에 항상 휴대하는 것이 좋다. 포인트의 장애물 유무를 떠나 낚시 당일 자신이 사용할 미끼 사이즈가 작거나 붕어의 입질이 너무 미약할 경우는 작은 바늘로 교체할 필요가 있으며, 반대로 미끼 사이즈가 너무 크거나 잔챙이 성화가 심할 때에는 보다 더 큰 바늘로 교체할 필요가 생기기 때문이다.

수초직공 채비와 덧바늘 채비

■ 수초직공 채비 종류와 활용법

대물낚시는 거의 대부분 수초를 끼고 이루어진다. 그 중에서도 공간이 거의 없는 작은 수초 구멍에 찌를 세워야 할 경우가 많이 발생한다. 이럴 때에 유용한 채비가 바로 '수초직공' 채비다. 수초직공이란 용어는 과거 '들어뽕'이라 부르던 속어를 필자가 1996년부터 글을 쓸 때나 방송을 하면서 '수초직공 낚시'로 순화시킨 결과 오늘날 보편화되고 있다.

따라서 수초직공 채비는 예전부터 활용된 채비로, 보트낚시에서 수초지대를 공략하거나 겨울철 삭아 누운 수초 구멍을 공략할 때, 혹은 얇게 드리워진 얼음판 가운데 작은 구멍이 열렸을 때 그 사이로 채비를 내리기 위한 목적으로 활용되었다. 그러던 것이 2000년 이후 대물낚시가 전국적인 붐을 이루면서 보트낚시뿐만 아니라 사계절 수초지대를 공략하는 채비로 각광받기 시작했는데, 필자가 1996년부터 연구하여 2001년에 처음 낚시잡지에 소개한 관통찌 채비와 결합되면서부터 더욱 급속히 보급되어 전국적으로 그 활용도가 높아졌다.

포인트 주변의 수초를 인위적으로 제거하는 것보다는 가급적 수초를 건드리지 않고 찌를 세우는 것이 유리하다는 의식이 확산되면서 수초직공 채비는 대물낚시의 필수 채비처럼 되었는데, 이러한 수초직공 채비는 관통찌와 고리찌를 활용하는 두 가지 형태로 나뉜다.

• **관통찌 형태** – 〈그림〉에서 보는 것처럼 원줄이 찌 몸통을 통과하는, 다시 말해 찌톱 끝에서부터 찌 다리까지 원줄이 통과하는, 이른바 '관통찌'를 이용한 수초직공 채비다. 이 채비는 작은 수초 구멍을 공략하면서 흔히 발생하기 쉬운 수초 걸림에 의한 원줄과 찌의 손상을 방지할 수 있고, 채비의 가장 아래쪽에 무게의 중심이 쏠려 있어 아주 작은 수초 구멍에도 안정되게 채비를 드리울 수 있는 장점이 있다. 또한 걸려든 붕어가 찌를 수초 속으로 끌고 들어가더라도 원줄과 일체가 된 관통찌는 다른 종류의 찌와는 달리 안전하게 끌어낼 수도 있다.

한때는 '그렇게까지 낚시를 해야 되겠느냐'는 비아냥거림과 함께, 낚싯대

관통찌 및 고리찌 채비

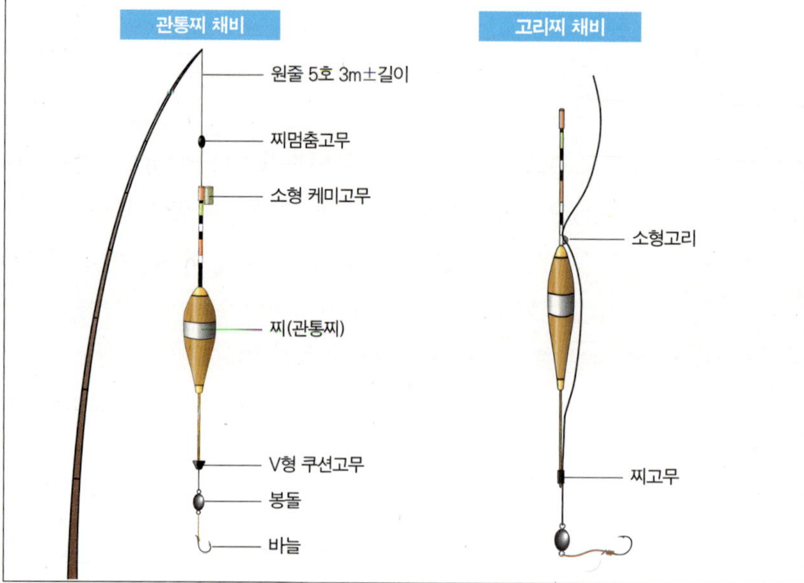

2~3번 마디를 사용한 무거운 찌톱에다가 물까지 차 있으니 붕어가 도저히 찌를 못 올릴 것이라는 비판도 있었으나 그것은 다 기우로 끝났다. 한때 비판적 입장의 낚시인들도 대물낚시에서만은 대부분 관통찌 채비를 준비했다가 필요할 때마다 효과적으로 활용하고 있는 추세를 보면 격세지감을 지울 수 없다.

채비 요령은 〈그림〉과 같이 ①낚싯대 초리에 원줄을 달고 → ②적당한 길이로 원줄을 자른 다음 → ③수심 조절용 찌범춤 고무 → ④다음으로 소형 케미고무(찌톱에 케미고무 미부착 시)를 끼운다 → ⑤이제 관통찌에 원줄을 통과시킨 후 → ⑥찌 아래에 V자형 쿠션 고무(완충 구슬)을 끼우고 → ⑦그 아래에 봉돌과 바늘 채비를 연결한다. 이렇게 완성시킨 채비로 찌맞춤을 해야 하는데, 수조에서 몇 번을 바닥까지 내렸다 올렸다 반복하면서 관통찌 내의 기공을 다 빠지게 한 후 수면과 일치시키면 된다.

• **고리찌 형태** – 고리찌는 관통찌 이전부터 사용된 것으로, 일찍이 얼음낚시나 물낚시 시즌 때 수초대를 공략하는 이른바 '들어뽕' 낚시에 활용되었다. 원줄이 찌 몸통 밖에서 찌와 일직선을 유지하도록 고안된 고리찌는 원래 찌톱에만 고리가 부착돼 있었으나 오늘날에는 찌다리에도 고리가 부착

된 제품이 주류를 이루고, 일부 낚시인들은 일반 고부력찌의 머리와 다리에 고리를 손수 부착해 사용하기까지 한다.

고리찌의 용도와 장점은 관통찌와 같으나 거친 수초 구멍을 공략할 때 찌톱과 원줄의 사이에 수초가닥이 걸려 불편을 초래하는 경우가 간혹 발생한다. 고리찌 채비를 하는 방법도 원줄을 위아래 고리로 통과시키는 것 이외는 관통찌 채비와 같은 원리이며, 찌맞춤도 같은 요령으로 하면 된다.

■ 덧바늘 채비의 특성과 활용법

우리나라 붕어낚시의 전통적인 바늘 채비는 외바늘이 기본이었다. 그러다가 언제부터인가 봉돌 위에 바늘이 하나 더 추가된 가지바늘 채비가 등장하였는데, 이것이 곧 덧바늘 채비의 원조라고 할 수 있다. 필자가 어릴 적 고향에서 낚시할 때는 모두가 외바늘 채비였고, 초등학교를 졸업하고 도시로 나가 당시 '지렁이 정식'이라 부르던 가지바늘 채비를 처음 보았으니, 그때가 1960년대였다. 따라서 덧바늘 채비의 원류는 1960년대부터거나 그 이전이라 말할 수 있겠다.

그러나 이 가지바늘 채비는 1980년대 들어 콩알 떡밥낚시가 유행하면서 목줄 길이가 같은 두바늘 채비에 밀려났으며, 한동안 가지바늘 채비는 초보자나 사용하는 것으로 인식되기까지 했다. 더욱이 낚시점에서 판매되는 가지바늘 채비는 찌맞춤과 관계없이 미리 조개봉돌이 물려 있어 세밀한 찌맞춤이 요구되는 현대 낚시에서는 그 사용가치가 차츰 떨어질 수밖에 없었다 그런데 낚시를 하다 보면 봉돌 위의 바늘이 분명 유용하게 사용되는 경우가 있으니, 여기에서 발전한 것이 바로 덧바늘 채비이다.

가지바늘과 덧바늘은 서로 유사하지만 바늘을 쉽게 더하고 뺄 수 있다는 점에서 필자가 '덧바늘 채비'라는 용어를 별도로 사용한 것이 지금에 이르러 널리 통용되고 있는데, 그렇다고 덧바늘 채비를 가지바늘 채비라 부른다고 해서 아주 틀렸다는 뜻은 아니다. 다만 〈그림〉에서 보는 것처럼 덧바늘 채비는 윗바늘의 높이 조절과 위, 아랫바늘의 탈착이 자유롭다는 점에서 가지바늘과는 분명한 차별이 있다.

• **덧바늘 채비의 특성** – 덧바늘 채비라는 용어 중에서 '덧'은 접두사로서 사전적인 의미 그대로 '추가한다'는 뜻이다. 즉, 봉돌 아래에 외바늘을 둔

덧바늘 채비 & 가지바늘 채비 비교

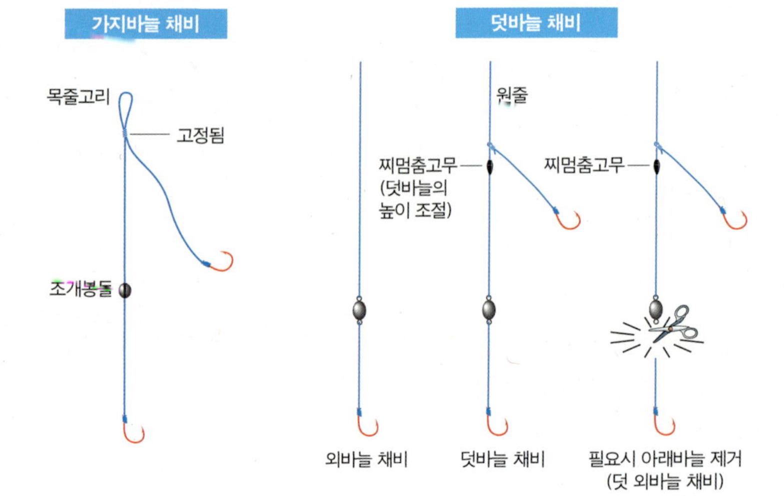

채 봉돌 위에다가 바늘 하나를 더 추가한 채비라는 뜻에서 필자 나름대로 '덧바늘 채비'라고 명명한 것이다.

이 덧바늘 채비는 평소 외바늘로 낚시를 하다가 필요에 따라 봉돌 위에 바늘 하나를 덧붙여서 가지바늘 형식으로 낚시를 한다. 그러다가 또 필요에 따라 아랫바늘을 제거한 채 위쪽의 덧바늘만 사용하기도 하고, 덧바늘이 필요 없겠다 싶으면 이를 제거해 버리고 외바늘로 전환한다. 그러므로 덧바늘은 항상 탈착이 가능해야 한다.

따라서 덧바늘 채비는 바늘의 크기나 목줄의 굵기도 자유롭게 바꿀 수 있으며, 찌와 봉돌만 가지고 정확한 찌맞춤을 한 후에는 외바늘 혹은 두바늘 채비를 한다. 또한 봉돌 위에 추가하는 덧바늘을 유동식으로 만들어 포인트 여건에 따라 바늘의 높이를 조절하기도 한다. 붕어의 눈높이에 맞춰 먹이를 진상하는 셈인데, 예를 들면 바닥에서 20cm 위쪽에 바늘이 있게 하고 싶거나 반대로 수면에서 50cm 아래에 바늘을 놓고 싶을 때는 덧바늘 연결 부위의 찌멈춤고무를 끌어 올리거나 내리는 등, 미끼의 수심층을 자유자재로 조절할 수 있는 것이다.

• 덧바늘 채비 요령과 활용법 – 흔히 사용하는 외바늘 채비를 기준으로 봉돌 위에 바늘 하나를 유동식으로 덧붙이기만 하면 된다. 이해를 돕기 위해

상세히 설명하자면 다음과 같은데, 굳이 순서를 지킬 필요는 없다.

①덧바늘 채비를 위한 찌맞춤을 시작한다. 사용할 찌에 봉돌만 달고 전통 수평 찌맞춤을 한다. 즉, 찌가 서서히 가라앉았다가 다시 서서히 떠올라 찌 끝이 수면과 일치하는 상태가 되도록 봉돌의 무게를 맞춘다. ②바늘을 묶을 목줄은 나일론 모노필라멘트와 케블라 합사를 같이 준비한다. 각각 외바늘로 묶은 목줄의 길이는 5~6cm 정도로 하고, 목줄 끝에 8자묶음 고리를 만들어 탈착이 용이하도록 준비한다.

▼ 좁은 수로의 갈대밭 포인트를 노릴 때는 외바늘 채비를 사용하거나 덧바늘 채비의 경우는 아래쪽 바늘을 제거한다

③처음 낚시를 할 때는 고리봉돌 아래에 바늘 하나만 부착한다. 즉, 처음엔 외바늘 채비로 낚시를 하다가 덧바늘 채비로 전환할 필요가 있다고 판단될 때 봉돌 위쪽의 원줄에다 유동식 가지바늘을 달면 된다. 이를 위해선 미리 봉돌 위의 원줄에 찌멈춤고무를 부착해둔 상태여야 한다.

④덧바늘 채비로 낚시를 하다가 덧바늘이 필요 없겠다 싶으면 다시 덧바늘을 풀어내 보관하면 된다.

⑤지금까지와는 반대로 바늘을 하나만 사용하되 아랫바늘이 아닌 윗바늘만 사용하고픈 경우도 생긴다. 바닥 걸림이 심하거나 아랫바늘이 긴당에 힘들될 우려가 있는 경우이다. 이럴 땐 봉돌 아래쪽 바늘을 풀어내고 봉돌 위쪽에 단 덧바늘만 사용하면 된다. 따라서 덧바늘 채비를 사용할 때는 평상시처럼 찌가 무겁게 솟아오를 때 챔질을 하거나 가벼운 예신 후 찌가 빨려 들어갈 때 챔질을 하는 것이 좋다.

전내림낚시란?

▪ 용어에 관한 새로운 정립

필자는 이 책에서 전내림낚시 분야를 새롭게 정리한다. 먼저 '전내림낚시'라는 새로운 용어 정립이다.

지난 2009년 영남권 일부 지역에서 옥수수 내림낚시(또는 옥수수 슬로프낚시)라는 새로운 기법이 시도된 이래, 낚시 잡지와 방송에 앞 다퉈 소개되면서 대물낚시의 한 분야로 일대 유행을 일으키게 되었다. 필자는 붕어낚시 전문가로 활동하는 지인 3명과 함께 1년이 넘는 기간 동안 다양한 자료 수집과 현장 검증을 거쳐서 옥수수 내림낚시(슬로프낚시) 기법을 대물낚시의 새로운 분야로 정리하였다. 즉 수많은 현장 실험을 통해 옥수수뿐만 아니라 모든 미끼가 속칭 '내림낚시'에 활용 될 수 있다는 점에서 새로운 이 낚시 기법을 '전내림낚시'라 명명하게 되었다.

여기에서 '전내림'은 '모든 미끼의 사용'을 뜻하는 것이며, 또는 '낚시의

▼ 내림낚시를 할 때는 수중 바닥이 깨끗한 곳을 찾기도 하지만 때로는 수초대를 겨냥하기도 한다.

모든 즐거움'과 '전체적으로 미세한 채비를 사용하는 낚시'로 바꿔 표현할 수도 있다. 필자는 중층낚시와 내림낚시 등의 용어가 한참 후 '전층낚시'로 통합된 것처럼 이 분야의 옥수수 내림낚시, 옥수수 슬로프낚시, 새내림(새우 내림낚시), 지내림(지렁이 내림낚시) 등 제각각의 용어가 '전내림낚시'라는 용어로 통합되기를 기대한다.

■ 전내림낚시 채비를 위한 준비

• **낚싯대** – 낚싯대는 연질이나 중경질을 사용한다. 원줄을 비롯한 전체적인 채비가 연약하므로 빳빳한 경질 대는 사용 도중 채비에 부담을 줄 뿐이다. 게다가 수초나 장애물을 직접 공략하는 낚시를 하지 않아도 되고, 걸려든 붕어와의 대결을 통한 낚시의 손맛을 극대화 할 수 있는 낚시 기법이기 때문이다.

• **찌** – 찌는 5g 이하의 저부력이면서 막대형이나 몸통이 긴 유선형이 좋다. 찌 톱 또한 0.5mm 정도로 가느다란 형태가 유리하고 길이는 30~40cm 정도가 적합하다. 찌가 고부력이면 몸통과 봉돌의 수중 마찰 저항이 커서 민감한 입질 표현에 지장을 초래하는 데 반해 저부력으로 갈수록 입질 표현이 확실하게 나타난다.

• **원줄** – 원줄은 플로로카본이나 나일론 소재 구분 없이 2~3호면 된다(대물낚시가 아니면 1호 원줄도 사용). 봉돌이 바닥에서 뜨는 채비라서 나일론사나 중간 비중의 원줄 사용을 강조하기도 하지만 실제의 낚시에서는 장단점이 발생한다. 즉 비중이 작은 나일론사는 비중이 큰 플로로카본사에 비해 채비 안정과 예민성은 좋지만 찌 안착이 느리고 바람이나 물결 등에 지장을 많이 받는다는 단점이 있다. 이에 비해 플로로카본사는 나일론사에 비해 물속으로 가라앉아 채비 안정에 지장을 초래하는 단점이 있는 대신, 바람이나 물결의 영향을 비교적 덜 받는다는 장점이 있다.

• **목줄** – 목줄은 모노필라멘트 1~1.5호를 사용한다. 길이는 20~40cm 범위로 하되, 평균적으로 짧은 목줄은 25cm, 긴 목줄은 30cm 정도로 하여 단차 채비를 기본으로 한다.

• **바늘** – 붕어바늘 5~7호가 무난하다.

전내림낚시 채비(1) - 일반 찌 사용 시

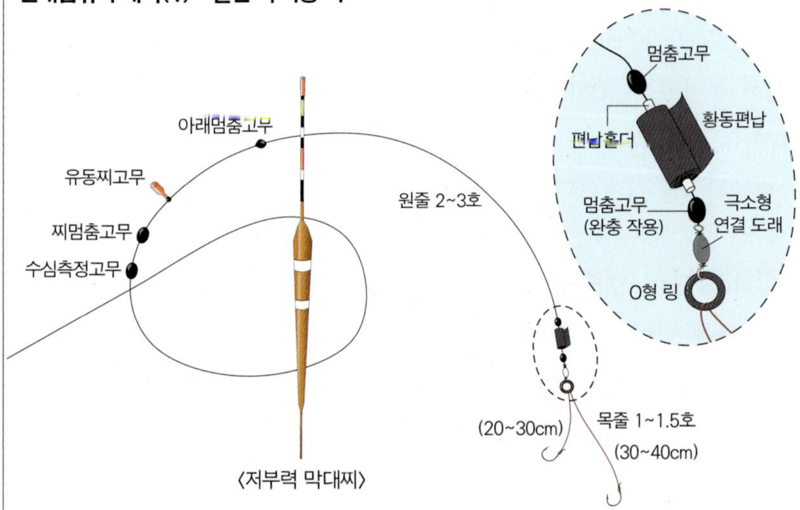

〈저부력 막대찌〉

전내림낚시 채비(2) - 자체부력조절 찌 사용 시

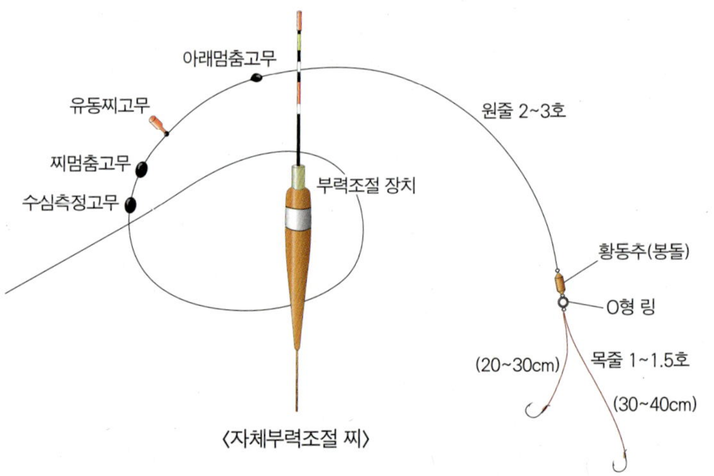

〈자체부력조절 찌〉

• 기타 – 봉돌과 목줄을 연결하는 부위에 완충 작용을 위하여 ○형 고무링을 장착하고, 유동 채비를 위한 유동찌고무, 찌멈춤고무 등이 필요하다.

■ 전내림낚시 채비 이렇게

• **원줄의 길이** – 원줄의 길이는 일단 낚싯대보다 짧아야 한다. 3.0칸 이내는 한 뼘 정도 짧게 하고, 3.0칸 이상은 0.5칸마다 한 뼘씩 짧게 하는 것이 적당하다.

• **채비 순서** – 낚싯대 끝에 원줄 연결 → 길이에 맞게 원줄 절단 → 수심측정고무 부착 → 찌멈춤고무 부착 → 유동찌고무 부착 → 아래 찌멈춤고무 부착 → 봉돌(편납홀더) 부착 → ○형 고무링 부착 → 바늘 채비 부착 순으로 하되 전체적인 구성은 〈그림〉을 참고 바란다.

Tip

전내림낚시 채비의 허와 실

1) 편납홀더 유동채비

전내림낚시를 하는 사람 대부분의 채비를 보면 초기 입질을 부드럽게 유도하기 위한 방법으로 편납홀더를 10cm 간격으로 다는 유동채비를 한다. 그러나 편납홀더는 항상 떠있는 상태이므로 이 방법은 별 의미가 없다. 붕어가 미끼를 물고 빨아 내리는 속도보나 편납의 침력이 커서 물리학적으로 수중의 편납은 그대로 멈추고 원줄만 홀더 구멍을 통하여 1mm라도 아래쪽으로 당겨질 가능성은 없기 때문이다.

*만약 봉돌이 바닥에 닿아 있는 채비라면 효과가 있으며, 이러한 바닥유동봉돌 채비는 이미 1980년대 초에 운용된 바 있는데, 당시의 낚시 잡지에도 그 기록이 나타나 있다.

2) 전내림낚시 채비는 예민한 것일까?

분명 섬세한 채비이기는 하지만 붕어의 입질에 따른 반응 자체가 예민한 것은 아니다. 떠 있는 봉돌과 원줄의 역학, 그리고 긴 목줄의 운동 방향 등을 고려하면 오히려 '차분한 채비'라 부르는 것이 옳은 표현이다

대물낚시야말로 유비무환有備無患!

대물낚시는 하룻밤을 뜬눈으로 보내면서 단 한 번의 입질을 갈망하는 '기다림의 멋'을 즐기는 낚시이다. 그리고 천신만고 끝에 찾아 온 기회를 포착, 단 한 마리의 대물로 지루한 기다림을 한꺼번에 보상받는 '희열의 낚시' 이기도 하다. 그런데 단 한 번 찾아온 천재일우의 기회를 채비 부실로 무산시키게 된다면 그 허탈감은 이루 말할 수 없어진다. 그야말로 억장이 무너지는 것이다.

모든 낚시가 마찬가지겠지만 특히 양적인 욕심을 버리고 질적인 희열을 추구하는 대물낚시일수록 수시로 채비를 점검해 만일의 사태에 대비해야 한다. 채비 점검에 따른 교체 시기 또한 중요하다.

• **원줄** – 낚싯대를 접을 때 원줄을 손으로 훑어보아 껄끄러운 흠이 만져지면 그 부분을 다시 면밀히 검사해야 한다. 미세한 코팅 손상이라도 발견되면 즉시 교환해야 한다. 흠이 생긴 것을 알고도 제때에 교환하지 않고 그대로 낚시를 하다간 제대로 힘 한 번 못 쓰고 당하게 된다.

낚시 도중 장애물에 채비가 걸렸을 때도 마찬가지다. 강한 힘으로 당겨 해결하는 과정에서 원줄이 직접 손상을 입거나 파마 현상이 생겼다면 이 역시 사단의 별미가 된다.

• **목줄** – 목줄은 일단 육안으로 관찰하여 조금이라도 보푸라기가 발견되면 교환하는 것이 상책이다. 특히 바늘귀 묶음 부분을 잘 관찰해야 한다. 합사가 아닌 나일론 목줄일 경우 꺾어지거나 구부러진 형태를 보일 때가 있고, 중간에 매듭이 생겼을 때도 있다. 이는 곧 교환하라는 신호로 받아들여야 한다.

• **바늘** – 낚시 도중 낚싯바늘 끝은 수시로 점검해야 한다. 여러 가지 이유로 끝부분이 조금이라도 무뎌지면 챔질 시 '후킹'이 제대로 되지 않을 위험성이 따른다. 설마 해서는 안 된다. 낚시를 시작할 때나 낚시를 하는 중간중간, 바늘 끝을 엄지손톱에 가볍게 긁어 보아 약간의 미끄럼 현상이 있으면 바꾸어야 한다.

이유 없이 헛챔질이 계속된다면 바늘 끝을 점검해 보아야 한다. 무리한

▼ 여러 가지 악조건 상황에서 이뤄지는 대물낚시는 채비뿐만 아니라 모든 준비가 완벽해야 한다.

힘을 가해 수초에 걸린 바늘을 빼냈을 경우도 마찬가지다. 바늘허리의 펴짐 유무를 검사해 원형변화가 발견되면 손으로 복구시키지 말고 미련 없이 교체하는 것이 좋다.

04 찌와 찌맞춤

▲ 대물낚시에 사용되는 고부력 찌. 고부력이라 해서 찌놀음이 둔한 것은 아니다.

어떤 찌를 선택할 것인가

낚시를 할 때 물 속 붕어와 물 밖 낚시인과의 대화는 오직 찌를 통해서만 이루어진다. 붕어는 찌를 통해서 물속에서의 행동을 표현해 주고, 낚시인은 그 찌를 통해 붕어의 행동을 감지하기 때문이다. 따라서 찌를 잘 사용하고 그 움직임을 잘 읽어 내는 것이 낚시의 맛을 배가시키고 붕어와의 승부에서 승패를 가름한다.

■ 대물 찌는 꼭 짧고 튼튼하고 고부력이어야 할까?

대물낚시이기 때문에 찌가 짧고, 튼튼하고, 고부력이어야 한다는 것은 반드시 정답은 아니다. 유리한 점이 많을 뿐 달리 구사할 수만 있다면 저부력의 예민한 콩알낚시용 찌를 사용해도 무방하다. 그러나 보편타당성이 있는 것은 사실이다.

우리가 대물낚시를 시도할 때는 주로 수심이 얕고 수초가 많이 분포된 곳을 포인트로 정한다. 이때 저부력의 가늘고 긴 찌를 사용한다면 1m도 못 되는 수심에서 긴 찌가 오히려 불편을 줄 것이고, 약한 찌 톱은 수초에 걸렸을 때 부러지기 십상이며, 저부력의 봉돌은 바닥에 깔려 있는 수초 가닥이나 침수수초의 줄기를 극복하지 못하여 자리를 잡기가 어렵게 될 것이다. 이런 채비로 극도로 정숙을 요하는 대물낚시를 제대로 구사하기란 어렵다.

상대적으로 찌가 둔하고 너무 고부력이라고 해서 찌놀음이 둔할 것으로 지나치게 우려할 필요는 없다. 어차피 대물을 노리는 낚시이고, 그 대상인 대물 붕어는 잔챙이들에 비해 흡입력이 강하고 동작 또한 힘차기 때문이다. 그렇다면 대물낚시에 적합한 찌의 기준은 무엇일까?

■ 찌를 선택하는 3가지 기준

• **재질 선택** – 붕어낚시용 찌는 오동나무 · 발사나무 · 삼나무 · 갈대 · 공작 깃털 · 합성수지 재료가 주류를 이루는데 대물낚시용으로는 오동나무 소재의 찌가 가장 적합하다. 오동나무에 비해 발사는 부력이 뛰어나긴 해도 견고성이 떨어져 거친 수초를 대상으로 하는 대물낚시에는 맞지 않고, 삼나무 소재는 부력이 떨어진다. 이밖에 갈대나 공작찌는 약하기도 하거니와 수온에 따라 부력 변화가 발생한다.

• **길이 선택** – 흔히 말하는 '짧은 찌'는 1자(30.3cm) 이내를 지칭하며 수심이 아주 얕은 수초지대에서 주로 사용한다. 30~45cm 길이의 중간 찌는 가장 흔히 사용되는 길이이며, 2자(60cm) 이상에 달하는 긴 찌는 깊은 수심대로서 수초가 없거나 수초와 수초 사이의 넓은 공간을 공략할 때 사용된다. 때로는 멋을 느끼기 위해 사용하는 사람도 있다. 여러 가지 경우를 고려해야겠지만 보편성에 기준을 둔다면 30~40cm 정도 길이가 가장 바람직하다.

• **부력 선택** – 정해진 기준은 없지만 대개 1돈(3.75g) 이내의 부력을 갖는

찌를 가벼운 찌라 하고, 1~1.5돈(약4~6g) 정도 부력을 갖는 찌를 중간부력 찌, 그리고 2돈(약7g) 이상의 부력을 갖는 찌를 고부력 찌로 분류한다. 이 가운데 대물낚시에는 중부력 이상 고부력의 찌를 선택하는 것이 좋다. 그러나 낚싯대의 길이도 고려해야 한다. 2.0칸 이내 낚싯대에는 가벼운 찌를, 5.0칸 이상 낚싯대는 초고부력의 찌를 선택하는 등 필요에 따라 융통성 있게 사용해야 하므로 저부력과 고부력 찌를 항상 예비로 휴대하는 것이 좋다.

■ 좋은 찌를 선별하는 요령

좋은 찌라 함은 우선 외형이 제대로 갖춰져 원하는 기능을 잘 수행해야 하며, 무엇보다 눈에 잘 띄어야 한다. 그리고 뭐니 뭐니 해도 자신의 낚시습관과 맞아야 한다.

• **외형** – 찌를 구입할 때는 육안으로 보아 외형이 균형을 잘 이루고 있는지 확인해야 한다. 예를 들어 저부력임에도 불구하고 멋을 부리기 위해 과도하게 너무 길지 않은지, 찌 톱이나 다리가 일직선이 되지 않고 구부러진 상태는 아닌지 확인해 보는 것이다. 또한 찌 톱과 몸통 그리고 다리에 이르기까지 전체적인 모양이 일직선을 이루는지도 살펴야 하고, 혹시 몸통에는 굴곡진 곳이 없는지를 살펴야 한다. 나아가 찌를 똑바로 세우거나 찌 톱과 다리를 잡고 돌려보아 똑바로 회전되는지 살펴볼 필요가 있다. 불규칙하게 회전하면 불량품이다.

• **도포 및 시인성** – 찌 몸통의 도포(塗布)가 기포 없이 고루 매끈해야 방습이 보장되며, 찌 톱 마디의 색깔 구분이 명확해야 눈에 잘 띈다. 특히 대물낚시는 수초 사이에 찌를 세운다는 점을 감안하여 찌 눈금이 밝고 선명한 색상이어야 좋다.

• **형태와 크기** – 어떤 사람은 저부력으로 몸통이 날렵하면서도 톱이 가늘고 긴 '예민한' 찌를 좋아한다. 또 어떤 사람들은 고부력으로 몸통이 굵고 튼튼하며 톱도 굵고 무게감이 있는 찌를 선호한다. 또 어떤 사람은 키가 큰 장찌를 선호하고, 어떤 사람은 키가 작은 단찌를 선호한다. 이렇듯 좋은 찌는 자신의 취향에 따라 기준이 달라지기도 한다.

■ 낚시 상황에 따른 고려 사항

붕어낚시인들은 찌를 가장 중요시한다. 이유는 간단하다. 우리가 물속을 들여다 볼 수 없으니 우리 눈을 대신해 수중 상황을 전달해 주는 매개체가 바로 찌이기 때문이다. 그러므로 낚시 경력이 쌓여 나름대로의 이론이 정립되면 자신에게 맞은 찌의 특성과 용도를 구분하기 시작하기 한다. 언제 어디서 어떤 기법을 구사할 것인지를 고려하는 것이다.

• **몸통 형태** – 붕어낚시용 찌의 몸통은 크게 막대기형과 오뚝이형, 유선형으로 나뉜다. 이 가운데 외형이 연필 비슷하게 생긴 막대형은 부력의 중심이 몸통 전체에 분산돼 있어 작은 입질에도 민감한 반응을 나타내는 등, 예로부터 많이 사용된 형태이다. 그러나 이 막대형 찌는 입수와 상승 속도가 빨라 다소 방정맞고, 수로나 강과 같이 물이 흐르는 곳에서는 물살의 저항을 많이 받는 특성이 있다. 그러므로 막대형 찌는 챔질 감각이 민감한 사람에게 어울리고, 물흐름이 있는 곳에선 아무래도 사용하지 않는 것이 좋다.

막대형과는 반대로 오뚝이형 찌는 부력의 중심이 몸통의 중심에 있어 일단 입수할 때는 사면에서 받는 물의 저항 때문에 내려가는 속도가 느리고, 그 느린 속도만큼이나 채비가 수직 정렬 상태를 이루는 여유가 생긴다. 또한 고기가 입질을 했을 때 찌에 나타나는 반응 또한 차분하고 부드럽다. 이

여러 가지 찌 모양

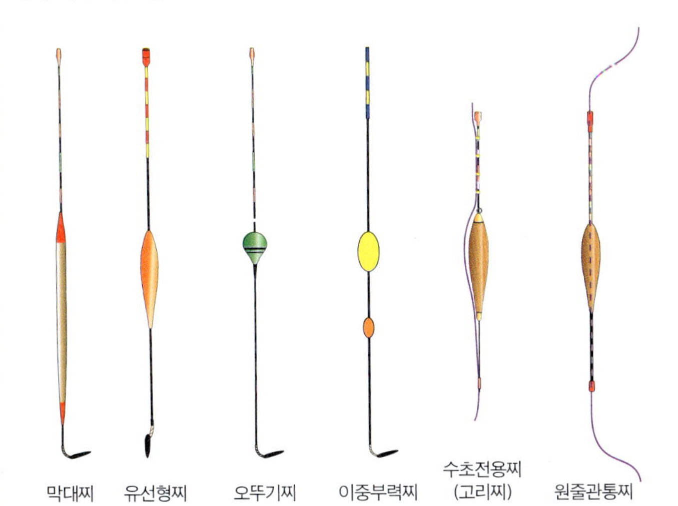

수제찌

같은 특성을 지닌 오뚝이형 찌는 중심이 잘 유지됨으로써 강이나 수로처럼 물이 흐르는 장소에도 유용하다.

유선형 찌는 막대형과 오뚝이형의 절충 형태다. 다양한 모양에 따라 다소 차이는 있지만 부력의 중심은 대부분 몸통의 어느 지점에 집중된다. 따라서 흐르는 물에서도 비교적 잘 지탱하며, 입수 및 상승, 하강 운동을 할 때에도 물의 저항을 크게 받지 않아 어신 형태가 비교적 예민하게 나타난다. 따라서 유선형 찌는 장소와 기법에 구애됨이 없이 두루 사용되는 편이다.

• **고정식과 유동식** – 찌 다리 끝에 날라리가 부착된 '고정찌'는 낚시를 할 때 일정한 수심에 맞춰 찌고무에 날라리를 끼운 상태로 사용한다. 따라서 찌고무를 밀어올리거나 끌어내려 찌의 위치를 고정시키게 되는데, 이때 찌고무 속 날라리와의 마찰로 인해 원줄에 흠집이 생기는 경우가 흔히 발생한다. 결국 날라리가 부착된 찌를 사용할 때는 원줄이 너무 가늘면 안 되고, 3호 이상의 비교적 두터운 원줄 사용을 필요로 한다. 또 날라리가 부착된 찌는 물의 저항을 덜 받는 오뚝이형이나 유선형이어야 한다. 만약 2호 이내의 가는 원줄에 물의 저항을 많이 받는 찌를 찌고무로 고정시키게 되면 챔질 시에 찌의 유동이 생기고, 그래서 자꾸 찌를 끌어 올리거나 내리다 보면 원줄에 손상이 생기기 마련인 것이다.

이와는 달리 유동찌는 찌 다리 끝에 날라리 대신 도래가 부착되어 있거나 아무것도 없이 그냥 찌꼬리로 마감되어 있는 형태도 있다. 이 가운데 도래가 부착되어 있는 유동찌는 미리 원줄에 부착해 둠으로써 항상 원줄과 찌가 연결된 상태로 보관 · 이용할 수 있고, 그냥 찌꼬리만으로 마감 처리된 찌는 원줄에 별도의 유동 찌고무를 달아놓고 필요할 때마다 찌를 탈착시킨다.

이상 두 가지 방식으로 사용하는 유동찌는 바람 불 때의 채비 투척이나 수심 얕은 수초지대에서 채비를 안전하게 투척하는 데 유리하며, 특히 밤낚시 도중 채비를 거두어 손으로 잡을 때도 케미컬라이트가 항상 봉돌 근처에 와 있어 두루 편리한 장점이 있다. 더불어 유동찌 채비는 작은 수초 구멍에 찌를 던져 세우기에도 유리한데, 이미 설명한 관통찌도 결국 이 유동찌 채비에 속한다.

세 가지 찌맞춤 사례를 터득하자

필자는 글이나 방송을 통해 '찌맞춤의 굴레에서 벗어나야 진정한 고수가 된다'라는 말을 자주 언급한다. 미세한 찌맞춤에 너무 연연하지 말자는 것이다. 그러나 찌맞춤의 원리만큼은 터득해야 하며, 찌맞춤 원리에 따른 응용력을 키워야 진정한 대물 꾼이 될 수 있다. 그다지 어려울 것도 없다. 표준 찌맞춤, 무거운 찌맞춤, 가벼운 찌맞춤 세 가지만 이해하고 터득하면 된다. 이 가운데 대물낚시에 주로 활용되는 찌맞춤은 표준 찌맞춤과 무거운 찌맞춤 두 가지이다.

■ '표준 찌맞춤' 원리와 특징

표준 찌맞춤은 봉돌만 단 채 찌 끝이 수면에 일치하게 하는 찌맞춤이다. 봉돌을 단 찌를 물에 넣었을 때 찌가 물속으로 가라앉았다가 다시 천천히 떠올라 수면에서 잠시 오르내리던 중 이윽고 수면과 일치하는 것이다. 이렇게 만들기 위해선 처음에는 무거운 봉돌로 맞추기 시작하여 점차적으로 봉돌을 깎아 가볍게 해주면 된다.

표준 찌맞춤

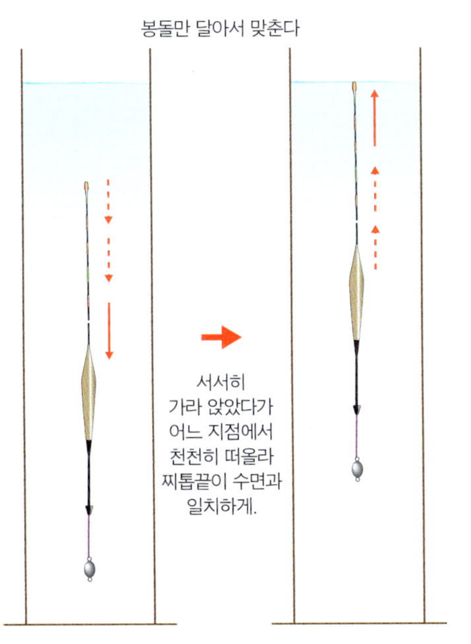

표준 찌맞춤의 특징은 낚시를 할 때 생각과는 달리 대부분 봉돌이 바닥에 닿는다는 점이다. 따라서 작은 물흐름이나 수온변화에 의한 대류 현상에도 비교적 안심하고 사용할 수가 있다. 또한 붕어가 입질을 할 때 예신과 본신의 구분이 명확하고, 비교적 찌올림이 차분하고도 중후하다. 그러므로 대물낚시에도 이 표준 찌맞춤이 흔히 활용된다.

간혹 수조에서 찌맞춤을 할 때 예민성을 강조하기 위해 케미 부착과 함께 바늘까지 달아 찌톱 끝을 수면에 맞추는 경우도 있는데, 이렇게 맞추었더라도 실제 낚시를 하기 위해 찌톱을 1cm만 수면 위로 올려놓게 되면 표면장력의 영향과 원줄의 비중으로 인해 봉돌이 수중에 떠 있지 않고 바닥에 가라앉아 닿는 상태가 된다.

• 표준 찌맞춤 후 바늘을 달면? - 봉돌만 달고 표준 찌맞춤을 한 후에 이윽고 바늘을 달아 물속에 넣으면 바늘은 바닥에 닿고 목줄이 활처럼 휘면서 봉돌은 겨우 떠있는 형상을 보인다.

• 낚시를 할 때의 수중 실황은? - 표준 찌맞춤 이후 채비를 완전히 세팅한 상태에서 낚시를 하게 되면 어떤 현상이 나타날까? 이번엔 원줄의 비중이 추가 침력으로 작용해 봉돌이 바닥에 살포시 내려가 자리를 잡게 되는데, 이 상황은 찌의 부력과 봉돌의 침력이 극도의 긴장상태를 유지하면서 힘의 균형을 이루는 대기상태가 된다. 그런데 이런 표준 찌맞춤의 결과에 대해 낚시인 간의 생각은 사뭇 다르다. 어떤 사람은 봉돌이 바닥으로부터 살짝 떠 있을 것으로 생각하고, 또 어떤 사람은 봉돌이 바닥에 누워 있을 것이라고 오해한다. 심지어는 바닥이 뻘층이면 봉돌이 묻혀버린다고 주장하는데, 실제로 수중 관찰을 해 보면 그런 일은 절대로 있을 수가 없고 봉돌은 똑바로 서 있는 상태(직립 상태)로 살포시 바닥에 자리 잡고 있다.

■ '무거운 찌맞춤' 원리와 특징

무거운 찌맞춤이란 찌의 부력보다 봉돌의 중력을 더 크게 한 것이다. 즉 찌에 단 봉돌이 물속으로 가라앉아 바닥에 살포시 안착한 후 그대로 멈추어 있는 상태가 되도록 하거나, 조금 더 빠르게 내려가 바닥을 '툭!' 치며 멈추도록까지 맞추기도 한다.

이런 현상에 대해 '봉돌이 무거워서 붕어가 어떻게 들어 올리겠느냐?'고 걱정할 수도 있으나 잔챙이는 몰라도 대형급들은 무리 없이 들어 올려준다는 사실을 경험으로 알게 된다.

간혹 일부 낚시서적이나 인터넷 낚시 관련 글에서 봉돌이 누워 있는 그림 설명을 보게 되는데 이는 잘못 그려진 그림일 뿐이다. 고리봉돌이 바닥에 그렇게 눕게 되려면 해당 찌가 갖는 부력보다 2배 정도의 비중을 가져야만 그런 현상

무거운 찌맞춤

이 나타난다. 따라서 우리가 대물낚시를 하면서 아무리 무거운 찌맞춤을 하더라도 2배 정도로 무겁게 맞추는 경우는 절대로 없으니 직립 상태로 바닥에 닿은 봉돌은 언제든 입질만 가해지면 떠오를 준비를 하고 있다는 믿음을 갖기 바란다.

■ '가벼운 찌맞춤' 원리와 특징

노지낚시에 임하는 가벼운 찌맞춤은 낚시 전 미리 찌맞춤을 할 때부터 비늘과 원줄까지 세팅을 하고서 시작한다. 즉 세팅한 채비를 물에 넣고 실제 낚시를 할 때처럼 찌톱의 케미꽂이 하단과 수면이 일치되도록 맞추거나 찌톱 한 마디 정도가 수면 위로 노출되도록 맞춘다.

이러한 가벼운 찌맞춤은 노지에서 떡밥을 이용한 마릿수낚시를 하거나 양어장에서 예민한 낚시를 구사할 때 주로 사용하는 방법으로 대물낚시에는 그다지 활용하지 않는 편이다.

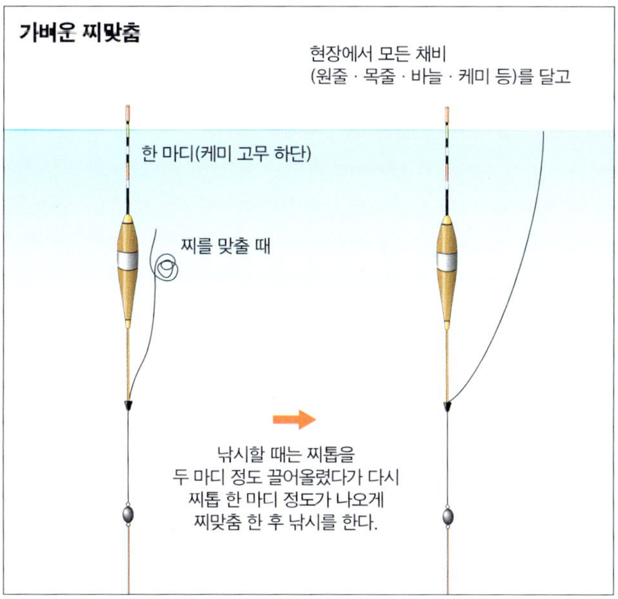

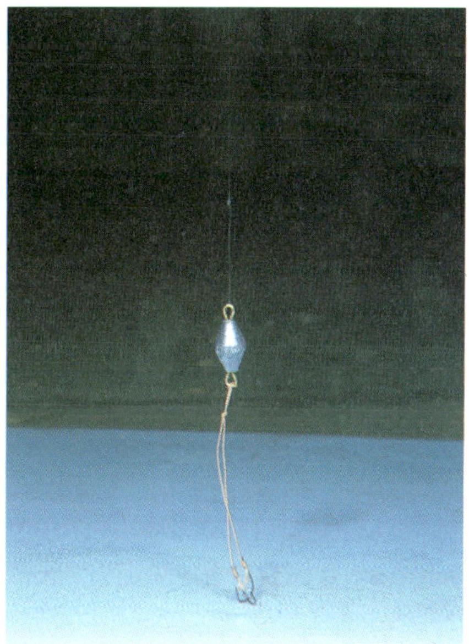

찌맞춤의 굴레에서 벗어나기 위한 제언

■ 찌올림은 붕어 하기 나름이다

찌맞춤의 목적은 물속에서 이루어지는 붕어의 먹이 동작을 물 밖에 있는 낚시인이 가급적 정확하게 전달 받으려는 것이다. 그런데 만약 붕어가 찌를 10cm 정도 올리는 힘을 발휘했는데 실제로 20cm까지 솟는 찌맞춤을 생각한다면 논리적으로 맞지 않는 발상이다. 붕어가 만약 찌가 10cm 정도 오를 힘을 발휘했다면 목줄의 사각지대를 감안하더라도 실제 찌톱 두 마디(약 8cm) 정도는 솟는 것이 정상이다.

그러니 찌맞춤에 대한 지나친 예민성을 기대하거나 성급한 챔질로 화를 자초할 필요가 없다. 아주 잘못된 찌맞춤만 아니라면 붕어가 수중에서 먹이 활동을 하는 동작만큼은 정직하게 찌가 솟아오른다는 믿음이 필요하다. 나중에 찌올림의 원리에서 설명이 되겠지만 붕어가 똑같은 입질을 할지라도 찌의 상승 폭이 달리 나타나는 것은 수면 위로 노출된 찌톱의 무게 작용과 목줄의 각도 차이 등에서 그 원인을 찾을 수 있다. 그러나 붕어가 제대로 입질을 하는데도 찌가 전혀 안 올라오는 경우는 없다.

■ '관찰낚시'를 경험해 보자

찌맞춤의 고민을 해소하기 위한 한 가지 제안을 더 추가해 본다. 여러 가지 찌맞춤법을 낚싯대마다 각각 다르게 적용해 놓은 후 입질이 오더라도 절대 챔질을 하지 말고 관찰해 보자는 것이다. 몇 차례 그 광경을 지켜보다 보면 찌맞춤에 따른 찌올림의 차이를 확인하게 됨으로써 찌맞춤의 고민에서 해방되고, 나아가 한 차원 높은 낚시를 구사할 수 있을 것이다.

특히 전통 바닥낚시를 하면서 케미컬라이트가 찌 올림에 미치는 영향 등의 아주 미세한 부분까지 신경을 쓰는 독자들은 챔질을 하지 않고 관찰하는 실험낚시를 해보기 바란다. 보이지 않는 수중세계에서 이루어지는 붕어의 행동과 우리 눈에 보이는 찌놀림의 의문에 따른 고민을 조금은 해결할 수 있을 것이다.

Photo fishing

붕어는 쉬는 잠자리를 깨우지 않는다.

사진 · 이기선

△ 계절의 여왕 5월엔…. by 이기선

Part 2

돌입

Section 05 낚시터 선정

Section 06 포인트 선정

05 낚시터 선정

▲ 싱그러운 5월의 낚시터 풍경. 산도, 물도 푸르고 바라보는 낚시인의 마음도 푸르다.

출조지 선정 시 고려할 사항

대물낚시에 있어 낚시터 선정은 그 무엇보다도 중요하다. 작은 붕어들이야 물이 있는 곳이면 어디에 가나 만날 수 있지만 월척급 이상의 큰 붕어는 아무 곳에나 있는 게 아니기 때문이다. 물론 우리나라의 수계에는 규모에 관계없이 대부분 월척급 붕어가 서식한다는 것을 필자는 경험을 통해 알고 있다. 그러니 여러 가지 여건을 고려하여 월척급 이상의 대물 붕어가 많이 서식할 만한 장소를 택하여 출조하는 것이 확률을 높이는 지름길 아니겠는가.

■ 전력(前歷)이 있는 장소를 택한다

대물낚시 장소 선정 시 고려해야 할 가장 기본적인 사항은 실제로 대물이 배출된 적이 있느냐의 전력을 따져보는 것이다. 월척이나 4짜, 5짜 붕어를 배출한 곳에선 그에 필적한 대물을 배출할 확률이 가장 높다. 필자가 작품 활동을 하면서 어탁 의뢰자들이 낚은 대물 산지를 기록해 두고 그 통계를 내어보면 거의 같은 시기, 같은 장소가 중첩되는 걸 확인할 수 있다.

역시 대물은 산지가 따로 있다는 얘기인데, 그 산지의 조황은 최근의 정보도 중요하지만 전년도 그리고 그 전년도의 조황도 적극 참고할 필요가 있다. 그러나 전력이 있는 장소라 해도 근래의 여건 변화(배수 · 준설 · 그물질 등)에 대해서는 꼭 사전에 알아보고 결정하는 것이 낭패를 방지 할 수 있다.

■ 지령(池齡)이 오래 된 곳이 유리하다

지령이 오래 되었다고 하는 것은 수십 년도 좋겠지만 10년 정도의 지령이면 충분하다. 그러나 5년 이내의 지령을 가진 신생 저수지라면 대어 낚시터로서는 불리하다. 그렇지만 신설이 아닌, 지령이 오래된 저수지를 준설, 확장한 경우는 3년 정도만 경과해도 대물 낚시터로서 훌륭한 면모를 갖추게 된다. 또 신설인 경우에도 기존의 소류지나 수로 등이 포함된 곳이면 역시 3년을 전후해 낭보를 전할 수도 있다.

이렇게 지령이 오래된 저수지를 찾을 때 한 가지 유념할 사항은 물의 순환이 잘 안 되고 장기간 준설을 하지 않아 바닥 퇴적층이 너무 두텁게 쌓인 곳은 피하는 것이 좋다. 이러한 장소는 바닥 퇴적층의 가스가 수중에 녹아들어서 용존산소량이 부족하기 쉽다. 이런 곳에 서식하는 어류들이 번성할 리가 없는 것이다.

■ 해안가 저수지나 수로가 유리하다

해안지역은 여름에는 선선하고 겨울에는 온화한 기후 영향을 받는다. 수중생태계에도 좋은 영향을 미친다고 볼 수 있다. 특히 해안가 저수지는 대부분 평지형으로 계곡형에 비해 일조량이 풍부하고, 수로의 경우는 해수 차단보에 의해 물흐름이 막혀 있어 동절기에도 적정 수온이 유지된다. 그러므로 해안가의 수계에서는 겨울철에도 붕어들의 활성도가 높은 편이다.

■ 발길이 닿지 않은 산간 소류지를 찾는다

흔히 '산간 붕어들은 여물게 성장한다'고 말한다. 하절기 한동안만 활발히 성장을 하고 동절기엔 차가운 수온으로 거의 성장을 하지 못하기 때문이다. 하지만 발길이 잘 닿지 않은 산간 소류지를 찾아서 대물낚시를 해보면 의외로 좋은 붕어를 만날 수가 있다. 개체수는 적더라도 그 환경에 잘 적응하는 우성의 유전인자를 가진 친어들이 있기 때문인 것으로 생각된다.

그러나 산간 저수지를 찾을 때는 사전에 꼭 확인해야 할 사항이 있다. 그것은 너무 그늘이 지지 않고 일조량이 많은 곳, 지속적으로 계곡의 냉수가 흘러들지 않고 물이 정체된 곳, 수중에 침수수초나 마름 등의 부엽수초가 서식하는 곳, 연안에 갈대나 부들 · 뗏장수초 등이 잘 자라고 있는 곳을 우선해야 한다는 것이다.

■ 대형 저수지나 댐 장애물 지역을 찾는다

대형 저수지나 댐은 수면이 넓고 저수량이 많아 그 자체에 다양한 서식 환경이 조성되고, 수온 변화가 급속히 일어나지 않아서 대형급 물고기들이 서식하기에 좋은 여건이다. 그럼에도 불구하고 대물 낚시인들은 큰 저수지나 댐을 선호하지는 않는다. 왜 그럴까?

대답은 간단하다. 큰 물고기를 만나기가 쉽지 않기 때문이다. 대규모 수계의 큰 물고기는 우리가 원하는 연안으로 접근하지 않아도 넓고 다양한 천지에서 얼마든지 먹이를 취할 수 있고, 활동과 휴식을 취할 수도 있어서 구태여 사람 인기척이 나는 연안으로 접근하지 않아도 되는 것이다. 실제로

높은 곳에 올라 관찰을 해 보면 저만치 떨어진 가운데 쪽에 시커멓게 떼로 몰려 휴식을 취하는 광경을 볼 수 있다.

그러나 대규모 수계의 물고기들도 연안으로 접근해야 하는 경우가 있다. 첫째는 봄 시즌에 산란을 위해서다. 이때는 경계심을 잃고 상류권 얕은 곳으로까지 접근한다. 둘째는 하루 중 먹이 사냥을 할 때다. 이때는 연안으로 아주 근접하지는 않아도 수중 턱이나 암반 장애물, 수몰 나무, 경사진 바닥의 수초 밑동 부근으로 접근하여 먹이 사냥을 한다. 그러나 그 시간대가 일정하지 않아 조황 기복이 심하게 나타난다.

▪ 수초가 적당히 발달한 장소가 좋다

수초가 발달한 곳은 수중 산소량이 많고 수서곤충이나 미생물, 미네랄 등이 풍부해 붕어의 성장에 좋은 여건을 제공할 뿐만 아니라 천혜의 은신처이자 휴식처 역할을 한다. 당연히 붕어의 개체수가 많고, 성장 여건이 좋은 만큼 대형급들도 많다.

그러나 연, 줄풀 등의 정수수초가 너무 많거나 마름 등의 부엽수초니 말풀류의 침수수초가 밀생한 여건은 씩 도움이 되지 못한다. 붕어가 연안 수초대로 접근하기보다는 전역에 분포된 수초대로 붕어 역시 확산될 뿐만 아니라 특히 중심부의 수초밭에 머무는 현상을 보이기 때문이다. 따라서 수초는 군데군데 특징적으로 형성한 것이 좋다.

▪ 일반 저수지보다는 양수형 저수지가 유리하다

주로 내륙의 평야지대나 해안가에 축조되는 양수형 저수지의 특징은 대부분 들판을 흐르는 수로에서 물을 끌어올림으로써 산간 계곡수와는 달리 수온 상태도 좋고 미네랄도 풍부한 편이다. 자연적으로 흘러드는 물이 아닌 만큼 영농철에 배수를 하더라도 그 정도가 지나치지 않고, 배수를 한 다음에는 곧바로 끌어올려 다시 채움으로써 물고기의 서식여건이 안정적일 수밖에 없는 것이다.

더욱이 양수형 저수지는 채워지거나 줄어드는 수량의 가감이 거의 일정해 연안 지대에 풍부한 먹잇감이 형성된다. 이로 인한 물고기의 연안 활동이 왕성한 만큼 양수형 저수지는 대물낚시인들의 관심을 사게 되는 것이다.

계절별 입지 조건을 따져보자

내사넌은 항상 변화를 거듭하고 있으므로 작년에 호황이었던 장소가 올해는 엉뚱하게 변모 되어있을 수 있고, 봄철에 호황이었던 장소가 여름으로 들면서는 몰황으로 갈 수도 있다. 그러므로 대자연을 상대로 하는 낚시는 그 장소선정에 있어서 일정한 공식 보다는 그때그때 자연현상의 변화에 따라 달리해야 하며, 특히 계절의 변화에 잘 맞추어서 선정을 해야 한다. 특히 대물낚시에서는 이 계절별로 달리해야 하는 낚시터 선정이 대단히 중요한 부분이다.

따라서 이제부터는 우리 낚시인들이 공통적으로 경험하는 통계상의 자료를 가지고 계절별로 어떤 낚시터를 선정할 것인가를 알아보겠다.

■ 봄 낚시터 – 해안가, 평지형, 일조량 많은 곳

봄철은 만물의 소생이 시작되는 계절이다. 이는 수중세계에도 그대로 적

▼ 해안가에 위치한 평지형 저수지는 산란기 낚시가 어느 곳보다 일찍 시작된다.

용되어 겨울동안 움츠렸던 붕어들이 연안으로 접근하여 활동을 개시한다.

이른 봄에는 해안가 수로나 평지형 소류지를 우선하고, 점차 봄이 무르익어 가면 내륙 쪽으로 시선을 넓힌다. 개나리꽃이 활짝 피어날 무렵이면 붕어의 산란이 본격화 되는데, 이때는 거의 모든 낚시터를 출조지 후보로 삼아도 된다. 그러나 이때 우선해야 할 출조지는 겨울 동안 수위가 잘 유지된 곳으로, 일조량이 많고 수초가 잘 어우러진 곳이다. 또한 대형 저수지보다는 소류지가 유리할 때이다.

상대적으로 기피해야 할 출조지는 겨울 동안 준설을 한 저수지나 산그늘이 진 계곡형 저수지, 그리고 찬물의 유입이 많아 수온 회복이 더딘 곳이다. 또한 산란기가 되어 한창 산란 중인 장소는 출조지에서 제외하는 것이 좋다. 봄이 더욱 깊어가면서 배수가 시작될 무렵이면 반드시 배수 여부를 사전 확인하는 것이 좋다. 물론 배수가 이뤄지고 있는 곳은 가던 도중이라도 핸들을 돌려야 한다.

봄

유망 출조지	기피 출조지
• 해안가 수로 • 평지형 저수지 • 일조량이 많은 곳 • 수초가 잘 발달한 곳 • 배수가 적은 곳 • 대형지보다는 소류지	• 겨울철에 준설한 곳 • 산간 계곡지 • 강, 내륙의 댐 • 냉수 유입이 많은 곳 • 배수가 진행 중인 곳 • 산란이 진행 중인 곳

■ 여름 낚시터 – 사람도 붕어도 시원한 곳 우선

여름철의 무더위는 만물을 무기력하게 만든다. 붕어도 더위에 지쳐 적정 수온대가 되는 밤 시간이라야 활발히 활동한다. 낚시인 자신이 시원함을 느낄 수 있는 곳이 곧 유망 출조지다. 내가 시원하면 붕어에게도 시원한 곳이기 때문이다.

여름철 유망 출조지는 연안에 갈대와 부들 등 키가 큰 수초 그늘이 있어 붕어의 은신과 활동을 보장해 주는 저수지, 그리고 산간 계곡수가 유입되는 등 물의 순환이 잘 되는 저수지이다. 특히 장마 때 큰물이 유입되는 장소는

▲ 여름철 대형 댐낚시터 상류 지역은 오름수위 때 호황을 베푼다.

시기만 잘 택하면 이른바 '오름수위의 대박 조황'을 누릴 수도 있다. 또한 여름철은 소류지뿐만 아니라 대형지에서 국지적인 호황일 보일 때가 많다.

여름철에 회피해야 할 1순위 대상은 물이 정체되어 순환이 안 되는 곳이다. 용존 산소량이 부족해 붕어들이 머리를 싸매기 때문이다. 갈수 상태로 바닥이 훤히 보이는 저수지, 밀생한 침수수초의 하단부가 삭아 물색이 갈색빛을 띠거나 녹조가 수면을 뒤덮은 저수지들도 피하는 것이 좋다. 특히 뗏장수초가 수면을 뒤덮은 장소는 가스 현상이 발생할 우려가 높다. 토사 유입으로 흙탕물이 빨갛게 인 저수지도 기피해야 할 대상이다.

여름

유망 출조지	기피 출조지
• 연안수초가 발달한 곳 • 수위가 잘 유지된 곳 • 신선한 물이 유입되는 곳 • 장마 시 큰물이 유입되는 곳	• 물의 순환이 적은 곳 • 수량이 극도로 적은 저수지 • 수초에 의해 가스기 발생하는 곳 • 흙탕물로 뒤집힌 곳

▲ 여름을 지나 가을에 이르면 소류지가 유망 출조지로 떠오른다.

■ 가을 낚시터 – 대형지에서 소류지로

무더위가 물러가고 가을로 접어들면 수중세계도 다시 활기를 띤다. 수확과 나눔의 계절이기는 수중세계도 마찬가지다. 각종 풀 씨앗 등 먹잇감이 유입됨으로써 겨울을 대비한 붕어들의 섭이 활동이 가장 왕성할 때다. 따라서 대부분의 낚시터들이 호조를 보이는 것이다.

가을철 유망 출조지는 준계곡형 소류지로서 연안의 특정 구역에 뗏장수초가 발달한 한편, 갈대나 부들이 혼재되어 있는 장소가 가장 유망하다. 여름철에 기피한 뗏장수초 밀생 지역도 가을이 되면 가스층이 해소되고 물벼룩 등의 수서곤충이 다량 서식하는 장소로 탈바꿈하기 때문이다. 마름이나 말풀이 전 수면을 뒤덮었던 저수지도 수온 변화에 차츰 삭아내려 여름철과는 달리 유망 출조지로 변모한다.

대형지와 소류지를 다 같이 염두에 둘 수도 있으나 가을이 깊어갈수록 소류지를 우선하는 것이 좋다. 특히 갈수위라 하더라도 제방을 중심으로 형성된 수면이 2m 전후의 수심만 유지하고 있다면 이런 곳은 1급 후보지가 된다. 그만큼 붕어의 서식 밀도가 높을 것으로 기대되기 때문이다. 대형 수로 및 대형 호수의 가지수로도 이 계절에 아주 폭발적인 조황을 보일 때가 많으므로 꼭 유망 출조지로 떠올려야 한다.

가을철에 기피해야 할 대상지는 산간 계곡의 차가운 물이 다량으로 유입되는 저수지다. 물색이 샘물처럼 맑은 곳도 피해야 하며, 수중의 수초 밑동이나 돌무더기에 '물때'가 많이 끼어 있는 장소도 마찬가지다. 특히 가을 농사가 끝나고 나면 동절기 동안 저수지를 준설하거나 제방 보호를 위해서 배수를 하는 저수지가 많이 생긴다. 이러한 저수지는 당연히 피하는 것이 좋다.

가을

유망 출조지	기피 출조지
• 수초가 특징적으로 발달한 곳 • 말풀, 마름이 많았던 곳 • 배수 후 수량이 넉넉한 곳 • 깊은 가을엔 소류지 우선 • 대형 수로나 호수의 가지수로	• 냉수가 흘러드는 계곡지 • 물색이 맑은 곳 • 수초에 물때가 많이 끼어 있는 곳 • 준설을 위해 배수 중인 저수지

▪ 겨울 낚시터 – 해안가 수로, 평지형 저수지 각광

겨울이 되면 동물이건 식물이건 만물이 활동을 멈추거나 움츠린다. 수중 세계의 붕어도 자연현상에 맞춰 본능적으로 활동을 제한한다. 그러나 붕어는 변온동물로 일정 기간이 지나면 추위에 적응을 하게 되며, 이때부터는 여건 변화에 따른 회유 활동과 함께 먹이 활동도 전개한다. 게다가 겨울에도 다른 계절 못지않게 붕어의 활성도가 높은 곳들이 있다.

겨울에도 붕어의 활성도가 평균적으로 높은 곳은 해안가의 수로나 해풍의 영향을 받는 평지형 저수지이다. 따라서 겨울철에는 섬이나 해안가 수로, 그리고 넓은 들판 끝자락에 위치한 평지형 저수지를 찾는 것이 유리하다. 만약 불가피하게 내륙 지방으로 출조할 경우는 일조량이 많고 정수수초가 많이 삭아 내린 곳이거나 침수수초 새싹이 자라 오르고 있는 평지형 저수지를 선택하는 것이 좋다.

겨울철에 피해야 할 대상지 1순위는 강 그리고 댐이다. 붕어의 활성도가

▲ 해안가에 위치한 수로는 겨울철 살얼음이 낀 상황에서도 쏠쏠한 조황을 보인다.

가장 낮은 곳이기 때문이다. 산간 계곡지도 마찬가지다. 그리고 겨울 동안 샘물처럼 물색이 맑은 곳은 비록 해안가라고 하더라도 피하는 것이 상책이다. 얼음낚시를 할 경우는 눈이 전면을 덮고 있는 곳이 곧 기피해야 할 대상지이다.

겨울

유망 출조지	기피 출조지
• 해안가의 수로, 저수지 • 일조량이 많은 평지형 저수지 • 삭은 정수수초가 가라앉은 저수지 • 수초 새싹이 자라는 저수지	• 강과 댐 • 산간 계곡형 저수지 • 물색이 맑은 곳 • 눈이 전면을 뒤덮은 저수지

06 포인트 선정

▲ 뗏장수초가 가득한 포인트. 붕어의 먹이 구입처이자 피난처이다.

붕어의 입장에서 생각하자

모든 동물이 그러하듯 붕어는 원초적 본능으로 자연현상에 민감하게 반응해가며 종족을 보존한다. 흔히 '붕어 머리는 3초!'라고 말하듯 붕어는 지각 기능으로 생각하고 판단, 행동하기보다는 본능에 따라 조건반사적으로 처신한다. 그런데 사람은 원초적 본능보다는 경험에서 얻은 지혜와 학습을 통한 지식을 바탕으로 생각하고, 판단하고, 행동하는 고등동물이다. 그래서 붕어 입장이 아닌 사람 입장에서 생각하고 판단함으로써 붕어를 이해하는 데 있어 시작부터 오류를 범하고 만다.

그런 점에서 필자는 대물낚시 포인트 판별 요소를 붕어 입장과 사람 입장을 대조해서 생각해 보고자 한다.

■ 붕어는 어디에 있을까?

단순히 사람 입장에서 보면 헤엄쳐 다니는 붕어는 물 속 어디에나 있어야 한다. 그러나 저수지를 가로질러 그물을 쳐 보면 붕어가 그물에 걸리는 부분과 전혀 걸리지 않는 부분이 확연히 구분된다.

또한 낚시터 현장에서 수심 깊은 곳이나 원거리가 좋을 것 같아 힘들여 긴 대를 뽑아 채비를 드리우다 보면 오히려 코앞의 짧은 대보다 입질의 덜할 때가 많다. 그물 치는 사람과 마찬가지로 낚시인 또한 사람 입장에서 욕심을 부린 결과 아닐까?

그렇다면 붕어는 어디에 있을까? 붕어의 입장에서 생각하면, 당연히 은신처를 제공 받을 수 있고, 먹이는 물론 용존산소량이 풍부한 곳을 선호할 것이다. 저수지를 예로 들면 상류 및 연안 수초지대와 제방 석축 부근, 수초나 장애물이 없는 경우는 물색이 탁한 수심 2m 전후의 바닥이 깨끗한 곳들이 그런 조건을 충족시킨다고 할 수 있다. 사람 입장에서는 물이 깊고 넓어 안정적인 저수지 한가운데 쪽에 마음이 가게 마련인데, 정작 붕어의 생각은 다른 것이다.

▼ 어디에 자리할 것인가? 붕어의 입장이 되어 생각해 보자.

■ 언제 어디서 끼니를 때울까?

붕어도 다른 동물처럼 태어나서 성어로 성장하는 동안 집단을 이루어 생활하며, 먹을 때와 그냥 놀 때, 그리고 꼼짝 않고 쉴 때가 있다. 그러다가 월척 이상의 대물급으로 성장할수록 독립 행동을 감행한다. 또한 물고기들의 입장에서 어떤 천재지변이 예측되거나 자연현상의 급격한 변화가 감지될 때는 서식 집단 또는 특정 지역별로, 혹은 전국적으로 경계경보를 발령하고 일체의 먹이 활동을 중단할 줄도 아는 것 같다. 붕어는 사람보다 훨씬 앞서는 본능적인 예지 능력을 갖고 있기 때문이다.

그럼 붕어는 언제 어디에서 끼니를 때울까?

대물급 붕어가 즐겨 찾는 먹이 활동 장소는 일정 영역을 중심으로 먹이 활동이 용이하면서도 유사시 은신이나 도망이 가능하고, 먹잇감인 수서곤충이나 새우 · 참붕어 등이 많은 곳이다. 따라서 붕어 입장에서 포인트를 상정한다면 상류의 물골과 연안 수초대를 우선 생각하지 않을 수 없고, 플랑크톤이 번성하여 적당히 물색이 탁한 곳도 빼놓을 수 없다.

이처럼 붕어가 먹이를 찾는 시간대와 본능적인 회유 경로를 붕어의 입장에서 생각해보는 것, 어렵고도 쉬운 일이다.

▼ 붕어의 먹이는 실로 다양하다. 통조림 옥수수 미끼에 낚인 월척 붕어들.

수초와 물색, 수심 파악이 기본

■ 수초면 무조건 다 좋을까?

• **독립적이고도 특징적으로** – 어느 낚시터에 당도했을 때 전면에 수초가 덮여 있다면 낚시 포인트로서 가치가 떨어진다고 봐야 한다. 일단 붕어가 전면으로 분산되어 특정 지점을 공략하기 곤란한 때문이다. 그러므로 상류나 중류의 작은 물골 쪽이나 연안 어느 한 곳에 특징적으로 수초가 형성된 곳이 곧 포인트가 된다.

• **정수수초가 혼재하는 곳** – 수초가 넓게 분포돼 있다 하더라도 일정 부분에 어떤 종류든 정수수초 무더기가 혼재해 있다면 그곳이 바로 포인트이다. 예를 들어 전역에 발달한 마름수초대 어떤 부분에 갈대나 부들 혹은 줄풀이 무더기로 혼재해 있는 곳이다. 또는 전 연안에 뗏장수초가 띠를 두르고 있는 중에서도 정수수초 무더기가 발달한 곳이나, 연발 저수지 어느 한 부분에 갈대나 부들이 발달해 있는 곳 등이 유망한 포인트가 된다.

• **어로가 형성된 곳** – 여기에서 어로(魚路)라 함은 밀생한 수초지대의 공간과 공간이 서로 연결된 곳, 또는 안쪽으로부터 연안으로 수초 띠가 형성되어 붕어가 은신처를 끼고 접근하기 용이한 곳을 말한다. 즉 붕어가 회유를 하면서 공간 지대를 활용하거나 수초 띠에 의지하는 등, 어느 쪽이든 한 가지가 충족된 상태를 뜻한다.

■ 물색 – 너무 탁해도 탈, 맑아도 탈!

• **탁한 물과 오염된 물은 다르다** – 물색이 탁하다는 것은 흐리다는 뜻을 내포지만 여기서 탁하다는 것은 단순히 '흐리다'는 뜻뿐만 아니라 '농도가 짙다'는 의미를 포함한다. 우리가 단순히 흐리다고 하는 것은 외부에서 흙탕물이 유입되거나 풍랑으로 인해 바닥이 뒤집어진 경우를 말하는데 이런 상황에선 붕어의 입질을 받기가 쉽지 않다. 여기서 물의 탁도가 높다고 하는 것은 수중에 플랑크톤이 번성하여 물의 농도가 높아져서 물색이 탁하게 보이는 경우를 말한다.

• **찌 높이 수심의 바닥 보이지 않아야** – 물색이 맑더라도 수심이 깊으면 바

닥이 보이지 않아 그냥 물색이 좋아 보인다. 그러나 아무리 깊은 물이라도 표층의 물이 샘물같이 맑은 형상을 띠고 있으면 낚시에 있어서만큼은 그곳의 물색을 좋다고 말할 수 없다. 우리가 연안에서 바라보아 수심이 얕음에도 불구하고 바닥이 비치지 않는 상태, 그런 물색이 좋은 것이다. 특히 토사 유입 등의 외부 영향 없이도 물색이 탁하다면 더 좋은 조건이 된다.

■ 수심- 깊은 곳에 대물 계실까?

• 대형 붕어는 깊은 곳에서 입질하지 않는다 – 바다의 경우 엄청나게 큰 고기는 바다 한복판에서 만난다. 민물의 경우도 대물급 잉어나 초어 등은 호수의 안쪽을 릴로 공략해야 만난다. 그러나 대형급 붕어는 3m 이상의 깊은 수심대보다는 1m 전후한 연안 얕은 수심대에서 훨씬 더 자주 만난다. 붕어는 연안 가까이로 접근해야만 원하는 수중생물이나 플랑크톤의 먹이를 양껏 취할 수가 있는 것이다.

• 집어력도 깊은 곳보다 얕은 쪽이 유리하다 – 수심이 깊은 곳은 붕어로 하여금 섭이 활동을 하는 데 오히려 부담을 준다. 따라서 수심 깊은 곳의 붕어는 바닥으로부터 떠 회유하면서 적정 수심대로 접근한다. '적정 수심대'라 함은 연안 지대 수심 2m 이내를 말하며, 새우나 참붕어가 주로 서식하는 1m 전후의 수심대가 특히 대물 붕어의 먹이 장소가 된다. 따라서 이러한 수심대야말로 밑밥 또는 미끼로 붕어를 불러 모으기에 유리한 것이다.

▼ 갈대와 부들, 뗏장과 마름 수초가 고루 형성된 훌륭한 포인트 여건.

'좋은 포인트'의 함정에 빠지지 말자

■ '수초 포인트'라고 해서 다 좋을까

• 가스 현상이 있는 곳은 불리하다 – 대개의 경우 물흐름이 없는 곳이나 홈통 지형의 수초 밀생지대에서 발생하는 현상이다. 여름철 수온이 급격히 상승할 때나 가을로 접어들면서 수초 잎과 줄기가 삭아 내릴 때 가스 현상이 발생할 수도 있는데, 물의 순환이 되지 않아 용존산소량이 부족해진 이런 곳에 붕어가 있을 리 없다.

수초 사이에 기름띠가 보이거나 수초를 손으로 뒤집어 보아서 물 냄새가 심하게 나면 일단 그 자리를 떠나야 한다.

• 물때가 많이 낀 곳은 불리하다 – 주로 정수수초대에 많이 나타나는 현상이다. 수초 밑동을 잘 관찰해 보면 수초 줄기나 바닥에 물때가 많이 끼어 있는 것을 볼 경우가 있다. 이런 곳에는 붕어가 잘 접근하지도 않고, 혹시 접근을 하더라도 먹이 활동을 하지 않는다. 따라서 이런 곳에 찌를 세워두고 기다려 봐야 입질 받기가 어렵다. 더구나 지렁이를 비롯한 미끼가 두텁게 쌓인 물때에 묻혀 붕어가 접근을 한들 거들떠보지를 않는다.

• 청태(물이끼) 낀 곳도 포인트가 아니다 – 수초가 잘 어우러져 얼핏 포인트로 그럴듯해 보여도 바닥에 청태가 파랗게 낀 곳이면 얼른 자리를 피해야 한다. 청태 지역의 붕어는 바닥으로부터 떠서 지나치기는 하나 바닥층에서

▶ 바닥에 청태(물이끼)가 파랗게 낀 곳은 붕어낚시 포인트가 되지 못한다.

먹이 활동을 하진 않는다. 그러나 이러한 청태도 처음 새순이 돋아나는 상황일 때는 붕어가 부담을 갖지 않으며, 더욱이 청태의 신선한 새순을 뜯어먹기도 한다. 필자는 붕어가 청태의 새순을 뜯어먹는 광경을 동영상으로 촬영한 적이 있다. 그러나 청태가 많이 발생한 곳은 일단 피하는 것이 좋다.

■ '탁한 물색'도 물색 나름이다

• **탁류가 흘러들어 황토 물이 진 곳은 불리하다** – 비가 내리거나 상류에서 공사 등의 이유로 황토 물이 유입되면 아주 소량이면 무관할 수도 있으나 많은 양이 유입되거나 이미 황토 물로 뒤덮였다면 붕어들은 줄행랑을 친 지 오래다. 황토 물에 있는 황토 입자가 붕어의 아가미 새파에 달라붙게 되면 당장 호흡 곤란을 일으키기 때문이다. 그러나 흘러든 토사는 많은 유기물을 내포하고 있어 붕어들에게 좋은 먹잇감을 제공하기도 한다. 그러므로 황토 물이 유입된 지역이라 할지라도 본래의 맑은 물과 합수되는 경계 지점은 훌륭한 포인트가 되기도 한다.

• **큰 계곡의 차가운 물은 '금물(禁物)'이다** – 큰 계곡에서 흘러드는 물은 대부분 차갑다. 특히 암반 계곡에서 흘러드는 찬물은 유입수 자체뿐만 아니라 저수지 전체의 수온마저 떨어뜨린다. 이러한 계곡물은 여름철 수온이 지나치게 높을 때는 신선한 작용을 하지만 다른 계절, 특히 초봄이나 늦가을에는 수온을 급격히 떨어뜨림으로서 붕어가 몸살을 앓는다.

• **갈색을 띤 탁한 물도 '금물(禁物)'이다** – 간혹 가을철 이후 초겨울 사이의 낚시터에서 흔히 볼 수 있는 현상이다. 이러한 현상은 침수수초가 많거나 전역에 수초가 밀생한 저수지에서 그 수초들이 삭아 내릴 경우 농축된 유기물질이 확산되는 때문이다. 퇴비로부터 뿜어져 나온 듯한 이러한 갈색 물빛은 얼핏 오염 현상으로 생각하기 쉽지만 수질 오염과는 크게 관련이 없는 것으로 보아야 한다. 이런 곳 또한 먹이가 풍부해 정도에 따라서는 붕어 입질이 기대되지만 용존산소량이 부족해 붕어가 즐겨 회유하지는 못한다. 더욱이 갈색이 너무 짙은 상태라면 피하는 것이 상책이다.

■ '좋은 수심'의 함정에 빠지지 말자

• **수위 하강 땐 안정된 수심대가 유리하다** – 붕어낚시 포인트로 적합한 수

심이 1m 전후라 함은 포괄적으로 0.8~1.5m 수심층을 뜻하는데, 수위 변화가 급격히 이루어질 때는 예외 조건이 적용된다. 만약에 물이 급격히 빠지고 있는 상황이라면 적정 이상의 수심일지라도 오히려 하류권의 안정적인 수심대가 유리할 수도 있다. 이런 경우는 최소한 중 · 하류권 2m 전후의 수심대를 찾아야 하며, 만약 물이 절반 이상 빠진 상황이라면 제방권이 가장 유망한 포인트가 된다.

• 물이 차오를 때는 얕은 수심대가 유리하다 – 완만한 경사지대나 수몰 나무 또는 육초지대에 물이 차오르는 상황을 접한다면 구태여 1m 전후의 수심층을 떠올릴 필요가 없다. 이런 여건에서는 붕어가 연안 가장자리로까지 접근해 등지느러미를 드러내놓고 먹이 활동을 할 정도다. 수위가 한창 상승되는 상황에서는 비록 30cm 수심층이라도 바닥만 훤히 보이지 않을 정도면 과감하게 승부수를 띄워볼 만하다.

특히 붕어가 산란을 앞두고 접근하는 상황이거나 장기간의 갈수 상태에서 갑자기 물이 육초대를 향해서 불어오를 경우, 붕어들은 먹이사냥을 위해 가장 얕은 지역으로까지 떼로 몰려나와 먹이 활동을 선새하므로 이런 상황을 만나면 일생일대의 횡재를 누릴 수도 있다.

▼ 수위 상승으로 육지의 풀이 물에 잠긴 상황. 아주 얕은 수심에서도 입질을 받을 수 있다.

마음 속 지도를 그려 보자

■ 물색에 관한 포인트 지도

① 발 앞 50cm 정도의 수심을 육안으로 내려다보아 바닥이 보이지 않을 정도의 물색이라면 양호한 물색이라고 판단하고 낚싯대를 펴도 된다.

② 만약 발 앞쪽 근거리에 수초가 덮여 있어서 물색을 관찰하기 곤란할 때에는 3.0칸 낚싯대의 찌를 세워 보아 찌몸통이 보이지 않을 정도라면 표층 물색은 좋은 편이라고 판단해도 된다.

③ 불가피하게 물색이 맑은 곳에서 낚시를 해야 한다면 최소한 1.5m 이상 되는 수심을 포인트로 삼아야 한다.

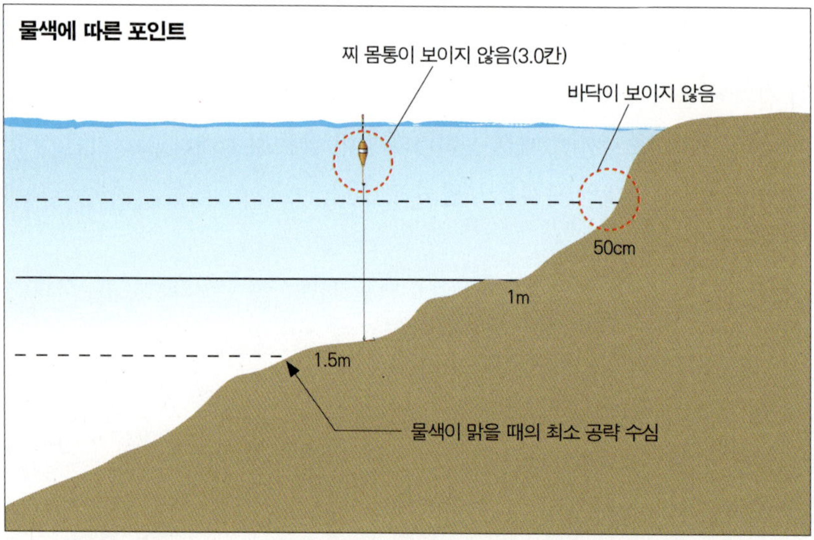

■ 수심에 관한 포인트 지도

① 60cm 정도의 수심대에 수초 형성 등 기타 여건이 잘 조성된 분위기라면 붕어가 연안 가까운 곳까지 근접할 가능성이 많다. 그러나 수초 등의 은신처가 없다면 쉽사리 접근하지 못한다.

② 수심만 생각한다면 대형급 붕어가 접근할 가능성이 가장 높은 것은 1m를 전후한 80cm~120cm 수심대이다. 수서곤충이나 새우 등 대형

급 붕어의 먹잇감이 주로 서식하는 수심대이기 때문이다. 만약 이러한 수심대에 수초마저 적당히 잘 형성돼 있다면 최고의 포인트가 된다.

③ 그러나 1.5m 정도의 다소 깊은 수심대에도 큰 붕어가 접근할 가능성을 열어두고서 여러 낚싯대 가운데 한두 대는 그 길목을 지키게 하는 것이 좋다.

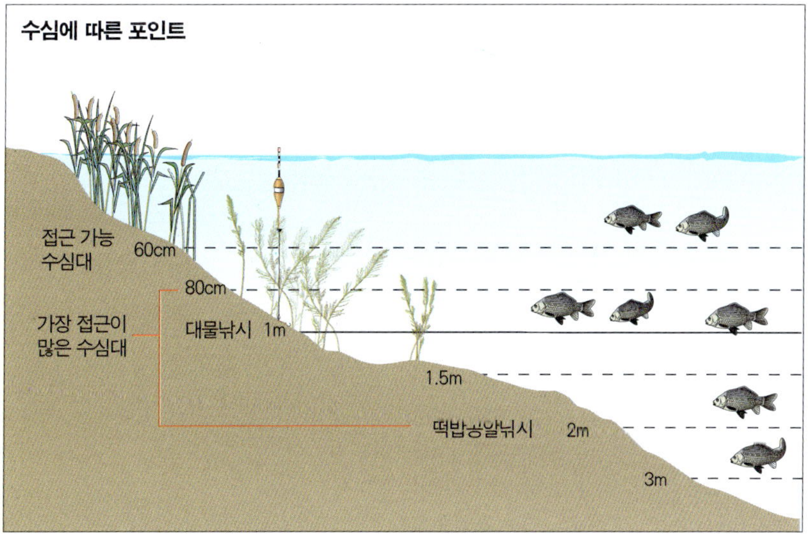

■ 바닥 지형에 관한 포인트 지도

• 완경사 지역일 경우

① 연안 물 밑 지형이 완경사이면서 60cm 정도로 수심이 얕은 곳일지라도 수초가 멀리까지 형성돼 있다면 주목할 만한 포인트이다. 그러나 만약 수초가 형성돼 있지 않다면 아주 긴 대를 이용해 중심부를 노려야 한다.

② 1m 정도의 수심대로서 어느 정도의 수초 및 기타 여건이 형성된 곳이면 포인트 범주에 포함시켜야 한다. 특히 연안을 따라 수초대가 띠를 형성한 경우는 긴 낚싯대를 옆으로 펼쳐 가장자리를 공략하면 의외의 조과를 누릴 수 있다.

③ 1.5m 안팎 수심일 경우는 긴 대로 앞쪽을 공략하거나 옆으로 펼쳐서 갓낚시를 구사해 볼 만한 포인트이다.

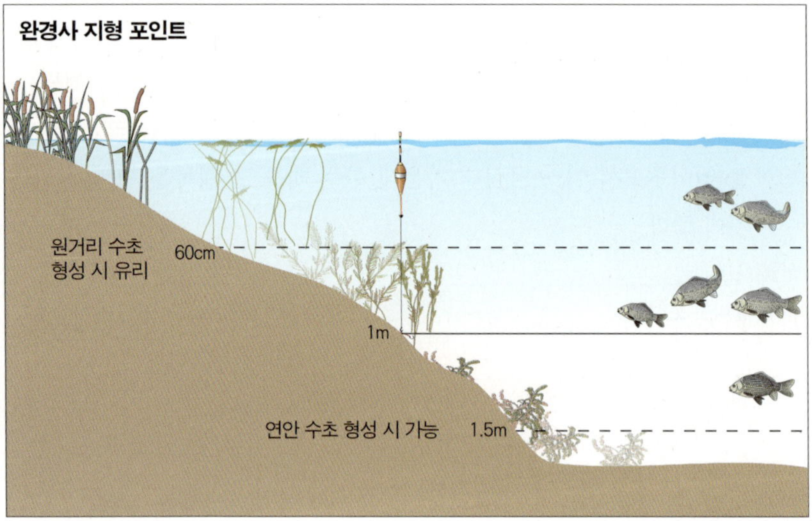

• 급경사 지역일 경우

① 급경사 지역에서는 짧은 대는 연안 수초 선에 맞추고 중간 대는 그 너머의 수초 선에 맞추도록 한다. 그리고 긴 대는 옆으로 펼쳐서 갓낚시를 구사하도록 한다.

② 60cm 안팎의 수심대로서 연안 가까이에 수초가 발달해 있다면 수초 선 앞에다가 찌를 세우도록 한다.

③ 급경사 지역에서는 1~1.5m 수심대가 오히려 유리한 포인트이다. 연안에 수초가 형성돼 있다면 그 너머의 수초 선이 공략 지점이다. 만약

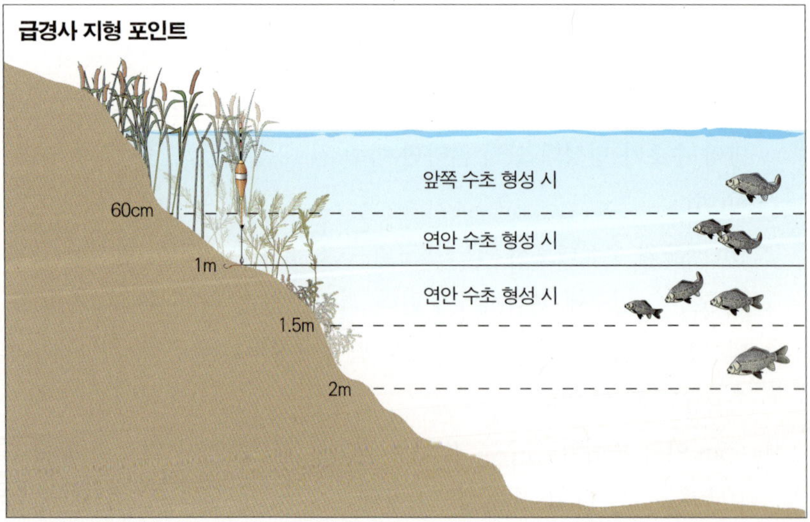

수초가 가장자리에만 띠처럼 발달해 있다면 옆으로 긴 대를 펼치는 것이 좋다.

④ 급경사이면서 수초가 없는 장소라면 2m 전후의 깊은 수심대를 공략하는 게 낫다.

■ 물골과 수중둔덕에 관한 포인트 지도

① 물 밑에 물골과 둔덕이 형성된 곳은 대부분 육안으로 쉽게 알 수가 있다. 연안으로 수초가 발달해 있고, 일정 거리를 지나 안쪽에 띠를 형성하거나 독립적으로 수초 무더기가 있다면 그 수초와 수초 사이는 물골이며, 멀리 안쪽으로 떨어져 눈에 보이는 수초가 있다면 그것은 둔덕에 뿌리를 내리고 자라오른 수초일 가능성이 많다.

② 대개의 경우 둔덕 지역은 물골에 비해 수심이 현저하게 얕은 특징이 있다. 그 언덕 위에 찌를 세우면 뜻밖의 조과를 누릴 수 있다. 둔덕 지형은 곧 수서생물들의 놀이터로서 큰 붕어들의 먹이 사냥터이기 때문이다.

③ 둔덕 지형 포인트에서는 둔덕 앞쪽 · 중간 · 뒤쪽에 찌가 서도록 낚싯대의 길이를 달리해 공략해야 한다.

물골과 수중 둔덕 포인트

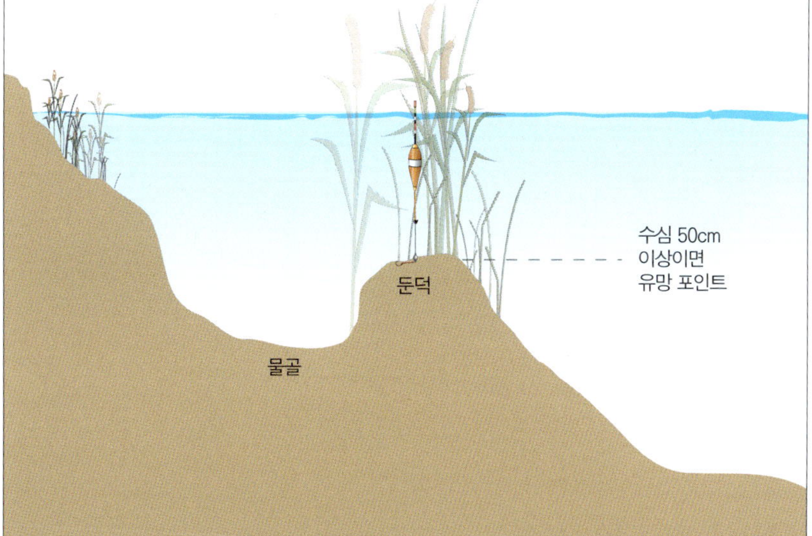

■ 수위에 관한 포인트 지도

저수지에 도착해 물이 많이 빠져있는 모습을 보면 실망하고 돌아서는 경우가 많나. 그러나 물이 빠진 상황일지라도 수위에 따라 특징적인 포인트가 형성돼 오히려 유리한 낚시를 할 수도 있다.

① 수위가 극도로 내려가 물이 30% 정도만 남아있는 형상이라면 제방 가운데를 중심으로 포인트가 형성된다. 특히 제방이 석축으로 된 곳이면 제방 포인트에서 아주 호황을 기대할 수도 있다.

② 50% 정도의 수위를 유지하고 있다면 상류 방향 중간 지점으로부터 제방 사이가 주요 포인트가 된다.

③ 70% 정도의 수위를 유지하고 있을 경우는 제방과 최상류와의 중간 지점 근처가 주요 포인트가 된다.

④ 만수위 상태라면 전수지 전체 길이의 중간 지점으로부터 상류 사이의 구역이 주요 포인트가 된다.

수위에 따른 포인트

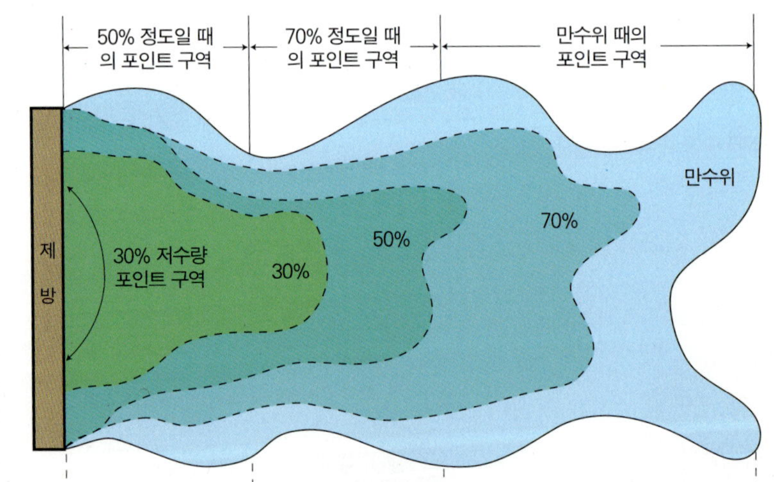

포인트 선정엔 절차가 있다

■ '장님 코끼리 다리…' 식이 되지 않게

코끼리를 생전 처음 대하는 장님은 코끼리 전체를 눈으로 볼 수가 없으니 코끼리를 느끼기 위해서는 가까이 접근해 다리밖에 만질 수가 없을 것이고, 그 다음의 느낌은 '코끼리는 큰 나무기둥 같이 생겼더라'가 될 수밖에 없다.

우리가 낚시 포인트를 분석할 때도 이러한 우를 흔히 범하게 된다. 낚시터 전체를 보지 않고 무작정 물가로 접근하여 눈앞에 보이는 작은 공간만 확인하고선 그 자리에 앉아 곧장 낚시를 하는 것이다. 이러한 행동이야말로 장님 코끼리 다리 만지기 식의 포인트 분석이다. 그러니 시행착오를 범할 수밖에 없고, 나중에 낚시가 끝나고 보면 허망하다. 시야를 넓게 보고 좁혀 나가는 습관을 기르자.

• **첫째, 낚시터 전체를 조망할 수 있는 원거리에서 낚시할 '구역'을 판단하자.** 낚시터에 도착하거나 한눈에 보이기 시작하면 그 낚시터의 전체적인 윤곽부터 살피고, 햇볕과 산그늘 방향, 물골 형성과 유입량, 수위에 따른 연안 지형 및 수초의 분포도, 진입 여건은 물론, 먼저 도착해 낚시를 하고 있는 동호인들의 위치 등을 고려하여 '어느 구역'으로 접근할 것인가를 판단한다.

• **둘째, 판단한 구역이 다 보이는 곳으로 접근하여 낚시할 '지점'을 선택하자.** 이때는 해당 구역 일대의 경사도, 예측 수심, 물골의 방향, 낚시할 공간, 연안 수초대의 구성, 붕어의 예상 회유로 등을 고려하여 '낚시할 지점'을 선택한다.

• **셋째, 선택한 지점으로 접근하여 낚시할 '자리'를 선정하자.** 이제 비로소 물가에서 발길을 멈추고 최종 판정을 내려야 한다. 이때는 최우선적으로 물색을 보고, 다음으로 세부적인 수초 구성을 보아야 하며, 바닥 토양과 청태 등의 장애요소를 두루 살펴본 후, 그에 따른 낚싯대 편성을 구상하면 된다.

▲ 포인트 선정 과정 사례. 전체를 보고 지역을 선정한 후 가까이 다가가 눈여겨 관찰한다.

■ 지나친 선입견에 빠지지 말자

누가 그랬다거나 이전의 경험을 답습하는 등, 포인트 선정 기준의 선입견에 빠지게 되면 그날의 낚시 상황을 도외시하는 오류를 범하기가 쉽다. 지나친 선입견을 버리고 새롭게 관찰하고 새롭게 분석하는 습관을 길러야만 성공적인 낚시를 구사할 수 있다. 거듭 강조하건데, 붕어의 입장에서 생각해 보는 것이다.

• **붕어의 입장에서** – ①내가 대물 붕어라면 어디에 은신해 있겠는가? ②내가 대물 붕어라면 어느 회유 경로를 따르겠는가? ③내가 대물 붕어라면 어디에서 먹이사냥을 하겠는가?

• **사람의 입장에서** – ①이 낚시터의 현재 수온과 용존산소량은 어떨까? ②수초 및 장애물을 어떻게 공략할 것인가? ③낚싯대를 어떻게 편성, 운용할 것인가?

Photo fishing

곡간진천(曲竿振天) 윤명창공(綸鳴蒼空)…

사진 · 김중석

▲ 여름 호수를 부채질하는 강아지풀. by 김국률

Part 3

전개

07 낚싯대 편성

▲대물낚시는 기다림의 낚시. 장시간 집중할 수 있도록 자리 마련에 만전을 기해야 한다.

대물낚시를 위한 '자리 확보' 이렇게

대물낚시는 기다림과 집중력의 낚시다. 적어도 1박 2일을 한 자리에 앉아서 꼼짝 않고 찌를 바라보고 있어야 할 뿐만 아니라 언제 올지 모르는 단 한 번의 입질을 놓치지 않도록 모든 게 미리 준비돼 있어야 한다. 따라서 대물낚시 자리를 마련할 때는 장시간의 기다림을 위한 편안함과 집중할 수 있는 여건을 고려해야 한다.

▪ 기다림을 위한 준비 및 고려 사항

• **공간을 생각하자** – 의자를 편안하게 설치할 수 있는 자리, 그리고 낚싯대

운용 공간이 충분한 자리를 택한다. 텐트를 설치할 수 있는 공간 확보도 필요하다. 경사가 심한 장소라면 아예 높은 곳을 찾아보거나, 그나마 여의치 않으면 다른 공간을 찾는 것이 좋다.

• **견고하게 준비하자** – 한 번 마련한 자리는 철수할 때까지 활용할 수 있도록 처음부터 튼튼하게 준비해야 한다. 낚시터의 날씨는 기상 예보와는 달리 전개될 경우가 많은데, 밤 시간에 잠시 돌풍 현상이 생기거나 비바람이 몰아칠 상황도 고려해야 한다. 낚싯대 편성과 미끼 투입이 모두 끝난 후 오로지 찌를 노려보는 밤 시간 들어 필요에 따라 다시 손질을 봐야 하는 경우가 생기는데, 이런 때를 대비해서라도 어느 것 하나 정숙을 깨트릴 소지를 남겨 두어선 안 된다.

• **시야를 확보하자** – 대물낚시는 대부분 수초밭에서 이루어진다. 발 앞의 수초 한 줄기와 찌 부근의 수초 한 잎이 시야를 가리거나 어지럽힐 수 있다. 따라서 낚시를 준비할 때부터 시야를 흐리게 하는 장애물이 있다면 사전에 제거해 두어야 한다. 밤새워 대물낚시를 하다 보면 어느 찌 하나가 수초 잎 사이로 보였다 안 보였다 하는 경우를 겪는다. 당해 보면 사전 시야 확보가 얼마나 중요한지 실감하게 될 것이다.

▼가장자리의 공간이 마땅치 않아 물 위에 의자를 놓아야 하는 경우도 생긴다.

• **장애물을 피하거나 제거해 두자** – 시야 확보 필요성과 마찬가지로 어둠 속에서 낚싯대를 운용함에 있어서 지장을 초래할 장애물이 있다면 그런 자리는 미리 피하거나 간단한 것이라면 사전 제거를 한다. 전깃줄이나 큰 나무가 있는 자리는 아예 피해야 하고, 갈대 등의 풀줄기가 지장을 초래할 경우라면 미리 제거해 두는 것이 좋다.

• **급격한 수위 변동을 고려하자** – 낚시터에서 종종 발생하는 사태가 바로 급격한 수위 변동이다. 갑자기 폭우가 쏟아져 의자 자리까지 물이 차오르는 경우가 있는가 하면, 급격한 배수로 수위가 내려가 한밤중에 찌가 완전히 드러눕기도 한다. 따라서 일기예보와 함께 폭우가 예상 된다면 수위 상승에 대비한 높은 자리를 택해야 하고, 배수 상황에서 낚시를 해야 한다면 경사진 지형에서 적절한 수심대가 형성되는 자리를 택하는 것이 좋다. 이런 자리를 확보하게 되면 수위 변동에 따라 찌 높이만 조절하면 되는 것이다.

■ 집중력을 쏟기 위한 사전 확인 사항

• **가까운 거리의 맞은편 사람을 피하라** – 물골 또는 둠벙 형태의 소규모 낚시터나 좁은 수로 등지에서 낚시를 할 때는 가장 먼저 가까이 마주보는 낚시꾼이 없는지 살펴보아야 한다. 이런 장소에서 서로 맞보고 앉게 되면 낚시에 집중하기가 어렵다. 특히 맞은편 사람이 불빛을 자주 비추거나 풍덩풍덩 채비를 투척하는 등 필요 이상으로 시끄럽게 하면 대물낚시를 거의 포기해야 할 때도 있다. 아무리 좋아 보이는 포인트일지라도 가까운 거리의 마주보는 상황을 피해야 하는 것은 낚시인끼리의 예의이기도 하다.

• **옆 사람과 너무 가까운 자리는 피하라** – 아주 멀리 떨어져야 한다는 얘기가 아니다. 간혹 친한 조우끼리 출조했으면서도 대화마저 불가능한 거리 간격을 강조하는 경우가 있는데, 이것은 너무 지나친 처사일 수도 있다. 함께 출조했다면 밤새 가벼운 대화도 나누면서 즐겁게 낚시를 해야 할 것 아닌가? 그러니 서로의 간격은 옆으로 마주보고 던져서 5.0칸 대의 찌가 겹쳐서지 않을 정도면 충분하다. 즉 20m 거리 정도면 서로 집중력을 유지하는데 큰 문제가 되지 않을 것이다.

낯선 낚시인이 먼저 낚시를 하고 있을 경우도 마찬가지다. 20m 이상의 거리를 유지하고, 또한 그 사람에게 만남인사와 함께 양해를 구하는 것이

▲밤낚시를 할 때는 정면에서 흘러나오는 불빛을 피해야 한다.

예의다. 가장 주의할 것은 사람과 사람 사이에 끼어드는 것으로, 본인도 그렇거니와 남의 낚시마저 훼방 놓는 행동임을 명심하자.

• **야간 불빛을 미리 예측하라** – 낚시 자리를 준비하면서 흔히 간과하는 것이 이후의 시각, 즉 어둠이 내렸을 때를 생각하지 못하는 것이다. 낮 시간이 흘러가고 저녁 식사 후 밤낚시를 위한 케미 찌를 세웠는데 맞은편 동네 가로등이나 교회 불빛, 혹은 자주 지나가는 차량의 불빛이 정면으로 부닥치면 도무지 집중을 할 수 없게 된다. 그러므로 낚시 자리를 준비할 때는 멀리 있는 마을의 가로등일지라도 정면으로 비치지 않을까 생각해보고, 그럴 가능성이 있다면 자리 방향을 조절해야 한다.

• **식사 및 술자리로부터 멀리하라** – 단체로 출조하거나 또는 단체로 온 팀이 보인다면 일행들이 모여서 식사를 하거나 음주 담소할 장소는 멀리 하는 것이 좋다. 같은 시간에 함께 식사를 하고 조용히 각자의 자리로 돌아가 낚시에 열중한다면 그나마 다행이겠지만, 열이면 열 그럴 경우는 드물다.

■ 정숙을 유지하기 위한 사전 조치

• **사람이 지나다니는 길목을 피하라** – 대물낚시에서 첫 번째 강조하는 사

항이 '정숙'이다. 사람들이 지나다니는 길목에 앉을 경우 자신의 의지와 상관없이 조용한 낚시가 어려워진다. 지나가는 발걸음의 진동은 물론이거니와 손전등 불빛 등이 대물 붕어의 경계심을 유발하기 십상인 때문이다.

• **주차된 자동차도 가까이 하지 말라** – 특히 동절기가 때, 가까운 곳에 차가 세워져 있다면 밤중에 시동을 켜고 잠을 자는 사람으로 인해 피해를 겪을 가능성이 많다. 붕어는 평소 지속적인 소음과 진동에는 그런대로 적응하지만 어쩌다 발생하는 자동차 시동의 소음과 진동에는 민감한 반응을 보여 접근을 피한다. 또한 자동차 문을 여닫는 소리도 그 파장이 물속으로 전달되어 붕어에게는 천둥 번개와 같을 수도 있다.

• **보트 진입로, 릴낚시 자리에서 떨어져라** – 보트를 띄울 수 있는 딱 한 자리, 또는 철수하는 보트가 꼭 접안할 수밖에 없는 자리에 하필이면 자신이 앉았을 경우, 쌍방 모두가 실로 난감하기 짝이 없다. 보트 낚시인은 몰라도 뭍에 앉은 낚시인의 피해는 가히 치명적이라 할 수 있다.

릴낚시를 구사하는 사람이 있을 때도 마찬가지다. 미끼를 쏘아대는 물소리에 붕어가 달아나는 것은 물론, 길게 늘어진 릴줄로 인해 아예 붕어가 접근조차 하기 어려운 때문이다. 얼굴 붉히며 싸우느니 릴낚시 자리는 아예 피하는 게 상책이다.

• **준비물 부족한 밤낚시꾼 가까이 말라** – 준비물이 부족한 낚시인의 경우는 대개 낚시 솜씨도 부족할 가능성이 많다. 경험자라 할지라도 준비물이 부족한 만큼 차분하고 정숙한 낚시를 못하고 불필요한 동작으로 인한 소음 발생 우려가 높은 것이다. 불을 켜야만 미끼를 꿰고, 채비를 던질 때마다 모자등을 켜고, 어쩌다 물고기를 걸면 제압을 잘못해 소란을 피우는 행위들이 바로 그 사례다. 특히 동절기에는 텐트나 난로 등 보온장비를 준비하지 않아 심하면 모닥불까지 피울 수도 있다.

• **미리 준비해 야간 움직임 최소화 할 수 있게** – 낚시 자리를 준비할 때는 밤낚시 도구도 미리 준비해 두되, 항상 일정한 위치에 있도록 습관을 길러 두는 것이 좋다. 낚시가방에서부터 손전등에 이르기까지 캄캄한 밤에도 손만 뻗으면 필요한 것을 손에 쥘 수 있도록 습관을 들이면 밤낚시의 움직임이 최소화 되면서 숨소리만 나는 낚시를 구사할 수 있다.

• **수초 제거는 일찍 하되 최소한으로!** – 대물낚시에서의 수초 제거는 자리

를 준비할 단계의 작업 중 하나다. 그리고 하루 밤낚시를 위해 과도한 수초 제거는 금물이다. 소란의 증폭은 물론 일대의 물고기들에게 생소한 느낌과 위협을 줄 수 있기 때문이다. 따라서 수초 제거는 해가 많이 남아 있을 때 서둘러 작업하되, 가급적이면 낚시를 구사할 수 있는 한도 내로 최소화하는 것이 좋다. 자칫 대물낚시에서 수초 제거가 당연한 과정인 것처럼 생각하기 쉬우나 그것은 잘못 배운 낚시다. 할 수만 있다면 수초는 건드리지 않는 것이 최선이다.

■ 가장 경계해야 할 사항, 자연 훼손!

• **석축 빼내지 마라!** – 간혹 각지형 저수지나 제방 포인트에서 낚시가 잘 된다는 저수지를 가보면 석축의 돌을 빼내어 자리를 마련한 흔적을 볼 수가 있다. 이러한 행동은 논둑을 파서 낚시 자리를 만든 것만큼이나 지탄 받아 마땅할 행동이다.

• **농작물 근처를 피하라!** – 낚시 자리를 마련하려고 접근했을 때 농작물이

▼낚시 자리를 확보하기 위해 나무를 함부로 자르는 행위는 지양해야 한다.

인접돼 있다면 포기하고 돌아서야 한다. 스스로 100% 조심할 것이므로 괜찮다고 생각할진 몰라도 낚시를 끝내고 주변을 살펴보면 자신도 모르는 사이에 농작물이 훼손되어 있음을 보게 된다. 더욱이 의자로 좁은 둑길을 막고 앉는 경우는 지나다니는 다른 낚시인들에 의해 농작물이 훼손될 수밖에 없다.

• **분별없이 나무 자르지 마라!** – 낚시 자리를 다듬는답시고 용감하게 톱이나 낫을 들고 나뭇가지를 잘라내는 모습을 볼 때가 있는데, 크든 작든 나무를 베어내는 것은 범법행위다.

• **논밭에 들어가지 마라!** – 어떤 때는 농사가 끝난 논이나 밭 가운데에 자동차가 서있는 황당한 모습을 볼 경우가 있다. 부끄러운 일이다. 아무리 낚시 짐이 무겁더라도 이런 행동을 해서는 안 된다.

대물낚시를 위한 '낚싯대 편성' 이렇게

낚시를 위한 모든 채비 준비를 하고 낚시터에 도착해 포인트를 정하고 나면 다음으로 실행하는 것이 낚싯대 편성이다. 이 낚싯대 편성은 하루 낚시를 위한 포인트 공략책으로, 찌 세울 자리를 정확하게 고려해 세심하게 편성하지 않으면 안 된다.

낚싯대 편성이 한 번 잘못되면 낚시를 하는 내내 불편을 감수해야 하므로 시작부터 완벽해야 한다. 이러한 낚싯대 편성의 기본은 붕어가 입질을 할 만한 곳에 찌를 세우는 것은 기본이고, 낚시 도중 낚싯대의 운용이 편리해야 하고, 스스로 편안한 자세와 안정된 마음을 가질 수 있도록 해야 한다.

■ 낚싯대 편성의 예비 동작과 사후 행동

① 포인트 주변을 육안으로 잘 살펴 공략할 범위를 설정한다.

② 공략 범위에 맞는 낚싯대 길이를 골라 중앙, 좌, 우 순서로 채비를 던져 본다. 수심의 변화와 바닥의 침수수초 분포 및 장애물 여부, 그리고 바닥 상태(청태, 감탕, 물때 등)를 세밀히 확인한다.

▼낚싯대를 편성할 때는 수초 분포를 고려해 길이와 방향을 달리해야 한다.

③ 필요 시 수초제거기를 이용해 찌 세울 자리를 확보한다.

④ 공략할 수초구멍의 거리에 맞는 낚싯대 길이를 염두에 두고 받침대를 설치한다.

⑤ 근거리용의 짧은 낚싯대부터 먼저 펼친다. 이미 접근해 있는 붕어가 빠져 나가기 전에 근거리부터 공략하는 것이다. 이때 미끼를 끼워 가면서 낚싯대를 펼치다 보면 여러 대를 다 펼치기도 전에 의외의 큰 입질이 들어오는 경우도 있다.

⑥ 찌의 시야를 가리는 수초 줄기나 잎사귀가 확인되면 추가로 제거한다(사소한 것이라도 야간에 어른거리면 집중하는 데 지장을 준다).

⑦ 의자를 안정되게 배치하고 주변 정리를 한다. 낚시 도중 사용할 소도구도 의자 옆에 잘 정리정돈해 두어야 한다.

⑧ 미끼를 다시 한 번 새롭게 달아 투척한다. 이제 비로소 정숙하게 기다리는 대물낚시에 돌입한다.

■ 어디로 어떻게 던질까를 생각하자

• **수심을 생각하자** – 대물 붕어는 그때그때의 수온이나 수압 상태에 적응하여 물 밑바닥에 등고선을 그리듯 활동한다. 따라서 수심이 얕은 곳은 붕어가 경계심을 나타내므로 얕은 수심대를 노리기 위해선 오히려 긴 대로 먼 거리를 겨냥하고, 연안 수심이 깊은 쪽엔 짧은 대를 편성한다.

• **물흐름을 생각하자** – 물흐름이 있는 곳에선 물이 흘러드는 상류 쪽에 짧은 대를 설치하고, 하류 쪽에 긴 대를 배치한다. 그래야만 낚시 도중 채비 엉킴을 방지할 수 있다. 그런데 물이 흐를 때는 〈그림〉과 같이 물흐름을 탄 원줄이 하류 쪽으로 반달처럼 휘어지는 상태가 된다. 이럴 때 상류에 긴 대가 있게 되면 채비 투척이나 챔질 시에 줄의 엉킴이 자주 발생한다.

• **바람을 생각하자** – 바람이 심하지 않을 때는 고려하지 않아도 된다. 그러나 바람에 의해 원줄이 밀릴 만큼 심할 경우는 물이 흐를 때와 마찬가지로 바람이 불어오는 방향에 짧은 대를 설치하고, 그 반대쪽에 긴 대를 배치한다. 바람이 불어서 원줄이 물결에 밀리게 되면 물이 흐르는 상황과 똑 같은 불편이 따르기 때문이다.

• **수초 분포대를 생각하자** – 대물낚시는 대부분 수초가 발달한 곳에 낚싯

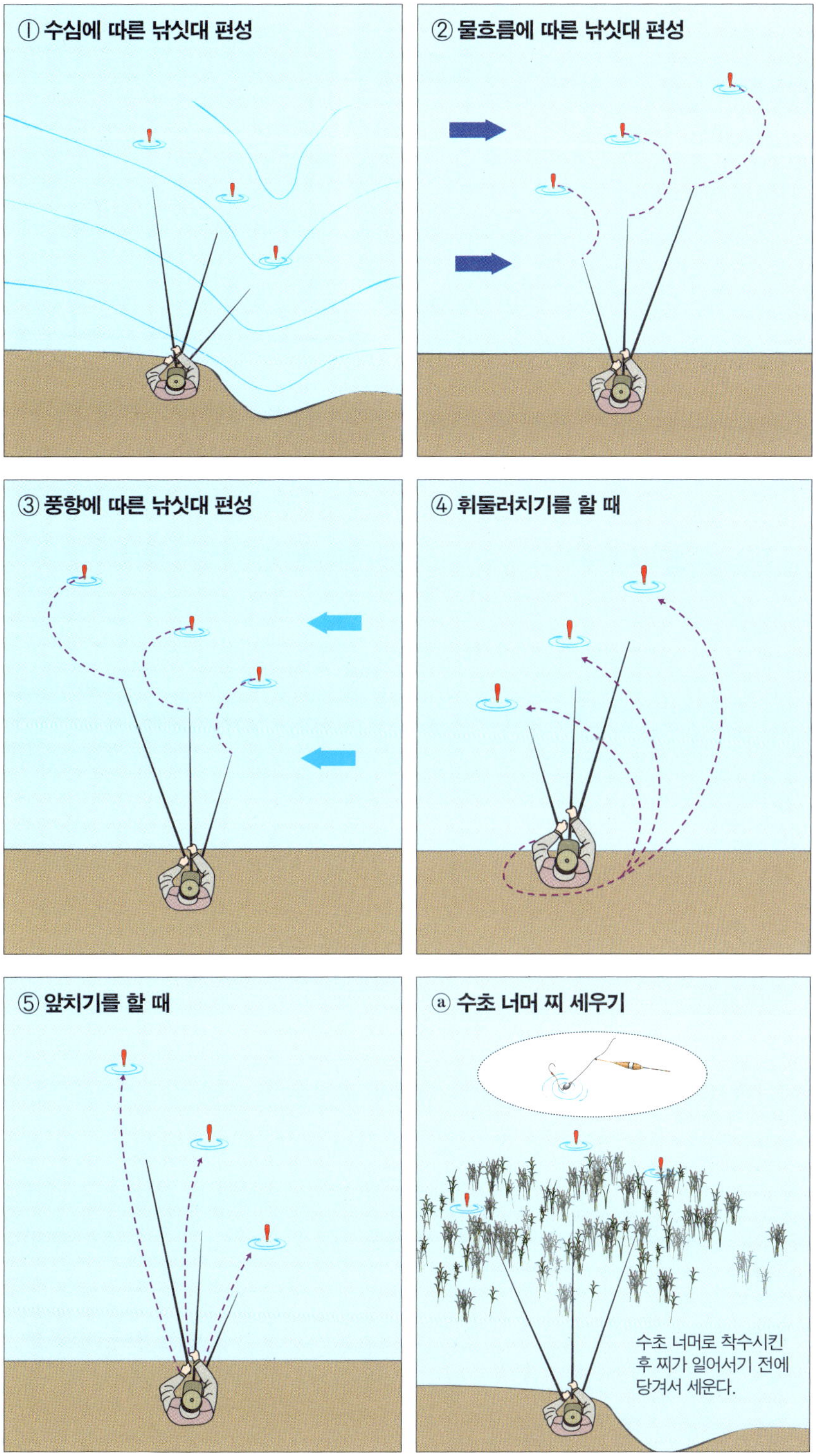
① 수심에 따른 낚싯대 편성
② 물흐름에 따른 낚싯대 편성
③ 풍향에 따른 낚싯대 편성
④ 휘둘러치기를 할 때
⑤ 앞치기를 할 때
ⓐ 수초 너머 찌 세우기
수초 너머로 착수시킨 후 찌가 일어서기 전에 당겨서 세운다.

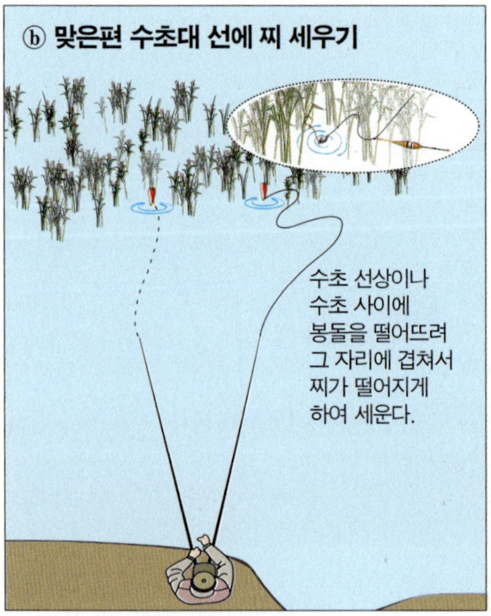

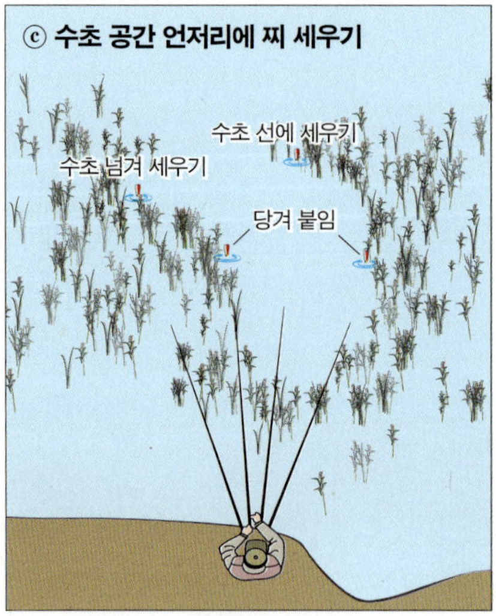

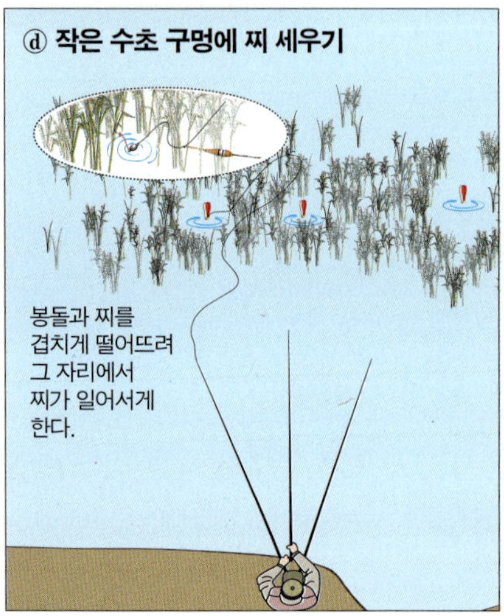

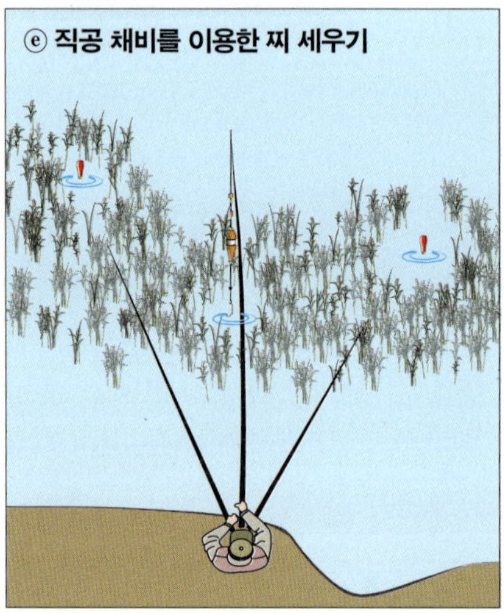

대를 펼치게 된다. 수초지대에서의 낚싯대 편성은 길고 짧음의 정렬보다는 어디에 찌를 세울 것인가를 먼저 결정한 후에 그에 맞는 길이를 골라야 한다. 그리고 한눈에 찌를 살필 수 있는 시야 범위도 고려해야 한다. 이밖에 수초의 형태와 특성에 따른 낚싯대 편성을 생각해야 하는데, 이 책의 후반부 설명을 참고 바란다.

• **투척 방법도 고려하자** – 채비를 휘둘러 던질 것인가, 아니면 앞치기를 할 것인가에 따라 낚싯대의 배치도 달라야 한다. 긴 낚싯대로 앞치기를 할 때는 왼쪽에 두고 하는 것이 좋다.

앞치기를 할 때에도 긴 대가 오른쪽에 있어야 한다고 주장하는 사람이 있는데, 이는 7g 이상의 봉돌에 맞는 고부력 찌를 사용해 보지 않은 경우이다. 만약 긴 대를 오른쪽에 설치해 던지게 되면 한밤중 앞치기를 할 때 인접 낚싯대나 받침대에 채비가 부딪히는 일이 자주 발생하여 불편이 따른다. 다만 5g 미만의 중부력의 찌를 즐겨 사용하는 사람이라면 긴 대를 오른쪽에 배치해도 무방하다.

■ 낚싯대 편성 시 유념할 사항

• 과도하게 너무 많이 펴지 마라 – 대물낚시를 시작한지 2년차 정도 되면 낚싯대 보유 대수가 점차 늘어나면서 펼치는 대수도 한껏 늘어난다. 심한 경우는 20대가 넘게 펼치는 사람도 있다. 그러나 대물낚시가 아무리 오직 한 마리를 위한 확률 게임이라 해도 낚싯대를 너무 많이 펼치면 오히려 집중력을 떨어뜨리고 피로감을 가져온다. 따라서 아무리 '다대 편성'이라 해도 6~8대 정도가 적합한 숫자다. 예상되는 회유로가 비교적 명확하다면 6대 정도로 하고, 특징이 없는 공간에 찌를 고루 세워야 한다면 8대 정도가 적당하다.

• 현장 여건에 맞게 편성하라 – 대물낚시를 하는 모습 가운데 수초대에 여러 개의 찌가 서 있는 모습을 보면, 마치 제식훈련을 하듯 일률적으로 사선 정렬을 한 경우가 있는가 하면, 부채꼴로 동그랗게 타원형을 그리고 있는 경우도 있다. 한마디로 둘 다 고참 경지의 낚싯대 편성이라 보기 어렵다. 현장 여건을 철저히 무시했거나 일반 붕어낚시의 습관에 젖은 때문이다. 대물낚시에서의 낚싯대 편성은 철저히 수초대 형성에 맞춰야 한다. 그러면서도 시야 확보를 고려해 길이를 조정한다면 나름대로 멋진 편성이 될 것이다.

• 옆 사람 찌와 중복되게 하지 마라 – 대물낚시에서는 수초를 끼고 서로 멀리 떨어져 앉기 때문에 찌가 중복될 일이 많이 발생하지는 않는다. 그러나 어떤 때는 포인트 여건상 가까이 자리를 할 경우가 있다. 이럴 때 주의해야 할 일은 옆 사람의 찌와 내 찌가 서로 근접되거나 시신 방향에서 중복되지 않도록 조심해야 한다. 특히 밤 시간에 찌가 겹쳐 보이게 되면 차라리 낚시를 포기하고 싶을 정도로 스트레스를 받게 된다. 그러니 아무리 좋은 지점이라도 찌가 서로 겹쳐 보이지 않게 서로가 서로의 낚시를 배려해야 한다.

08 채비 투척

▲수초대를 주로 공략하는 대물낚시일수록 정확한 앞치기 자세를 구사할 수 있어야 한다.

앞치기 | 대물낚시 채비 투척의 기본!

불편한 자리에서 포인트 범위 내의 좁은 공간 요소요소에 채비를 정확히 투척하기 위해서는 앞치기 방법이 가장 유효하며, 이 앞치기 기법을 자유자재로 구사할 수 있어야 대물낚시를 제대로 즐길 수 있다.

■ 3단계 동작을 제대로 익히자!

앞치기를 잘하기 위해선 자세부터 잘 가다듬어야 한다. 찌를 세우고자 하는 지점과 몸의 방향이 정면 일직선이 되어야 하고 시선도 목표 지점을 주시해야 한다. 낚싯대를 들고 일어선 자세에서 두 발은 안정적인 상태여야 하고, 상체를 약간 앞으로 구부려 몸의 중심을 잡아야 한다. 이때 유념할 것은 몸을 꼿꼿이 세운 상태가 되면 몸의 유연성이 떨어져 정확한 앞치기 동작이 이뤄지지 않는다는 점이다.

앞치기 동작은 몸 전체가 부드럽게 움직여줘야 한다. 팔 힘만 이용해서는 원하는 앞치기 결과가 구현되지 않는다는 점을 명심하고 다음 3단계 동작을 제대로 익히도록 하자.

① 기본자세에서 손으로 봉돌을 살포시 잡고 뒤로 당긴다

위에서 설명한 앞치기 기본자세를 제대로 취한 상태에서 한손으로 봉돌을 살포시 잡고 몸 뒤쪽으로 당기되 옆구리로부터 너무 벌어지지 않게, 그렇다고 너무 붙지도 않게 자연스런 간격을 유지해야 한다. 당기는 뒤쪽의 각도는 몸의 수직으로부터 45도 각도를 벗어나지 않아야 한다. 힘껏 멀리 날려 보내기 위한 욕심으로 너무 많이 당겼다가 튕겨 보내면 오히려 원하는 거리까지 날아가지도 못할 뿐더러 정확성마저 떨어진다.

② 봉돌을 튕기듯 날려 보낸다

날려 보내는 순간은 몸 전체가 일치된 동작을 해야 한다. 즉 봉돌을 놓는 동시에 낚싯대를 추켜세우면서 앞쪽으로 힘을 가하는 동작이 실려야 한다. 이때 낚싯대에 가해지는 힘은 낚싯대 전체 또는 허리나 손잡이 쪽에 실려선 절대 안 된다. 반드시 낚싯대 끝에 순간적인 힘이 가해져야 하고, 이것을 본인이 느끼면서 던져야 앞치기를 잘 할 수가 있다. 이때 특히 주의할 것은 뒷손이 봉돌을 놓는 순간 앞으로 따라 나가지 말라는 것이다. 만약 뒷손이 앞으로 따라 나오는 자세로 던지게 되면 낚싯대의 탄력이 죽어버려 앞으로 차고 나가지를 못하기 때문이다.

③ 날려 보낸 다음에는 조절하려 들지 말라

수초 포인트에서 대물 밤낚시를 할 경우, 밤에는 그런대로 수초 구멍에 찌를 잘 세웠는데 날이 밝으면서부터는 오히려 근처 수초에 채비가 걸릴 때가 많다. 왜 그럴까?

밤에는 아무것도 보이지 않으니 암묵적으로 설정한 지점을 향해 채비를 습관적으로 던지기만 하는 데 비해, 날이 밝아 사물이 잘 보이고부터는 채비를 날려 보낸 후 보다 정확히 떨어지도록 추가 행동을 가하기 때문이다. 날아가는 채비의 방향이나 거리를 조절하려는 중간 시도는 잘못

습관이 되기도 쉬운데, 낚싯대 편성 과정에서 포인트 방향과 거리를 잘 고려했다면 불필요한 중간 동작을 취하지 말고 그저 무아지경으로 채비를 투척하는 경지를 체득해야 한다.

■ 앞치기 동작의 마무리

앞치기로 날려 보낸 채비가 수초 공간에 떨어질 때는 봉돌이 먼저 착수하고 그 가까이에 겹쳐서 찌가 착수하도록 모든 동작이 숙달되어야 한다. 이는 채비를 날리는 것과 동시에 낚싯대 끝을 이용해 착수 시차와 비거리를 맞추는 것이다. 물론 수초가 없거나 공간이 넓은 곳이라면 찌와 봉돌이 똑바로 뻗어나가는 것이 정상인데, 대물낚시의 경우 대부분은 수초의 좁은 공간에 찌를 세우는 앞치기를 해야 하므로 찌와 낚싯대 사이의 원줄은 팽팽하게 펴진 상태를 유지하면서도 봉돌과 찌가 순차적으로 겹쳐서 떨어지게 하는 테크닉을 갖추어야 하는 것이다.

이렇게 채비가 안착되어 찌가 수면에서 일어서게 되면 원줄이 인접 수초에 걸리지 않게 정돈한 후 낚싯대를 받침대에 내려놓으면 앞치기 동작이 모두 마무리 된다.

▼ 앞치기로 채비를 투척할 때는 중간에 불필요한 동작을 취하지 말아야 한다.

옆치기 | 옆에서 앞쪽으로 원을 그리듯!

옆치기는 바람이 심하게 불거나 앞치기로 공략하기가 곤란할 때, 혹은 수몰 나무가지 아래쪽을 공략하고자 할 때 유용한 투척 방법이다. 옆치기가 앞치기와 다른 점은 채비를 날리는 시작점과 날아가는 궤적이다. 앞치기는 옆구리 지점에서 거의 정면을 향해 날리는 데 비해 옆치기는 두 팔을 모두 옆쪽으로 모아 앞쪽을 향해 뿌리듯 날려 보냄으로써 궤적이 원(圓)을 그리게 된다.

■ 옆치기의 기본자세와 동작

맨 먼저 옆치기를 하는 두 발의 자세는 앞치기 때와 같이 정면을 향하여 안정된 보폭이어야 한다. 동시에 몸을 약간 돌려서 낚싯대를 쥔 쪽의 측면(옆구리)이 채비가 날아갈 방향이 되도록 한다. 이때에도 시선은 찌를 세울 자리로 향해야 하는데, 상체 또한 그 방향으로 약간 굽힌다.

이와 같은 옆치기 동작 또한 앞치기 때와 마찬가지로 몸 전체를 부드럽게 움직여야 한다. 특히 투척 과정에서 몸을 뻣뻣이 일으켜 세워버리면 채

▼ 옆에서 앞쪽으로 원을 그리듯 던지는 옆치기 동작은 수몰 나뭇가지 아래를 공략할 때 아주 유용하다.

▲ 수초와 나무 등 여러 가지 장애물이 혼재한 포인트에선 다양한 투척 동작이 필요하다.

비가 자연스러운 추진력을 유지하지 못하는 나머지 원하는 지점으로 날아가지를 않는다.

① 당기는 팔을 옆으로 벌린다

옆치기를 할 때는 앞치기를 할 때와 달리 봉돌을 잡은 손의 팔을 옆으로 벌리면서 뒤쪽으로 당긴다. 이때 뒤로 당기는 정도는 팔이 쭉 펴질 때까지이다.

② 튕기듯 날려 보낸다

봉돌을 손에서 놓는 순간, 몸 전체를 채비의 목표 지점 방향으로 살짝 돌리는 것과 동시에 낚싯대를 옆으로 돌리면서 봉돌을 튕기듯 날려 보낸다. 이렇게 해서 날아가는 채비는 직선 형태가 아닌, 옆쪽에서 사선으로 비행하기 때문에 자칫 정확성이 떨어질 수도 있다. 따라서 채비의 마지막 착수 순간에 이르러 힘 조절을 하는 것이 중요하다.

이렇게 옆치기를 할 경우도 손에 쥔 봉돌을 놓을 때 뒷손이 따라 나가지 않도록 조심해야 한다. 또한 비록 옆치기라 하더라도 최종적으로 낚싯대 끝이 향하는 방향은 찌를 세우고자 하는 지점 방향이어야 한다.

제동 앞치기 | 앞치기 도중에 제동 걸기

제동(制動) 앞치기는 말 그대로 앞치기 동작에 제동을 거는 것이다. 즉 앞치기로 날려 보낸 채비가 완전히 다 뻗어나가기 전, 목표 지점에 툭 떨어지게 하는 방법이다. 대물낚시에서 의외로 많이 활용되는데, 맞은편 수초 선에 찌를 세울 때나 수초 간격 사이에 찌를 세우고자 할 때, 또는 좁은 수초 구멍에 곧바로 채비를 떨어뜨리고자 할 때, 침수수초 사이로 찌가 곧바로 내려가 서도록 할 때, 그리고 얼음낚시를 할 때 직공 채비를 하지 않고 찌를 던져 세울 때 등등, 다양하게 활용되는 기법이다. 이때의 낚싯대는 찌를 세우고자 하는 거리보다 한 칸 정도 더 긴 낚싯대를 선택해야 한다.

■ 제동 앞치기의 기본자세와 동작

기본적인 동작은 앞치기와 유사하다. 다만 던지는 동작이 더 유연해야 하며, 낚싯대를 잡은 팔의 힘을 줄이되 원줄이 완전히 펴지지 않은 상태에서 봉돌이 목표지점에 착수하도록 조절해야 한다. 그리고 봉돌이 떨어진 바로 그 위에 찌가 떨어지도록 팔을 뻗어 대를 살짝 밀어주어야 하며, 이렇게 봉돌과 찌가 중첩해서 한 지점에 떨어진 것을 확인하고 나서 대를 내린다.

제동 앞치기 동작과 채비 착수

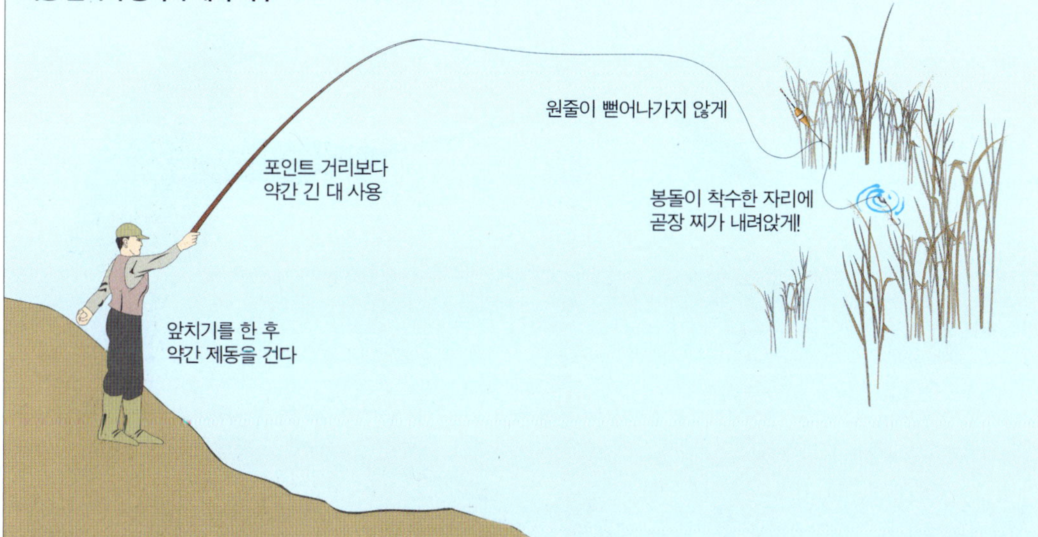

휘둘러치기 | 맞바람 불 때 유용한 고전적 기법

휘둘러치기 기법은 머리 위로 낚싯대를 휘둘러서 채비를 날려 보내는 것으로 고전적인 캐스팅 방법 중의 하나다. 1980년대 이전에는 낚싯대가 모두 무거운 소재였으므로 대부분 이 기법을 사용했으나 카본(Carbon) 소재의 등장과 함께 낚싯대가 한층 가벼워지면서 점차 활용도가 줄어들기 시작했다. 그러나 아무리 낚싯대가 가벼워지고 그에 따른 여러 캐스팅 기법이 생겨났다 해도 아주 긴 낚싯대를 사용하거나 맞바람이 불어올 때는 이 방법을 구사하지 않고는 캐스팅에 애를 먹거나 아예 불가능할 경우도 있다.

■ 휘둘러치기의 기본자세와 동작

앞치기를 할 때처럼 먼저 전방을 바라보고 안정된 자세를 취한다. 낚싯대를 세워 든 후, 봉돌을 가볍게 잡고서 목표 지점을 주시한다. 이때 옆쪽과 뒤쪽을 살펴 채비가 걸릴 만한 나뭇가지나 전선 등의 장애물 없는지 사전 확인해 두어야 한다.

▼ 휘둘러치기는 맞바람 상황에서 유용한 투척 동작이다. 단, 주변 장애물을 조심해야 한다.

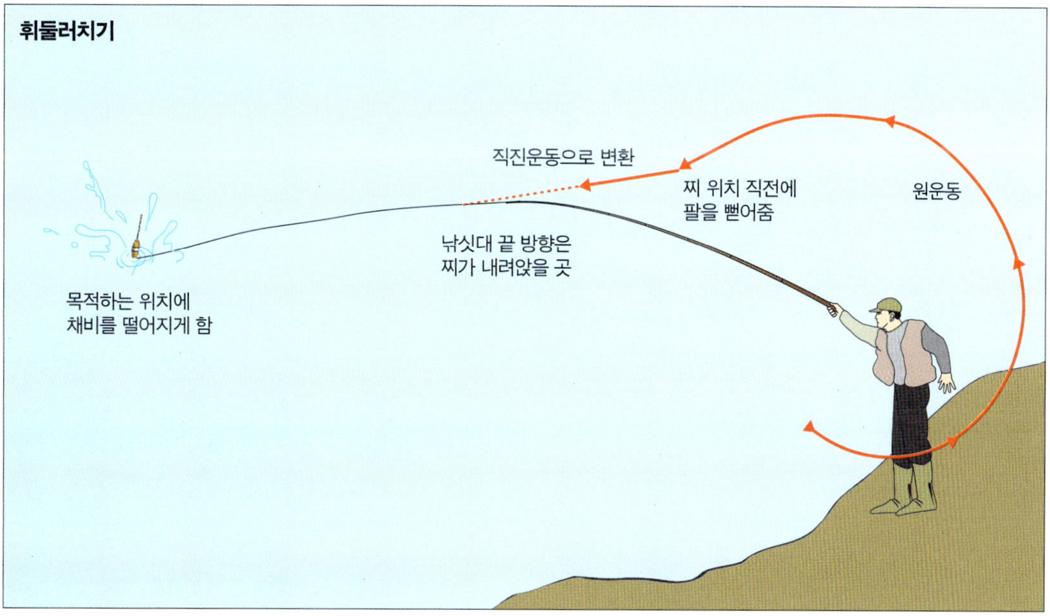

① 봉돌을 내미는 것과 동시에 대를 휘둘러 앞으로 나아가게 한다

아주 긴 낚싯대가 아니라면 그냥 봉돌을 놓는 순간에 머리 위로 낚싯대를 휘두르면 채비가 날아간다. 그러나 머리 위로 채비가 원을 그릴 때 자칫 원줄이 느슨해져 원심력을 잃는 나머지 채비에 힘이 실리지 않게 된다. 따라서 봉돌을 손에서 그냥 놓기보다는 살짝 앞으로 보낸 후, 그 지점에서 원을 크게 그리면서 머리 위로 낚싯대를 휘두르면 채비가 힘차게 날아간다.

② 원심력을 이용하여 회전을 시킨다

봉돌을 앞쪽으로 슬쩍 보낸 후에는 곧바로 낚싯대를 머리 위로 당겨 한 바퀴 회전을 시킨다. 이때 낚싯줄이 느슨해지지 않게 속도를 늦추지 말아야 하는데, 그렇다고 낚싯대를 너무 강하게 휘두르면 봉돌이 억지로 끌려가 수면에 패대기쳐지는 결과가 초래되므로 조심해야 한다. 휘둘러치기를 할 때 낚싯대에서 바람 가르는 소리가 크게 난다는 것은 너무 세차게 휘둘렀다는 얘기가 된다.

③ 원운동을 직진운동으로 변환하여 안착시킨다

휘둘러치기 동작에서 낚싯대를 머리 위로 돌릴 때 봉돌의 궤적은 낚싯대를 축으로 원(圓)운동을 하게 된다. 이 원운동 상태 그대로 채비를 착수시키면 정확성이 떨어질뿐더러 수면에 떨어지는 순간 충격이 커진다. 그럼 어떻게 하면 앞치기처럼 원하는 지점에 살포시 착수시킬 수 있을까? 봉돌의 원운동을 마지막 시점에 이르러 직진운동으로 변환시켜 주면 된다. 즉 봉돌이 머리 너머로 원을 그리며 돌아가는 동안에 원심력의 축이 되는 낚싯대를 목표 지점 방향 직전에 살짝 밀어주며 기다려서 직진운동으로 전환시키면 채비가 일직선 상태로 뻗어나가 수면에 착수하게 된다.

내리치기 | 머리 위에서 칼로 물 베듯

내리치기는 휘둘러치기와 유사한 상황에서 활용되는 고전적인 기법으로, 낚시할 공간이 좁은 곳에서 휘둘러치기를 하기가 곤란할 때 아주 유용한 방법이다. 이 방법이 휘둘러치기와 다른 점은 휘둘러치기의 경우는 채비가 머리 위로 원을 그리면서 날아가게 하는 데 비해, 내리치기는 채비를 머리 뒤에 두고(낚싯대는 머리 위에 두고) 목표 지점의 수면을 향해 곧장 내리치는 것이다. 마치 칼(낚싯대)로 물(수면)을 베는 듯한 모양새인데, 그렇다고 낚싯대를 너무 수면 가까이까지 내려 쳐서는 안 되고, 더 더욱 수면에 닿아서도 안 된다. 낚싯대가 수면과 수평을 이루기 전에 마지막 손목 힘이 모아지는 그 자세로 멈춰야 한다.

■ 내리치기의 기본자세와 동작

▼머리 위에서 아래로 내리치는 투척 방법은 플라이낚시의 최종 캐스팅 동작과 유사하다.

내리치기를 할 때는 낚싯대를 세워 목표 지점을 바라라보는 자세를 취한 다음, 봉돌을 쥔 손을 등 뒤로 돌린다. 앞치기 때와는 달리 상체는 곧은 자세여야 하고 시선은 찌 세울 자리로 향해야 한다.

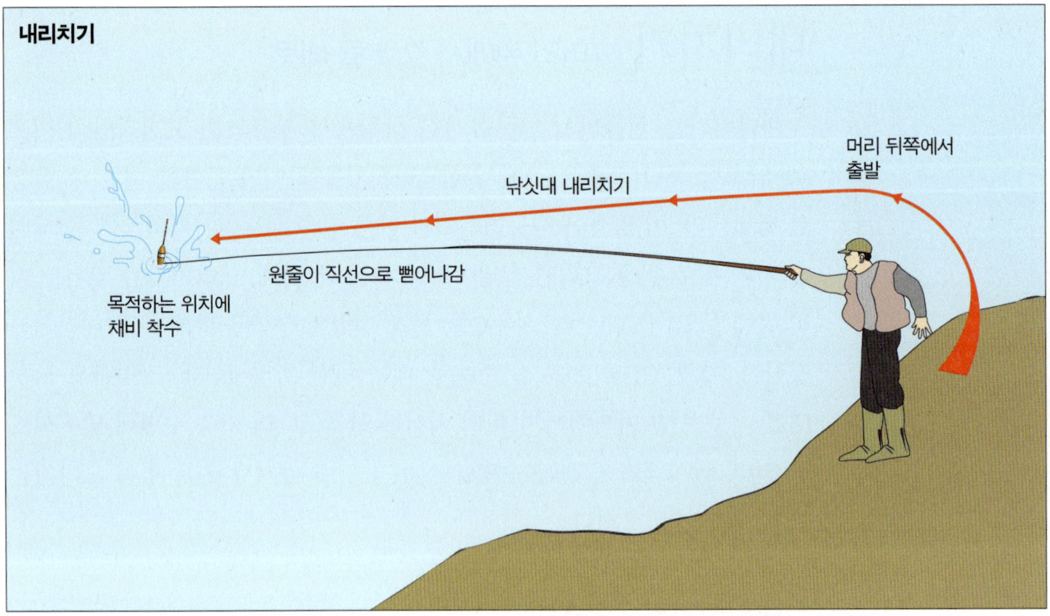

내리치기는 몸 전체가 앞뒤로 움직이는 동작이 된다. 즉 등 뒤쪽으로 향한 손에서 봉돌을 놓는 순간, 머리 위의 낚싯대를 쥔 팔을 앞으로(수면 쪽으로) 내리치는 것과 동시에 상체 또한 앞으로 쏠리게 해야 한다. 그래야만 전체적인 운동에너지가 봉돌에 원활하게 전달이 되어 채비가 날아가는 직진운동을 돕게 되는 것이다.

이 같은 내리치기 방법은 플라이낚시 캐스팅의 마지막 동작과 흡사하다. 즉 플라이낚시에서 채비를 날리는 마지막 동작처럼 낚싯대를 쭉 내민 후, 수평 이상의 각도에서 더 이상 내리지 말고 잠시 기다렸다가 채비가 수면에 안착되는 것을 확인한 다음에 낚싯대를 내려놓으면 된다.

Photo fishing

'잠깐 쉬었다 갈게요!'

사진 · 이기선

09 채비 정렬과 안착

▲봄철의 뗏장 수초 사이에 쏙 들어간 찌. 수중의 채비 정렬 상태를 잘 생각해야 한다.

봉돌이 먼저일까? 바늘이 먼저일까?

캐스팅을 한 후 채비가 수면에 떨어지면 봉돌과 바늘이 서서히 가라앉으면서 이윽고 찌가 제자리를 잡고 일어선다. 이때 바늘이 먼저 내려가 바닥에서 자리를 잡는다고 생각하는 사람이 있는가 하면, 반대로 비중이 큰 봉돌이 빠른 속도로 바늘을 끌고 내려가 먼저 자리를 잡는다고 생각하는 사람이 있다. 두 가지 의견 모두가 그럴 듯한데, 진실은 무엇일까?

■ 봉돌과 바늘의 안착 순서

물속에서 채비가 가라앉는 모습은 〈그림〉과 같이 처음에는 봉돌이 먼저 빠른 속도로 바늘을 끌고 내려간다. 이윽고 봉돌이 찌를 당길 무렵이 되면 수면에 드러누워 있던 찌가 서서히 몸을 일으키게 되는데, 이때부터 봉돌이 찌의 부력에 이끌리게 됨으로써 봉돌의 하강 속도가 느려지는 것과 동시에 바늘이 봉돌 아래로 내려오기 시작한다. 이런 상태가 되면 수면의 찌도 서서히 내려가기 시작하는데, 이때부터 수중 채비 정렬이 이뤄져 바늘이 먼저 바닥에 닿는 상태에 도달한다.

이어서 봉돌이 바닥에 먼저 살짝 닿은 바늘을 끌고 찌의 수직 방향으로 조금 더 이동을 하게 되고, 거의 수직 상태에 도달하면 봉돌도 비로소 바닥에 자리를 잡게 된다. 그러나 이 같은 최종 상황은 '표준 찌맞춤'을 했을 경우이다. 만약 가벼운 찌맞춤을 한 경우라면 최종적으로 봉돌은 바닥으로부터 떠 있고, 바늘만 바닥에 닿게 될 것이다. 그렇지만 무거운 찌맞춤이든 가벼운 찌맞춤이든 채비가 안착하는 과정만큼은 서로 다를 게 없다.

아무튼 대물낚시에서는 고부력 찌를 사용하기 때문에 봉돌이 워낙 커서 수면에 '풍덩' 하고 떨어진 후 급속히 가라앉아 그대로 가장 먼저 바닥에 떨어질 것 같지만 물리적으로 그런 일은 일어나지 않는다.

채비의 안착 순서

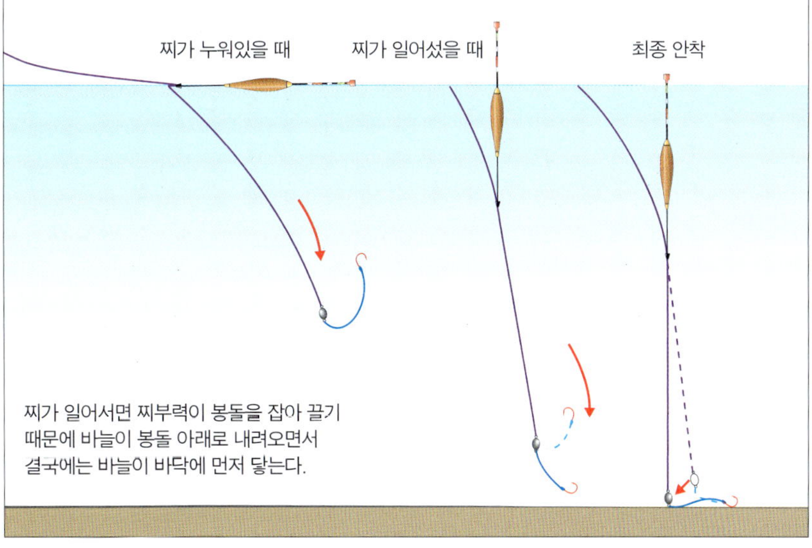

원줄은 과연 물속에서 사각斜角을 이룰까?

물속의 채비 정렬 상태를 두고 원줄이 찌로부터 직선이 아닌 사선(斜線) 형태를 띠고 있을 것이라고 걱정하는 사람이 의외로 많다. 우리가 낚시를 하면서 물속에 직접 들어가서 확인해 볼 수 없으니 이러한 의구심은 당연하겠으나 조금만 논리적으로 생각해 보면 그렇게까지 걱정할 일이 아니다. 그러나 중심 유지가 잘 된 찌로 찌맞춤을 제대로 했다면 물속에서 나타나는 원줄 채비의 사선 형태는 우려할 만큼 크지 않고, 설령 약간의 사선이 발생하더라도 찌올림에 지대한 영향을 줄 정도는 아니다.

■ 수중 원줄 채비의 정렬 과정

채비를 수면에 투척하면 찌는 몸통과 수면에서 생기는 표면장력에 의해 잠시 드러누운 상태로 채비가 일정한 각도까지 내려가기를 기다리다가 벌떡 일어서서 다시 잠시 멈춘 후에 서서히 입수하기 시작한다. 이때부터 봉돌의 가라앉는 힘이 찌에 영향을 크게 미치게 된다. 이어서 원줄은 봉돌의

원줄의 채비 정렬 과정

바늘은 바닥에 닿은 후에도 봉돌을 따라 끌려 들어오며 봉돌이 닿은 후에도 약간 더 앞쪽으로 들어오기 때문에 실제로 생기는 채비(원줄)와 바닥이 이루는 각도는 90도에 가깝다.

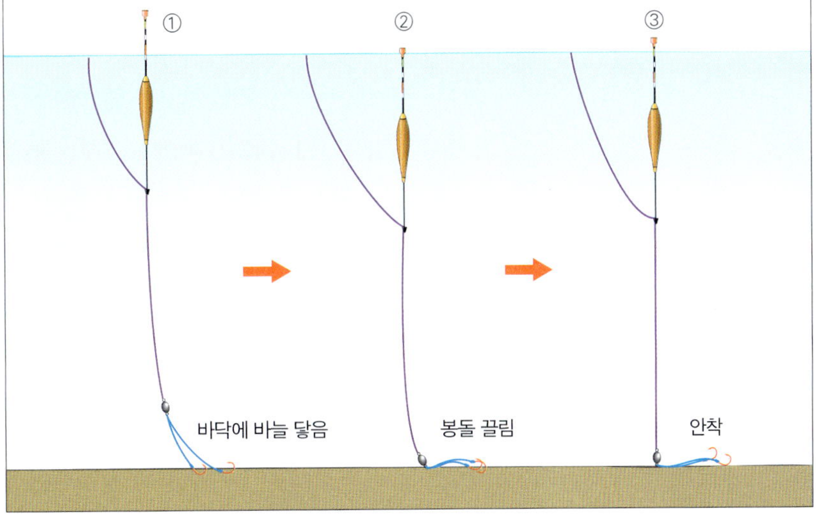

무게에 의해 찌를 축으로 하여 수직 방향으로 접근해 간다. 그리고 거의 수직 상태에 도달할 무렵이면 바늘이 먼저 바닥에 닿게 되고, 바늘이 바닥에 닿은 후에도 봉돌은 계속해서 찌 밑의 수직 상태로 더 와서 거의 수직이 되어서야 비로소 살포시 바닥에 자리를 잡는다. 따라서 장애물에 걸림이 없는 한 원줄과 바닥이 이루는 사선의 각도는 육안으로 그 차이를 구분하기 어려울 정도이고, 결국 원줄의 사각이 찌올림에 큰 지장을 줄 것이라는 생각은 기우에 불과하다.

이때부터 봉돌의 가라앉는 힘이 찌에 영향을 크게 미치게 된다. 이어서 원줄은 봉돌의 무게에 의해 찌를 축으로 하여 수직 방향으로 접근해 간다. 그리고 거의 수직 상태에 도달할 무렵이면 바늘이 먼저 바닥에 닿게 되고, 바늘이 바닥에 닿은 후에도 봉돌은 계속 찌 밑의 수직 상태로 끌고 와서 거의 수직이 되어서야 비로소 살포시 바닥에 자리를 잡는다.

따라서 원줄과 바닥이 이루는 최종적인 각도는 거의 수직에 가까우며, 장애물에 걸림이 없는 한 원줄과 바닥이 이루는 사선의 각도는 육안으로 그 차이를 구분하기 어려울 정도에 이르게 된다. 결국 원줄의 사각이 찌올림에 지장을 줄 것이라는 생각은 기우에 불과한 것이다.

■ 수중의 물체는 굴절되어 보인다

바닥이 훤히 보이는 수족관 물속을 위에서 내려다 본 사람이면 필자의 주장에 대해 더욱 의구심을 나타낼 것이다. 필자 역시 수심 2m의 맑은 물에 채비를 넣고 육안으로 관찰하는 실험을 했을 때 처음엔 몹시 의아했다. 원줄이 직각에서 심하게 벗어나 꺾여 보였다. 그래서 짐짓 사선을 줄여보려고 낚싯대를 밀어 보았다. 그런데 웬걸? 원줄의 사선이 직각으로 가까워질수록 그만큼 찌톱이 수면 위로 올라와야 하는데, 실제로 그렇지가 않았다. 한 뼘 이상 올라와야 하는 상황인데도 오르는 찌톱은 반 마디 정도가 고작이었다.

알고 보니 굴절 때문이었다. 그래서 필자는 좀 더 정확한 실험을 위해 추와 부표를 연결한 줄을 찌 옆에 수직으로 가라앉혀 놓고 관찰해 보았다. 그 결과, 찌 아래의 수직선상에서 벌어진 원줄의 간격은 불과 5cm 정도였으며, 이를 수직 상태로 다시 맞추었을 때 찌톱이 겨우 반 마디 정도 상승하였다. 따라서 눈에 보이는 것은 빛의 굴절 현상이므로 원줄의 사각 현상에 대한 걱정은 안 해도 된다.

물 밖에서 보이는 채비의 사선 현상

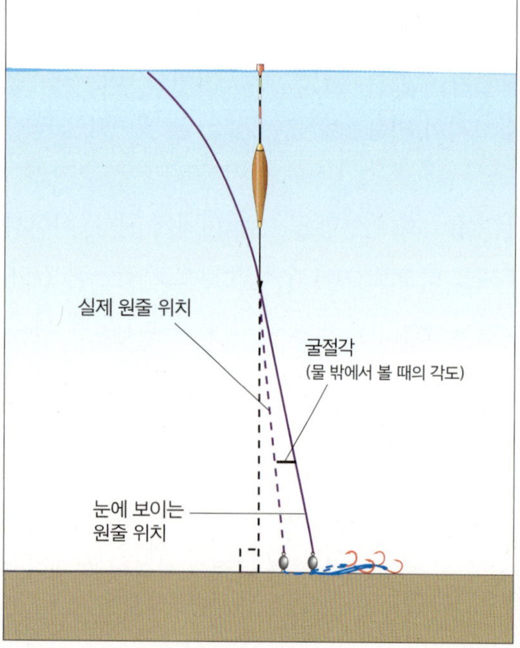

부표 실험에 의한 채비의 사선 확인

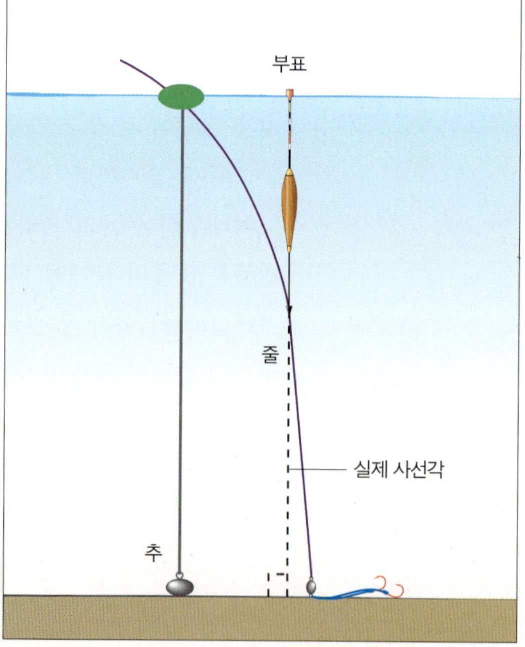

봉돌은 눕지 않고 목줄도 서로 꼬이지 않는다

낚시를 하다보면 봉돌과 목줄의 정렬 상태가 궁금해진다. 낚시 책자를 보면 어떤 사람은 봉돌이 바닥에 누워 있는 그림을 그리고, 또 어떤 사람은 봉돌이 떠 있는 그림을 그린다. 어느 쪽이 진실일까?

목줄 상태도 마찬가지다. 어떤 사람은 물속에 들어간 두 가닥의 목줄이 서로 꼬일 것을 염려해 벌린 채비를 하거나 아예 목줄에 순간접착제를 발라 뻣뻣하게 만들어 사용하기도 한다.

필자의 오랜 실험과 관찰에 따르면 찌맞춤을 제대로 한 경우 봉돌은 바닥에서 절대로 눕지 않는다. 채비를 일부러 수직으로 떨어뜨리지 않는 한 목줄도 서로 꼬이지 않는다. 봉돌은 찌가 붙잡고 있고, 목줄은 정렬 과정에서 바닥에 끌리면서 펴지게 되기 때문이다.

봉돌이 바닥에 눕지 않는 이유

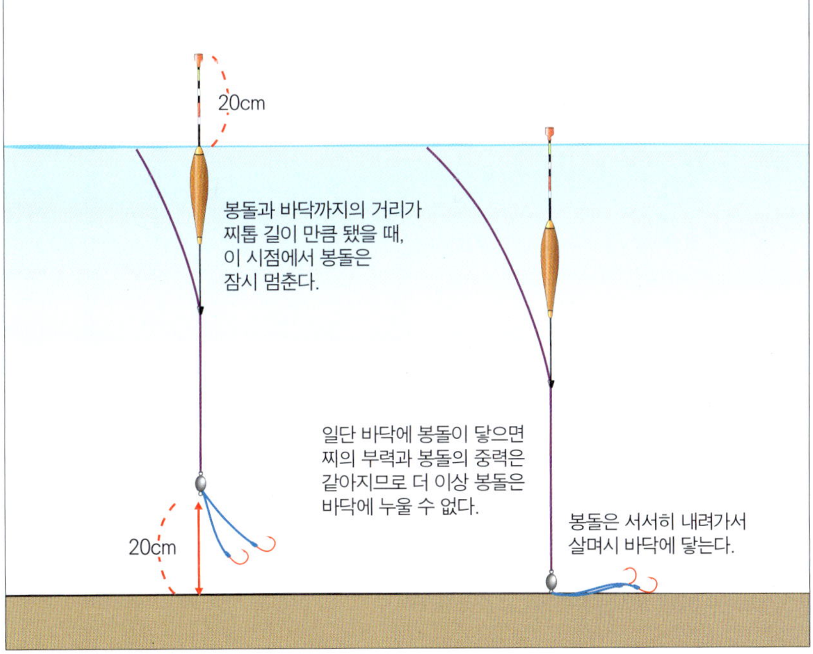

■ 봉돌은 어느 경우에 눕게 되는가?

봉돌이 어느 때 바닥에 눕는가를 알고 싶다면 수조를 활용해 보면 된다. 채비를 수조에 넣고 봉돌이 바닥에 도달하도록 찌 조절을 하면 역시나 바닥에 도달한 봉돌은 직립 자세를 취한다. 이때 수조뜰채를 이용해 서서히 봉돌을 들어 올려 본다. 그러면 찌톱이 한참 오르기까지 직립 상태를 유지하던 봉돌이, 찌몸통이 거의 수면까지 떠올라 부력이 매우 감소된 상태에 이르면 봉돌도 서서히 기울어지기 시작해 이윽고 드러눕게 된다. 수조뜰채 위의 봉돌이 완전히 드러눕는 시점은 곧 찌의 부력이 거의 상실된 시점임을 확인할 수 있다.

봉돌이 눕지 않는 이유 실험

찌맞춤을 한 ①번 상태에서 바닥의 뜰채를 들어 올리면 봉돌은 서있는 상태 그대로 올라오고 (②), 좀 더 들어 올려 찌몸통이 수면에 올라설 때 비로소 봉돌이 눕기 시작한다(③).

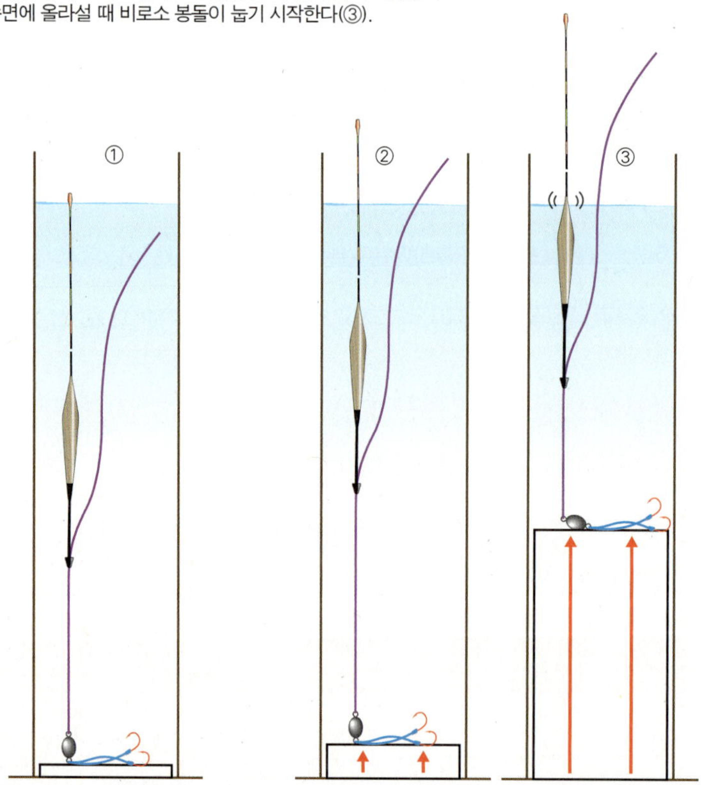

이 같은 실험을 통해 우리는 약간 무거운 찌맞춤을 하거나 혹은 찌를 조금 높이 세운다 해도 봉돌은 바닥에 눕지 않고 서 있는 상태가 된다는 믿음을 가질 수 있다. 그러면 찌맞춤을 어느 정도 무겁게 했을 때 봉돌이 드러눕게 될까?

필자의 실험 결과로는 찌가 가진 부력의 약 1.7배 정도로 무거운 봉돌을 장착했을 때 봉돌의 침력이 찌를 끌어내림으로써 바닥에 드러눕기 시작했다. 그러나 대물낚시에서 아무리 무겁게 찌맞춤을 한다 하더라도 찌 부력에 비해 곱절이나 무거운 봉돌을 사용하는 일이 없으니 바닥에 봉돌이 드러눕는 상상을 할 필요는 없겠다.

▼ 기자와 함께 TV 낚시 프로그램을 제작 중인 저자. 온갖 낚시 실험이 병행된다.

10 찌놀음

▲몸통 직전까지 치솟고 있는 찌. 생미끼를 사용할 때일수록 이처럼 시원한 찌놀음을 기대할 수 있다.

찌놀음은 찌맞춤에 따라 다를까?

'찌놀음'이란 찌올림과 찌내림을 통칭하는 용어이다. '찌맞춤'은 앞서 Part1에서 표준 찌맞춤과 무거운 찌맞춤, 가벼운 찌맞춤 등 3가지 방법이 있다고 설명했다. 그런데 이 찌맞춤에 따라 찌놀림의 크기가 달라진다고 주장하는 사람들이 많다. 무거운 찌맞춤, 즉 봉돌이 바닥에 닿는 찌맞춤을 하면 그만큼 붕어에게 부담감을 주는 나머지 찌의 상승 폭이 작고, 가벼운 찌맞춤을 하면 붕어가 살짝만 건드려도 찌의 상승 폭이 크게 나타난다고 말한다. 그런데 생각만큼 그렇게 크게 다를까?

■ 무거운 찌맞춤에 따른 찌놀음

무거운 찌맞춤을 한 경우 고기 입질에 따른 미세한 반응이 떨어지는 건 사실이다. 찌의 부력을 초과한 봉돌의 중력이 작용함으로써 미세한 자극이 찌에 영향을 주지 못하기 때문이다. 그러나 붕어가 접근하여 먹이를 흡입할 정도의 자극이 가해지면 찌에 그 반응이 나타나게 되고, 미끼를 흡입한 붕어가 다음 행동을 취하게 되면 찌는 주저 않고 상승을 하게 된다. 무거운 찌맞춤을 했더라도 부족하나마 언제든 상승하려는 찌의 부력에 붕어가 미끼 및 봉돌을 들어 올리는 힘, 즉 중력 감소 현상이 가세되기 때문이다. 그러나 붕어가 어떤 상황에서 아주 예민하게 입질하는 경우는 결과가 달라질 수 있다. 예신 동작이 거의 나타나지 않거나 본신마저 아주 작은 찌올림으로 끝날 수 있는 것이다. 이런 현상은 붕어가 입질했을 때 목줄에 생기는 사각(死角) 때문이기도 한데, 〈그림〉에서 보듯 무거운 찌맞춤일수록 표준 찌맞춤에 비해 목줄의 사각이 많이 발생한다.

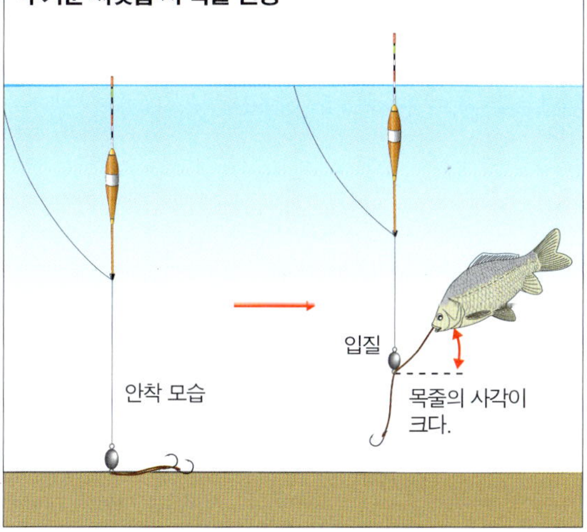

무거운 찌맞춤 시 목줄 현상

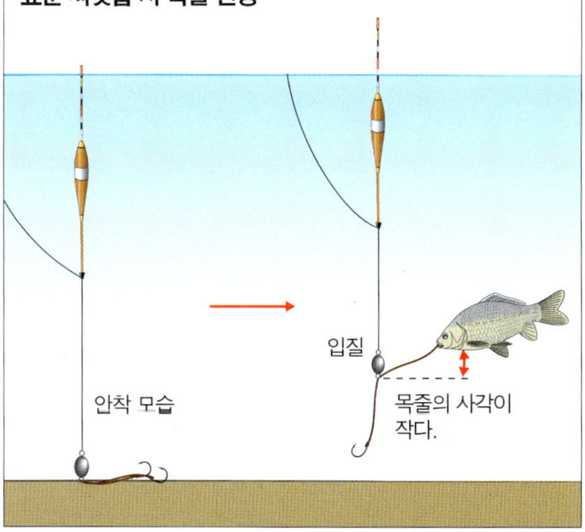

표준 찌맞춤 시 목줄 현상

■ 표준 찌맞춤에 따른 찌놀음

표준 찌맞춤의 경우는 무거운 찌맞춤과는 달리 봉돌이 바닥에 닿더라도 거의 중량감 없이 아주 살포시 닿는 형상이 된다. 따라서 찌놀음의 예민성이 그만큼 달라질 수밖에 없다. 붕어가 입질을 하면 예신과 본신이 찌에 정직하게 전달되는 것이다. 표준 찌맞춤에 대한 붕어 입질은 경박스럽거나 둔하지 않고 비교적 정확하게 나타난다는 얘기다.

이 같은 결과는 〈그림〉에서 보듯 표준 찌맞춤은 무거운 찌맞춤에 비해 목줄의 사각지대가 적은 상태에서 찌올림이 시작되는 것을 알 수 있다.

■ 가벼운 찌맞춤에 따른 찌놀음

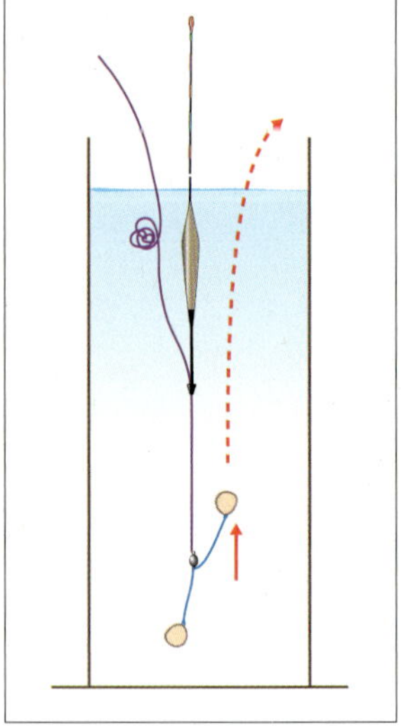

가벼운 찌맞춤을 한 채비에 붕어가 입질을 할 때 찌 끝에 나타나는 초기 반응은 가장 민감하다. 봉돌이 바닥에서 떠 있는 상태이므로 아주 작은 입질에도 찌가 반응을 보이는 것이다. 그렇다면 가벼운 찌맞춤이 시원한 찌올림을 즐길 수 있는 방법일까? 그러나 낚시를 해보면 꼭 그렇지만은 않다.

한 가지 실험을 해보자. 바늘에 미끼를 달아 넣은 다음, 붕어가 미끼를 흡입하는 것과 똑 같은 형태로 천천히 들어 올려 보면 최초의 찌 움직임, 즉 예신은 즉각 나타나지만 이후부터는 바늘을 들어 올릴수록 찌톱의 상승이 느리고 무거워지면서 정지하는 모습을 보인다. 그러면서 목줄이 위로 휘어 올라가 드디어 바늘이 봉돌 위로 들어 올려져야만 찌가 본격적으로 상승하기 시작하는 것이다.

이로써 우리는 같은 입질이 가해질 경우 바닥에서 떠 있는 봉돌은 바닥에 닿은 봉돌에 비해 그 간격만큼의 사각(死角)이 생기는 것을 알 수 있다.

실전에서는 실험을 할 때처럼 모든 과정이 단계적으로 발생하지 않고 예신에서 본신까지 모든 과정이 순간적으로 빠르게 진행된다는 점을 감안해야 한다. 따라서 가벼운 찌맞춤은 붕어의 활성도가 떨어져서 입질을 예민하게 할 때나 양식어종을 대상으로 하는 양어장 낚시에서는 초기 입질이 민감하게 나타나므로 분명 유리하지만 일반적으로 꼭 찌올림 폭이 커지지는 않는다

Tip 재미있는 관찰

오래 전 필자는 조우회 사무실에 키우던 붕어에게 먹이삼아 지렁이를 주면서 가벼운 찌맞춤 상태로 미끼를 꿴 것과 무거운 찌맞춤을 하여 미끼를 꿴 것을 함께 넣어두고 실험 관찰을 해보았다.
처음에는 먹이에 접근을 하지 않던 붕어가 창을 닫아 실내를 약간 어둡게 하고 문 뒤에서 기다리자 한참 후에 먹이에 접근하기 시작했다. 약간의 거리를 두고 관찰하더니 이내 순식간에 흡입을 했다. 그리고는 한 마리가 먹이를 취하자 다른 녀석들도 적극적으로 먹이를 찾는 활성을 보였다.
이때 실험 관찰을 해본 결과, 붕어는 흡입과 뱉음을 반복하면서도 봉돌의 무게에 의한 감각은 전혀 느끼지 않는 듯했다. 아예 무시하고 있었다.
무거운 찌맞춤을 한 채비에 단 미끼나 가벼운 찌맞춤 미끼나 붕어가 흡입 직후 바로 뱉어낼 때는 어느 경우든 흡입 후 곧바로 뱉어 내고, 정작 먹이로 취하고자 할 때는 어느 경우든 쉽게 뱉어내지 않고 입에 물고 위로 향하거나 후진 동작을 했다.

Photo fishing

오리무중(五里霧中)

사진 · 김중석

너무 짧아도 탈, 너무 길어도 탈!

목줄이 길 경우와 짧을 경우 찌에 나타나는 반응은 어떻게 다를까? 그래서 목줄의 길이는 어느 정도가 좋을까? 이러한 의문은 낚시인이면 누구나 갖게 되고, 어쩌면 끝까지 시원한 답을 얻지 못하고 낚시를 마감할 수도 있다. 목줄의 길이를 어느 정도로 해야 좋은가의 문제는 각자의 취향과 습관에 따라서 달라질 수 있기 때문이다. 목줄의 길이와 찌놀음은 과연 어떤 상관관계가 있을까?

■ 목줄 길이에 따른 찌놀음 사례

• **목줄이 짧을 때**(4cm 이하) – 목줄이 짧을수록 반응이 빠르다. 예신 전달이 즉각적이고 빠르게 나타나고, 곧바로 찌올림으로 연결된다. 따라서 빠른 챔질이 수반되지 않으면 이내 입질 동작이 끝나버릴 수 있다.

• **목줄이 중간 정도일 때**(5~9cm) – 예신 동작이 비교적 차분하게 나타나며, 잠시 후 차분한 본신으로 연결된다. 예신 때 마음의 준비를 하고서 본신의 차분하고도 충분한 찌올림이 나타날 때 비로소 챔질을 하면 된다.

• **목줄이 길 때**(10cm 이상) – 목줄이 10cm 이상으로 긴 경우는 붕어가 초기 흡입을 할 때 목줄 길이만큼의 운동 거리가 필요하므로 봉돌을 움직이기까지는 그만큼 시간이 필요해진다. 따라서 초기 예신이 미세한 모습으로 나타나며 본신도 아주 느긋하게 나타난다. 그러나 본신 시간은 길지 않으므로 찌올림이 진행되는 적절한 시기에 챔질을 해야 한다.

■ 목줄 길이에 따른 찌올림의 차이

목줄의 길이에 따른 찌올림의 차이는 위에서 설명한 바와 같이 다소의 특징이 있지만 낚시 솜씨에 따라선 얼마든지 극복할 수가 있다. 목줄 길이가 3cm 이내로 과도하게 짧거나 20cm 이상으로 과도하게 길지만 않다면, 입질을 구별하는 데 지장을 받을 만큼의 큰 차이로 나타나진 않는다. 문제는 당일의 여건에 따른 붕어 활성도가 변수로 작용할 뿐이다.

• **목줄이 짧을 때** – 목줄이 짧을 때 찌올림의 폭은 그다지 크지 않다. 어쩌면 목줄의 사각이 최소화됨으로써 찌올림의 폭이 가장 클 것 같지만, 실제

목줄 길이에 따른 찌올림

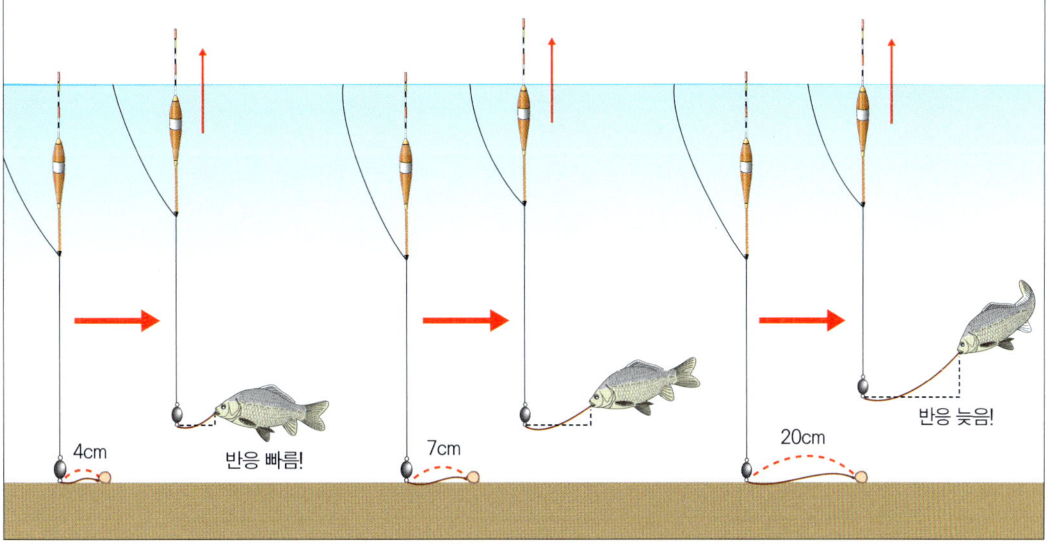

는 웬만큼 오르다가 입질이 끝나고 그만 찌가 내려가 버린다. 봉돌의 중력을 붕어가 그만큼 빨리 느끼고 먹이를 뱉어내기 때문일 것이다.

• **목줄이 중간 정도일 때** – 이 경우가 찌올림의 폭이 가장 크다. 일찍이 선배 조사들이 '두 치(약6cm) 목줄'을 상소한 것도 이러한 이유에서일 것이다. 찌가 높이 상승하는 것은 붕어가 입질을 할 때 봉돌의 중력 부담을 짧은 목줄보다 늦게 느끼게 됨으로써 붕어가 다음 동작을 이어나가거나 뒤늦게 뱉어내는 때문으로 해석할 수 있다.

• **목줄이 길 때** – 꼭 같은 크기의 입질을 할 경우 적정 길이 이상으로 목줄이 길면 길수록 찌올림의 폭은 반감한다. 필자가 한창 낚시를 배울 때는 선배들이 '목줄이 길수록 찌올림이 좋다'고 하여 20cm까지 늘려 사용해 보았으나 사실은 그와 달랐다. 선배 조사들이 '찌올림이 좋다'고 한 것은 찌가 솟아오르는 모습이 차분하고 멋있다는 뜻이었을 뿐, 실제로 찌올림의 폭은 중간치 목줄에 비해서 높지 않았다. 그것은 붕어가 미끼를 취할 때 목줄의 길이로 인해 봉돌이 들리는 시간이 그만큼 지연되는 때문이다. 목줄의 사각(死角) 범위가 너무 넓으면 입질이 그만큼 뒤늦게 전달되거나 본신이 나타나기 전에 입질이 끝날 수도 있다는 뜻이다.

목줄의 길이는 곧 사각지대일까?

목줄의 사각지대(死角地帶)를 강조하는 낚시인들이 있다. 붕어가 입질을 할 때 목줄의 길이만큼, 즉 사각지대만큼 찌올림을 못 보거나 손해를 본다고 생각하는 것이다. 그런데 실제로 낚시를 하면서 관찰해 보면 목줄이 5cm 이내로 짧을 때와 20cm로 길 경우, 그 차이(15cm)만큼의 찌올림은 발견되지 않는다. 초기 입질에 따른 반응의 민감성, 입질 모습의 경박함과 중후함, 그리고 찌올림 높이에서 약간의 차이는 있지만 그 정도가 사각지대의 차이를 느낄 정도로 나타나지는 않는다는 것이다. 이 같은 결론을 얻기 전 필자는 바닥까지 훤히 보이는 실내 수영장을 찾아가 실험을 해 보았다.

■ 목줄의 사각은 얼마나 발생하는가?

• 실험1, 바늘을 수직으로 들어 올렸을 때 – 첫 번째는 목줄 5cm의 채비를 넣고서 수조에서와 같이 바늘을 수직으로 들어 올리면서 채비의 변화를 지켜보았다. 이 실험에서는 완전히 목줄이 수직 방향으로 다 들린 다음에야 봉돌이 당겨 오르는 형상을 보였다. 목줄 길이만큼의 사각이 발생한 셈인데, 수중생태계의 붕어가 만약 거꾸로 서서 먹이를 수직으로 들어 올리는 입질을 취한다면 바로 이 같은 현상이 재현될 것이다.

• 실험2, 붕어의 입질처럼 비스듬히 들어 올렸을 때 – 이번에는 바늘을 45~60도 방향으로 당겨보았다. 붕어가 먹이를 취할 때 몸을 숙이는 각도와 흡입 후 머리를 들고 몸을 일으키는 형상을 그대로 반영한 것이다. 실험 결과, 45도로 슬쩍 당기는 초기에는 목줄이 바닥으로부터 약 20도 각도로 들렸을 때 봉돌이 살짝 들리기 시작하면서 찌에도 슬쩍

수직으로 들어 올리는 실험

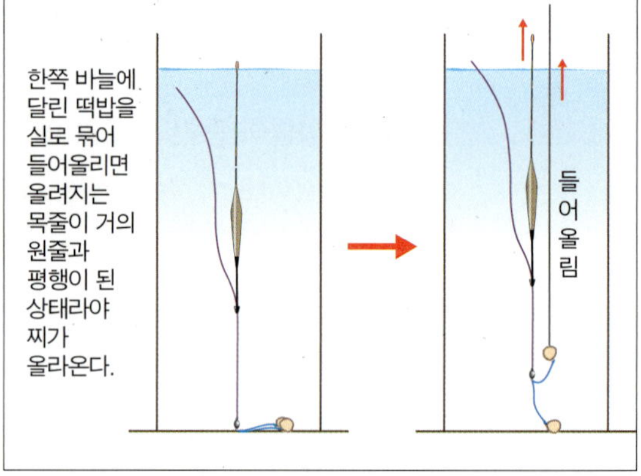

붕어의 입질 각도에 대한 실험

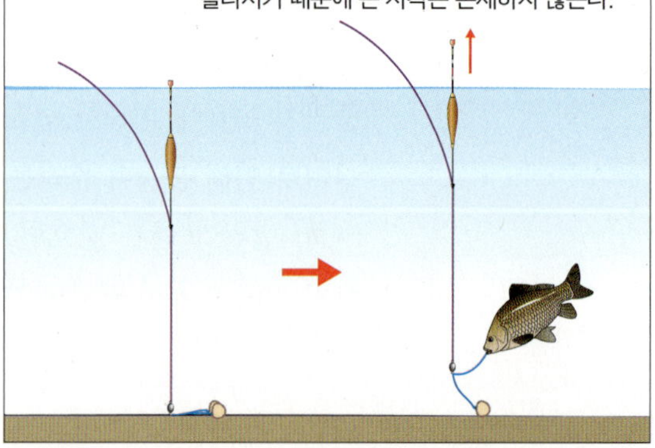

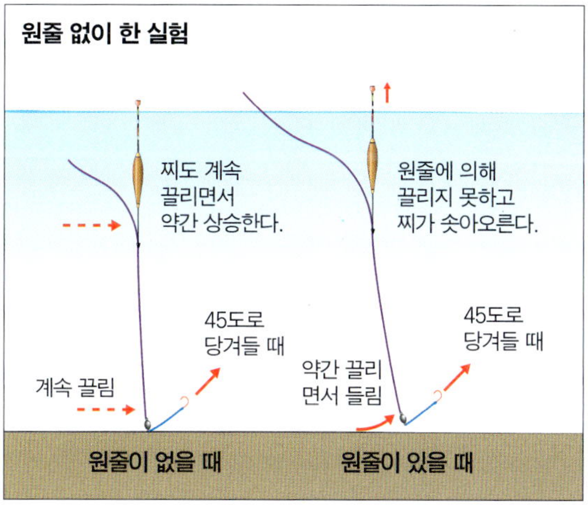

반응(예신)이 나타났다. 이후 같은 방향으로 봉돌이 당겨지는 동안 목줄은 결코 수직 형상이 되지 않고 사선 형태에서 찌가 슬금슬금 수면 위로 솟았다. 그러다가 찌몸통이 거의 수면에 도달할 무렵, 목줄이 수직 방향을 이루기 시작했다.

• **실험3, 찌 위쪽의 원줄을 제거했을 때** – 이번에는 찌 위쪽의 원줄을 제거했다. 찌와 낚싯대 사이의 원줄 역할 없이도 붕어 입질에 따른 찌놀음이 생기는지를 실험한 것이다. 우선 첫 번째 실험과 같이 봉돌을 수직 방향으로 들어 올리자 역시 찌가 상승하였다. 찌와 낚싯대 사이의 원줄이 없는데도 아무런 변화가 나타나지 않은 것이다.

다음에는 두 번째 실험과 같이 봉돌을 비스듬한 각도로 들어 올려 보았다. 처음에는 찌가 솟아오르지 않고 약간 움찔거리다가 조금 더 봉돌을 당기자 수면 위로 더디게 솟아오르면서도 게걸음을 치듯 옆으로 조금씩 끌렸다. 찌와 낚싯대 사이의 원줄이 생략됨으로써 찌를 그 자리에 붙들어 주는 역할을 할 수 없었기 때문에 끌림 현상이 발생한 것이다. 이 실험을 통해 원줄도 찌올림 형태에 역할을 한다는 것을 알 수 있었다.

■ 목줄의 사각지대는 우려할 정도가 아니다

위 실험을 통해 알 수 있듯 목줄의 사각(死角)은 일부 차이는 있겠으나 크게 우려할 정도는 아니라는 점을 다시 한 번 강조해 둔다. 붕어가 입질을 할 때 목줄 5cm의 사각 5cm 범위 내에선 찌놀음이 발생하지 않는다거나 5×2=10cm, 즉 붕어가 10cm를 들어주어야 비로소 바닥의 봉돌이 들리면서 찌가 상승하기 시작할 것이란 생각은 그저 상상에 불과하다는 얘기다.

다만 낚시를 하는 그날 그 현장의 자연환경에 따라 붕어가 입질을 달리하는 경우가 많이 발생하므로, 그러한 현상에 맞춰 찌 끝을 분별하여 예신과 본신을 읽어낼 수 있는 능력을 기르는 일이 더 중요할 것이다.

고부력과 저부력, 어느 찌가 많이 솟을까?

고부력과 저부력 찌의 차이는 민감성이다. 즉 수중에서 붕어가 같은 동작을 했을 때 고부력 찌는 둔감하고 저부력 찌는 민감하게 반응한다. 그러나 이것은 찌올림의 크기가 아니고 초기에 찌에 나타나는 반응을 말하는 것이다. 즉 찌올림의 높고 낮음은 부력의 차이보다는 찌톱의 굵기 및 무게 그리고 찌맞춤의 차이에서 비롯되는 것이다.

붕어가 미끼를 강하게 흡입할 때 그 충격은 목줄을 통해 제일 먼저 봉돌에 전달된다. 이어서 원줄을 통해 찌에 영향을 주게 되는데, 이 일련의 과정은 순서대로 찌에 전달되지 않고 복합된 양상으로 표현된다. 이 경우 고부력 채비는 큰 봉돌과 표면적이 넓은 찌 몸통의 저항에 의해 일부 완충작용이 생긴다. 이로 인해 고부력 찌의 어신은 약간 둔한 듯 보이고, 아주 극히 미세할 경우는 육안으로 식별하지 못할 수도 있다. 이에 비해 저부력 찌는 이러한 완충작용이 고부력 찌보다 덜하기 때문에 붕어가 입질을 할 때 그 동작이 비교적 민감한 편이다.

이러한 완충작용은 주로 초기의 먹이 흡입 과정, 즉 예신 상황에서 이루

▼고부력 찌와 저부력 찌의 비교. 이에 따른 봉돌의 크기도 극명하게 차이난다.

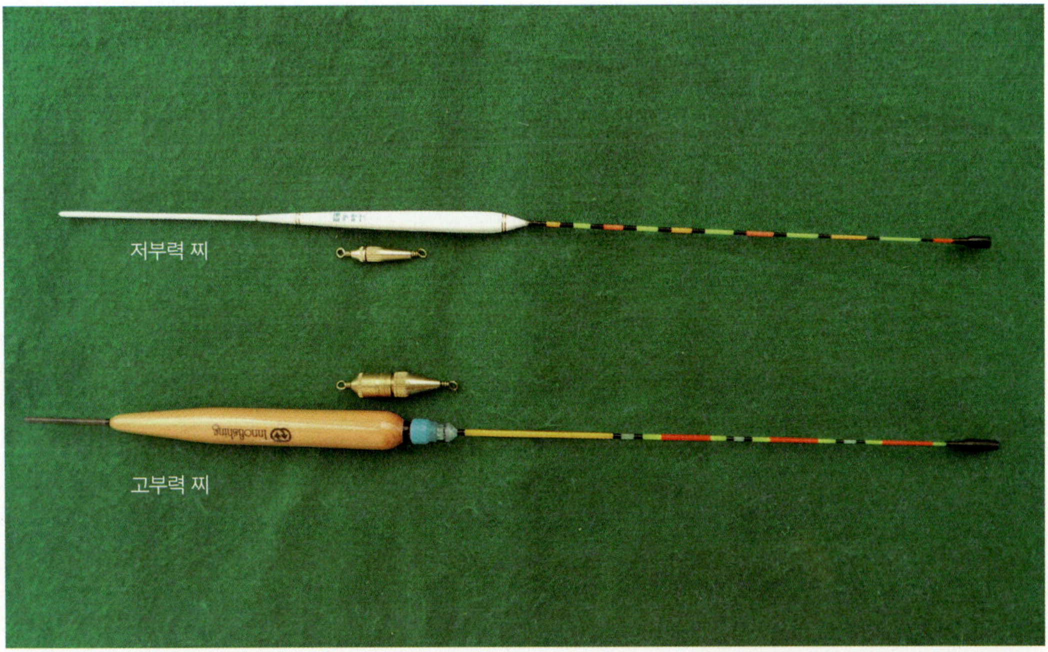

어지는 것으로, 본신 과정에서는 그다지 큰 역할을 하지 않는다. 일단 바닥에서 봉돌이 떠오른 이후로는 붕어가 움직이는 대로 찌가 부상하기 때문이다. 다만 붕어가 입질을 계속하는 과정에서 수면 위로 노출되는 고부력의 굵은 찌톱이 받는 표면장력과 무게감에 의해서 목줄의 각도가 커지게 되고, 붕어에게 무게 부담을 주기 때문에 작은 붕어의 입질이나 아주 예민한 입질에는 찌올림 폭이 작아지는 것이다.

생미끼일수록 천천히 높이 솟아오른다

찌놀림은 근본적으로는 붕어가 할 나름이다. 천하 없는 낚시 기술자가 천하 없이 좋은 채비를 사용할지라도 붕어가 한 마디도 올리지 않는 입질을 하는 데는 어쩔 도리가 없는 것이다. 찌는 붕어가 취하는 입질 동작을 전달할 뿐 스스로 만들어내지 못하기 때문이다. 그러나 붕어의 먹이 활동 모습을 관찰해 보면 먹잇감에 따라 그 동작이 다름을 알 수 있다. 따라서 미끼야말로 채비 못지않게 찌놀음의 차별화를 기대할 수 있는 요소가 된다.

■ 떡밥 – 짧고 정확, 빠르게 나타난다

대물낚시용 떡밥은 주로 크게 달아 사용하는 '건탄'이나 고형 떡밥 종류다. 대물낚시에서 사용하는 이러한 떡밥은 콩알 떡밥낚시 때와는 달리, 단 한 번의 예신과 정확한 본신으로 나타나며, 입질의 시작과 끝이 짧은 시간에 이루어지므로 찌 상승 폭은 적은 편이다. 이는 붕어가 빠른 동작으로 흡입하고 잠시 올라서다가 아가미로 떡밥 입자를 걸러내면서 곧바로 뱉어내기 때문이다.

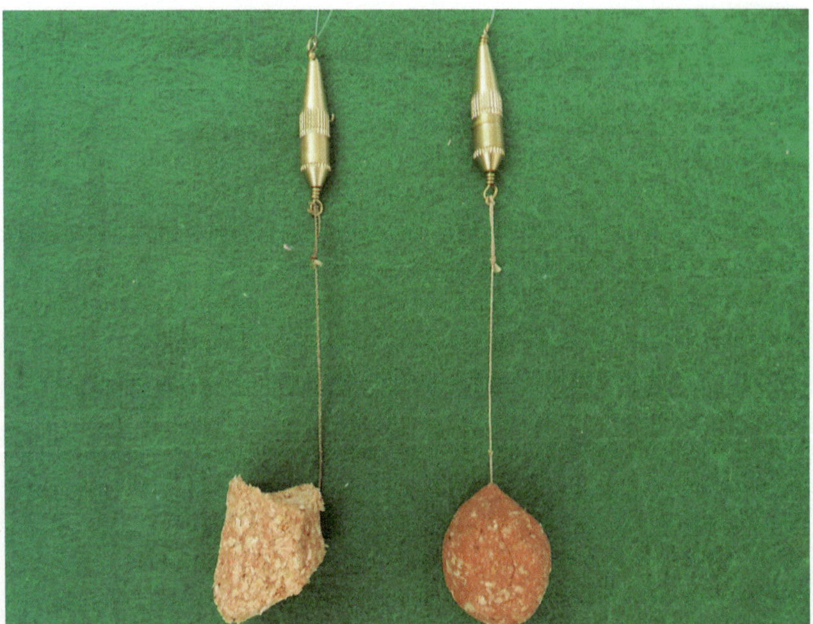

◀ 푸석푸석하게 단 건탄(사진 왼쪽)과 단단하게 뭉쳐 단 고탄(오른쪽) 떡밥의 비교.

■ 지렁이 – 대물 입질일수록 차분하고 중후!

대물낚시에서 지렁이(줄지렁이)를 미끼로 사용할 때는 큰 지렁이 한 마리를 '통지렁이' 형태로 사용할 경우도 있으나 대부분 3~5마리를 한꺼번에 꿰어 사용한다. 이와 같이 지렁이 미끼를 사용할 때는 예신이 두세 차례 또는 심할 경우는 그 이상으로 나타나기도 하며, 본신이 다소 부정확하면서 찌의 상승 폭도 중간 정도로 나타난다.

'붕어가 미끼를 가지고 논다'는 표현은 잔챙이가 입질을 하는 경우로, 중치급 정도면 지렁이를 한 입에 흡입하므로 찌놀음이 비교적 부드럽게 나타난다. 한두 차례의 예신 후 부드럽게 솟아오르는 본신으로 이어진다. 그리고 우리가 목적하는 대물 붕어는 눈 깜짝할 사이에 지렁이를 흡입한다. 따라서 대부분 단 한 번의 차분한 예신이 있은 다음에 본신으로 이어지며, 찌놀음 또한 중후하게 나타난다.

■ 청지렁이 · 산지렁이 – 예신 미약, 본신 중후!

같은 지렁이라도 청지렁이나 산(밭)지렁이 미끼에 대한 입질은 판이하게 다르다. 이 두 종류 지렁이는 그 크기가 크고 껍질이 마치 비닐포장이 된 것처럼 강해서 붕어가 물거나 건드릴 때의 예신이 일반 지렁이(줄지렁이)보다 훨씬 작게 나타나고, 혹 건드리는 모습이 나타나더라도 그대로 두고 기다리면 마지막 본신은 아주 중후하고 높게 올려주는 모습으로 나타난다.

■ 새우 · 참붕어 등 생미끼 – 가장 이상적인 형태

새우나 참붕어 · 납자루(각시붕어) 등 생미끼를 사용했을 때는 약하고 둔하게 건드리는 듯한 느낌과 함께 아주 무거운 예신을 나타내며, 한참의 시간을 두고 아주 느리고도 부드러운 본신을 연출한다. 본신 과정의 찌 상승 폭도 주로 크게 나타나는데, 때로는 약간 솟아오른 찌가 한동안 정지 상태로 있다가 다시 치솟는 '2단 입질'을 보이기도 하며, 또는 치솟은 상태에서 천천히 옆걸음 칠 때도 있다.

한마디로 생미끼의 경우는 찌올림 폭이 가장 크게 나타난다. 그런데 잔챙이가 붙을 경우는 찌 끝이 여러 차례 깜빡 거리는 모습을 보이며, 좀처럼 본신으로 이어지지를 않는다. 잔챙이는 새우 미끼를 흡입하지 못하고 뜯어먹는 동작을 취하기 때문이다. 이러한 잔챙이가 붙어 본신이 나타난다 하더라도 찌올림이 급작스러워 헛챔질을 하기 일쑤다. 그리고 중치급이 붙을 때는 긴 시간을 두고 여러 차례의 작은 예신이 나타나는데, 본신으로 이어졌을 때는 비교적 짧고 빠른 찌올림으로 나타난다. 이는 흡입이 가능할 때까지 뜯어먹는 동작을 취하다가 어느 순간에 흡입을 하는 때문으로 생각된다.

이들에 비해 대물 붕어는 아무리 큰 새우라도 한입에 흡입을 한다. 대부분 한두 차례 무거운 예신을 보낸 후 잠시 뜸을 들였다가 아주 무겁고 느린 본신으로 이어지는데, 일단 본신이 시작되면 부드럽고 높은 찌올림으로 나타난다. 이는 붕어가 새우나 참붕어를 흡입한 후에 바로 뱉어내지를 않고 오랜 시간 물고서 입안의 인후치로 분쇄를 하는 때문으로 풀이된다.

■ 메주콩 · 옥수수 등 고형 미끼 – 예신과 본신 명확

생미끼와 함께 대물낚시의 양대 미끼라고 할 수 있는 곡물성 고형 미끼는 잡어나 잔챙이 붕어들이 덜 덤빈다는 장점을 지닌다. 게다가 메주콩이나 옥수수 미끼를 '여러 알 꿰기'로 사용하면 예신과 본신이 정확해진다.

예신은 간혹 미끼를 굴린다고 표현할 만큼 가벼운 건드림으로 나타나기도 하는데, 대개의 경우 아주 무거운 모습으로 찌 끝이 약간 올라서다 멈추는 모습을 보인다. 멈춘 시간이 한동안 흐른 후 본신으로 이어질 때면 차분하고 동일한 속도로 찌가 한없이 솟는다. 이 모습은 다른 어떤 미끼를 사용했을 때보다도 깔끔하고 중후하다. 그런데 고형 미끼일지라도 옥수수를 한 알만 꿰어 쓰거나 아주 작은 콩을 골라서 사용하면 중치급 붕어를 포함한 마릿수낚시에 효과적이다. 이 경우의 찌올림은 비교적 빠르게 나타난다.

▼ 옥수수 미끼를 물고 나온 붕어. 옥수수 미끼는 입질이 깔끔하게 나타난다.

대물 입질일수록 무겁고 차분하게 솟는다

붕어는 먹이를 취할 때 조금씩 갉아먹거나 덥석 물고 씹지를 않는다. 일단 주둥이를 내밀어 힘껏 빨아들인 후 필요한 만큼 취하고 나머지는 곧바로 뱉어내 버린다. 이렇게 먹이를 빨아들일 때와 빨아들인 후의 동작은 붕어의 크기와 그날의 낚시 여건에 따라 다를 수 있다. 따라서 낚시인에게 보이는 찌놀음도 그 경우마다 다르게 나타난다.

▪ 대물급 붕어의 입질 형태

대체적으로 찌가 무겁고 차분하게 올라서거나 서서히 이동하는 현상으로 나타난다.

• **1차 흡입**(예신) – 주둥이 주름을 쭉 내밀어 단숨에 먹이를 빨아들인다. 이 흡입 동작이 워낙 강하고 빠르기 때문에 바라보고 있으면서도 그 순간을 관찰하기 어려울 정도다. 이때 봉돌에 영향을 주어 찌가 슬쩍 오르거나 내려가는 등 약간 미동하는 현상을 보이는데 이것이 곧 예신(豫信)이다.

• **수평 유지 상승**(본신) – 예신 후의 붕어는 입 안에 먹이를 담고 몸이 수평이 될 때까지 서서히 떠오른다. 이때 미세한 먹이 일부는 아가미로 걸러내고 이물질이 느껴지면 곧바로 뱉어낸다. 이 시간은 다소 길게 서서히 이루어지며, 붕어가 수평 유지를 위해 상승하는 동작 과정에서 바닥의 봉돌이 들어 올려지고, 이에 따른 봉돌의 중력 감소가 찌의 부력을 돕게 되는데, 이때의 찌 오름이 곧 본신(本信)이다. 이러한 과정은 대물급 입질일수록 더 차분히 이루어진다.

• **뱉음**(찌 하강) – 본신 과정, 즉 붕어가 먹이를 흡입한 후 필요한 동작을 취하는 과정에서 이물감이 느껴지거나 필요한 만큼의 다 취했을 경우에는 입을 오물거리다가 훅 뱉어낸다. 이 모습이 곧 낚시인의 챔질이 늦어 찌가 주춤하다가 내려가는 과정이다. 이렇게 붕어가 입안에 넣었던 미끼를 뱉어낼 때는 어쩌다 바늘이 자동으로 걸릴 법도 한데, 필자의 경험에 의하면 그런 경우는 10%를 넘지 못한다는 느낌이다. 교묘하게도 바늘에 걸리지 않고 잘도 뱉어낸다는 것이다.

잔챙이와 대물 입질 비교

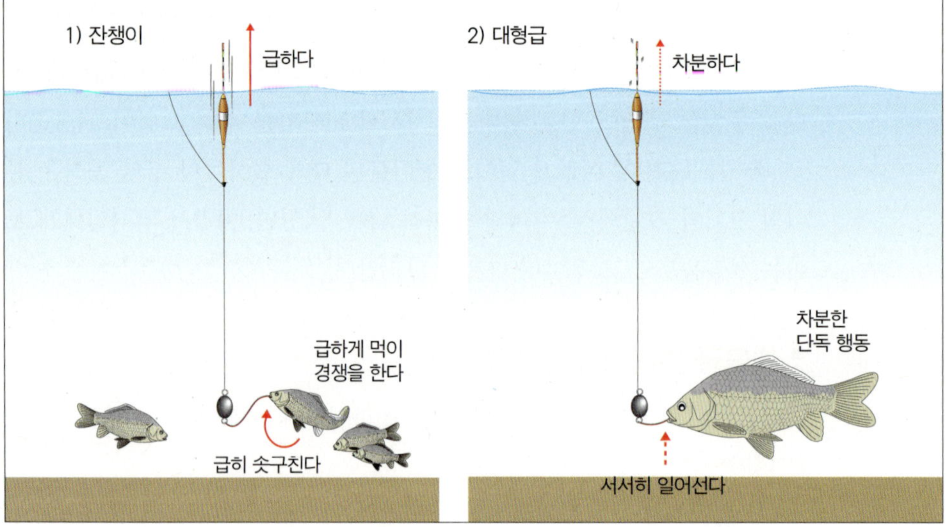

■ 작은 붕어(7치 미만)들의 입질 형태

대체로 찌가 가볍게 급히 솟거나 쑥 끌려 들어가는 형태로 나타난다.

• **1차 흡입**(예신) - 잔챙이 붕어들은 주둥이 주름을 쭉 내밀어서 먹이를 물고 흔드는 동작을 하는데, 이러한 동작이 찌에 전달될 때는 찌 끝이 급하게 흔들리거나 또는 툭 치고 오르거나 짧게 쭉 끌리는 등 다소 경박스런 모습으로 나타난다. 한입에 통째로 물지 못하는 새우나 큰 지렁이의 경우는 조금씩 뜯어먹는 동작을 취하거나 꼬리만 물고 흔들기도 하므로 찌가 오락가락하는 현상이 더한 편이다.

• **거꾸로 상승**(본신) - 미끼를 입에 문 잔챙이는 곧장 거꾸로 상승하거나 안전지대로 재빨리 이동하려는 습성이 있다. 입에 문 먹이를 빼앗기지 않으려는 본능적인 동작으로, 그 자리에서 재빨리 떠오르거나 옆으로 피해 먹이를 안전하게 취하기 위한 행동이다. 먹이를 물고 상승할 때도 서서히 수평을 유지하는 것이 아니라 대부분 머리를 위로 하여 빠르게 솟아오르는 모습을 보이는데 이때 찌가 급하고 높게 상승을 한다. 옆으로 그 자리를 피할 때도 빠르게 이동을 하므로 급하게 끌고 가는 모습으로 나타난다. 잔챙이 붕어의 경우는 이러한 본신 현상에서도 미끼를 완전 흡입한 상태가 못 되는 경우가 대부분이어서 헛챔질로 이어지는 경우가 빈번히 발생한다.

억세어라 억새꽃!

사진 · 이기선

11 어신 파악과 챔질

▲찌야, 찌야 솟아라! 조금만, 조금만 더! 챔질은 타이밍 포착이 가장 중요하다.

대물 붕어의 먹이 활동과 어신 판별

■ 어신은 왜, 어떻게 나타나는가?

민물이든 바다든 찌를 사용하는 낚시의 첫 번째 즐거움은 찌놀음이다. 수면에 있는 찌가 시원하게 올라오거나 시원하게 빨려드는 순간의 가슴 설렘은 그 어느 것과도 바꿀 수가 없다. 이러한 찌놀음은 어떤 원리에 의해 연출되는 것일까?

간단하게 생각하여 대상어가 미끼를 물고 위로 부상하면 찌가 올라오는 것이고, 미끼를 물고 달아나면 찌가 빨려드는 것이다. 그러나 여러 차례 강

▲ 찌오름 광경을 카메라에 담고 있는 저자.

조한 바와 같이 붕어가 미끼를 취할 때 찌가 움직이는 것은 미끼와 함께 봉돌을 들어주는 힘만으로 이루어지는 게 아니라는 점이다. 찌맞춤을 제대로 한 상태의 찌는 언제든 상승하기 위해 봉돌을 매달고 '대기 모드'를 취한다.

따라서 찌놀음은 '찌 자체의 부력'과 '붕어의 먹이 동작' 그리고 '원줄의 제동 역할'이 복합적으로 작용하여 일어나는 것이다. 이 중에서도 찌올림의 폭이 크고 작고는 붕어의 활동범위 즉, 붕어가 미끼를 물고 올라서는 폭에 비례한다. 그리고 이러한 찌놀음을 우리는 어신(魚信)이라고 말한다.

■ 어신 파악 어떻게 할 것인가?

붕어낚시의 관건은 찌의 움직임을 통해 물속 붕어의 행동을 읽어내고, 적절한 시기를 포착해 정확히 챔질을 하는 것이다. 이 최종 챔질을 결정하는 것이 바로 '어신 파악' 또는 '어신 판별'이다.

붕어낚시의 어신은 일정하지 않고 여러 가지 형태로 나타난다. 그것은 낚시터 현장 붕어의 먹이 활동과 바닥 상태, 기상 조건 등 여러 가지 요인이 작용할 수도 있지만 가장 우선은 붕어의 섭이 습성을 이해하는 일이다.

대물 붕어는 일정 거리를 두고 먹이를 관찰하다가 취할만하다고 판단되는 순간 공격적으로 흡입을 한다. 특히 정지하고 있는 생물의 경우는 눈이 있는 머리 부분을 우선적으로 공격해 단숨에 제압하는 특징을 보이며, 움직이는 먹잇감의 경우는 뒤를 쫓아 사냥하는 모습을 보이기도 한다.

먹잇감에 접근할 때는 대략 수평 자세로 다가가지만 정작 먹이를 취할 때는 몸을 45~60도 각도로 세워서 한순간에 공격을 한다. 이후 입 안에 먹잇감을 넣은 다음에는 공격 자세 때와는 달리 차분한 동작으로 머리를 들어 올려 몸을 수평 상태로 유지한 채 다음 동작을 이어나간다. 이러한 대물 붕어의 섭이 습성은 어신에도 그대로 표현되는데, 경박스런 잔챙이들과는 달리 찌올림이 매우 차분하고 중후하게 나타나 우리들을 그 매력에 흠뻑 빠지게 하는 것이다.

찌에 나타나는 예신과 본신 사례

▪ 예신(豫信) - 입질에 따른 1차 반응

예신은 붕어가 먹잇감을 건드려 보는 순간부터 1차 흡입 상태까지의 행동이 찌에 나타나는 현상을 말한다.

• **움찔 흔들리는 모습** - 붕어가 접근하여 먹이를 확인하기 위해 건드려 보는 동작을 취할 땐 찌 끝이 제자리에서 움찔움찔 흔들리는 모습으로 나타난다(그림①).

• **슬쩍 오르는 모습** - 붕어가 미끼를 과감하게 쑥 빨아들일 때는 찌톱이 약간 상승하다가 한 마디 전후 높이에서 주춤하고 일시 멈추는 모습으로 나타난다. 붕어가 정상적인 흡입 동작을 취할 때의 모습으로, 붕어 대물낚시에 있어 가장 흔히 나타나는 예신 모습이다(그림②).

• **슬쩍 잠기는 모습** - 수면의 찌가 약간 하강하여 슬며시 잠기는 듯한 현상을 보일 때도 있다. 이는 바닥이 급경사이거나 장애물 또는 침수수초 가닥에 미끼가 얹혀 있는 상태일 때 간혹 나타나는 현상이다(그림③).

또한 드문 일이기는 하지만 대물급 붕어가 2마리 이상 동시에 접근하여 먹이 경쟁을 할 경우, 예신 없이 갑자기 찌가 솟아오르거나 빠르게 끌려 들어갈 수도 있다. 이와는 달리 혼자 접근하여 아주 차분한 행동을 취할 때는 아예 예신 동작만 수차례 거듭되기도 한다. 이것은 마치 고양이가 쥐를 앞에 놓고 놀리는 것처럼 대물 붕어가 단번에 흡입을 하지 않고 미끼를 가지고 노는 모습으로 생각된다. 이때에도 경박스럽게 툭툭 치고 노는 듯한 것은 잔챙이의 소행이고, 아주 무겁고 차분하게 가지고 노는 듯한 모습은 대물 붕어일 가능성이 높다.

예신 상태 찌의 반응

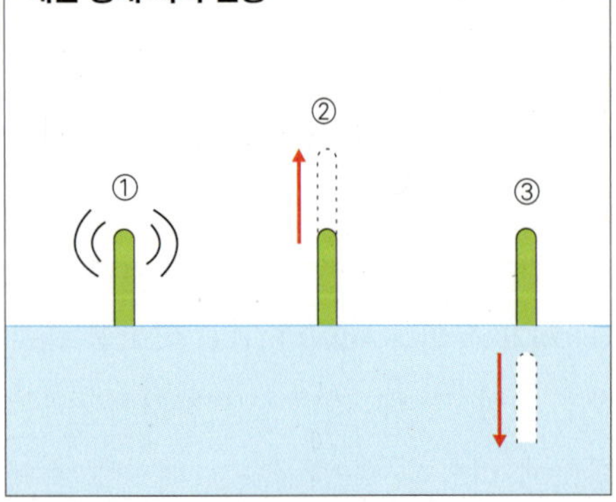

■ 본신(本信)은 예신보다 더 다양하다

본신은 먹잇감을 흡입하여 입에 넣은 붕어가 여러 가지 목적의 후속 동작을 취하는 과정이 찌에 전달되어 나타나는 모습이다. 이러한 본신은 대부분 예신에 이어서 연속 동작으로 나타나는데, 간혹은 예신 이후 한참 뜸을 들이고 나서 다시 상승하는 모습을 연출할 때도 있다. 찌낚시의 클라이맥스(Climax)에 해당하는 것이 바로 이 본신이며, 특히 대물낚시에 있어서 중후하고 차분한 이 '찌 맛'을 제대로 즐기지 못한다면 그 희열은 반감되고 말 것이다.

• **예신 후 바로 치솟는 사례** – 붕어의 활성도가 높아서 강한 흡입 동작을 보일 때 주로 나타나는 모습이다. 즉 먹이를 적극적으로 취할 때이다. 이때는 1차로 찌가 약간 솟는 예신도 간결하고 명확하게 나타나며, 예신 후에 주춤 멈추는 듯하다가 곧바로 찌가 수직 상승하는 시원한 본신으로 이어진다. 본신에서 찌가 상승하는 폭 또한 높은 편이어서 차분하게 감상할 수 있는 입질 형태이기도 하다(다음 페이지 그림①).

• **멈췄다가 솟아오르는 사례** – 붕어가 차분한 먹이 활동을 할 경우이다. 미끼를 입에 물고 서서히 머리를 쳐든 상태로 잠시 멈췄다가 다시 몸을 일으

▼관통찌를 사용한 수초 직공 채비는 사진과 같은 갈대밭 포인트에서 위력을 발휘한다.

킬 때 나타나는 현상으로, 이때의 예신은 찌가 아주 느릿하고 무겁게 약간 솟는 모습을 보인다. 이 같은 예신 후에는 약간 솟은 그 상태로 멈춰 있다가 이윽고 다시 서서히 상승하는 본신으로 이어진다. 본신의 찌 상승 높이는 이 경우가 가장 높아 가끔 찌를 넘어뜨릴 정도로 밀어 올리는 입질을 보일 때도 있다.

• **내려갔다가 다시 솟는 사례** – 이 경우는 1차로 슬쩍 내리는 예신 후에 본신으로 이어지는 경우이며, 찌가 슬쩍 내려갔다가 상승하는 모습으로 연결된다. 미끼가 놓인 바닥이 급경사일 경우나 미끼가 침수수초 가닥 등 장애물에 얹혔을 때, 또는 붕어가 미끼를 흡입하는 과정에서 봉돌이 찌를 끌고 살짝 내려가는 현상을 보일 때 나타나는 사례 중의 하나다. 이때는 찌가 움찔하고 나서 슬쩍 잠겼다가 다시 솟아오르는 모습으로 이어진다(그림②).

• **끌려 들어가는 사례** – 이 경우는 먹이를 찾는 붕어가 서로 경쟁을 하거나 외부 환경에 의해 극도의 경계심을 보일 때이다. 1차 짧은 예신 후, 먹잇감을 흡입한 붕어가 빠른 동작으로 안전지대로 이동할 경우는 찌가 물속으로 빨려 들어가되, 쏙 하고 수직하강을 하는 게 아니라 사선으로 끌려 들어가 사라지는 모습을 보인다(그림③).

• **옆걸음질 하는 사례** – 붕어가 미끼를 물고 인접한 장애물 근처로 슬금슬금 이동할 때 나타나는 현상이다. 1차 예신 후에 찌가 그 모습 그대로 옆으로 이동하는 모습을 말하는 것이다. 이때 찌가 서서히 수평 이동을 하는 속도가 빠르면 빠를수록 잔챙이들이고, 이동 속도가 무겁고 느릴수록 대물일 가능성이 많다(그림④).

본신 시 찌의 모습

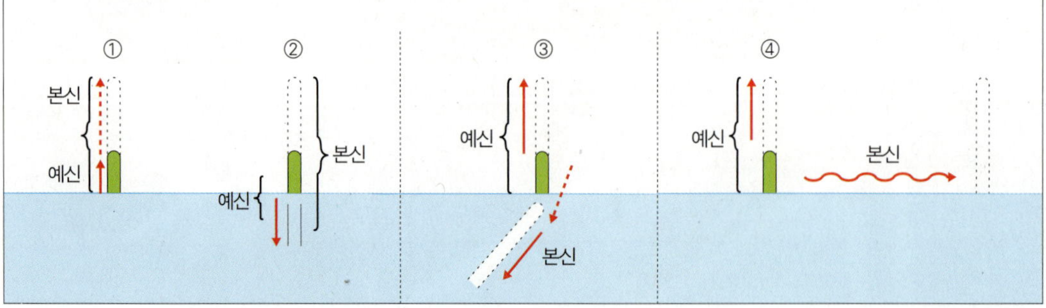

낚시꾼 놀리는 입질 아닌 입질들

우리가 흔히 목격하고 생각하는 어신 가운데 절반은 대상어의 입질이 아니거나 물고기의 입질이 아닐 때가 많다. 온갖 잡스런 치어나 새우류 등의 '잡입질'이거나 물고기도 아닌 헛것들의 '헛입질'인 줄을 모른 채 온갖 상상력을 동원하기도 하고, 때로는 심한 스트레스를 받기도 한다. 설사 놈들의 정체를 짐작하거나 파악한들 그 대책 또한 간단하지가 않다. 그러다가 스스로 지쳐 낚시를 포기하기도 한다.

■ 잡스런 입질 사례와 대책

꿈질~ 꿈질~. 신호만 보내오고는 아무리 기다려도 찌를 올려주지 않는 입질. 그런데 짜증나게 가지고 놀기만 하다가 어느 순간 갑자기 찌를 불쑥 올려놓기도 한다. 또 어느 땐 갑자기 쑥 끌고 들어가기도 한다. 그러니 도무지 챔질할 시기를 포착할 수도 없다.

이런 찌놀림의 경우는 대부분 '잡입질'이다. 이런 때 채비를 꺼내어 미끼를 확인해 보면 미끼가 뜯겨 나갔거나 심하게 훼손되어 있는 것을 볼 수 있

▼수중세계에는 온갖 잡다한 녀석들이 입질을 한다. 우렁이가 새우 미끼를 물고 나왔다.

다. 입 안으로 흡입한 것이 아니라 주둥이로 조금씩 뜯거나 갉아 먹은 행동이 찌놀림으로 나타난 것이다.

이런 현상이 반복될 때는 그 주범을 파악하거나 경험으로 짐작해 미끼부터 바꿔 보도록 한다. 미끼 변환으로도 효과가 없다면 놈들을 다른 쪽으로 유인해 보고, 그도 안 되면 아예 낚시 자리를 옮기는 등 적극적인 방책을 강구해야 한다.

• **동물성 미끼 사례** – 동물성 미끼에 대한 잡입질은 대부분 이빨 달린 어종이나 바닥을 기어 다니는 절지동물들에 의해서 발생한다. 따라서 가장 손쉬운 방법은 식물성 미끼로 전환해 보거나 미끼를 바닥으로부터 띄우는 덧바늘 채비로 전환해 보는 것이다. 그래도 안 되면 가까운 연안에 죽은 새우 등의 유혹 미끼를 넣어주어 유인해 내는 방법도 구사해 볼만하다.

• **식물성 미끼 사례** – 식물성 미끼에 대한 이러한 입질은 주로 치어급 붕어이거나 참붕어 · 납자루 등 식물성 먹이를 좋아하는 잔챙이 어종들 짓이다. 따라서 큰 새우나 참붕어 등 동물성 미끼로 전환하거나 메주콩 · 옥수수(여러 알 꿰기) 등 식물성 고형 미끼로 전환하면 효과가 나타나기도 한다. 그러나 이것저것 다 해 봐도 지속적으로 덤비면 역시 유인작전을 펴 보기로 한다. 특히 왕우렁이나 징거미 같은 종류는 유인작전에 잘 걸려드는 편이다.

■ 오해하기 쉬운 '헛입질'의 주범과 사례

'헛것'들이 입질하는 경우는 대물 붕어처럼 멋진 찌올림을 보여줄 때가 많다. 모르는 사람이 '4짜 입질을 받아 헛챔질을 했노라'고 무용담을 늘어놓기 딱 좋은 입질 모습인 것이다. 주로 물방개나 큰 징거미 또는 게아재비 · 밀어 등이 이러한 짓을 한다. 그러나 '헛입질'을 잘 관찰해 보면 그 특징이 나타난다. 일반적인 대물 붕어의 입질과는 분명 다른데, 찌가 움직이는 모습에서 차이가 나는 것이다.

첫째로, 헛입질의 경우는 아무리 바라보고 있어도 찌가 오르는 속도가 잘 감지되지 않는데 한참 후에 보면 엉뚱하게 올라 서있는 모습일 때가 있다. 이러한 헛입질은 바닥이 경사진 곳에서 미끼를 위쪽으로 슬슬 밀어 올리는 어종의 소행이다. 작은 징거미나 밀어 또는 치어급 참붕어 등이 미끼를 위로 밀고 올라오는 것으로, 올라온 찌는 그 자리에 멈춘 채 내려가지를 않는

찌를 올리는 잡어와 붕어 입질 비교

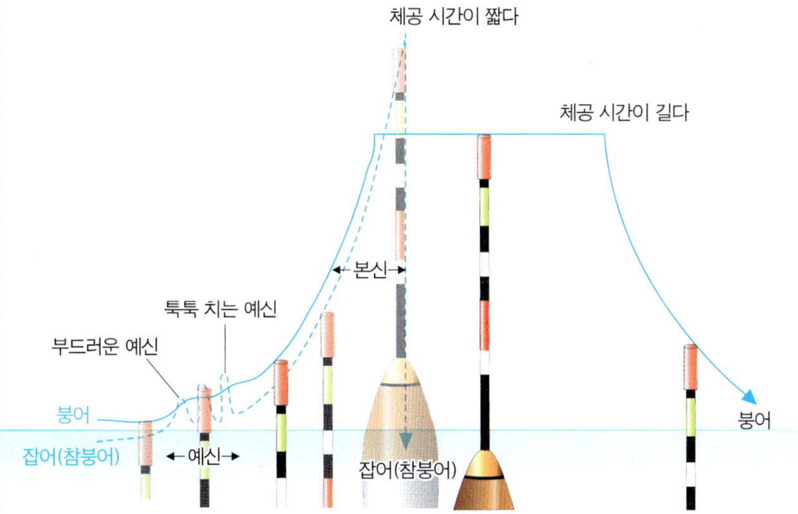

찌를 끄는 잡어와 붕어 입질 비교

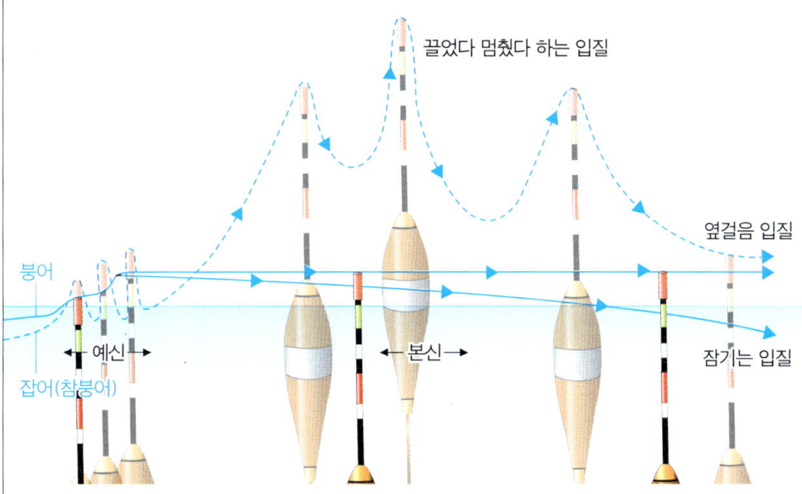

다. 즉 모르는 사이에 올려놓고 다시 내려가지 않으면 그것은 헛입질이다.

둘째로, 아주 멋지게 서서히 솟아오르는 모습을 보고 챔질을 하는데도 번번이 헛챔질이 되는 경우는 물방개나 게아재비 또는 큰 징거미의 짓일 가능성이 많다. 이럴 때는 정말 기가 막힌 대물 붕어의 입질 모습 그대로를 보여준다. 그리고 챔질을 하지 않고 잠깐 기다리다 보면 다시 원위치로 내려가기도 한다. 그래서 더 아쉬운 생각을 하는 것이다.

그러나 이러한 헛입질도 쉽게 구별할 수가 있다. 만약 정말 환상적인 입질을 보고 타이밍을 정확히 맞춰 챔질을 했는데도 헛챔질이 됐을 경우, 곧바로 바늘의 미끼를 눌러 손상시킨 상태로 던져 놓고 기다려 보면 잠시 후에 똑같은 모습의 찌올림이 나타날 때가 있다. 바로 물방개나 게아재비, 큰 징거미가 그 자리를 맴돌다가 다시 미끼가 들어오는 것을 보고 덤빈 것이다.

셋째로, 이도 저도 아닌데 찌가 모르는 사이에 올라와 있거나 옆으로 슬슬 이동하는 모습을 보일 때가 있다. 이것은 대류현상이 원인일 수도 있다. 수중 대류현상은 신기하게도 딱 한 낚싯대에만 나타나는 경우도 있어서 혼란스러울 때가 있으며, 차례로 나타나기도 한다.

■ 헛입질 대책, 자리 이동이 능사 아니다

그 자리에서 찌가 솟았다가 내려갔다 하는, 물방개 등에 의한 이상한 입질이 거듭될 경우는 그 생물체들이 좋아할 만한 먹잇감을 그 자리에 넣어주고 낚싯대를 약간 이동시키는 것이 좋다. 이러한 녀석들은 좀처럼 그 자리를 떠나려 하지 않기 때문에 자칫 밤중 내내 시달릴 가능성이 많다. 그러나 역설적으로 그 자리에 먹잇감이 있는 한 옆 낚싯대 자리로의 이동도 잘 안하므로 원래의 자리에 눌러앉혀 둘 수 있는 것이다. 그러나 찌를 올리면서 약간씩 이동시키는 큰 징거미가 덤빌 때에는 간혹 여러 마리가 무리를 이뤘을 가능성이 많으므로 다른 먹잇감이나 어분짜개 등을 발 앞에 뿌려주어서 유인해 내는 방법이 더 효과적이다.

이도 저도 아닌 입질, 즉 대류현상이나 물흐름으로 찌에 변화가 생길 때는 원줄이나 목줄에 보조봉돌을 물려서 살짝 무겁게 하거나, 긴 대가 흘러가는 쪽으로 가도록 낚싯대 배치를 바꾸는 방법도 있다.

찌의 변화로 포착하는 챔질 타이밍

챔질은 입질하는 붕어를 낚싯바늘에 거는 결정적인 동작이다. 따라서 챔질의 시기를 정확히 포착해야 붕어와의 지혜 대결에서 결정적 승기(勝機)를 잡을 수 있는 것이다. 하룻밤 딱 한 번의 기회일지도 모르는 대물 붕어낚시에 있어 챔질의 시기 포착이야말로 '공든 탑'을 완성하는 동작이기도 하다.

■ 찌 끝을 읽어라!

붕어의 입질이 찌에 나타나는 형상은 경우에 따라 복잡다양하다. 따라서 챔질 시기도 그 경우에 따라서 달라야 한다. 이때 중요한 것은 낚시를 하는 도중 찌놀음을 보고 어떤 경우의 입질인지를 파악해야 하고, 그에 맞는 챔질 타이밍을 적용해야 하는 것이다.

이러한 경우에 따른 챔질 타이밍을 설명함에 있어 필자가 첫 번째로 강조하는 것이 '찌 끝을 읽어라!'이다. 찌 끝을 읽는다는 것은 우리가 눈으로 직접 확인할 수 없는 물속 상황을 우리 눈에 보이는 찌를 통해 마음의 눈으로 판단한다는 의미이다. 그러기 위해서는 몇 가지 기본 사례를 익혀 누어

▼정확한 챔질 시기 포착이야말로 '공든 탑'을 완성하는 순간이다.

야 한다.

• **작은 붕어가 더 높이 올린다. 그러나 급하다.**

잔챙이 붕어라 해서 찌를 못 올리지는 않는다. 잔챙이일수록 경계심이 약하고 탐식성이 강해 경쟁적으로 먹이다툼을 함으로써 오히려 찌올림의 폭이 크고 빠르게 나타나기도 한다. 그런데 낚시 도중 찌 끝이 꿈질대기만 하고 솟아오르지 않는다면 그것은 잔챙이가 봉돌이 무거워서 찌를 못 올리는 게 아니라 먹이를 단번에 흡입하지 못하고 멈칫거리는 때문이다. 새우나 메주콩 미끼는 단번에 흡입을 못하고 뜯는 동작을 취함으로써 찌가 꿈질거리게 되는데, 그러나 지렁이 미끼의 경우는 끝을 물고 당김으로써 찌가 솟구치게 된다.

이에 비해 대물 붕어는 경계심도 많고 주로 개별 행동을 함으로써 먹이를 취할 때도 여러 마리가 경쟁하기 보다는 단독으로 그리고 순차적으로 차분히 취한다. 이러한 동작으로 인해 찌놀음이 차분하고 중후한 것이다. 따라서 높이 솟았다가 넘어지는 찌놀음이나 옆걸음질 치는 찌놀음을 보이더라도 그 속도가 차분하게 진행된다면 큰 붕어일 가능성이 많고, 빠르고 경박스러우면 작은 붕어일 가능성이 많다. 또한 한 마디를 못 올리거나 옆으로 이동하더라도 아주 둔중한 모습의 찌놀음이라면 대물의 가능성을 기대해도 좋다.

• **급경사에서의 찌올림 폭은 감소한다.**

찌올림은 바닥 상태에 따라서도 차이가 난다. 평평한 바닥의 경우는 붕어가 거꾸로 서는 자세로 먹이를 흡입하지만 급경사 지형의 경우는 몸을 세우는 각도를 훨씬 줄인 상태로도 흡입할 수 있다. 그러므로 흡입 후 수평회복의 폭이 그만큼 작고, 그로 인해 찌의 상승 폭도 작게 나타나는 것이다. 따라서 이런 상황을 모른 채 충분한 찌올림을 기다렸다간 그만 입질이 끝나버리기 일쑤다. 즉 적절한 챔질 타이밍을 놓치고 마는 것이다.

그러나 완만한 경사라면 별 차이가 없다. 봉돌이 자리 잡고 서있는 그 자리만을 축소해서 본다면 평지나 그 형상이 별 차이가 없기 때문이다.

■ 부력에 따른 찌올림 차이는 찌톱에 있다

어떤 사람은 고부력 찌는 봉돌이 무거워서 붕어가 잘 못 올릴 것으로 생각하고, 또 어떤 사람은 찌맞춤을 제대로 하는 한 지장이 없다고 말한다. 어느 쪽이 진실일까? 정확하게 말한다면 차이가 있다. 다만 그 차이가 미미하므로 무시해도 된다는 것이다.

우선 고부력이냐 저부력이냐의 차이는 찌몸통의 민감성에서 일부 차이가 난다. 붕어 입질에 따른 반응이 찌에 전달되면 몸통이 큰 고부력 찌는 몸통이 작은 저부력 찌에 비해 물의 마찰을 많이 받아 움직임이 다소 둔중할 수 있다. 미세한 차이일지라도 예신 반응이 둔하게 나타나는 것이다.

그러나 찌올림에 영향을 주는 것은 찌몸통보다 오히려 찌톱에 달려 있다. 수면 위로 노출되는 찌톱은 무게 작용이 적고 표면장력의 영향을 덜 받는, 굵기가 가는 찌톱일수록 찌올림이 잘 나타나는 것이다. 이에 비해 비록 저부력 찌라 할지라도 찌톱이 굵을수록 찌올림의 부담이 커지게 된다.

그러므로 찌가 고부력이냐 저부력이냐보다는 찌톱의 형태가 표면장력의 영향을 크게 받느냐 적게 받느냐가 중요하며, 수면 위 노출 시 무게 작용이 크게 나타나느냐 아니냐에 더 주의해야 한다. 그러나 이러한 문제도 양어장 낚시나 예민한 떡밥 콩알낚시에서 따질 일이고, 대물낚시에서는 그다지 걱정할 일이 아니다. 카본 낚싯대 3번 마디를 찌톱으로 사용한 초고부력 관통찌도 큰 붕어는 얼마든지 솟구쳐 올려주기 때문이다.

■ 예신과 본신이 뚜렷한 상황의 챔질 타이밍

붕어가 정상적인 입질을 할 때 찌에 나타나는 반응은 예신과 본신으로 이어지는 시간적 공간적 여유가 많아 초보자라도 어렵지 않게 챔질을 할 수 있다. 초기 예신 무렵에 낚싯대에 손을 가져가서 챔질 준비를 하고 본신을 기다리되, 잠시 뜸을 들이면서 찌가 서서히 솟아오르길 기다린다. 이때 본능적으로 챔질 감각이 빠른 사람은 찌가 한 마디 이상 올라 계속적으로 상승하는 도중을 포착해 순간적으로 챔질을 한다.

이에 비해 성격이 느긋한 사람은 찌가 계속 상승하여 거의 찌몸통이 보일 때까지를 기다렸다가 챔질을 한다. 찌가 상승을 멈추기 직전에는 그 속도가 느려지는 것을 알고 최대한 '찌 맛'을 즐기는 것이다. 그러나 찌가 상승하다가 멈추는 순간은 붕어가 먹이를 뱉어내기 직전의 순간이므로 고도로 숙달된 조사가 아니라면 찌가 멈추기를 기다리는 것은 자칫 헛챔질로

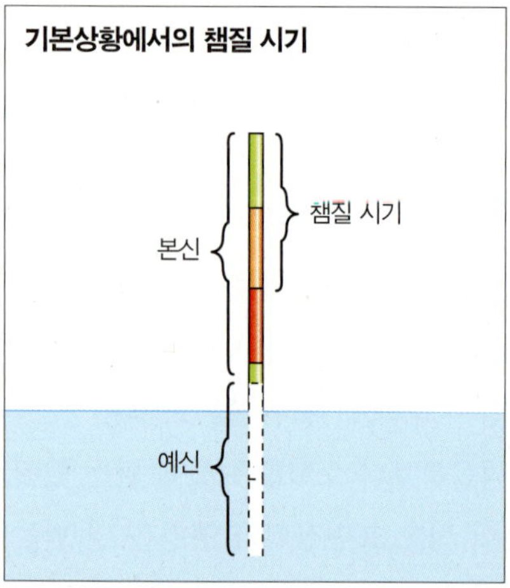

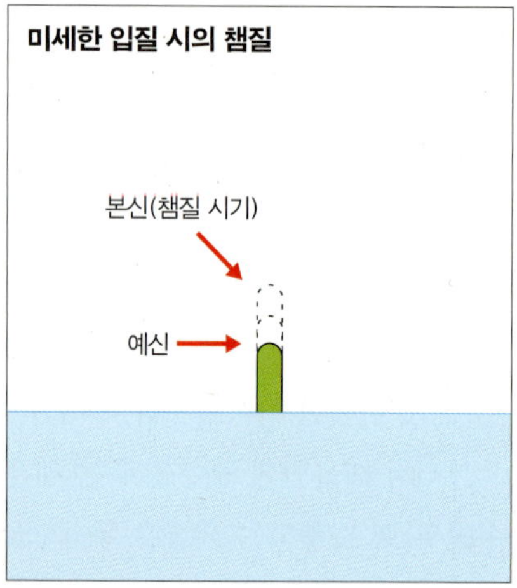

이어질 수 있다. 그러니 멈추기를 기다리지 말고 상승하는 찌의 속도가 느려진다 싶을 때가 가장 정확한 챔질 타이밍이다.

■ 입질이 미세할 때의 챔질 타이밍

아무리 대물 붕어라 해도 입질 형태가 일정할 수는 없다. 장소에 따라서 특징적인 입질을 보이는 경우가 있는가 하면, 같은 장소에서도 시간대에 따라서 입질 형태가 달라질 수도 있다.

미세한 입질이 들어올 때는 예신과 본신의 구별은커녕 잠깐 찌를 올렸다가 그만 내려가는 것으로 끝나버리는 경우가 있다. 그러나 자세히 관찰해 보면 비록 미세하긴 하지만 예신 때보다는 본신 때의 찌의 모습이 훨씬 무겁고 느릿하다. 이때가 챔질 시기인 것이다.

미세한 입질 형태는 일교차가 아주 큰 날 밤이나 동풍이 불어올 때, 혹은 주변이 소란해 붕어가 경계심이 발동할 경우에 주로 나타난다. 이런 상황의 입질을 식별하지 못한 사람은 밤새 입질 한 번 못 받았다고 불평하는데, 사실은 미세한 입질을 감지 못했거나 챔질 시기를 포착하지 못한 탓일 수도 있다.

■ 잠겨들거나 옆걸음 치는 입질의 챔질 시기

깜빡 깜빡 예신 후에 찌가 수면 아래로 스르르 잠겨 들어갈 때가 있다. 이러한 때의 챔질 시기는 수면 아래로 잠겨 들어가 찌끝이 시야에서 사라지

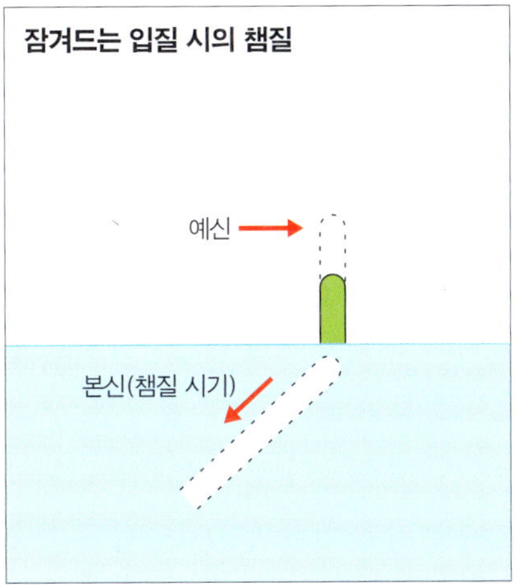

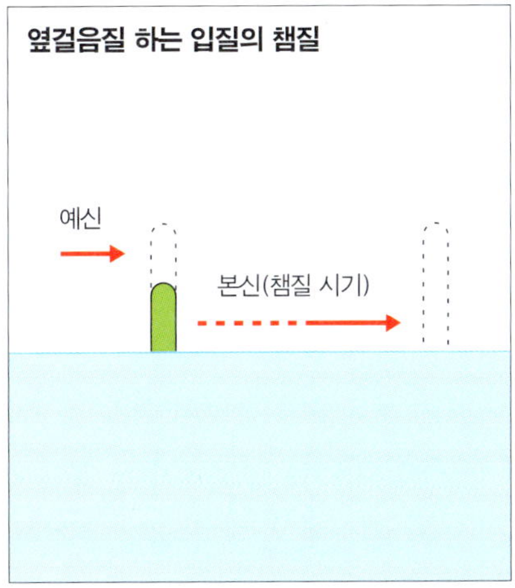

는 순간이다. 이러한 입질 형태는 급한 경사면에 미끼가 있거나, 수심이 얕으면서 가까운 곳에 은신처가 있어 대물이 미끼를 물고 안전지대로 이동할 때, 또는 동시에 두 마리 이상의 대물 붕어가 먹이다툼을 할 때 주로 일어나는 현상이다.

찌가 약간 솟은 상태에서 더 이상 상승하거나 하강하지도 않고 서서히 옆으로 이동할 때도 있다. 마치 게걸음을 치듯…. 이런 입질이 전개될 때는 찌가 옆으로 이동하는 거리가 한 뼘 이상일 무렵이 곧 챔질 타이밍이다. 대물급 붕어가 수심이 얕은 곳에서 입질을 할 때 간혹 나타난다.

▼입질이 미세할 때는 예신이 나타날 때부터 챔질 준비 동작을 취하고 있어야 한다.

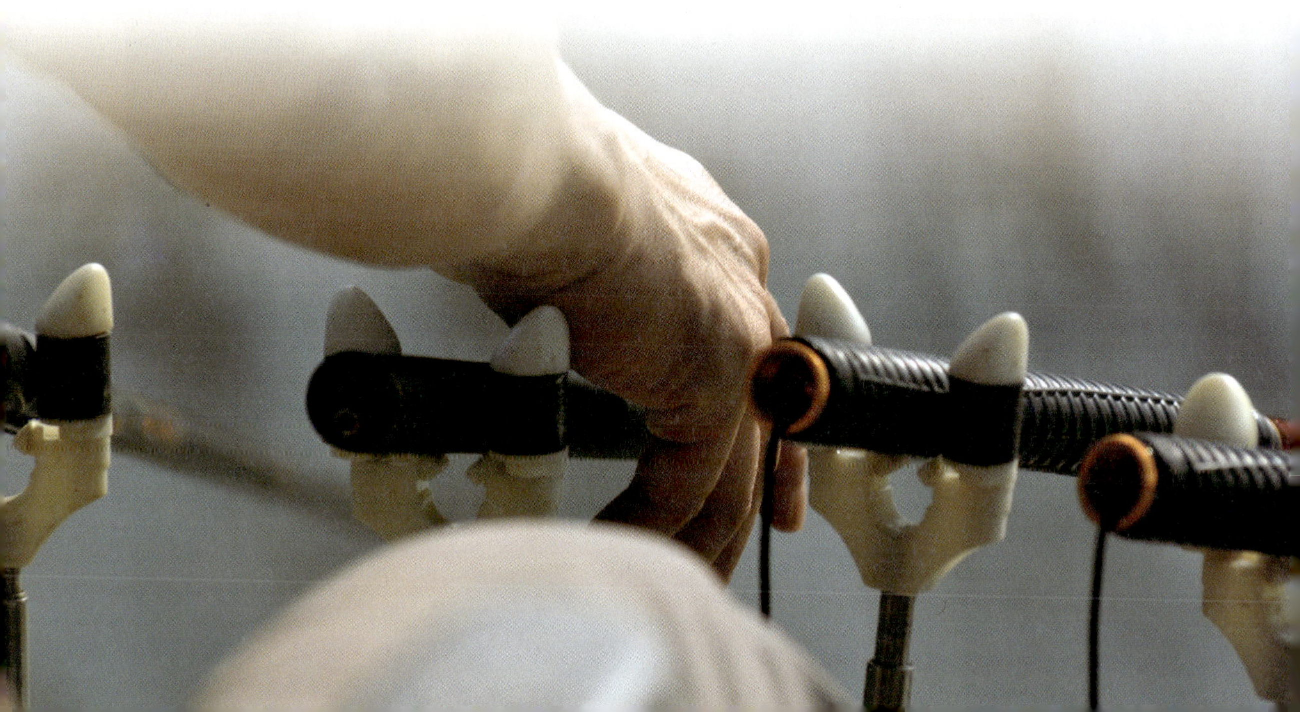

낚시 여건을 고려한 챔질 타이밍

■ 사용 채비에 따른 챔질 시기

사용하는 채비의 특징에 따라 찌놀음이 달리 나타난다. 따라서 자신이 사용하는 채비에 따른 챔질 타이밍이 필요하다. 채비가 찌놀음에 가장 영향을 미치는 것은 수중 봉돌의 위치 및 목줄의 길이 그리고 원줄의 굵기 등이다.

• **봉돌이 바닥에 닿은 경우** – 봉돌이 바닥에 안착되어 있는 상황에서는 찌의 자체 부력과 붕어의 입질 충격이 동시에 작용하여 찌가 유연하게 상승한다. 찌의 상승력과 봉돌의 침하력이 상호 반작용을 일으켜 수직으로 부드럽게 솟아오르는 찌올림을 감상할 수 있는데, 수직 상승하는 도중이나 그 정점에서 챔질을 하면 된다.

• **바늘만 바닥에 닿은 경우** – 바늘만 살짝 바닥에 닿은 상태로 봉돌이 떠 있으면 찌가 쉽게 상승하는 반면, 이내 그 상승력이 줄어들면서 수면에서 잠시 주춤거리다가 다시 소폭 상승하는 양상을 보인다. 그런데 이 주춤하는 과정에서 그만 입질이 끝나버리는 경우가 있다. 따라서 바늘만 바닥에 닿고

▼챔질 이후 붕어가 한 방향으로 차고 달리면 낚싯대를 반대 방향으로 눕혀 붕어의 머리를 돌려야 한다.

봉돌이 떠있는 찌맞춤이라면, 찌가 오르다가 주춤하는 순간을 챔질 타이밍으로 삼아야 입걸림 확률이 높다.

• 목줄이 짧거나 길 경우 – 목줄이 길면 붕어가 미끼를 흡입할 때의 영향이 봉돌에 뒤늦게 전달되는 만큼 찌에 나타나는 초기 반응도 느린 편이다. 그러나 예신이 늦게 나타나는 반면 붕어가 쉽게 뱉어내지를 않아서 본신 찌놀림은 유연하고도 여유가 있다.

이에 비해 목줄이 짧으면 예신이 빠르게 나타나는 대신, 붕어가 봉돌의 중량감을 즉각 느끼는 나머지 미끼를 쉬이 뱉어버릴 수도 있다. 이럴 때 찌에 나타나는 반응은 비교적 유연하지 못하고 짧게 나타나는 것이 특징이다.

따라서 목줄이 짧을 때는 예신 후에 찌가 상승하는 본신 도중을 노리고, 목줄이 길 때는 본신 과정을 다소 여유 있게 지켜보면서 정점 근처에서 챔질을 하면 정확성이 높아진다. 한 마디로 목줄이 짧으면 다소 빨리, 길면 다소 천천히 챔질하라는 얘기다.

• 원줄이 굵거나 가늘 경우 – 수중에 길게 늘어져 있는 원줄이 굵을수록 무게 작용을 하며, 물의 저항도 많이 받게 되어 찌의 움직임에 부담을 준다. 필자가 실험한 바로는 원줄이 5호 이하인 경우에는 그 차이가 육안으로 식별될 정도가 아니었으나, 원줄이 6호 이상인 경우에는 찌놀음에 미치는 영향이 육안으로 식별될 만큼 크게 나타났다. 따라서 원줄이 굵으면 찌가 상승 중일 때 빠른 챔질을 해야 하고, 원줄이 가늘수록 조금 여유를 가지고 챔질해도 된다.

• 바늘이 크거나 작을 경우 – 바늘의 크기는 그 자체보다는 사실상 그에 따라 사용하는 미끼의 크기가 찌놀음에 영향을 더 많이 끼친다. 바늘이 크면 대부분 그 바늘에 사용하는 미끼도 크다고 볼 때, 붕어가 입속으로 완전히 흡입하는 동작이 더디게 된다. 따라서 찌에 나타나는 반응은 무겁고 느리다. 따라서 좀 더 여유를 가지고 챔질하는 것이 좋다. 이에 비해 바늘이 가늘고 작으면 그에 사용하는 미끼 또한 작게 마련이므로 붕어가 단숨에 흡입하기 쉽다. 따라서 조금 빨리 챔질해도 무리가 따르지 않는다. 그렇지만 이런 경우는 붕어가 쉽게 미끼를 뱉지 않으므로 취향에 따라 느긋한 챔질을 즐겨도 된다.

한 가지 첨언하자면 바늘 끝의 노출 여부는 크게 영향을 주지 않는다.

■ 사용 미끼에 따른 챔질 시기

사용 미끼에 따라 특히 챔질 타이밍은 달라진다. 이것은 필자가 이미 90년대 초에 통계를 내서 낚시 잡지에 그림으로 제시한 바가 있고, 저서 『붕어 낚시 첫걸음』에도 도식화하여 포함시켰다. 필자는 미끼에 따른 입질 형태를 떡밥 · 지렁이 · 대형 미끼(새우, 메주콩 등) 3가지로 구분한다.

• **떡밥 미끼의 경우** – 너무 기다리지 말고 다소 서둘러 챔질해야 한다. 떡밥 미끼의 입질은 대부분 한 번의 예신에 이은 본신으로 진행되는데, 풀린 상태의 떡밥을 붕어가 흡입하면 곧바로 아가미로 걸러내는 동작을 하므로 대부분 생미끼에 비해 찌올림의 폭이 그다지 크지 못하다. 그러므로 본신이 진행 중일 때는 긴장하여 준비했다가 조금이라도 찌 끝이 둔해지는 순간을 노려 그 높이에 무관하게 챔질을 해야 입걸림 확률이 높아진다.

• **지렁이 미끼의 경우** – 느긋하게 기다렸다가 챔질하는 것이 좋다. 큰 붕어는 지렁이 미끼를 단숨에 흡입할 수 있지만 중간치 이하의 붕어는 여러 차례의 군입질 후에 흡입을 한다. 더구나 잡어나 치어급 붕어는 지렁이 꼬리를 물고 끊어먹으려는 동작을 취하게 되므로 찌가 오르락내리락 하는 모습을 보인다. 이때는 챔질을 해봐야 헛챔질이 되기 일쑤다.

따라서 잔챙이는 가지고 놀도록 미련할 정도로 내버려 둔다. 큰 붕어가 접근하여 입질을 하면 찌가 아주 부드럽게 수직상승을 하므로 느긋하게 정점 부분에 이르러 챔질을 하면 된다.

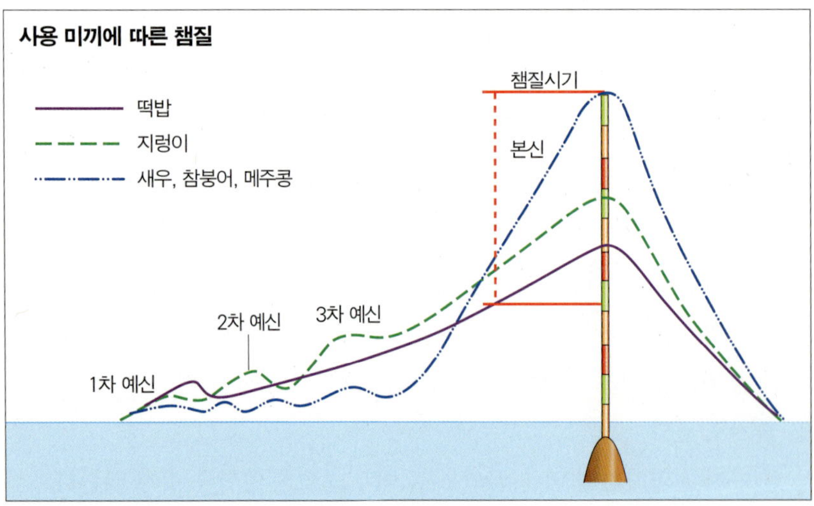

• **새우, 참붕어 등 대형 미끼의 경우** – 당일의 낚시 여건에 따라 차이는 있으나 대부분 대형 미끼(새우 · 참붕어 · 납자루 · 메주콩 · 옥수수 여러 알 등)를 탐하는 붕어는 적극적인 사냥 동작을 취한다. 더욱이 큰 미끼는 흡입과 동시에 아가미를 통해 걸러 내거나 목구멍으로 삼킬 수가 없다. 입 깊은 쪽에 위치한 인후치로 분쇄해야 하기 때문에 시간이 소요되고, 이러는 동안 찌는 높이 솟아오르게 된다.

따라서 대형 미끼를 쓸 때는 찌를 끝까지 밀어 올리도록 감상을 하며 그 정점에 도달했을 때 챔질을 하는 것이 정석이다. 참고로 대형 미끼 그 종류에 따라 미세하나마 찌놀림의 차이를 보이긴 하는데, 구태여 마음에 둘 필요 없이 밀어 올리는 찌맛을 충분히 즐기면서 챔질을 해도 된다.

■ 바닥 상태를 고려한 챔질 타이밍

바닥이 평평하고 깔끔한 경우를 표준으로 하여 비교한다면 경사가 심한 상태에서는 찌올림의 폭이 작거나 내려가는 모습을 보일 때가 많다. 또한 미끼가 수초에 얹히거나 청태 위에 놓이게 되면 과도하게 올리거나 깔짝대는 입질로 나타난다. 그러나 감탕의 경우는 미끼가 묻힐 정도만 아니라면 정상적인 입질 모습을 볼 수 있다.

따라서 바닥 상태에 따라서는 다양한 입질 중에서 찌놀음이 무겁게 나타나는 모습을 보일 때가 챔질 타이밍이다. 이런 경우에는 찌오름이나 찌내림의 폭이 문제가 아니라 찌 끝의 무거운 움직임 정도가 핵심이다.

■ 수심을 고려한 챔질 타이밍

수심의 깊고 얕음도 찌놀음에 영향을 미친다. 서로 다른 수압대의 붕어는 섭이 동작마저 다르고, 수압이 채비에 미치는 영향, 그리고 바닥에서 찌에까지 전달되는 운동 에너지의 역학 관계가 작용하기 때문이다.

• **깊은 수심대의 붕어** – 깊은 수심대의 붕어는 먹이를 취한 후 떠오르는 습성이 있다. 부레를 지닌 물고기, 특히 평소 깊은 물에 서식하지 않는 붕어는 수심 깊은 곳에 이르면 수압에 의한 부레의 기능이 작용한다. 따라서 먹이를 물고는 일단 위로 떠오르게 되는 것이다. 그래서 80년대 충추호나 소양호의 5m 이상 깊은 수심대에서 낚시를 할 때는 1m 길이에 달하는 찌에 케

미컬라이트를 3단계로 달아 '찌맛'을 즐기는 마니아들도 있었다.

• **얕은 수심대의 붕어** – 얕은 수심대의 붕어는 그만큼 경계심이 강하다. 따라서 먹이를 취하면 그 자리를 떠나서 안정된 곳으로 이동하려 든다. 그러므로 얕은 수심대에서 대물낚시를 할 때는 높은 찌올림을 기대하지 말고 찌가 끌려가는 모습을 보일 때도 챔질을 시도해야 한다.

■ 씨알 및 대상어를 고려한 챔질 타이밍

어느 어종이든 큰 씨알은 동작이 유연하고 여유가 있는 반면, 작은 씨알은 급하고 경박스럽다. 그 입질이 찌에 나타날 때도 차분하고 중후함과 급작스러움으로 나타난다. 다만 붕어를 기준해서 찌올림의 높이만을 얘기한다면 씨알과는 큰 관계가 없다. 아주 여유로울 때 대물 붕어가 깊은 수심대에서 한없이 찌를 올려주는 모습을 보이는가 하면, 잔챙이 붕어들이 떼로 몰려 먹이경쟁을 할 때는 찌가 치솟다 못해 벌러덩 넘어지는 입질 모습도 보이기 때문이다.

따라서 대물낚시를 할 때는 급작스럽게 치솟는 찌올림은 비록 높이 오르더라도 큰 기대를 버리고, 아주 낮은 찌올림일지라도 아주 무겁고 여유 있는 모습이라면 그 정점을 포착해 순간적인 챔질을 하면 된다.

한편 잉어과 어종을 비롯한 체고가 높고 바닥에서 먹이를 취하는 어종은 찌를 올리는 형상으로 입질을 한다. 그 중에서도 위아래 입술 길이가 대등한 붕어 등의 어종은 몸을 비스듬히 세워서 바닥의 먹이를 흡입하고, 그런 다음에는 다시 몸을 일으켜야 하므로 찌가 많이 솟아오른다.

잉어처럼 윗입술이 더 발달한 어종은 찌를 적게 올리며, 몸 형태에서 배 쪽이 둥근 어종일수록 찌를 또 더 많이 올린다. 이에 비해 땅과 일직선으로 홀쭉한 어종은 적게 올리거나 끌고 간다. 이런 어종들에 대한 챔질 타이밍은 그 어종 특색에 따른 입질 형태에서 차분하게 찌가 움직이는 결정적인 동작이 찌에 나타났을 때이다.

Photo fishing

살림망 휘날리며!

사진 · 이기선

빠르고 정확한 챔질, 어떻게 할 것인가

■ 손목 챔질 – 초기 제압에 유리

손목 챔질은 일명 스냅 챔질이라고도 하며, 손목에 순간적인 힘을 주어 낚싯대 끝을 힘차게 튕겨 올려 세우는 방법이다. 붕어낚시에 있어서 가장 효과적이고도 가장 많이 사용하는 챔질 방법이다.

손목 챔질 동작의 핵심은 낚싯대 손잡이를 가볍게 잡고 스냅을 이용하여 짧게 끊어치듯 대 끝을 순간적으로 들어 올리면서 동시에 대를 세우는 것이다. 이 순간 낚싯대의 탄력이 고루 발휘됨으로써 붕어와의 힘겨루기에서 절반 이상을 이기고 들어가는 형국이 된다.

흔히 월척급 이상의 대형 붕어나 잉어 · 향어를 걸었을 때 미처 대를 세우기도 전, 즉 낚싯대의 탄력이 발휘되기도 전에 서로 맞당기는 상황이 전개됨으로써 원줄이나 목줄이 끊어지기도 하고, 붕어의 주둥이가 찢겨나가 실패로 끝나기도 하는데, 손목 챔질을 잘 구사하면 이런 실패를 미연에 방지할 수 있는 것이다. 따라서 대물낚시에 특히 유용한 손목 챔질은 낚시를

▼낚시 초심자나 아이들이 챔질을 할 때는 채비가 하늘 위로 솟아 장애물에 걸리는 우를 범하기 쉽다. 손목 힘을 이용하지 못하고 번쩍 들어 올리는 때문이다.

처음 배울 때부터 제대로 몸에 익히는 게 좋다. 처음에 잘못 길들이면 습관이 되어 나중에 고치기가 어렵기 때문이다.

손목 챔질을 할 때 숙달이 되지 않았거나 잘못된 습관이 밴 경우는 챔질 순간 바늘 채비가 수면 위로 솟구쳐 허공을 찌르기도 하고 뒤쪽 나뭇가지를 휘감기도 한다. 그렇지만 제대로 된 동작을 익히게 되면 아무리 급한 챔질을 하더라도 채비가 수면 위로 튕겨 오르는 법은 없다. 만일 순간적인 챔질을 할 때 채비가 수면 위로 튀어 오른다면 자신의 챔질 습관이 잘못된 것으로 돌이켜 생각해봐야 한다.

마치 검도 고수가 짚단을 자를 때 번개처럼 한순간에 내리치고 딱 멈추는 것과 같은 손목 챔질을 할 수 있어야 비로소 대물과의 멋진 진검승부를 할 수가 있는 것이다.

■ 들어 챔질 – 순간적인 바늘걸림 불리

들어 챔질은 손목 스냅이 아닌 팔을 이용해 대를 들어 올리는 동작이다. 낚싯대 끝에 순간 힘이 가해지는 손목 챔질과는 달리 낚싯대 허리 부분에 강한 힘이 전달된다. 마치 바다낚시에서 챔질하는 모습과 유사하다고 보면 되겠다.

이러한 들어 챔질도 초기에는 대를 세우는 효과가 있어서 붕어를 제압하고 유도하는 데는 용이하다. 그러나 챔질 동작에 이어 바늘에 전해지는 충격이 완만하여 자칫 약한 입걸림이 될 수도 있고, 챔질 직후 제압으로 이어지는 순간동작이 늦어져서 대물 붕어와의 힘겨루기에 있어 기선을 빼앗기는 결과를 초래할 수도 있다.

■ 당겨 챔질 – 글라스 로드 시절의 구태

붕어가 입질을 할 때 낚싯대 손잡이를 잡고서 팔을 옆구리 쪽으로 세차게 당기는 자세의 챔질을 말한다. 이 방법은 챔질 순간, 줄행랑치는 붕어와 낚싯대가 일직선을 이루게 됨으로써 챔질에 이어 별도의 연결 동작을 가해 대를 세워야 하는 등 붕어를 제압, 유도하는 데 있어 단점이 따른다. 특히 수초 속에서 대물급 붕어를 걸었을 경우, 챔질과 함께 낚싯대를 세우기도 전에 붕어가 수초 속으로 들어가 버리는 등 효과적으로 제압하지 못해 낭패를 겪을 수도 있다.

옛날 대나무나 글라스 소재의 무거운 낚싯대를 사용할 때는 이러한 챔질이 때로는 유용할 수도 있었으나, 오늘날에 이르러 아주 무겁고 긴 대를 불가피하게 한 손으로 사용할 경우를 제외하곤 애초부터 이 방법을 사용하지 않는 것이 좋다.

■ 기타 사례 – 강하게 채는 것이 빠른 건 아니다

낚시를 하다 보면 특이한 찌놀음을 접할 때가 있다. 예를 들면 찌가 갑자기 빨려 들어가거나 순간적으로 급상승하는 경우, 그리고 끌고 오락가락 하는 경우이다. 이런 경우는 대개 잡어의 입질이거나 잔챙이 붕어의 소행일 가능성이 많고, 간혹 의외로 큰 붕어가 엉뚱한 입질을 보일 때도 있다. 그러므로 일단 입질을 접하면 어떻게든 끌어내어 그 존재를 확인해 봐야 한다.

이렇듯 급작스런 입질을 보일 때, 급작스런 그 속도가 빠르면 빠를수록 급하고 강한 챔질을 하게 되는 것이 우리의 본능이다. 그러나 그렇게 하면 대부분 헛챔질로 끝난다. 따라서 갑작스런 모습의 입질일수록 간명하고 약하게 '툭!' 하고 끊어 치는, 이른바 손목 챔질을 해야 한다. 마치 복싱경기에서 스냅만을 가볍게 이용하는 너클펀치가 케이오펀치가 되는 것처럼 가벼운 손목 챔질이 오히려 목줄과 바늘에 순간적으로 전달되는 힘이 더 빠르고 강한 것이다.

또한 챔질 시기를 놓친 나머지 찌가 수면 위에 벌렁 드러누웠을 경우에도 다짜고짜 들어 챔질이나 당겨 챔질을 세차게 하면 빈 바늘만 튕겨 나오기 일쑤다. 늦었다고 생각될수록 차분한 동작으로 손목 챔질을 하는 것이 보다 빠르고 정확한 방법이다.

Photo fishing

이렇게 좋을 수가

12 제압과 유도

▲ 대물낚시는 초기 제압과 유도 과정이 완벽해야 유종의 미를 거둘 수 있다.

챔질 순간부터 제압이 시작된다

대물낚시에서 찌가 천천히 솟아오르는 광경을 바라보는 즐거움이 '찌맛'이라면, 챔질 후 대물 붕어를 걸었을 때 손에 부딪쳐 오는 육중한 떨림을 느끼는 것이 곧 '손맛'이다. 우리 낚시인들은 이 '찌맛'에서 환희를 느끼고 '손맛'에서 전율을 느낀다. 그리고 대물과의 한판 힘겨루기 도중 '철퍼덕!' 하고 대물이 몸을 뒤채는 파열음이 울릴 때면 우리 낚시인들은 드디어 오르가슴의 경지에 도달한다.

• 챔질과 동시에 대를 세워라

챔질 후 대물 붕어가 걸려들었을 경우, 첫 번째 관건은 낚싯대를 적시에 잘 세우느냐 못 세우느냐이다. 만약 챔질 초기에 낚싯대를 제대로 세우지 못하면 월척급 이상의 대물인 경우 이미 승패가 기울어졌다고 해도 과언이 아니다. 따라서 대물이 걸려들었을 때는 챔질과 거의 동시에 낚싯대를 수직으로 세워야 한다. 이렇게 최대한 세워야 하는 이유는 낚싯대의 탄력을 최대한 이용하기 위함이다.

• 원줄을 주지 말고 공기를 먹여라

일단 대를 세우는 데 성공하면 90% 이상 제압에 성공했다고 보아도 된다. 그러나 일차 대를 세운 후에도 물고기는 순간순간 용을 쓴다. 이렇게 2차, 3차 큰 힘을 쓸 때 자칫 세웠던 대를 조금이라도 늦추게 되면 팽팽했던 원줄을 느슨해지면서 대물 붕어는 그만 바늘털이를 하고 도망치고 만다. 이런 경우를 '원줄을 준다'고 표현한다. 그러므로 혹시 자신이 자세를 낮추거나 부득이 낚싯대를 낮춰야 할 일이 생기더라도 원줄은 항상 팽팽한 상태가 유지되도록 해야 한다.

• 장애물이 없다면 충분한 손맛을 즐겨라

대물낚시에서는 초기에 강제제압을 하는 것이 당연시 되지만 주변에 장애물이 없을 때는 여유 있는 대결도 필요하다. 이런 경우에는 챔질과 동시에 낚싯대를 90도 각도로 세운 상태에서 붕어가 힘을 쓰는 대로 손맛을 즐기다 보면 서서히 떠오르기 마련이다. 이렇게 하는 것이 무리 없이 대물을 제압하면서도 손맛을 배가시키는 요령이다.

▼수중 또는 수면 장애물이 없는 곳에선 손맛도 충분히 즐겨야 한다. 그것이 대물낚시의 매력이기 때문이다.

• 장애물이 있으면 강제집행을 하라

장애물이 있는 곳에서의 제압은 일단 챔질과 동시에 붕어를 수면에 강제적으로 띄우는 것이 중요하다. 따라서 이에 대비해 수초대에서 낚시를 할 때는 낚싯대나 채비를 강하게 하고, 원줄도 약간 짧게 잡아야 한다.

또한 수초 속의 붕어를 수면 위로 띄우기 위해서는 붕어의 힘을 역이용하는 방법도 구사해야 한다. 붕어는 챔질과 동시에 본능적인 도망을 위해 강하게 꼬리를 흔든다. 강한 꼬리 힘으로 추진력을 갖게 되는데, 이때 머리 방향을 위로 향하게 유도하면 그 추진력이 합쳐져 순식간에 붕어가 수면 위로 떠올라 철퍼덕 거리게 된다. 이렇게 일단 수면으로 띄워서 버틸 수 있게 되면 비록 수초밭일지라도 일단 초기 1단계 제압은 성공한 셈이다.

■ 문제 발생 시 응급조치 요령

▲ 가장자리에 장애물이 있는 경우는 동료의 도움을 받아 안전하게 끌어내는 것이 좋다.

제압 단계에서 아무리 주의를 해도 챔질 순간에 붕어가 수초 속으로 처박거나 장애물을 휘감는 경우가 발생한다. 이런 때에는 무리하게 당기지 말고 적절한 응급조치를 해야 하는데, 그냥 기다리는 방법이 있다.

수초에 걸린 붕어를 억지로 끌어내려 하다 보면 원줄이 끊어지거나 목줄이 끊어지고, 아니면 붕어의 입이 찢어지면서 그만 떨어져 버리고 만다. 그러므로 이런 때에는 낚싯줄을 약간 팽팽하게 잠시 당겼다가 살며시 놓아주기를 반복하면 붕어가 정신을 가다듬고서 움직일 때가 있다. 이때를 기다렸다가 지체 없이 수초로부터 떼어 놓으면 된다. 그러나 그렇게 하고도 붕어가 빠져나올 기미를 보이지 않는다면 낚싯대를 원줄과 일자로 되게 해 살며시 당겨보고, 그래도 여의치 않으면 낚싯대를 아예 받침대에 올려두고 한참 잊어버린 상태로 기다리다 보면 붕어가 스스로 풀고 빠져나오는 경우가 있다. 설사 붕어가 빠져나오지 않더라도 그나마 다행으로 바늘이 빠져나와 바늘 채비도 회수하고 낚싯대도 상하지 않게 된다.

유도 간에 손맛을 극대화하라

대물 붕어를 끌어낼 때는 손맛과 안전을 생각해 빠른 판단을 해야 한다. 즉 있는 힘을 다해 버티는 대물 붕어를 적당히 놀리면서 진한 손맛을 볼 것인가, 일단 끌어내고 보자는 식의 강제집행을 할 것인가를 생각해야 하는 것이다. 적당히 놀릴 경우는 최대한 안전한 상황에서 낚시의 즐거움을 충분히 느끼기 위함이고, 강제집행을 할 경우는 수초 등 장애물이 있는 위험지역을 우선 탈출하기 위함이다.

■ 때로는 놀리고 때로는 강제 집행하고

장애물이 없는 곳에선 최대한 안전조치를 취하면서 손맛도 즐겨야 한다. 모처럼 만난 대물을 안전하게 손에 넣는 것도 중요하지만 가슴 벅찬 환희를 만끽하기 위해서는 그 과정의 우여곡절도 중요한 것이다. 그리고 그 과정을 한껏 즐기는 것이야말로 우리가 낚시를 하는 이유이기도 하다.

초기 제압한 대물 붕어를 일단 수면 위로 띄우기만 하면 절반의 성공이다. 몇 차례 수면을 오르락내리락 하며 애를 먹이기도 하지만 외부 공기를

▶ 장애물이 심한 곳에선 초기 강제집행이 급선무다. 고기를 수면 위로 재빨리 띄워야 하는 것이다.

마신 붕어는 이내 배를 드러내고 수면에 눕게 마련이다. 이때까지는 절대로 원줄을 느슨하게 해서는 안 된다. 붕어가 힘을 쓰는 방향에 따라 적절히 낚싯대를 좌우로 젖히면서 손맛과 안전을 함께 도모해야 한다.

그러나 위험지대에선 강제 집행을 감행해야 한다. 일부 수초더미가 있는 곳이면 재빨리 안전지대로 끌어내어 그때부터 여유를 가지면 되는데, 만약 수초가 전면을 덮고 있는 여건에서는 1차 강제 집행을 해서 수초 위로 띄워야 하고, 수초 위에 떠오른 붕어는 미끄럼을 태우듯 지체 없이 끌어내야 한다. 수몰 나무 등 수중 장애물이 있는 곳이라면 수면에서 철퍼덕 거리는 채로 내 앞으로 날리다시피 끌어와야 한다.

강제 집행에서 중요한 것은 일단 수면이나 수초 위로 띄운 붕어를 다시 수중으로 파고들지 못하도록 끝까지 수면에서 해결해야 한다는 점이다. 일단 수초 위로 오른 대물이 어쩌다 다시 수초 속으로 파고들어가 버리면 그것으로 영영 이별할 가능성이 많기 때문이다.

▪ 올바른 유도1 - 머리 돌리기

유도해 내는 과정의 붕어는 본능적으로 수초나 장애물이 있는 곳으로 처박으려 든다. 더욱이 사람의 인기척을 감지하게 되면 힘이 빠졌던 상태에서도 순간적으로 도망을 치기 위해 마지막 안간힘을 쓴다. 그러는 도중 붕어가 '철버덕!' 하고 몸을 뒤채는 경우도 있다. 한참 실랑이를 벌여 입에 박힌 바늘 구멍이 넓어진 상태이므로이때 자칫 붕어가 빠져 나갈 우려가 크다. 따라서 제압 이후 최종 마무리 단계까지 유도를 잘 해야 붕어가 수초나 기타 장애물에 처박는 것을 방지 할 수 있고, 또한 옆 낚싯대의 낚싯줄과 엉키는 것을 방지할 수 있다.

제압에 성공했다고 생각한 붕어가 다시 수중으로 힘을 쓰고 차고 나갈 때는 머리를 돌려 세워야 한다. 앞서 설명한 바와 같이 머리를 돌리는 것은 월척급 이상의 큰 붕어를 유도하는 데 가장 중요한 방어 수단이다.

대물 붕어의 머리를 돌려 세우려면 그 방향에 따라 낚싯대를 젖혀야 한다. 즉 붕어가 정면으로 차고 나갈 경우는 좌우 어느 한 방향으로 낚싯대를 눕히면서 차고 나가는 붕어로 하여금 낚싯대의 탄력을 못 이겨 머리를 돌리게 하는 것이다. 만약 좌측으로 차고 나가면 우측으로 대를 눕히고, 우측으로 차고 나가면 좌측으로 대를 눕히면 된다. 민물낚시든 바다낚시든 파이팅 과정에서 이렇게 차고나가는 대상어의 머리를 돌려세우는 것은 대단히 중요하다. 그리고 이렇게 대상어의 머리를 돌려 질주를 견제하는 과정이야말로 가장 진한 손맛을 느끼는 순간이기도 하다.

■ 올바른 유도2 – 미끄럼 태우기

우여곡절 끝에 붕어의 힘이 거의 빠졌다 싶으면 이제 내 앞으로 데려 올 차례다. 이때 붕어를 내 앞으로 당겨오는 가장 안전한 방법이 '미끄럼 태우기'이다. 씨알이 작은 붕어야 간단히 들어 올리면 되지만 월척 이상의 대물은 쉽게 들어 올려지지도 않거니와 마지막 저항으로 다 된 밥에 코 빠뜨리는 격이 될 수도 있다.

붕어가 수면 위로 떠올라 몸을 눕히면 그 자세로, 마치 수면 위로 미끄럼을 태우듯 리드미컬하게 끌어 오되, 당길 때에는 붕어에게 일체의 충격이 가해지지 않도록 주의해야 한다. 붕어는 누워서 따라 오다가도 충격을 받게 되면 그 자리에서 몸부림을 쳐 빠져나가려 하기 때문이다. 따라서 깔끔한 수면 위라면 일자로 그냥 당겨 와도 되겠지만 만약 밀생한 수초대라면 열린 골자리 또는 가지런한 수초 위로 방향을 옮겨야 한다.

▼ 수초 더미 주변에서 걸려든 붕어를 유도해 내는 가장 좋은 방법은 수초 더미 위로 미끄럼 태우듯 끌어내는 것이다.

미끄럼을 태울 때 특히 주의해야 할 점은 낚싯대를 세우는 각도가 자신의 몸 뒤로 너무 젖혀져서는 안 된다는 것이다. 낚싯대를 뒤로 너무 젖혀 당기게 되면 낚싯대 허리 부분이 파손될 우려가 많기 때문이다. 여의치 않다면 낚싯대를 뒤로 젖히는 것보다 뒷걸음치며 당기는 것이 오히려 좋다.

대물낚시를 마무리하는 '들어내기'

들어내기는 대물낚시의 최종 마무리 단계이다. 제압과 유도를 성공적으로 이끌었다 할지라도 이 마지막 단계에서 실수를 하면 모든 게 물거품으로 돌아간다. 그리고 이 과정에서 마무리를 잘하면 승리의 노래를 부를 수 있다. 그래서 필자는 들어내기야말로 대물낚시 전 과정을 완결하는 '쾌감'이라고 표현한다. 이러한 들어내기 동작은 손으로 낚싯줄을 쥐고 직접 들어내거나 뜰채를 이용하는 두 가지 방법이 있다.

■ 손으로 들어올리기

주로 자연 낚시터에서 낚시를 즐기는 대물 낚시인들은 뜰채를 휴대하지 않는다. 이렇게 뜰채를 준비하지 않은 경우는 마지막 단계에서 손으로 들어올릴 수밖에 없다. 붕어를 손으로 직접 잡는 게 아니라 원줄을 쥐게 되는데, 이때 원줄을 너무 꽉 잡아서는 안 된다.

▼ 뜰채를 사용하지 않고 붕어를 들어 올릴 때는 낚싯줄을 꽉 잡지 말고 손바닥으로 쓰다듬듯 해야 한다.

붕어를 최종 들어내기 쉬운 지점까지 가져 올 때는 낚싯대를 세운 채 원줄을 손으로 꽉 잡지 말고 손바닥으로 쓰다듬듯 갖다 댄 상태로 지긋이 당겨야 한다. 붕어가 갑자기 퍼덕일 때 원줄을 자유롭게 해주는 한편, 끝까지 낚싯대의 탄력을 이용하는 것이다. 만약 원줄을 꽉 잡게 되면 원줄의 인장력과 낚싯대의 탄력이 작동되지 않는 나머지 마지막 퍼덕이는 붕어의 힘을 감당하지 못해 목줄이 끊어지거나 바늘이 빠지거나 붕어의 입술이 찢어지면서 떨어뜨리고 만다.

다음으로 붕어를 들 수 있는 지점까지 데려 왔으면 최종적으로 들어내야 하는데, 이때는 원줄에 대고 있던 손을 서서히 내려서 봉돌 부분을 가볍게 잡고 붕어에게 충격이 가지 않도록 조심해서 들어 올린다. 그러나 붕어가 아주 클 경우는 봉돌을 잡고 들어 올리는 것도 위험할 수도 있다. 대물급의 씨알이라면 손을 붕어 몸체 아래로 서서히 넣어서 중심을 잡은 뒤 조심스럽게 손바닥으로 받쳐 들어 올려야 한다. 이때 특히 주의할 것은 붕어를 꽉 움켜쥐어서는 안 된다는 점이다. 손의 압력이 느껴지는 순간 붕어는 마지막 발악으로 몸을 뒤채기 때문이다. 그러니 절대로 꽉 쥐지 말고 조심스레 받쳐 들어 올려야 한다.

그마저 불안하거나 특히 대형급 붕어 또는 잉어 등 중량감 넘치는 물고기는 수건에 물을 적셔서 몸체를 덮고 눈도 가려 감싸듯 들어내는 것이 안전하다.

■ 뜰채에 담아 올리기

뜰채를 사용해 물고기를 들어 올릴 때도 조심해야 한다. 뜰채를 고기에게 들이밀어선 안 되고, 고기가 스스로 뜰채에 들어오도록 유도해야 한다. 완전 항복한 상태로 발밑에 드러누운 붕어라 할지라도 뜰채의 프레임(Frame)이 붕어에게 닿게 되면 화들짝 몸부림을 치기 때문이다. 하물며 아직 저만치에서 움직이고 있는 붕어를 담으려고 뜰채를 억지로 들이밀면 대물 붕어는 계속 피하려 몸부림치고, 이런 과정에서 프레임에 닿거나 걸리기라도 하면 '푸다닥!' 하는 소리와 함께 붕어는 유유히 사라지고 만다.

▼고기를 가장 안전하게 들어내는 방법은 뭐니 뭐니 해도 뜰채를 사용하는 것이다.

따라서 뜰채를 사용할 때는 붕어로부터 조금 떨어진 지점에 뜰채를 먼저 절반쯤 담그고, 그 뜰채 속으로 붕어가 들어오도록 유도하되 머리부터 먼저 들어오게 해야 한다. 이렇게 해서 머리에 이어 몸통 중간 이상이 들어오면 뜰채 앞부분을 살짝 들어서 붕어가 뜰채 속에 완전히 담기게 한다. 그런 다음 뜰채의 각도를 비스듬히 유지하면서 들어내면 된다.

▲ 비 개인 여름 아침… by 이기선

Part **4**

전술

13 미끼 운용

▲ 붕어가 좋아하는 성찬들. 사진 왼쪽으로부터 지렁이, 새우, 참붕어와 납자루(각시붕어), 메주콩, 옥수수, 떡밥.

어떤 미끼를 어떻게 사용할 것인가

붕어 대물낚시는 미끼의 운용으로 대물 붕어를 선별해 내는 낚시다. 미끼가 그 매개체 역할을 잘 해주지 못하면 대물을 만나기 어렵고, 매개체 역할을 잘 해주면 쉽게 만날 수가 있다. 따라서 무슨 미끼를 어떻게 쓰느냐에 따라 그날의 조황이 결정되는 것이다.

대물낚시에 사용하는 미끼는 크게 동물성 미끼와 식물성 미끼로 대별한다. 그 중 동물성 미끼는 새우 · 참붕어 · 납자루(각시붕어) · 지렁이 · 구더기 · 풀벌레 등이 있고, 식물성 미끼로는 삶은 콩과 옥수수 · 감자 · 곡물가루 · 밥알 · 빵 조각 등이 있다.

이러한 미끼를 선택하여 준비할 때는 자기 자신과 주변 동호인의 출조 경험을 참고하여 그 낚시터에서 잘 듣는 미끼를 선택하는 것이 우선이다.

만일 처음 가는 낚시터라면 현장 채집이 안 될 것을 대비해 새우를 미리 구입해 가거나, 식물성 미끼인 옥수수와 동물성 미끼인 지렁이를 추가로 준비해 가야하며, 아울러 새우채집망을 휴대해 현장에서 새우나 참붕어 등을 직접 채집할 준비도 해야 한다.

▪ 계절에 따른 미끼 선택 기준

아래 〈표〉에 예시한 계절별, 장소별 미끼는 대물낚시에 적용할 보편적 선택을 기준으로 분류한 것이다. 따라서 특별한 장소에서는 의외의 미끼가 적용될 수도 있다. 예를 들면 한겨울 특정 저수지에서 참붕어나 옥수수 미끼로 대물을 만나는 경우 등이 그것이다. 해당 미끼의 나열은 대물 붕어의 선호도 순(順)이다.

구분	저 수 지	호수	수로	강
봄	지렁이, 새우, 참붕어, 떡밥	떡밥, 지렁이	지렁이, 참붕어, 떡밥	지렁이, 떡밥
여름	새우, 참붕어, 옥수수, 메주콩, 산지렁이, 청지렁이	떡밥, 옥수수	참붕어, 납자루, 청지렁이	떡밥, 납자루
가을	새우, 참붕어, 옥수수, 메주콩, 산지렁이, 청지렁이	떡밥, 옥수수	참붕어, 납자루, 청지렁이	떡밥, 납자루, 청지렁이
겨울	지렁이, 청지렁이, 옥수수, 새우, 글루텐	지렁이, 글루텐	지렁이	지렁이

• **봄철** – 입춘을 지나서 춘분까지(2~3월)는 지렁이 미끼를 우선 선택한다. 이때는 밤과 낮의 일교차가 크고 냉수대 현상이 자주 발생하는 시기로, 겨울을 지낸 붕어의 활성도가 아직 떨어져 있어서 소화 흡수가 더딘 곡물이나 생미끼보다는 소화 흡수가 용이한 지렁이 미끼를 우선으로 취하기 때문이다.

그러다가 산란기가 되면(3월 말~4월) 선택의 폭이 다소 넓어진다. 산란 전기의 대물낚시에는 주로 새우를 사용하고, 산란 후기가 되면 알을 품은 참붕어 미끼가 효과를 발휘한다. 이후 산란이 끝나고 안정기로 접어든 늦봄에는 새우 · 참붕어 · 옥수수 · 메주콩 · 떡밥 등 다양한 미끼 가운데 낚시터 현장을 고려한 메뉴를 선택해야 한다.

• **여름철** – 하지를 전후한 초여름(6월 경)에는 새우 · 참붕어 · 옥수수 · 메주콩 가운데 낚시터 여건에 따라 선택하면 된다. 그러다가 장마철이 되면 새우와 참붕어 · 옥수수 이외에 산지렁이나 청지렁이 미끼도 구사해 보고, 배스나 블루길이 성한 곳에서는 떡밥을 사용해 봄직하다. 육초대가 잠기는 오름수위나 황톳물 현상이 생기면 지렁이를 사용하되 여러 마리 꿰기나 산지렁이를 사용한다. 그리고 여름 후반부로 들어 연중 최고수온대가 지속될 때는 새우나 참붕어를 우선하되, 떡밥낚시도 효력을 발휘할 때이다. 떡밥을 이용한 대물낚시가 성행하는 시기 또한 바로 이때이다.

• **가을철** – 추분(9월 중순 이후)을 넘긴 가을의 경우는 새우와 참붕어 · 옥수수를 선택하고, 배스 · 블루길 등 외래종이 설치는 낚시터에서는 역시 떡밥(글루텐)이 유효하다. 그러다가 10월 중순 이후, 첫서리가 내린다는 상강(霜降) 무렵부터는 일반적으로 새우와 청지렁이가 잘 먹힌다. 블루길이 서식하는 낚시터에서는 옥수수를 많이 사용한다.

• **겨울철** – 입동(11월 초순)이 지나고부터는 주로 새우만 사용하되, 배스나 블루길이 번성하는 곳에서는 옥수수를 우선으로 하고, 글루텐 떡밥과 지렁이를 혼용하기도 한다. 그러다가 소설(11월 말경)이 지나게 되면 지렁이 · 청지렁이를 우선으로 사용하며, 새우와 옥수수는 동절기에도 잘 먹히는 특정한 곳에서만 사용한다.

◀ 지렁이 중에서도 크고 껍질이 질긴 산지렁이(밭지렁이)를 물고 나온 월척.

▲ 참붕어 미끼에 걸려 든 붕어. 대부분 머리 쪽이 입 안에 든 형대다.

■ 미끼 선택 시 고려할 현장 사항

• **바닥 지형** – 바닥 시형 가운데 경사(傾斜)는 미끼 선택의 고려 사항이 못되지만 바닥 토양만큼은 아주 중요시된다. 바닥이 마사토 · 황토 · 사토 · 암반 등의 비교적 탄탄하고 깔끔한 포인트에서는 새우 미끼가 유효하지만, 개흙(뻘)인 경우에는 참붕어나 옥수수를 많이 사용한다.

• **수심** – 대물낚시의 경우 수심 2m를 기준으로 하여 그보다 얕은 포인트에서는 새우 · 참붕어 · 옥수수 등을 상황에 따라 선택하되, 수심이 2m를 넘는 경우에는 산지렁이나 청지렁이 · 옥수수 · 떡밥 중에서 선택하도록 한다.

• **잡어 유무 및 종류** – 육식성 외래종(배스 · 블루길 · 청거북 등)이 서식하는 장소에서는 곡물성 미끼인 메주콩 · 옥수수를 선택하거나 떡밥을 사용한다. 그러나 피라미 · 각시붕어 · 참붕어 등이 극성을 부릴 때는 납자루와 참붕어나 새우 등의 동물성 미끼가 효력을 발휘한다.

■ 미끼 사용 시 융통성을 발휘하자

• **짝밥 미끼의 노하우** – 대물낚시에 있어 두 가지 미끼를 함께 사용하는, 이른바 '짝밥 미끼'를 구사할 경우는 계절적으로 냉수대가 유지되는 늦가을

부터 초봄까지의 시기이거나, 장애물은 없으나 물 흐름이 있는 강이나 수로에서 낚시를 할 경우이다. 새우 · 참붕어 · 옥수수 · 메주콩 가운데 한 종류와 떡밥을 함께 사용함으로써 인위적으로 던져 넣는 '주먹밑밥'이 아닌 낚시 행위를 통한 집어효과를 거둘 수도 있고, 새우와 옥수수 등 서로 다른 성질의 미끼를 함께 사용하여 붕어로 하여금 선택하게 하는 효과를 거둘 수도 있다.

• **동시다발 사용 후 선택** – 대물낚시를 할 때는 '다대 편성'을 하므로 여러 대의 낚싯대에 다양한 미끼를 동시에 사용해 보는 것도 좋은 방법이다. 즉 새우–옥수수–참붕어 등의 순서로 교차 사용하는 것이다. 낚시터 현장의 미끼 사용에 대한 최근 정보가 없거나 미끼 선택을 위한 포인트 특징이 뚜렷하지 못할 경우, 두세 가지 미끼를 교차적으로 사용해 그 반응을 보고 한 가지 미끼를 결정하기 위함이다. 이렇게 하는데도 계속 특별한 반응이 발견되지 않으면 섣불리 한 가지로 결정하기보다는 차라리 '교차 미끼'를 계속 고수하는 게 좋다.

• **처음부터 '선택 미끼' 고수** – 그러나 이미 정보가 있거나 낚시 여건, 수초 분포, 바닥 토양 등의 특징이 뚜렷할 경우에는 특정 미끼만을 처음부터 선택하여 계속 사용한다. 예를 들면 수심 1m 전후에 암반과 마사토 바닥을 이루는 포인트로, 연안에 서식하는 새우가 낮에도 발견될 정도로 번성한 곳이라면 이때의 '선택 미끼'는 새우가 되는 것이다. 반대로 바닥이 개흙(뻘)이라면 새우보다는 참붕어 미끼를 우선한다.

이러한 것은 우리가 대상으로 하는 대물 붕어가 어느 곳으로 접근하여 무엇을 사냥감으로 할 것인지를 염두에 둔 선택이다. 즉 붕어 입장에서의 미끼 선택이라고 보면 된다.

대물낚시 미끼에 대한 오해와 진실

• **떡밥으로는 큰 고기를 못 낚는다? – 아니다.** 이 부분은 떡밥을 어떻게 사용하느냐의 문제이다. 큰 붕어가 접근하여 입질을 할 시간을 벌어 준다면 얼마든지 떡밥 미끼로도 큰 붕어를 낚아 낼 수가 있다. 또는 잡어가 없거나, 있더라도 접근을 못할 정도로 깊은 수심대에서는 오히려 떡밥으로 대물낚시를 시도하는 것이 유리하다. 80년대 중, 후반 충주댐과 소양호에서 5m 이상 깊은 수심대의 떡밥 대물낚시가 그 좋은 예이다.

• **새우는 반드시 살아 있어야 한다? –** 만약 잡어나 동족인 새우 · 징거미 등이 덤비는 포인트라면 미끼 새우가 살아 있어야 한다. 죽은 새우에는 금세 다른 새우들마저 덤벼들어서 미끼를 훼손시켜 버리기 때문이다. 그러나 잡어 등이 미끼 훼손을 시키지 않는 포인트라면 죽은 새우도 아무 관계가 없고, 오히려 빠른 입질을 유도할 수도 있다.

• **지렁이를 많이 꿰어야 씨알이 굵다? –** 맞는 말이다. 튼실한 지렁이로 여러 미리 꿰기를 해야 큰 붕어를 만날 가능성이 높아진다. 간혹 작은 붕어가 덤벼 깔짝대기도 하지만 그럴수록 여러 마리 꿰기를 해야 한다. 지렁이 여러 마리가 한 덩어리로 바늘에 뭉쳐 있어야 잔챙이들이 함부로 따먹지 못함으로써 큰 붕어가 접근할 때까지 시간을 벌 수 있는 것이다. 일반 지렁이

▶ 여러 마리를 꿴 지렁이 미끼를 덥석 물고 나온 월척급 붕어.

여러 마리 꿰기 대신 산지렁이나 청지렁이를 사용해도 같은 효과를 거둘 수 있다.

• **건탄, 고탄은 항상 딱딱하고 커야 하나?** - 아니다. 만약 잡어나 잔챙이가 없어 미끼 훼손을 시키지만 않는다면 딱딱한 것보다는 부슬부슬하게 하여 건탄 형식으로 잘 풀리게 하는 것이 유리하다. 그러나 미끼 훼손이 심하다면 쫀득하고 딱딱한 고탄 형식으로 사용하는 것이 좋다. 큰 붕어가 접근하여 입질을 할 때까지 시간을 벌어주는 것이 핵심이기 때문이다. 고탄 형식의 떡밥은 메주콩 대신 아주 딱딱한 떡밥 미끼를 사용하는 것이라 생각하면 된다. 다만 그 크기는 콩알 떡밥보다 곱절 이상은 커야 한다.

• **콩은 늪지에서만 효과가 좋은가?** - 아니다. 콩은 곡물류(곡식 알갱이, 풀 씨앗 등)가 유입되는 포인트라면 다 가능성이 있다. 다만 콩 미끼에 후천적 학습(낚시꾼이 지속적인 사용 등)이 되어 있는 곳이 아닌 처녀지라면 늪지라도 확률이 떨어진다. 콩 미끼를 잘 사용하지 않는 중부, 호남 지방과 콩 미끼를 많이 사용하는 영남 지방 낚시터들의 반응이 다른 것이 바로 그 사례다.

• **옥수수는 대물 미끼인가? 마릿수 미끼인가?** - 두 가지가 다 적용된다. 옥수수를 한 알갱이만 꿰어 사용하면 마릿수 겸용이 되고, 두 개 이상 여러

▼ 수중에 투여된 겉보리 밑밥. 붕어는 이 같은 곡물류 미끼·밑밥에 학습이 된다.

▶ 대물낚시에서 짝밥 미끼를 사용할 때는 생미끼와 떡밥을 함께 달아선 안 된다. 생미끼는 생미끼끼리 사용해야 한다.

알갱이를 꿰어 사용하면 대물 전용 미끼로서의 효력을 발휘한다.

• 새우가 서식하지 않으면 새우낚시가 안 된다? – 새우가 서식하지 않는 곳에서도 얼마든지 새우 미끼 낚시가 잘 된다. 붕어는 먹이사슬의 하층에 속하는 생물들이면 모두 먹이로 취하는 본능적인 섭이 활동을 하기 때문이다.

• 생미끼는 꼭 눈 쪽을 향해서 꿴다? – 새우나 참붕어 등 생미끼를 꿰는 방법은 눈 근처를 꽂는 경우가 대다수이지만(이렇게 하면 바늘 끝이 꼬리 쪽을 향하게 된다) 그 외의 꿰기 방법이라고 해서 입질 빈도가 높게 차이 나지는 않는다. 그러나 단숨에 머리 쪽을 공격하여 흡입하는 입질이 아니어서 헛챔질의 빈도가 높을 우려성이 있다.

• 떡밥 반죽, 손으로 하면 안 된다? – 대물낚시용 떡밥은 소모량이 많아 다량을 준비한다. 이러한 떡밥을 배합하고 반죽할 때 손으로 하면 안 되고, 꼭 막대기나 다른 도구를 이용해야 한다는 것은 난센스다. 손으로 반죽하여 사용해도 전혀 차이가 없다. 이것은 양어장 전층낚시이든 노지 대물낚시이든 마찬가지다.

• 대물 미끼와 일반 미끼를 짝밥으로 하면? – 대물용 미끼(새우 · 참붕어 등)와 마릿수 미끼(떡밥 · 작은 지렁이 등)를 짝밥으로 사용하는 것은 금기 사항이다. 잔챙이 성화로 차분한 대물낚시를 구사할 수 없게 되기 때문이다.

14 생미끼 낚시

▲ 새우와 지렁이는 대물낚시에 가장 손쉽고도 많이 사용되는 대표적인 미끼다.

실전! 새우 미끼 대물낚시

이제는 전국 각지에서 새우 대물낚시가 유행하고 저마다의 기량도 뛰어나 붕어 대물낚시를 위한 새우 미끼 운용은 새로울 것이 없을 듯하다. 더구나 새우 미끼를 이용한 대물낚시는 이미 해방 이전부터 시도돼 왔으며, 일제강점기 때의 새우낚시 기록이 남아 있을 정도이니 그 역사의 깊음을 알 수가 있다. 그럼에도 불구하고 새우 대물낚시는 항상 새롭게 다가온다. '대물낚시' 하면 새우 미끼가 그 대명사가 되다시피 하여 가슴을 설레게 하기 때문이다.

■ 새우 대물낚시란?

새우 대물낚시는 새우를 미끼로 대물 붕어를 겨냥하는 낚시를 말한다. 굳이 '대물'이란 용어를 강조하는 것은 새우 미끼의 특성상 큰 붕어만 선별하

▲ 새우 미끼를 물고 나온 월척 붕어. 새우는 봄~가을 저수지낚시의 대표적인 미끼다.

려는 의지가 담긴 낚시이기 때문이다. 즉 우리 낚시인의 입장에서는 대물급 붕어만을 골라 낚을 수 있는 용병(傭兵)인 셈이다.

새우를 미끼로 할 때는 수염도 건드리지 말고 통째로 사용하되 가급적 표피가 여물고 활성이 좋은 상태이면서 개체가 큰 놈일수록 좋다. 새우낚시를 처음 접하는 동호인은 '그 큰 새우를 붕어가 삼킬 수 있을까?' 하고 걱정하는데, 아무리 큰 새우도 먹이사슬을 고려할 때 붕어에게는 탐스러운 한입 먹잇감에 불과한 것이다.

그렇다면 새우 대물낚시는 언제, 어떤 곳에서나 가능할까? 새우를 미끼로 하는 대물낚시는 겨울철에도 일부 구사하지만 주로 봄부터 가을까지 저수지 수계를 중심으로 이루어진다. 물론 대형 호수의 상류권 일부에서도 새우낚시를 하지만 그 확률이 떨어지며, 강이나 수로에서도 그다지 시도하지 않는 편이다.

■ 새우 미끼 낚시터와 포인트 선정

• 낚시터 선정 – 새우 대물낚시를 위한 낚시터 선정은 당일 출조에서 입질 한 번을 받느냐 못 받느냐를 결정하는 첫 번째 선택이 된다. 따라서 다양한 사전 정보가 필요하고, 출조 당일의 기상 조건도 면밀히 검토되어야 한다.

낚시터 선정 시 고려해야 할 사항을 정리하면 다음과 같다.

①전력(前歷)이 있는 곳인가? 예전에 본인의 경험이 있는 곳이 최우선이다. 차선은 정보다. ②지령(池齡)이 오래 되었는가? 최소 5년 이상이 적합하다. ③수초가 잘 어우러져 발달했는가? 수초가 연안이나 상류 쪽에 특징적으로 분포된 곳이 좋다. ④해안가의 저수지나 수로인가? 특히 동절기에 우선적으로 꼽아야 할 후보지다. ⑤양수형 저수지인가? 산골짜기 물이 흘러드는 곳보다는 퍼 올리는 곳이 좋다. ⑥장애물이 산재한 포인트가 있는가? 특히 대형 저수지나 댐의 경우는 장애물 지대가 있어야 좋다. ⑦최근 조황 정보가 있었는가? 최근에 지속되는 호조황 소식이 들리는 곳이면 실패 확률이 그만큼 낮은 것이다.

• **포인트 선정** – 새우 대물낚시에서 포인트를 선정할 때는 다른 사람으로부터 지장을 받지 않고 낚시를 지속할 수 있는 이격된 장소를 선택하되, 가급적이면 손이 타지 않은 생자리를 택하는 것이 좋다. 포인트를 살필 때는 전체 수면이 보이는 곳에서부터 붕어의 예상되는 회유 활동과 은신처를 염두에 두고 차근차근 접근하면서 세밀히 관찰해야 하며, 마지막 물가에 도달해서는 찌 세울 공간까지 검토해야 한다.

①전체적으로 수위는 만수위인가, 갈수위인가? 만수위라면 상류 쪽, 갈수위라면 제방 쪽을 포인트로 고려한다. ②물색이 맑은가, 탁한가? 물색이 맑으면 무조건 포기하고 다른 곳을 찾는다. ③전체 수면에서 특징적으로 수초가 발달한 곳인가? 수초가 가장 특징 있게 부분적으로 발달한 곳이 유망 포인트다. ④바닥 지형이 급경사인가, 완경사인가? 급경사라면 갓낚시 포인트로, 완경사라면 중심부 포인트로 고려한다. ⑤바닥 토양이 마사토 등으로 견고한가, 뻘흙 등의 감탕인가? 견고한 바닥은 새우낚시에 유리하고, 흐물흐물한 감탕은 불리하다. ⑥수심이 1m 전후로 적당한가? 새우 미끼 낚시의 적정 수심은 최대 1.5m를 넘지 않는 것이 좋다.

▪ 수초 제거와 낚시 준비 절차

• **수초 제거는 최소한만!** – 새우 대물낚시는 90%의 경우 수초에 찌를 세운다. 따라서 새우 대물낚시 포인트는 수초대가 가장 우선으로 가급적이면 자연 상태 그대로 활용하는 것이 원칙이다. 꼭 필요한 경우의 수초 제거는 최

▲ 사정이 여의치 않아 수초를 제거할 경우는 꼭 필요한 공간만 확보하는 것으로 최소화해야 한다.

소한만 건드리는 것을 원칙으로 찌 세울 공간을 확보하는 선에서 끝내야 한다.

특히 수초를 제거할 때는 채비를 내릴 공간만 생각해서는 안 된다. 찌의 시야를 가리는 풀잎이나 줄기도 제거하고, 붕어를 걸었을 때 끌어낼 통로까지 고려해야 한다. 또한 찌를 세울 공간과 무관한 바로 앞쪽의 수초가 낚싯대 운용에 지장을 주거나 찌 시야를 가릴 경우 해당 수초의 윗부분만 제거함으로써 다른 쪽의 수초대에는 영향을 주지 않노록 해야 한다.

• 낚시 자리 준비 – 새우 대물낚시를 위한 자리는 많은 노력이 투자되더라도 하룻밤 또는 그 이상의 시간 동안 최대한 편하게 낚시를 할 수 있도록 준비해야 한다. 더구나 대물낚시에서의 정숙은 조과와 연결되는 사항이므로 자리 준비 과정에서부터 불필요한 소음이나 진동의 소지를 미리 차단해 두어야 한다. 즉 의자 자리를 안정되게 마련하고, 걸음을 떼지 않고도 손이 닿을 만한 곳에 소도구나 소품을 준비해 두는 것이다. 또한 하절기에는 해충에 대한 방책을 미리 강구해 두고, 동절기에는 방한 대책을 확실히 해 둠으로써 차분하고도 몰입된 상태로 입질을 기다릴 수 있어야 한다.

• 낚싯대 편성 – Part3의 〈낚싯대 편성〉편을 참고하되, 당일 현장 포인트

여건을 고려해 낚싯대 숫자와 길이를 선택하고, 긴 대를 앞 중심부 쪽으로 운영할 것인가 아니면 옆으로 벌릴 것인가 등을 판단해야 한다. 이때는 수초 분포와 예측되는 대물 붕어의 회유로 판단도 주요 고려사항이다.

낚싯대는 무리하게 많이 펼치는 것보다 6~8대가 적당하며, 넓은 범위를 공략할지라도 무작정 낚싯대 숫자를 늘리기보다는 낚싯대끼리의 간격을 넓히는 것이 운용의 편의성과 시야 확보 또는 정숙 유지 차원에서 오히려 유리할 수 있다.

■ 미끼 새우 채집 이렇게

미끼로 사용할 새우는 항상 적정량을 미리 준비해 출조하는 것이 안전하다. 간혹 현장에서 채집이 안 되는 경우가 있기 때문이다. 찬바람이 불기 시작한 늦가을~겨울철이 더욱 그렇다.

현장에서 새우를 채집을 할 경우는 포인트가 결정되는 대로 다른 준비에 우선하여 새우 채집망부터 물에 담가 두어야 한다. 이렇게 하면 낮 시간의 경우 또 다른 대물 미끼인 참붕어가 채집되고, 어둠이 내리면서부터는 새우가 채집되기 때문이다.

새우 채집에도 당연히 포인트가 있다. 최우선은 석축이 있는 곳이다. 다음으로는 작은 물이 흘러드는 낮은 둑 아래이다. 이런 지형지물이 마땅히

◀ 미끼로 사용할 새우 채집은 낮 시간보다는 야간이 더 용이하다.

없거나 안 보인다면 바닥이 깨끗한 사토질이나 암반지대에 채집망을 넣어도 된다. 이도 저도 아니면 얕은 수초 속으로 채집망을 밀어 넣어보아도 좋다. 그래도 새우 확보가 안 된다면 마지막으로 붕어 뜰망을 연안 수초 밑으로 넣고 털어보는 방법이 있다.

■ 새우 미끼 먹음직스럽게 꿰기

등꿰기 · 꼬리꿰기 · 배꿰기 · 머리꿰기 · 관통꿰기 등 다양한 방법이 있다. 그러나 방법마다 조과에 특별한 차이가 있는 것은 아니므로 스스로 편리한 방법으로 꿰면 된다.

대물 붕어가 접근하여 새우를 먹이로 취할 때는 살그머니 주워 먹는 것이 아니고 적극적으로 사냥을 하는 모습이다. 따라서 새우가 어떤 상태로 꿰어져 있든 간에 단숨에 입으로 문다. 그리고 입안에 넣은 다음에는 목구멍 쪽의 인후치로 압박을 가해 분쇄한다.

그러나 낚싯바늘 끝을 머리 쪽에 꽂아 꼬리 쪽으로 나오게 꿰는 방법은 꽤 일리가 있다. 붕어기 어찌다 새우의 꼬리 쪽을 공격하여 입에 물더라도 모든 동물의 사냥 행동에서 보는 것처럼 입안에서 인후치로 가져갈 때는 머리가 목구멍 쪽을 향하여 돌아 있게 되고, 그때 우리는 챔질을 하기 때문에 바늘 끝이 붕어 입술 쪽을 향해 있어야 입걸림이 잘 되는 것이다.

이러한 현상은 우리가 낚시를 하는 동안 새우 미끼에 낚인 붕어의 입안

새우 미끼 꿰기

을 관찰해 보면 꼬리 부분만 입 밖으로 나와 눈에 띄는 것으로도 충분히 설명된다. 다만 고려해야 할 것은 새우의 살이 무르거나 작은 새우일 때, 또는 잡어가 덤벼 야금야금 새우 미끼를 훼손시킬 때는 일부러 꼬리꿰기를 하는 것이 좋다. 이때는 필히 꼬리 부채살의 딱딱한 부분에 바늘 끝을 꽂은 후, 등껍질 밑으로 밀어 넣어 가슴 쪽으로 나오도록 해야 한다. 그래야만 연약한 새우 미끼를 잡어가 건드리더라도 새우의 허리 부분 이하는 항상 바늘에 붙어 있게 되는 것이다.

지금까지 설명한 새우 미끼 꿰기에서 가장 보편적으로 사용되는 방법은 등꿰기와 꼬리꿰기이다.

■ 새우낚시의 매력은 환상적인 '찌맛!'

새우 대물낚시의 매력은 당연히 대물과의 한판 승부를 펼치는 것이지만 결코 빼놓을 수 없는 매력이야말로 환상적인 '찌맛'이다. 새우 대물낚시의 입질은 초보자들도 쉽게 감지할 수 있고 챔질 하기도 다른 어떤 낚시 분야보다 쉽다고 해도 과언이 아니다.

• **새우 미끼의 예신**(豫信) – 새우 대물낚시에서의 예신은 딱 한 차례 뚜렷하게 나타나기도 하지만 상당한 시간을 두고 뜸을 들이는 경우가 많다. 이런 경우는 시차를 두고서 아주 미세하게 찌 끝이 움찔거리다 말다 하는 모습으로 나타난다. 그러다가 일단 먹이를 본격적으로 취하는 동작에 이르면 찌 끝의 움직임이 명확한 예신 모습을 보인다.

'명확한 예신' 모습이란 찌 끝이 수면에서 유연하고 중후하게 솟아오르다가 잠시 주춤하는 모습을 보이는 것을 뜻한다. 이때 밀고 올라오는 찌 높이는 1cm도 안 되는 모습에서부터 찌톱 한두 마디까지로 다양한데, 이런 과정의 모습에서 진짜 예신을 읽어내야 하는 것이다.

이때는 챔질을 할 준비 태세와 함께 잠시 차분하게 찌를 더 관찰하는 여유가 필요한 시간이다. 그러면서 지금 예신이 나타나고 있는 낚싯대가 어느 대인지를 확인해 둔다.

• **새우 미끼의 본신**(本信) – 본신은 예신 이후 찌가 지속적으로 올라오거나 옆으로 이동하는 모습으로 나타난다. 찌가 서서히 치솟아 정점에 오를 때까지 챔질을 하지 않고 기다리면 정점 이후 서서히 내려가는 모습을 보이는

데, 멈추는 시점의 높이는 일정하지 않다. 따라서 챔질 시기는 정점에서 멈추기 직전, 즉 솟아오르는 찌 끝이 느려지면서 약간 무거운 느낌이 들 때부터 정점에 도달하여 멈추는 순간까지이다. 대부분 정상적인 대물 붕어의 입질이라면 이러한 순간에 챔질을 하면 거의 입걸림이 된다. 그리고 예신 후 찌가 옆으로 이동하는 형태의 본신은 대물 붕어가 미끼를 물고 안전한 장소로 이동할 때 찌에 나타나는 현상으로, 서로 먹이 다툼을 하거나 외부 환경에 의한 신상 상내일 때는 찌가 빠른 속도로 빨려들고, 스스로 편안한 장소로 이동할 때는 찌가 옆걸음 치는 모습으로 나타난다. 두 가지 사례 가운데 찌가 빨려들어 갈 경우는 찌가 수면에서 사라지는 순간에 챔질을 하고, 찌가 서서히 옆걸음 칠 때는 한 뼘 이상 이동하는 도중에 챔질을 하면 된다.

▲ 새우 미끼에 나온 황금빛 체색의 월척.

■ 새우 대물낚시에 관한 오해와 진실

• 4cm 이상의 큰 새우도 붕어가 먹는가? – 월척 이상의 대물 붕어를 낚아서 그 입에 엄지손가락을 넣어보라. 어른 엄지손가락이 다 들어가고도 남는다. 큰 징거미가 아닌 이상은 새우가 아무리 커도 월척 이상의 대물 붕어에게는 간단히 한 입 거리밖에 안 된다.

새우 대물낚시를 하면서 자정 시각도 못 되어 입질이 없다고 작은 새우만을 찾거나 새우 껍데기를 벗겨 사용한다면 그것은 이미 대물낚시를 포기

한 것이나 마찬가지다. 대물낚시란 대물 붕어가 접근할 때까지 잔챙이가 덤비지 못하도록 큰 미끼를 달아놓고 한 번의 입질을 기다리는 것인데, 잔챙이나 먹도록 미끼를 훼손한다면 대물이 접근하여 입질할 기회를 스스로 차단하는 결과가 되는 셈이다.

• **꼭 얕은 수심에서 수초를 끼고 해야 하나?** – 꼭 그렇다고 할 수는 없다. 다만 수초를 끼고 하는 낚시가 확률을 높일 수가 있다는 것이고, 수심이 얕은 곳으로 사냥을 나오는 대물 붕어와 상면할 가능성이 높다는 것이다. 떡밥낚시를 즐겨 하는 사람들과 동행하여 어쩔 수 없이 전혀 수초가 없고 수심이 깊은 포인트에서 낚시를 해도 새우 대물낚시가 통할 때가 많다. 여건에 맞는 채비를 구사하면 되는 것이다. 옥수수 미끼 등을 이용한 전내림낚시 방법이 그 사례 중의 하나다.

• **죽은 새우는 미끼로서의 효력이 떨어지나?** – 그렇지 않다. 새우 대물낚시를 즐겨 하는 사람들 가운데는 오히려 죽은 새우에 입질 빈도가 높다고 말한다. 따라서 잡어류가 덤비지 않거나 겨울철 저수온으로 잡어나 잔챙이 붕어들이 활동을 중지한 상황일 때는 죽은 새우 미끼가 빠른 입질을 유도하는 데 도움이 될 수도 있다.

▼ 새우낚시가 잘 되는 곳은 지령이 다소 오래된 곳, 손 타지 않은 생자리가 좋다.

그러나 정상적인 조건에서 대물낚시를 할 때는 함부로 산 새우 미끼를 훼손시켜서는 안 된다. 잡어나 잔챙이 성화가 따르기 때문이다. 만약 새우가 죽었더라도 원형 그대로 유지하면 일정 시간까지는 그 효과가 살아 있는 새우와 별로 다를 바 없으니 안심해도 된다.

• 현장에서 채집한 새우가 좋다? – 현장에서 채집한 새우가 더 잘 먹힐 것이라는 생각은 그곳 환경에서 서식하는 붕어가 그곳 새우를 더 좋아할 것이라는 생각에서 비롯된다. 생태계 특정 장소의 먹이사슬 현상을 고려한다면 어느 정도 일리가 있는 생각이다. 실제로 흰새우가 서식하는 해안가 수계의 붕어들은 그곳 흰새우 미끼에 반응이 좋은 것으로 나타난다. 그러나 대부분의 장소에서는 뚜렷한 차이가 나타나지 않는다. 우리가 낚시점에서 미리 구입해 가는 새우가 대부분 우리나라 수계에 서식하는 동종의 새우이기 때문이고, 대물 붕어는 새우를 싸움상대가 아닌 사냥감으로 보고 잡아먹기 때문이다.

• 낚싯대는 많이 펼수록 좋다? 아니면 흉하다? – 새우 대물낚시는 오직 한 마리를 위해 '기다리는 낚시'다. 씨알을 선별하는 확률 게임이다. 그 확률을 높이기 위한 수단으로 낚시터 및 포인트 선정에 고심하고, 그리고 또 최종 수단으로서 낚싯대를 여러 대 펼쳐 요소요소에 찌를 세우는 것이다. 그렇다면 많이 펼수록 좋은 것 아닌가?

물론 유리한 점도 있다. 그러나 사람은 자기 시야 범위와 감각 범위가 있게 마련이다. 그 시야 범위 한도 내에 낚싯대를 펼쳐야 하는데, 8대를 넘어가면 너무 조밀한 편성이 될 것이고, 그렇다고 간격을 더 벌리게 되면 시야 범위를 벗어나 피곤한 낚시를 하게 된다. 욕심이 지나친 것이고 남 보기에도 안 좋다. 그래서 필자는 앞서 여러 번 거론한 것처럼 대물낚시의 낚싯대 편성은 6~8대 정도가 적당하다는 것이다.

그러나 이마저도 흉하다고 지적하는 사람이 있다. 그런 사람은 아직 대물낚시의 참뜻을 이해하지 못한 때문이니 탓할 일이 아니다. 필자가 대물낚시에 대한 글을 쓰고 방송을 하던 초기 1990년대 후반경에는 '차라리 그물질을 하라'고 수없이 손가락질 하면서 질타를 하던 사람들이 지금은 필자보다 더 여러 대를 펴고 앉아서 낚시를 한다. 대물낚시를 접하게 되면 누구나 자연스럽게 그렇게 되는 것이다.

• **수초 제거는 꼭 해야 하나?** – 여러 차례 거론하는 문제인데, 결론적으로 말하자면 수초를 건드리지 않고 낚시를 할 수만 있다면 손대지 않는 것이 최선이다. 그리고 해야 할 경우는 최소한으로 하는 것이 좋다.

대물 붕어는 자기 영역을 확보하고 생활하는 경향이 강하다. 그런데 수초 제거를 한답시고 소란을 피우면 대물 붕어를 쫓아내는 결과를 초래하게 된다. 다행히 모든 생물들은 자기 안식처로의 회귀본능이 있어서 대물 붕어도 안정감을 되찾으면 돌아오긴 하겠지만 어쩌면 하루 이틀을 넘길 수도 있을 것이다. 그러니 수초는 가급적이면 그대로 두고 극복을 하되 손을 댄다면 꼭 필요한 만큼만 손을 대야 한다.

• **새우 대물낚시에도 밑밥이 필요한가?** – 새우 대물낚시의 밑밥은 삶은 겉보리나 어분 짜개를 주로 사용한다. 삶은 겉보리에는 황토를 섞기도 하고 깻묵을 섞기도 한다. 이러한 겉보리 밑밥의 용도에 대해서 어떤 이들은 새우를 유인하기 위한 것이라고도 하고, 그냥 대물 붕어를 불러 모아두는 목적이라 말하기도 한다.

그러나 이 밑밥을 너무 맹신해서는 안 된다. 한때는 밑밥을 주지 않고는 불안해 기다리지 못하고 낚시를 쉽게 포기하는 사람들도 있었는데 근래에는 밑밥 사용이 줄어들고 있는 추세다.

• **대물 붕어일수록 찌를 높이 올리는가?** – 대물 붕어라고 해서 찌올림의 폭이 항상 큰 것은 아니다. 그러나 수중 환경이 동일한 조건에서 동일한 활성도가 작용할 때의 찌놀음은 씨알이 큰 붕어일수록 작은 붕어보다 더 차분하고 높게 올린다. 반대로 활성도가 떨어진 조건에서는 대물 붕어가 오히려 작게 올리고 철없는 잔챙이들이 더 올리는 입질을 하기도 한다.

찌올림을 보고서 입질하는 붕어의 크기를 예측하는 기준은, 찌를 올리는 높이보다는 찌가 움직이는 속도와 중후한 모습으로 가늠하는 것이 더 정확하다.

실전! 참붕어 미끼 대물낚시

■ 붕어가 붕어를 먹는다?

지난 1990년대에 필자가 참붕어 미끼 낚시를 설명할 때만 해도 '무슨 붕어가 붕어를 먹느냐?' 하는 질문을 많이 받았다. 심지어 2000년 초, 낚시TV의 〈월척특급〉 프로그램을 통해 참붕어 미끼 낚시에 대한 방송을 시작할 때 '붕어 치어를 미끼로 붕어낚시를 하는 못된 사람'이라는 비난 전화를 여러 차례 받기도 했다. 그것은 일부 사람들이 우리 토종붕어를 떡붕어와 구별하기 위해 '참붕어로 잘못 부른 것' 때문에 오해를 한 것이었다.

그러나 미끼로 사용하는 참붕어는 엄연히 붕어와는 다른 종으로, 우리나라 전역의 내수면에 분포하는 작은 체구의 물고기이다.

■ 참붕어 미끼에 대한 믿음을 갖자

새로운 미끼를 사용할 때는 그 효능에 대한 믿음이 중요하다. 만약 미끼에 대한 믿음이 없으면 어느 정도 입질을 기다려보다가 그만 포기해 버리

▼ 참붕어 미끼를 물고 나온 4짜 붕어.

▼ 채집망으로 잡아 어항 속에 넣어 둔 참붕어 무리.

고, 또 이후부터는 아예 기피하게 된다. 특히 참붕어 미끼 낚시를 처음 접하는 사람들에게서 그러한 사례가 많다. 따라서 처음에는 참붕어 미끼를 사용하되 붕어 입질을 쉽게 받아 볼 수 있는 운용의 묘가 필요하다. 어떻게 하면 될까?

붕어바늘 7호 정도의 작은 바늘에 아주 작은 새끼 참붕어를 미끼로 선택해 빠른 입질을 유도해 보는 것이다. 새끼 참붕어는 중치급 이하의 붕어들도 먹이로 취하기 쉽기 때문이다. 한두 번 경험하고 나면 굵은 참붕어 미끼를 꿰어놓고 밤 새워 단 한 번의 입질을 기다리는 자신의 모습을 발견하게 될 것이다.

■ 참붕어 채집은 해가 지기 전에!

참붕어는 주로 낮에 활발한 활동을 하고 밤에는 거의 활동을 하지 않는다. 야행성 포식어종의 공격을 피하기 위한 그들만의 생존전략이다. 그러므로 낚시터에 도착하면 곧바로 참붕어 채집망을 적절한 포인트에 넣어 야간에 사용할 참붕어 미끼를 채집해야 한다.

▼ 미끼로 사용할 참붕어는 해가 지기 전에 채집해야 한다. 낮에는 참붕어를 채집하고 밤에는 새우를 채집하는 것이다.

참붕어 채집 포인트는 제방 석축이나 연안 바닥이 깔끔한 황토 또는 사

토질로 된 곳이 좋고 작은 물골이 형성된 곳이면 더욱 좋다. 그리고 참붕어 채집망을 물속에 넣을 때는 그 깊이가 채집망의 두 배 이상이 되지 않도록 하고, 수초 그늘을 끼고 있는 곳에 담그는 것이 좋다. 또한 해가 지기 직전이나 직후쯤에 망을 확인하여 미끼로 사용할 참붕어를 거둬들여야 하는데, 이는 어두워지면 망에 들어와 있던 참붕어가 도망쳐 나가버리기 때문이다. 이때 꼭 유념할 것은 참붕어가 많이 들어와 있다면 미끼로 사용할 양만큼만 취하고, 나머지 참붕어는 살려 보내라는 것이다. 잔뜩 채집해 두었다가 다 쓰지도 못하고 하얗게 죽은 참붕어를 그 자리에 버리고 간 뒷모습을 보면 눈살이 찌푸려진다.

■ 참붕어 대물낚시가 잘 되는 낚시터

대부분 우리나라 수계에는 참붕어가 서식을 한다. 따라서 참붕어 미끼낚시가 안 되는 곳보다는 되는 곳이 더 많다. 그 중에서도 참붕어낚시가 잘 되는 곳의 첫 번째 조건은 당연히 참붕어가 번성하는 수계로서, 바닥이 자갈 · 모래나 마사토 등으로 된 장소가 유리하다. 바닥이 진흙일 때는 흐물흐물한 상태의 감탕보다는 차지고 딱딱한 참진흙 상태가 유리하다.

물이 흐르는 강이나 수로보다는 저수지가 좋은데 대형 저수지보다는 소형 저수지, 특히 일조량이 풍부한 소류지일수록 유리하다. 간혹 대형 저수지 중에서도 각지형이면서 말풀 등의 바닥 수초가 번성하는 곳은 참붕어가 번성하고 따라서 참붕어 미끼가 잘 통한다. 이에 비해 물흐름이 있는 강계 낚시터에서는 확실히 참붕어 미끼가 잘 통하지 않는다.

■ 참붕어낚시 시기와 요령

• 참붕어가 산란 중일 때 – 참붕어는 붕어보다 산란 시기가 늦다. 같은 장소일 경우 그곳의 붕어가 산란을 하고 난 후 회복기일 때 참붕어가 산란을 한다. 이러한 참붕어의 산란 행동은 먹이사슬의 상층에 있는 붕어 입장에서 보면 산란 후에 영양을 보충할 수 있는 절호의 기회가 되는 셈이다. 따라서 참붕어가 산란할 때의 참붕어 미끼 낚시는 밤과 낮을 가릴 필요가 없다.

• 덧바늘 채비로 공략 – 또한 이때의 붕어들은 산란 중인 참붕어를 사냥하기 위해 수면 가까이까지 떠올라서 먹이 활동을 전개한다. 그러므로 수면을

덮고 있는 수초나 수면 가까이 자라 오른 수초에 참붕어가 산란을 하고 있는 모습이 보인다면 덧바늘 채비를 하여 그 높이에 맞게 바늘을 띄워서 공략하면 특수 효과를 볼 때가 있다. 이때는 바닥 수심에 관계없이 참붕어가 활동 중인 높이에 덧바늘 위치를 조절하는 것이 좋다. 즉 수심 3m 이상 되는 포인트일지라도 수면까지 자라 있는 수초 하단 50cm 이내에 참붕어가 붙어 산란을 한다면 덧바늘 높이를 올려서 수면에서 50cm 하단에 맞추고 낚시를 하는 것이다.

▪ 참붕어 미끼 먹음직스럽게 꿰기

참붕어 미끼를 꿰는 방법은 등꿰기 · 머리꿰기 · 꼬리꿰기 등 여러 가지 방법이 있으나 그 효능에 있어 특별히 차이가 나지 않으므로 그냥 꿰기 쉬운 '등꿰기' 방법이 가장 무난하다.

등꿰기를 할 때는 참붕어의 등지느러미 앞부분에 바늘 끝을 꽂아서 머리 쪽으로 꿰어 내는 것이 좋다. 그냥 등지느러미를 포함하여 꿰지 않고 등 쪽 살에만 바늘을 꿰어서 사용할 경우에는 채비 투척 과정이나 잡어가 덤빌 경우 쉽게 빠져나가 버리기 때문이다.

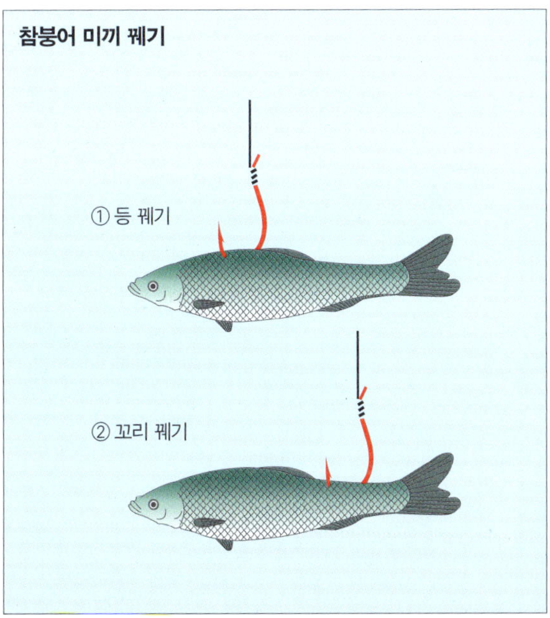

실전! 납자루(각시붕어) 미끼 대물낚시

납자루를 미끼로 하는 붕어 대물낚시는 강이나 수로에서 주로 이루어지지만 납자루가 서식하는 장소라면 저수지에서도 이루어진다. 납자루를 미끼로 쓸 때는 채집된 것 중에서도 중간 정도 크기를 선별해 사용하되 활성이 좋은 개체를 골라야 한다. 기타 포인트 선정이나 낚시 요령은 새우낚시와 대동소이하다.

■ 납자루 미끼 낚시의 매력

• 강과 수로에서 위력 – 물론 납자루가 서식하는 일부 저수지에서도 납자루를 이용한 낚시가 잘 되는 경우도 있으나 이런 곳은 새우나 메주콩 미끼로도 해결이 가능하다. 그러나 강이나 수로에서는 새우낚시가 거의 되지 않아 납자루를 즐겨 이용하는 것이다.

• 채집 용이 – 강이나 수로 등 납자루가 서식하는 곳이라면 포획 망을 담그고 10분만 지나도 하루 밤낚시를 위한 미끼 분량을 충분히 채집할 수 있다.

• 잡어 극복 – 강이나 수로에서 떡밥낚시를 하다 보면 피라미나 모래무

▼ 연안 수초가 발달한 강 상류. 납자루낚시 하기에 딱 좋은 여건이다(섬진강 적성교 아래).

▲ 납자루 미끼를 물고 나온 붕어. 납자루 미끼는 저수지보다는 강과 수로에서 더 잘 먹힌다.

지 · 참마자 등의 잡어가 먼저 덤벼서 떡밥 미끼를 금방 훼손시킨다. 지렁이 미끼 또한 얼룩동사리나 동자개 · 끄리 등이 먼저 덤벼서 미끼를 훼손시켜 버린다. 그러나 납자루를 미끼로 하면 이러한 잡어나 잔챙이의 성화를 어느 정도 극복할 수가 있다.

■ 납자루낚시 포인트

• **강 포인트** – 강가에서 육안으로 들여다보아 연안에 납자루 활동이 활발한 구간 중에서 물흐름이 약한 곳이 우선이다. 특히 샛강 줄기 연안에 수초가 발달된 지형이 있다면 그 곳이 명당이 된다.

• **수로 포인트** – 대체적으로 모래자갈이 바닥을 형성하고 약간의 토사가 고루 섞인 지역에 납자루가 많고, 따라서 이런 곳이 포인트가 된다. 수심은 1~1.5m가 적합하다.

• **저수지 포인트** – 강물을 퍼 올려 담수하는 양수형 저수지에 납자루가 많다. 그 중에서도 사토질이나 마사토, 황토 바닥 구역이 포인트로 꼽힌다. 또한 납자루가 많이 서식하는 저수지라면 갈대나 부들 · 줄풀 등의 정수수초나 뗏장수초 사이도 납자루 미끼가 곧잘 통한다. 수심은 1~2m가 유리하다.

납자루 미끼 꿰기

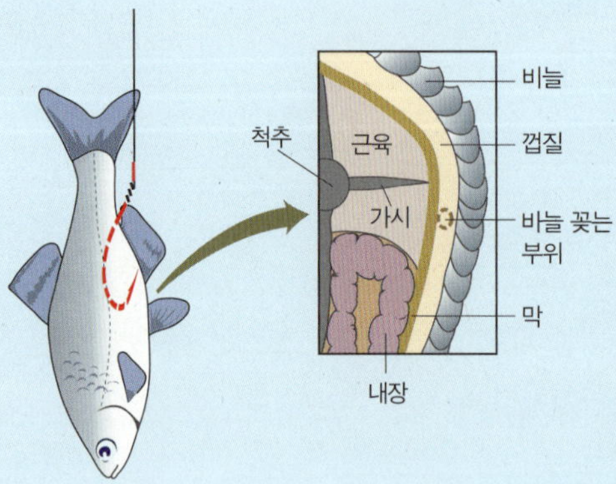

바늘이 살 속으로 파고들지 않게,
껍질에 살짝 걸쳐지게 꿴다.

▲ 납자루 미끼 꿰는 방법은 크게 두 가지. 하나는 등꿰기(사진)이고 하나는 배지느러미꿰기(그림)이다.

■ 납자루 미끼의 운용

붕어 대물낚시에 사용하기 적합한 납자루 미끼는 크기 2cm 전후이다. 수초가 없는 포인트에선 12호 정도의 큰 두바늘 채비에 한 마리씩 꿰어 사용하면 되는데, 수초가 있는 포인트라면 새우낚시 때와 마찬가지로 외바늘 채비를 구사하는 것이 좋다.

• **납자루 채집** – 납자루 미끼 채집은 참붕어처럼 낮 시간에 하는 것이 좋다. 야간에도 일부 연안 활동은 하지만 채집에 어려움을 겪을 수 있으므로 낮 시간에 채집을 하여 보관 망에다 살려두고서 야간에 활용하는 것이 바람직하다.

• **납자루 꿰기** – 납자루 미끼를 바늘에 꿸 때는 참붕어를 바늘에 꿸 때와 같이 등지느러미 쪽에서 머리 쪽으로 꿰는 것이 좋다.

• **미끼 교환** – 납자루가 죽으면 잡어 등이 덤벼서 납자루의 배 부분을 손상시킨다. 그러므로 만약 찌에 작은 입질이 한동안 있었다면 채비를 들어내어 싱싱한 놈으로 교환해 주어야 한다.

실전! 지렁이 미끼 대물낚시

지렁이는 만능 미끼이다. 지렁이를 미끼로 하는 낚시는 어느 정도 크기의 지렁이를 바늘에 몇 마리 꿰느냐에 따라 마릿수 또는 대물낚시를 고루 즐길 수 있는 것이다. 특히 지렁이 종류 중에서도 산지렁이나 청지렁이는 붕어 대물낚시 미끼로서 입질 빈도나 씨알 선별 측면을 좌우하게 된다.

지렁이 미끼를 이용한 대물낚시는 겨울철과 초봄 산란기 때 그 효과가 탁월하며, 특히 얼음이 얼었을 때부터의 한겨울 낚시에서는 지렁이를 능가할 대물 미끼는 없다.

■ 낚시 미끼로서의 지렁이

지렁이는 전 세계 낚시인이 고루 선호하는 미끼이다. 이러한 지렁이는 전 세계에 2천 5백여 종이나 분포되어 있고, 우리나라에서는 50여 종이 확인 보고되고 있다.

낚시 미끼로 사용하는 지렁이는 선홍색 몸통에 노란 줄무늬가 있는 참지렁이가 주류를 이루며 크기는 4~5cm 정도가 좋다. 그러나 붕어 대물낚시에는 5cm 이상으로 크고 굵은 지렁이가 효과적이며, 아주 큰 산지렁이와 피부 조직이 강인한 청지렁이를 사용하기도 한다.

▼ 낚시 미끼로 사용되는 두 가지 지렁이. 왼쪽은 일반적으로 사용되는 양식산 줄지렁이이고, 오른쪽은 특히 대물낚시용으로 선택되는 산지렁이(밭지렁이)이다.

■ 지렁이 미끼 사용법

• **살아 꿈틀대는 놈 우선** – 지렁이는 한겨울 얼음물 속에서도 계속 꿈지럭거린다. 이러한 지렁이의 움직임이 붕어의 시각을 자극하여 입질을 유혹하는 데 도움이 되는 것이다. 지렁이가 활발하게 움직일 때 대물 붕어는 조심스럽게 접근하여 한두 번 건드려 보다가 순간적으로 공격하여 통째로 흡입을 하게 되는데, 그 흡입 과정은 사람이 긴 국수 가닥을 단숨에 후루룩! 빨아들이는 것과 같이 눈 깜짝할 사이에 이루어진다. 대물 붕어가 지렁이를 물고 꼬리부터 야금야금 먹으면서 찌를 서서히 올린다고 생각하는 것은 사람들의 상상력일 뿐이다.

▶ 4마리의 지렁이를 한 입에 흡입한 특대형 4짜 붕어.

• 바늘 끝 나와도 무방 – 붕어는 근시(近視)로 알려져 있다. 그래서 그런지 수족관에서 붕어를 키우면서 관찰해 보면 바닥에 있는 자잘한 자갈 등 아무것이나 입 속으로 빨아 들였다 뱉어내기를 습관처럼 반복한다.

이렇게 붕어가 수족관 바닥의 작은 자갈을 물었다 뱉었다를 반복하는 것은 자갈에 묻어 있는 미네랄을 취하기 위한 동작이기도 하지만 먹잇감에 대해서 입안의 미뢰로 확인하기 전까지는 시각적으로 확신을 갖지 못하기 때문일 것으로 추정된다. 그렇다면 낚싯바늘에 지렁이를 꿰었을 때 붕어는 바늘을 식별하고 피하려고 할까? 그렇지 않다. 지렁이에 꿰어 있는 바늘에 대해서는 관심이 없는 것이다.

■ 지렁이 미끼 먹음직스럽게 꿰기

• 한 마리 꿰기 – 한 마리 꿰기는 굵은 지렁이를 한 마리만 꿰어서 대물낚시를 하는 것으로 환대 아래쪽 부분을 옆으로 떠서 허리 꿰기로 하면 된다. 이 방법은 지렁이가 물속에 들어가서 활성을 유지하는 데 가장 이상적이며, 붕어의 입 속에 흡입되었을 때 낚싯바늘 끝이 붕어의 입술에 쉽게 걸리게 하는 방법이기도 하다.

한 마리 허리 꿰기는 지렁이 크기에 따라서 붕어 씨알의 변별력을 갖게

▼ 낚싯바늘에 꿰인 지렁이는 물속에서 서로 똘똘 뭉치기도 하고 흩어지기도 한다.

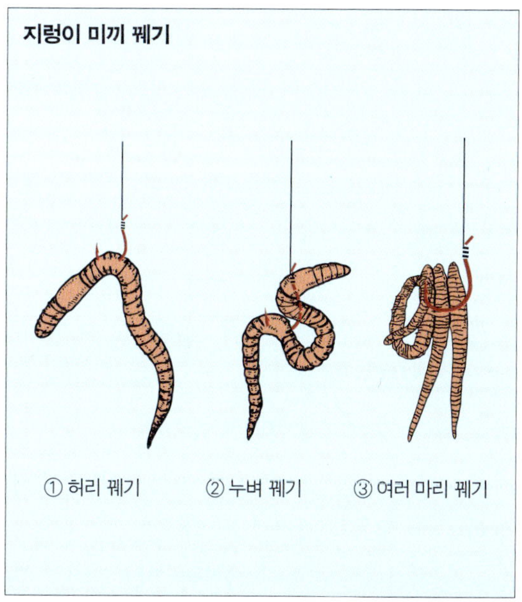

되므로 가급적이면 크고 굵은 놈을 골라 꿰는 것이 좋다. 특히 산지렁이나 청지렁이는 한 마리만 꿰어 사용하는 대물낚시 전용 미끼다. 이러한 커다란 지렁이를 꿸 때는 환대 아래쪽에 한 번 꿰기도 하나, 머리 쪽을 꿰고 나서 중간 환대 밑을 한두 번 더 꿰는, 이른바 '누벼 꿰기' 방법을 사용하기도 한다.

• **여러 마리 꿰기** – 굵은 지렁이 여러 마리를 한꺼번에 꿰는 방법이다. 주로 대물낚시를 할 때는 굵은 지렁이 세 마리에서 다섯 마리 정도를 한 바늘에 '허리 꿰기' 방식으로 겹쳐서 꿴다. 한 바늘에 여러 마리의 지렁이를 꿰어도 대형급 붕어는 둥글게 뭉쳐진 이 지렁이 덩어리를 한입에 흡입함으로써 찌에 나타나는 입질도 아주 중후하고 차분하다.

꿰는 방법은 우선 한 마리를 허리꿰기로 하여 바늘 허리 쪽으로 밀어놓은 다음, 다시 한 마리씩 보태어 나간다. 그리고 마지막에는 그 중에서 길이가 제일 긴 지렁이 꼬리 한두 가닥을 다시 잡아 바늘 끝에 감싸 꿰어주는 것이 좋다.

■ 지렁이 미끼의 입질과 챔질 타이밍

대부분 낚시인들은 지렁이 미끼 사용 시 챔질 시기를 포착하기 어렵다고 말한다. 또한 입질 자체가 지저분해서 지렁이 미끼 사용을 꺼리게 된다고 한다. 대부분 동감하는 부분이다. 이에 비해 떡밥낚시의 경우에는 단 한 번의 예신과 본신이 뚜렷하게 구분되어서 좋고, 새우나 참붕어 · 메주콩 등을 미끼로 할 경우에도 예신과 본신이 느긋하고 중후해서 좋다고 말한다.

그러나 지렁이 미끼는 잔챙이 붕어나 잡어가 물고 흔드는 경우가 많아 여러 차례 찌가 오르락내리락 거리는 등, 숙달이 되지 않으면 헛챔질을 자주하게 될 수밖에 없다. 그렇다면 지렁이낚시를 정확하게 구사하는 사람들은 어떻게 할까? 그 답은 의외로 간단하다.

• **까불면 무시하라!** – 지렁이낚시에서 찌가 좌우상하로 경박스럽게 움직이는 것은 정확한 입질이 아니다. 따라서 이런 경우는 그냥 바라만 보고 무시하면 된다. 그러다가 여러 차례의 작은 입질 도중 찌가 차분하고 무거운 모습으로 솟아오르거나, 옆으로 서서히 멈춤 없이 이동하거나, 물속으로 길게 빨려 들면 그때가 제대로 된 입질이므로 비로소 챔질을 하면 된다. 특히 대형급 붕어일수록 지렁이 미끼에 대한 입질도 차분하고 깨끗하게 나타난다.

▲ 온몸으로 승부를 펼치는 대물 조사. 고흥 내대지에서의 힘겨루기 한판!

• **예신과 본신의 구별** – 찌가 깜박깜박 움직이다가 찌 끝이 차분하게 그 자리에서 살짝 오르면 그것이 예신이다. 그러나 몇 차례이든 경박스럽고 급하게 움직인다면 지렁이의 꼬리를 물고 노는 것이다. 본신은 예신이 있은 잠시 후에 나타나는 연결 동작으로, 서서히 찌톱이 솟아오르는 모습이다.

지렁이 미끼를 사용하더라도 정상적인 본신의 모습은 여타 미끼를 사용할 때의 본신과 그 움직임이 크게 다르지 않다. 특히 산지렁이나 청지렁이를 사용할 때는 아무리 여러 차례 깔짝대는 예신이 있더라도 그대로 두고 기다려야 한다. 산지렁이나 청지렁이는 대물급 붕어가 아니면 흡입을 하지 못해 지속적으로 건드릴지라도 미끼 자체가 훼손되지 않기 때문이다. 혹시 지렁이 내장 부분이 빠져나가 훼손되더라도 껍데기는 바늘에 남아 있게 되며, 그 상태에서도 대물 붕어의 입질을 받을 수가 있고 찌올림 또한 아주 중후하게 나타난다.

■ 지렁이 미끼 보관과 관리

우리가 낚시를 가면서 구입하는 지렁이는 지렁이 농장에서 선별작업을 하여 일정한 무게를 기준으로 하여 준비된 것으로써, 한 통에는 대략 200마리 전후의 지렁이가 들어있다. 이러한 지렁이는 잘 못 관리하게 되면 낚시간이나 낚시 후에 황당한 일이 발생 한다.

• **밤낚시 도중의 지렁이 관리** – 지렁이는 어두운 곳을 좋아해 밝은 낮 시간에는 밑으로 파고들고 어두운 밤 시간이 되면 위로 올라온다. 그러므로 밤

낚시를 할 때 지렁이 미끼통 뚜껑을 열어두게 되면 모두 기어 나가버리고 빈 미끼통만 남는 황당한 일이 발생한다. 따라서 밤낚시를 할 때 매번 지렁이를 꺼낸 다음에는 곧바로 뚜껑을 닫아 두어야 한다. 이렇게 하면서도 간혹 실수를 할 수 있으므로 밤낚시 때는 케미컬라이트 한 개를 꺾어서 지렁이 통에 넣어두면 효과가 있다.

• **여름철엔 햇볕 차단** – 한여름의 높은 온도와 따가운 햇볕은 지렁이를 질식시킨다. 피부호흡을 하는 지렁이가 햇볕에 노출되면 호흡을 못해 축 늘어져 버리며, 과도하게 상승한 온도에 노출되면 지렁이가 녹아버린다. 따라서 하절기에는 지렁이가 햇볕에 노출되지 않도록 항상 바람이 잘 통하는 선선한 그늘에 보관해야 하며, 특히 뜨거워진 차량 안에 방치해 두는 것은 금물이다.

그러므로 낚시 도중에는 의자 그늘에 놓고 사용해야 하며, 낚시가 끝난 후에는 도착 즉시 차에서 내려 시원한 곳에 별도로 보관해야 한다.

• **겨울철에는 보온 조치** – 겨울철 영하의 기온에 노출되면 지렁이는 쉽게 얼어버린다. 혹 얼지 않는 상태라 하더라도 가늘고 길게 늘어져서 미끼의 효능이 떨어진다. 그러므로 하절기와는 반대로 보온에 신경을 써야 한다.

영하의 기온을 보이는 겨울철 노지에서 낚시를 하거나 얼음낚시를 할 때는 지렁이 통을 호주머니나 품에 넣어서 얼지 않게 관리하고, 만약 겨울 밤낚시를 하다가 차 안에서 쉬고자 할 때는 꼭 지렁이 통을 챙겨 차 안에 보관해야 한다. 만약 낚시 자리에 그대로 두고 차에서 휴식을 취했다가 새벽에 나가보면 이미 지렁이는 사용할 수 없을 정도로 얼어버린 상태가 된다.

▼ 대물낚시 미끼로 사용할 산지렁이(표준명 밭지렁이)를 캐고 있는 모습.

• **비 올 때 특히 조심** – 지렁이는 온도에만 약한 것이 아니라 습도에도 약하다. 그러므로 비가 올 때 지렁이 통에 빗물이 들어가면 이내 통속의 지렁이가 가늘게 늘어지는 나머지 미끼로서의 효능이 떨어진다. 그러므로 비가 올 때는 꼭 지렁이 통에 빗물이 닿지 않도록 주의

▲ 일반 지렁이(대부분 줄지렁이)는 사계절 미끼다. 결빙이 되는 겨울철에도 이렇듯 잘 먹힌다.

해서 관리해야 한다. 만약 지렁이가 물에 젖게 되면 빠른 시간 내에 지렁이 통의 젖은 배양토를 비우고 건조한 흙으로 바꾸거나, 여의치 않을 때는 거친 떡밥을 약간 넣고 지렁이만 꺼내어 보관하는 것이 한 가지 방법이다.

• **쓰고 남은 지렁이 관리** – 사용하고 남은 지렁이는 그 자리에서 흙으로 돌려보내도 문제가 없다. 즉 지렁이는 오염원이 아니고 토양 관리에 도움이 되는 생물이므로 절대 꺼림칙하게 생각할 필요는 없다. 물속의 어류에게 먹이로 넣어주고 빈 통만 가져와도 된다.

그러나 낚시를 자주 다니는 사람이라면 남은 지렁이를 잘 보관했다가 다시 사용하려고 할 것이다. 이를 위해서는 상처 난 지렁이를 반드시 솎아내야 한다. 상처가 난 지렁이는 통 안에서 부패를 함으로써 다른 지렁이까지 모두 부패시키기 때문이다. 그리고 돌아오자마자 지렁이 통에 사과나 귤 등 과일 껍질을 덮어주거나 배추 잎 등의 야채를 덮어주면 지렁이는 이를 먹이로 하여 싱싱한 상태로 한 달도 보관이 가능하다.

15 고형 미끼 낚시

▲ 메주콩 · 옥수수 등 곡물류 미끼는 일부 지역에서 사용됐으나 근년에는 전역의 낚시터로 확산되고 있다.

실전! 메주콩 미끼 대물낚시

메주콩 미끼는 1990년대 후반 들어 대형급 붕어낚시 미끼로 각광 받기 시작해 지금은 지역성을 떠나 새우 미끼와 더불어 대물낚시 분야의 쌍벽을 이루는 미끼가 되었다. 그러나 메주콩낚시가 일찍이 성행한 영남 동부 지역보다 그렇지 못한 서해안 지역의 경우는 아직 사용 빈도가 적은 편이다. 그렇지만 서해안 지역에서도 메주콩낚시를 한 후 남은 메주콩 미끼를 물에 뿌려주고 오기를 몇 차례 거듭한 낚시터의 경우는 곧 메주콩 미끼가 먹힌다는 사실이 입증되고 있다. 맛있는 새로운 먹이에 붕어가 길들여지는 것으로 해석되는 사례이다.

▪ 메주콩 미끼 낚시의 절차

메주콩낚시가 대중화 되기 이전에는 각종 이론이 많았다. 메주콩 알의 크기 선별에서부터 불리는 시간, 흑설탕 등의 첨가물, 삶는 그릇의 종류와 시간에 이르기까지 참으로 이론이 분분했었다. 그러나 지금은 낚시용 메주콩 미끼가 전국 대부분의 낚시점에서 소단위 포장으로 판매되고 있다. 물론 흑설탕 등의 첨가물을 비롯한 복잡한 이론은 옛 이야기가 되었고, 지렁이나 떡밥처럼 쉽게 구입해 사용할 수 있는 미끼가 된 것이다.

• **메주콩 미끼 크기** – 메주콩낚시를 할 때 유념해야 할 것은 사용하는 메주콩 미끼의 크기에 따라 붕어 씨알 변별력이 달라진다는 점이다. 즉 큰 콩을 골라 사용하면 대물 붕어만을 노리는 목적이 되고, 작은 콩을 골라서 사용하면 적당한 씨알의 붕어 입질도 마다하지 않겠다는 의미가 된다.

• **미끼 꿰기** – 메주콩은 한 알씩 꿰어 쓰는 것을 원칙으로 한다. 초창기에는 꿰는 요령에 대해서도 다양한 이론이 있었으나 고민할 필요 없이 바늘에서 쉽게 분리되지 않도록 꿰기만 하면 된다. 소위 '메주콩의 눈이 어느 쪽으로 가야 한나.'는 등의 고민은 하지 않아도 된다는 얘기다.

▼ 메주콩 미끼를 물고 나온 붕어, 메주콩 미끼는 겨울철을 제외한 봄~가을 시즌에 유용하다.

• **낚시터 및 포인트** – 메주콩낚시가 잘 되는 낚시터는 두말할 나위 없이 사

람들이 메주콩낚시를 많이 시도 하는 곳이다. 이것은 후천적인 먹이학습에 의해서 메주콩을 먹어 본 붕어가 잘 먹어주기 때문이다. 그러나 꼭 그렇지 않더라도 저수지 주변의 농지에서 곡물류가 흘러들거나 나무나 풀 열매가 많이 유입되는 곳은 가능성이 있다. 특히 연밭은 연 씨앗에 길들여진 대물붕어가 메주콩 먹이 또한 선호할 가능성이 많다.

■ 메주콩 미끼의 대물낚시 주안점

• **적합한 시기** – 메주콩은 고형 곡물류 미끼다. 따라서 한겨울 대물낚시 미끼로는 적합하지 않다. 그러나 한겨울을 제외한 봄부터 가을까지는 지속적으로 유용하다. 즉 떡밥낚시가 가능한 시기는 메주콩낚시도 가능한 시기라고 보면 된다.

• **챔질 타이밍** – 챔질은 다른 어떤 미끼 낚시 때보다 차분해야 한다. 찌 올리는 높이에 관한 문제가 아니라 찌의 움직임에 관련된 얘기다. 즉 절반만 올리더라도 찌의 움직임을 차분히 관찰하고 준비했다가 멈추는 순간을 기다려 챔질해야 한다는 뜻이다. 붕어가 입안으로 넣어 인후치를 이용해 분쇄 후 식도로 보내기 위한 일련의 동작이 다른 생미끼 때보다 더디기 때문에 더 차분하게 기다렸다가 챔질을 해야 한다는 것이다.

메주콩 미끼 꿰기

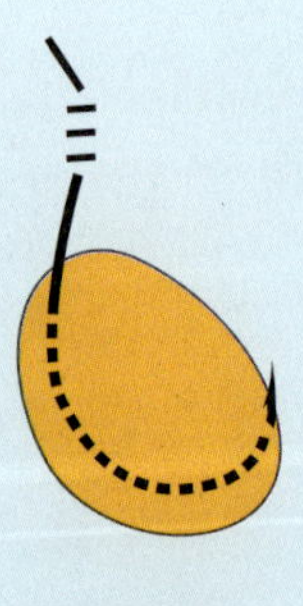

옆으로 꿰되
바늘 끝이
아주 살짝 나오도록

손으로 눌러보아 부드럽게 뭉개지는 상태가 잘 삶아진 것이다.

■ 메주콩 미끼 낚시 체크 리스트

① 메주콩 미끼의 크기에 따라 대물 미끼가 되기도 하고, 마릿수 미끼가 되기도 한다.

② 초봄이나 초겨울엔 작은 콩을 골라 꿰면 빠른 입질을 유도할 수 있다.

③ 수온이 떨어져서 냉수대일 때는 콩을 무르게 사용한다.

④ 대물 붕어의 활성도가 높을 때는 굵은 콩을 골라 사용하는 것이 잔챙이를 걸러내는 데 유리하다.

⑤ 가로로 꿸 것인가 세로로 꿸 것인가에 대해서는 고민할 필요가 없다.

⑥ 메주콩낚시의 챔질 시기는 새우낚시와 마찬가지로 찌를 끝까지 보고 있다가 올라오던 찌가 잠시 머뭇거리는 순간에 챔질을 한다. 만약 절반만 올라오다가 멈추는 입질이 이어진다면 그날의 챔질 시기는 절반쯤 올라오다가 멈칫 했을 때라고 보면 된다.

⑦ 수초 한 포기 없는 맹탕 계곡지에서도 메주콩 대물낚시는 가능하다.

⑧ 메주콩이 잘 듣지 않는 곳에서도 남은 콩을 뿌려주고 철수하기를 반복하다 보면 메주콩에 입질이 빠른 낚시터로 변모한다.

▼ 메주콩 미끼는 수초 한 포기 없는 맹탕 계곡지에서도 잘 먹힌다.

실전! 옥수수 미끼 대물낚시

■ 옥수수 미끼 낚시의 역사

1930년대의 낚시 이론서 『낚시질 독본』을 보면 '새우와 옥수수 미끼로 붕어낚시를 하면 큰 붕어를 골라서 낚을 수 있다'는 내용이 있다. 따라서 옥수수 미끼 낚시는 근년 들어 누군가에 의해 창시된 것이 아니고, 이미 있었던 것을 새롭게 활용하면서 예전보다 다양한 기법으로 발전하게 된 것이라고 보는 것이 타당하다. 특히 1980년대 이후 블루길 · 배스 등 외래어종의 급속한 번성에 따라 잡어 회피와 대물낚시용 미끼로서 그 효과가 입증되자 급속히 유행을 타기 시작했고, 근래에는 옥수수 내림낚시 붐을 타고 더욱 확산되고 있는 추세다.

옥수수 미끼는 우리나라 붕어낚시뿐만 아니라 바다낚시에서도 흔히 사용되고 있다. 비단 우리나라뿐만 아니다. 카자흐스탄의 고려인들이 옥수수 미끼로 산천어를 낚고, 중국 베이징에서는 송어 · 붕어 · 잉어 · 초어낚시에 옥수수 미끼를 사용하고 있을 정도다.

■ 미끼 준비가 쉽고 사용도 간편

옥수수 미끼는 준비하기가 쉽고 사용 또한 간편하다. 낚시점이 아니더라도 지나가다 슈퍼마켓 어느 곳에서나 쉽게 구입할 수 있고, 그것도 1천 원 남짓한 가격으로 한 통을 구입하면 5명 정도는 1회 출조를 감당할 수가 있다. 낚시 미끼 가운데 가장 저렴한 가격이다. 그리고 옥수수 미끼는 따로 배합을 하거나 반죽할 필요도 없다. 그냥 통에 들어 있는 그대로 사용하면 된다. 여타 미끼처럼 투척 간에 떨어져 나갈 염려도 적다. 그러니 지렁이를 만지기 꺼려하는 여성이나 어린이, 낚시를 배우기 시작한 초심자에게도 아주 편리하고 쉽게 사용할 수 있는 미끼다.

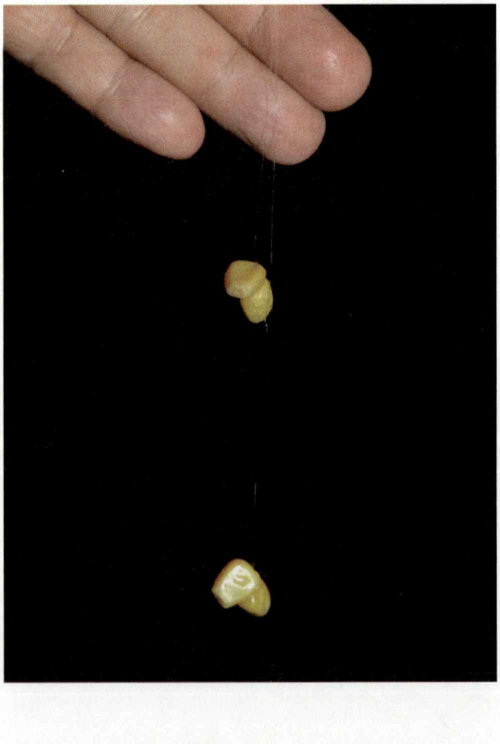

▼ 전내림낚시 채비에 옥수수 미끼를 꿴 모습. 최근 유행하는 옥수수 미끼는 사실은 이미 오래 전부터 사용되었다.

■ 잡어와 육식성 어종 극복에 탁월한 효과

옥수수 미끼는 마릿수낚시와 대어낚시를 자유롭게 구사할 수 있다. 두바늘 채비로 콩알 떡밥낚시를 하다가 피라미 등의 잡어가 성화를 부리거나 잔챙이 붕어가 자주 덤빌 때, 즉석에서 옥수수 미끼로 전환하면 잡어나 잔챙이 성화가 현저히 줄어들어 굵은 붕어를 골라 낚는 낚시가 가능하다.

또한 육식성 외래어종인 배스나 블루길이 많은 곳에선 일반 생미끼는 수중에 들어가자마자 이들의 1급 먹잇감이 되어 목적하는 붕어 대물낚시에 심한 지장을 받는다. 이럴 때도 옥수수 미끼가 최고의 해결책이다. 특히 근년에는 옥수수 미끼를 이용한 새로운 낚시 기법인 '옥수수 내림낚시'가 대유행을 하고 있고 그 효과 또한 탁월한 것으로 나타난다. 이 부분은 별도의 '전내림낚시' 편에서 상세한 설명을 할 것이다.

■ 옥수수 미끼 낚시의 절차

• **채비 준비** – 옥수수낚시의 채비 역시 일반 대물낚시 채비를 그대로 사용하면 된다. 다만 서리가 내린 이후의 저수온기에는 작은 알갱이 하나만 꿰어서 붕어가 쉽게 흡입하도록 한다. 따라서 이때는 10호 이하의 작은 바늘로 바꾸고 목줄도 모노필라멘트 2호 정도로 가늘게 사용하되, 그 길이는 10~20cm 정도로 평소보다 길게 잡아 준다.

• **미끼 꿰기** – 통상 2~3알을 겹쳐서 한 바늘에 꿴다. 그러나 잡어 등에 의해서 미끼 손상이 많은 포인트에서는 4~5알을 한 바늘에 꿰기도 한다. 옥수수를 꿸 때는 또렷한 알갱이를 골라서 중간쯤을 바늘 끝으로 관통시키면 된다. 구체적으로 어느 방향으로 꿰느냐는 중요하지 않다. 즉 씨눈 방향이 어느 쪽으로 향하든 상관없으므로 밤중에 옥수수를 꿰면서 씨눈 방향 찾느라 불을 켜서 확인할 필요가 없다는 것이다.

• **낚시터 및 포인트** – 옥수수 미끼를 이용한 대물낚시는 전국 어느 지역에서나 다 가능하다. 필자가 제주도로부터 강원도 고성 통일전망대까지 2회에 걸친 전국낚시여행을 하면서 곳곳의 낚시터에서 시도한 결과 옥수수 미끼가 전혀 통하지 않는 지역은 없었다.

옥수수낚시 포인트 또한 바닥 상황이나 수심, 수초 분포 등 제반 여건에 크게 구애받을 필요가 없다. 일반적인 낚시 포인트라면 달리 신경 쓸 필요

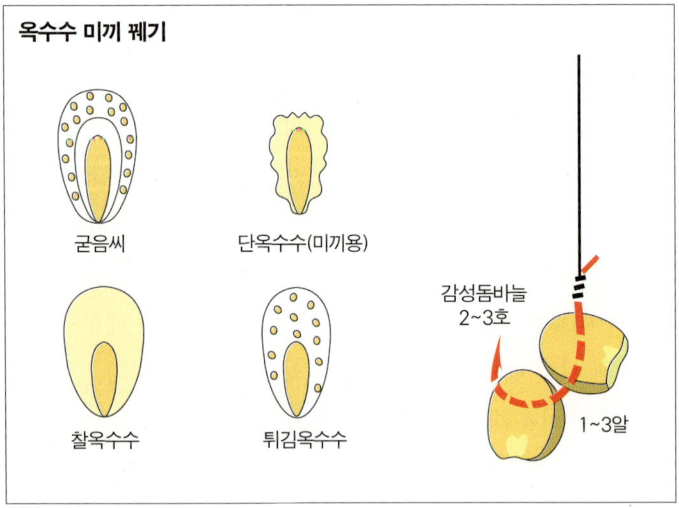

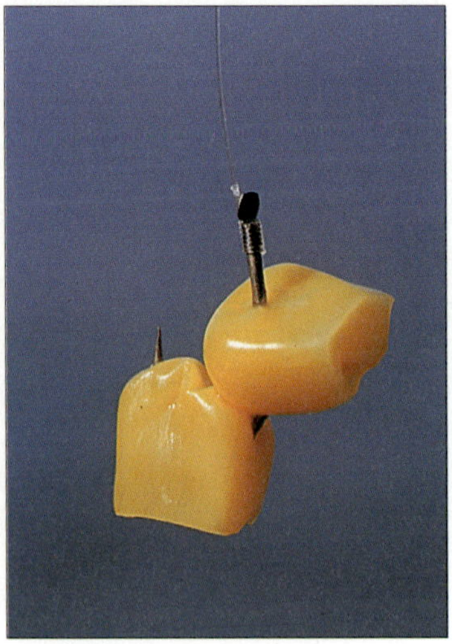

▲옥수수 미끼는 일부 낚시점에서도 판매하지만 일반 수퍼마켓에서 통조림 옥수수를 구입해 사용해도 된다.

가 없다는 뜻이다. 그러나 굳이 우선순위를 꼽자면 열매나 곡물류 알갱이가 많이 유입되는 저수지 중에서 바닥 토양이 단단한 곳이 유리하고, 특히 마름 등 수생식물의 열매가 떨어지는 지점이 유리하다. 마름이나 말풀이 삭아서 떠밀려 가라앉은 포인트는 어느 미끼보다도 옥수수 미끼가 가장 우선되어야 한다.

■ 옥수수 미끼의 대물낚시 주안점

• **적합한 시기** – 옥수수 미끼 낚시는 사계절 구분 없이 구사한다. 봄가을은 물론이요 고수온기의 무더운 여름에도 유용하고, 연안에 살얼음이 어는 겨울철 물낚시에도 유용하다. 그중에서도 가장 효과가 높은 시기는 가을철이다. 각종 풀 씨앗이나 곡물의 알갱이들이 유입되는 계절로, 대물 붕어들의 입맛이 고형 곡물류 먹잇감에 한참 길들여진 계절이기 때문이다.

• **챔질 타이밍** – 옥수수 미끼 낚시의 챔질 또한 다른 대물낚시 경우와 다르지 않다. 당일 그 포인트 붕어의 컨디션에 따른 입질 형태를 잘 관찰하면서 응용력을 발휘하면 된다.

▼ 옥수수 미끼로 거둔 대박 조황. 비오는 날씨에도 월척을 비롯한 4짜 크기가 20여 마리나 낚였다. 여수 복산지에서.

16 떡밥 미끼 낚시

▲ 각종 떡밥 종류. 건탄으로 사용되는 입자가 굵은 떡밥(왼쪽)과 고탄으로 사용되는 입자가 고운 떡밥(가운데), 그리고 글루텐 계열 떡밥(오른쪽).

떡밥을 미끼로 하는 대물낚시

우리나라에 서식 중인 외래어종은 주로 1970년대 초반 '기후와 풍토에 적응하는 담수어종'을 선택적으로 들여와 소량으로 양식 및 방류한 것이 오늘날 전국으로 확산되어 생태계를 교란하는 유해어종이 되었다. 비슷한 시기에 유입된 배스와 블루길은 붉은귀거북, 황소개구리와 더불어 오늘날 생태계 교란종 1급으로 분류되고 있을 뿐만 아니라 우리 붕어낚시인들에게도 귀찮은 존재 1순위로 취급되고 있다. 이들 육식어종을 피하려다 보니 떡밥 대물낚시가 유용하게 된 것이다.

떡밥을 이용한 대물낚시는 특히 한여름으로 가면서 더욱 효과를 발한다. 하절기의 생미끼에는 잡어류가 더욱 극성스럽게 덤비기 때문이다.

■ 떡밥 대물낚시를 위한 주안점

• 배스가 퍼지면 떡밥 대물낚시터가 된다! – 전라남도 곡성군 옥과면에 있는 보정지. 필자의 집에서 불과 25분 거리에 있는 저수지로 아내와 함께 밤낚시를 즐기던 곳인데, 큰 붕어보다는 자잘한 마릿수 재미가 좋았다. 그런데 이곳이 2008년도부터 광주 인근에서 월척은 물론 4짜 출현 빈도가 높은 대물낚시터로 거듭났다. 유입된 배스가 40cm 이상으로 커지면서 잔챙이 붕어들은 거의 보이지 않고 월척급들만 남게 된 것이다. 그래서 오늘날 이곳을 찾는 낚시인들은 하나같이 옥수수와 떡밥 미끼 낚시를 한다. 새우 등의 생미끼는 배스가 덤벼서 사용을 할 수가 없기 때문이다. 이렇듯 특정 낚시터에 배스나 블루길이 유입되어 번성하면 떡밥 대물낚시터로 변모를 한다.

• 꼭 수초대 포인트를 고집하지 말자! – 떡밥 대물낚시를 할 때의 포인트는 크게 두 가지를 고려해야 한다. 하나는 생미끼 대물낚시 때와 마찬가지로 수초를 염두에 두는 것이고, 다른 하나는 수초와는 무관하게 수심층을 고려하는 것이다.

수초대를 포인트로 선정할 경우는 생미끼 때와 마찬가지로 수심 1m 전

▼ 수조 안에서 붕어가 떡밥 미끼를 취하는 모습을 사진에 담았다.

후한 곳에 수초가 잘 어우러져 있되 붕어의 회유로가 됨직한 곳에 찌가 서도록 한다. 또한 비록 떡밥 미끼를 사용하더라도 밀생한 수초 속을 공략하기 위해서는 직공 채비를 구사할 포인트도 고려 대상에 포함시켜야 한다.

▲ 건탄(사진 왼쪽) 미끼와 고탄(오른쪽) 미끼가 수중에서 풀어지는 상태를 비교한 모습.

한편 수초와는 무관하게 수심층에 비중을 둬야 할 경우는 가급적 수심 2m 전후 한 곳에 찌가 서도록 선정하는 것이 좋다. 다만 댐이나 계곡지의 경우라면 수심 3~5m도 포인트 범주가 된다.

이러한 두 가지 포인트 유형 가운데 어느 쪽이 유리하냐고 묻는다면 '대물낚시를 하는 한 뚜렷한 차이가 없다'는 것이 답변이다.

• **수초 유무에 따라 채비를 달리 하자!** – 비록 떡밥 미끼를 사용할지라도 그 대상이 월척급 이상의 대물이므로 채비는 그에 맞게 튼튼해야 한다. 다만 낚시의 편의성과 즐거움을 극대화하기 위해 수초 유무에 따라 채비를 달리한다.

수초대 포인트에서 떡밥 대물낚시를 할 때는 생미끼 대물낚시와 동일한 채비를 사용한다. 즉 미끼만 떡밥으로 바꾸어 쓰는 것이다. 그러나 수초가 없는 포인트에서는 채비가 약간 달라진다. 이때는 일반 마릿수낚시를 구사하던 채비에서 바늘만 큰 것으로 바꾼다고 생각하면 된다.

■ 깊은 수심엔 건탄, 낮은 수심엔 고탄!

대물낚시에 있어 떡밥의 배합과 반죽 요령은 두 가지이다. 건탄 떡밥과 고탄 떡밥인데, 건탄은 입자가 굵고 부슬부슬하여 쉽게 풀어지게 하는 떡밥을 말함이고, 고탄은 입자가 고와 차지고 단단하여 쉽게 풀리지 않게 하는 떡밥을 말한다.

• **건탄 떡밥** – 수심이 깊고 잡어가 덤비지 않는 포인트에서는 입자가 굵은 떡밥을 선택해 물을 적게 넣어 부슬부슬하게 반죽을 한 후 바늘에 꾹꾹 눌러서 달아 쓴다.

• **고탄 떡밥** – 수심이 얕은 곳에선 입자가 고운 떡밥 종류를 많이 배합하

여 차지고 딱딱하게 반죽을 한 '고탄'을 사용하는 것이 좋다. 여기서 우리는 '떡밥은 무조건 잘 풀려야만 한다'는 고정관념을 버려야 한다.

■ 떡밥 대물낚시의 덕목

• **집어는 미끼 자체로!** – 모든 낚시에서 집어를 한답시고 집어제 덩어리를 뭉쳐서 손으로 던지거나 찌 주변에 촤촤 뿌리는 것은 바람직스럽지 못하다. 특히 정숙을 요하는 대물낚시일수록 옆 사람에게 피해를 주는 이런 행위는 금물이다.

떡밥 대물낚시는 낚싯바늘에 달려 있는 떡밥만 유일하게 자리하고 있어야 정확한 입질을 유도할 수가 있다.

• **믿음을 가져라!** – 가끔 떡밥 대물낚시를 시도하는 사람들 가운데 일정 시간이 지나면 이내 다른 미끼를 고려하거나 포기하는 경우를 본다. 대물낚시는 어떤 미끼로 어떤 기법을 구사하든 기다림이 기본인데, 떡밥을 사용할 때만은 유독 그 기다림에 대한 믿음이 약해지는 것이다. 건탄이든 고탄이든 떡밥 미끼 역시 믿어야 한다. 하룻밤을 꼬박 새우면서 입질 한 번 없더라도, 그리고 다음에 또 가서 입질이 없더라도 끝까지 믿고 기다리는 사람에게 대물의 입질이 온다.

▶ 떡밥 미끼로 대물을 겨냥할 경우는 일반 마릿수낚시를 할 때와는 달리 느긋하게 오래 두고 기다릴 수 있어야 한다.

실전! 건탄 떡밥낚시

'건탄'이라는 용어는 마를 건(乾)과 탄알 탄(彈)의 한자를 합성한 것으로 '마른 탄알' 즉, 물기를 적게 하여 부슬부슬하게 뭉친 떡밥을 말한다(이는 필자의 지인인 『실전! 붕어 대물낚시』의 저자 차종환 선생이 1990년경에 명명한 것임을 밝혀 둔다).

결국 건탄 떡밥낚시란 입자가 거친 떡밥을 부슬부슬하게 개어 크게 달아 수심 깊은 호수 바닥에 가라앉혀 두고서 한 차례의 대물 입질을 기다리는 낚시로, 1980년대 수심 깊은 충주댐과 소양호에서의 떡밥낚시 패턴이 그 효시로 받아들여진다. 이러한 건탄 떡밥은 2000년대 들어 대물낚시의 붐과 함께 배스와 블루길이 번성한 장소에서 유용한 대물 미끼로 인식되면서 전국적으로 확산되었다.

■ 건탄 떡밥의 효과

건탄 떡밥은 거친 입자의 떡밥을 부슬부슬하게 개어 사용하므로 수면에 떨어진 후 물속으로 가라앉는 과정에서부터 일부 부스러기가 풀려 우산처

▼ 떡밥 미끼를 사용할 때는 건탄과 고탄은 몰라도 다른 곡물류 미끼와 함께 다는 형태의 '짝밥'은 지양해야 한다.

럼 확산되고, 바닥에 안착한 후에는 겉에서부터 입자가 풀리기 시작한다.

이렇게 입수 도중 우산처럼 퍼지는 입자는 수중에 확산되어 집어제 역할을 하게 되며, 안착 후 풀린 상태의 '떡밥봉우리'는 시인성에 의한 집어 효과뿐만 아니라 대형급 붕어가 접근하여 한입에 빨아들이기 좋은 상태가 된다. 그리고 잡어가 덤벼 흐트러뜨리지만 않는다면 몇 시간이고 '풀린 상태'의 원형이 유지됨으로써 기다림의 대물낚시가 가능해지는 것이다. 특히 배스와 블루길이 많아 잡어가 없으면서 수심이 깊은 낚시터에서는 건탄낚시의 효과가 다른 어떤 미끼보다도 탁월하다고 믿는다.

■ 건탄낚시가 잘 되는 시기와 장소

• **시기** – 건탄낚시는 일반 떡밥낚시가 가장 잘 되는 시기, 즉 여름철에 효과적이다. 대체로 붕어의 산란 후기인 5월에 시작하여 10월 말경까지가 적기라 보면 되는데, 그 중에서도 한여름 깊은 수심대에서 가장 유효한 대물미끼이다.

• **장소** – 건탄낚시는 하절기 동안은 어느 낚시터에서나 시도해 볼만하다. 그러나 잡어가 설치고 잔챙이가 많이 덤비는 곳에선 기다림의 낚시를 할 수가 없다. 놈들의 성화에 떡밥 미끼 상태가 금방 훼손돼 버리기 때문이다. 따라서 건탄낚시를 구사하기 좋은 낚시터는 배스와 블루길이 번성해 역설적으로 붕어의 개체수가 줄어들어 한 번 입질 받기가 어려운 곳이다.

또한 댐이나 큰 계곡형 저수지처럼 수심이 깊고 생미끼 사용이 곤란한 곳으로서 잡어나 잔챙이들이 덤비지 않는다면 건탄 대물낚시를 구사하기에 적당한 장소다. 아울러 수심은 그다지 깊지 않더라도 다른 어종이 잘 덤비지 않는 강의 지류, 수로 등지도 건탄낚시를 구사해봄직한 곳이다.

■ 건탄낚시 포인트로서의 조건

• **수심** – 건탄낚시를 구사할 포인트의 수심층은 1m에서부터 7m까지로 아주 다양하다. 그러나 가장 적절한 포인트는 2~4m 수심층으로, 이는 곧 대물 붕어의 회유와 주요 먹이 활동 공간이기도 하다. 그러나 잡어가 덤비는 곳이라면 수심 5m 이상의 직벽 수심층을 포인트로 삼는 것이 좋다. 그래야 잡어를 떠나 기다리는 낚시를 할 수 있기 때문이다.

• **수초 분포** – 거듭 거론하지만 건탄낚시에서는 수초가 꼭 필요하지 않다. 그러나 수초가 있다면 회피하지 말고 적극적으로 공략하는 낚시를 구사하는 것이 바람직하다. 가장 유리한 수초는 바닥이 깔끔한 곳에서 자라오른 마름 등의 부엽수초가 있는 공간이며, 만약 정수수초가 있다면 정수수초 틈새나 넓은 공간보다는 바깥쪽 언저리 부분을 공략하는 것이 좋다. 그리고 침수수초가 수중에 보인다면 찌가 자리 잡을 때까지 채비가 걸림 없이 자유롭게 드나들 정도의 공간이 확보된 곳을 공략하면 된다. 건탄 미끼는 떡밥 고유의 향기로 붕어의 후각을 자극하므로 구태여 '수초직공'을 하지 않고도 일정 거리까지 유인할 수 있기 때문이다.

• **콧부리 포인트** – 건탄낚시 포인트는 일반적인 대물낚시와는 다른 분석을 필요로 한다. 일반 대물낚시에서는 주로 1m 전후의 수심과 수초의 회유로 구성을 가장 중요시 하나 건탄낚시를 할 때는 바닥 지형에 따른 수중 등고선을 더 중요시한다.

이런 관점에서 수중 등고선이 길게 뻗은 콧부리 지형이 포인트 범주에 속하는데, 콧부리 지형에선 자신이 바라보는 정면 방향이 대물낚시 포인트가 된다. 콧부리 바닥 지형은 대개 정면은 수중언덕이고 좌우측으로 경사가

▼ 건탄낚시를 하더라도 수초를 굳이 피할 필요가 없다. 사진에서 보듯 콧부리 지형과 깊숙이 만곡진 지형이 건탄낚시 포인트가 된다.

내려가는 형상이다. 이런 지형에서의 대물 붕어는 수중언덕을 타고 수직으로 접근해 들어오는 수직회유를 하거나 수중언덕의 일정 수심대를 좌우로 넘나드는 수평회유를 한다. 바로 그러한 회유 교차 길목이 포인트가 되는 것이다.

• **안골 포인트** – 안골 포인트란 연안 지형이 활처럼 안쪽으로 휘어져 들어온 만곡(彎曲) 포인트를 말한다. 이러한 지형에서는 골이 좁게 형성된 곳은 피하고, 넓게 형성된 곳을 택하되 그 중앙 부분을 포인트로 삼는다.

안골이 좁은 지형은 대부분 침전물이 밀려와 그대로 바닥에 가라앉게 되고, 붕어는 이런 곳을 회유할 때 대개는 떠서 이동해 수중 콧부리 언덕을 넘나든다. 이에 비해 안골이 넓은 지형은 연안으로 접근하는 대물 붕어의 안정된 회유경로가 되며, 특히 좌우 측면회유를 하는 교차점이 될 경우가 많다. 따라서 바로 그 길목이 주요 포인트가 되는 것이다.

■ 낚싯대 운용과 채비 요령

• **낚싯대** – 다른 대물낚시 경우와는 달리 낚싯대는 2~4대를 운용하되, 4대를 기본으로 하는 것이 적당하다. 건탄 자체가 떡밥인 만큼 대물 붕어를 유인하는 집어력이 있으며, 깊은 수심과 수초가 없는 포인트에서 손맛을 극대화하기 위함이다. 사실 내물 붕어의 접근성과 활동 공간을 고려할 때 떡밥낚시를 하면서 자기 시야 범위 내에 5대 이상의 '다대편성'을 하는 것은 욕심일 뿐이다.

낚싯대의 길이는 일반적인 대물낚시와 다를 바가 없으나 극히 수심 깊은 곳을 제외하곤 4.0칸 이상의 긴 대 사용은 별 의미가 없다.

• **채비** – 건탄낚시도 대물낚시이다. 따라서 채비는 대물낚시답게 튼튼한 것이 좋다. 그러나 수심이 얕고 여건이 험한 수초지대에서 구사하는 낚시가 아니므로 손맛도 고려한 채비를 하는 것이 타당하다. 낚싯대는 대물낚시에 주로 사용하는 경질대를 사용해도 되지만 가능하다면 중경질대를 사용하는 것이 손맛을 배가시켜 준다. 찌는 고부력의 짧은 찌보다는 중부력의 중간 정도 길이(40~50cm)가 적당하다. 원줄은 3~4호, 목줄은 케블러 3합사 정도면 되고, 11~13호 두바늘 채비가 정석이다.

■ 건탄 떡밥 준비와 사용 순서

건탄은 배합 과정에서 떡밥 자체의 성분과 입자의 굵기를 중시해야 한다. 그리고 반죽을 할 때도 최대한 입자를 그대로 살려야 한다.

• **배합** – 거친 입자의 떡밥과 고운 떡밥의 비율을 7:3~9:1로 섞는다. 미끼가 바닥에 안착하기도 전에 잡어가 건드리는 상황이라면 입자가 고운 떡밥의 비율을 높이고, 하절기가 지날수록 거친 떡밥의 비율을 높여 쉽게 풀리도록 배합해야 한다.

떡밥의 성분을 고려할 때는 잡어가 있는 장소에서는 향이 적은 곡물류 떡밥을, 하절기가 지나거나 수심이 깊은 곳에서 낚시를 할 경우는 향이 고소하고 강한 볶은 곡물가루나 어분류의 배합 비율을 높인다.

• **반죽** – 건탄낚시용 떡밥을 반죽할 때는 기본적으로 물기를 적게 하여 부슬부슬하게 개야 한다. 보통의 떡밥을 반죽할 때와는 달리 배합된 떡밥가루 위에 물을 약간씩 뿌려가면서 손으로 휘저으면 부슬부슬한 상태로 물기가 배게 된다. 이때 떡밥을 손으로 주물러 반죽하려 하면 안 된다. 건탄 떡밥은

▼ 입자가 거친 떡밥에 입자가 고운 떡밥을 약간 섞은 상태의 건탄 배합 비율(사진 ①). 푸석푸석하게 갠 건탄 반죽(②)과 낚싯바늘에 단 건탄 떡밥(③). 건탄과 고탄 떡밥의 비교(④).

약간의 물기를 머금고 부슬부슬한 상태 그대로 사용해야 하기 때문이다.

• **초기 집어용** – 떡밥을 준비하여 초기에 집어를 위한 헛챔질용 떡밥을 달 때는 가능한 한 떡밥을 꼭꼭 주무르지 말고 한두 번 바늘에 대고 살짝 눌러 달아야 한다. 그래야만 물에 착수 후 곧바로 입자가 풀리면서 내려가게 되어 집어 효과가 커지는 것이다. 낚시를 시작하는 초기 5~10회 정도는 이렇게 집어용으로 활용해야 한다.

• **실전 미끼용** – 집어용 떡밥의 헛챔질이 끝나면 이제 미끼용으로 전환해야 한다. 이때는 부슬부슬한 떡밥을 한 움큼 쥐고서 바늘에 대고 꼭꼭 눌러서 단다. 비록 부슬부슬한 떡밥이라고 해도 바늘에 대고 손가락을 합하여 꼭꼭 주물러서 달면 견고한 구슬 모양이 되어 웬만큼 충격을 가해도 깨지지가 않는다. 이런 상태로 투척을 하면 착수하여 가라앉는 동안에도 그 모양이 그대로 유지되면서 채비 정렬이 깔끔해지고, 겉에 물이 스며드는 순서대로 아주 작은 알갱이 입자만 조금씩 떨어지면서 바닥에 안착을 한다.

혹시 입수 도중 잡어가 몇 차례 건드려도 그 모양이 유지된 채로 바닥에 도달하는데, 바닥에 도달한 이후로는 아주 천천히 입자가 떨어져나가 바늘을 감싼 채 풀어져 있게 된다. 그리고 이런 상태는 잡어 등이 흐트러뜨리지만 않는다면 몇 시간이고 지속된다.

• **미끼 교환** – 건탄낚시에서 미끼 교환은 최소 1시간 간격이다. 길게는 2시간까지도 유효하다. 아무리 떡밥을 이용한 낚시지만 자주 갈아주기 위해서 자꾸만 낚싯대를 드는 것보다 그대로 두고 장시간 기다리는 낚시가 이롭다는 뜻이다. 다만 간혹 찌에 미세하더라도 건드리는 반응이 나타나는 경우라면 20~30분 정도에 한 번은 갈아주어야 한다. 바닥의 수서곤충이나 새우 · 참붕어 또는 잔챙이 붕어들이 떡밥을 헤쳐 놓을 수도 있기 때문이다.

■ 건탄 떡밥낚시 주안점

• **채비 투척** – 떡밥낚시에서 가장 중요시 되는 것 중의 하나가 채비 투척의 정확성이다. 생미끼 대물낚시에서 작은 수초 구멍에 찌를 세우는 것보다 훨씬 더 강조되는 주안점이다. 생미끼의 경우는 간혹 투척을 잘못하더라도 다시 꺼내어 던질 수 있지만 건탄 떡밥일수록 한 번 잘 못 던지면 그대로 유실될 뿐만 아니라, 엉뚱한 곳에 떨어진 떡밥은 목적하는 지점의 붕어를 흩어

▲밤톨만한 크기로 뭉쳐 단 건탄 떡밥. 이 정도면 수중에서 1시간 정도는 무난하고 2시간까지도 유효하다.

지게 한다.

• **입질 분석** – 건탄 떡밥의 찌놀음은 물속에 투입된 떡밥이 얼마나 잘 풀렸느냐에 따라 달라진다. 충분히 잘 풀렸을수록 예신 동작이 유연하고 본신 동작의 찌오름 폭도 크게 나타난다.

그러나 떡밥이 잘 풀리질 않은 채 딱딱한 밤톨같이 그대로 있다면 툭툭 치는 찌놀음 이후 조금 빠르게 솟는 듯하다가 그것으로 끝나 버리는 모습이 연출된다. 이런 경우는 헛챔질이 될 가능성이 높으므로 차라리 그대로 두고 다음 찌놀림을 기다려 보는 것이 낫다.

• **챔질 타이밍** – 여느 낚시 때와 마찬가지로 건탄낚시에서도 예신 때 온 신경을 곤두세우고 있다가 본신의 찌올림 상태가 전개되면 찌 끝이 무거워지면서 멈추는 순간을 노려 챔질을 하면 된다. 다만 떡밥을 이용한 건탄낚시에서는 찌올림이 진행되는 중간을 노려도 비교적 입걸림이 잘 되는 편이다. 생미끼 경우와는 달리 곧바로 떡밥가루를 아가미로 걸러내기 위해 단숨에 입 깊숙이 빨아들이기 때문이다.

재빠른 챔질 동작은 역시 손목을 이용하는 '들어 챔질' 방식이 가장 바람직하다.

실전! 고탄 떡밥낚시

'고탄'이란 의미는 건탄(乾彈)과 구분하여 필자가 명명한 용어로, 차지고 딱딱하게 갠 떡밥을 말한다. 즉 굳을 고(固)와 탄알 탄(彈)의 한자를 합성한 것이다. 결국 고탄낚시란 입자가 고운 떡밥과 거친 떡밥 종류를 혼합해 차지고 딱딱하게 갠 '고탄'을 크게 달아 잡어나 수서곤충이 건드릴지라도 최대한 그 형체를 유지시킴으로써 대물 붕어가 접근할 때까지 시간을 연장시키는 떡밥 활용술이다. 이러한 고탄 떡밥은 잡어나 수서곤충으로부터의 미끼 훼손을 덜고, 떡밥에 길들여진 블루길의 성화도 이겨내는 대물 미끼로 활용된다.

■ 고탄 떡밥의 효과

고탄 떡밥은 거친 입자의 떡밥에 고운 입자의 떡밥을 적당히 섞어 차지고 단단하게 개어 사용함으로서 바닥에 안착한 후에도 한동안 풀어짐 없이 그 형체를 유지하게 된다. 착지 후 20분 이상 경과하면서부터는 물을 먹기 시작하지만 여전히 바늘을 감싸고 있는 '떡밥 구슬'은 단단함을 유지한다. 이후 1시간 정도가 되면 겉 부분은 어느 정도 풀리지만 한가운데 바늘을 감

고탄 떡밥에 낚인 월척 붕어. 고탄 떡밥은 배스·블루길 등 육식성 어종이 설치는 낚시터에서 효과적이다.

싸고 있는 '노른자위 구슬'만큼은 단단함을 계속 유지한다. 그러다가 더욱 시간이 지나 거의 다 풀린 상태가 되면 둥그렇게 펴지면서 가운데에 아주 조그마한 덩어리는 여전히 바늘을 감싼 모양으로 남는다.

이렇게 입수 도중과 안착한 후에도 쉽게 풀리지 않는 떡밥구슬은 잡어의 건드림에도 훼손되지 않아 대물을 기다리는 시간을 벌어준다. 특히 수심이 얕고 잡어가 설치거나 블루길마저 떡밥에 길들여진 곳이라면 건탄보다는 필히 고탄낚시 기법을 구사해야 한다.

▪ 고탄낚시가 잘 되는 시기와 장소

• **시기** – 고탄낚시가 잘 되는 시기 역시 건탄낚시처럼 일반 떡밥낚시가 잘 되는 시기이다. 곧 봄부터 가을까지이다.

• **낚시터** – 여름철에는 어느 낚시터에서나 시도해 볼만하다. 특히 잡어가 설치고 잔챙이 붕어가 많이 덤비는 곳일수록 고탄이 해결사 노릇을 한다. 따라서 고탄낚시를 구사하기 좋은 낚시터는 건탄낚시에 적합한 모든 장소를 포함해 배스와 블루길이 번성하여 입질을 받았다 하면 대물 붕어를 만날 수 있는 곳, 그리고 댐이나 물이 흐르는 강, 수초가 없는 계곡형 저수지, 생미끼 사용이 곤란하면서도 잡어와 잔챙이 붕어들이 덤벼들어서 건탄낚시마저 곤란한 곳이라면 고탄낚시가 그 대안이 된다.

▪ 고탄낚시 포인트로서의 조건

고탄낚시는 건탄낚시와 달리 수초가 발달한 포인트에서도 유용하다. 단지 외바늘에 메주콩 대신 딱딱한 떡밥이라야 한다. 수초가 있으면 그 공간이나 언저리를 공략하면 되고, 수초가 없는 곳에서는 건탄낚시를 구사하는 요령과 같이 하면 되는 것이다.

• **수심** – 고탄낚시에 적합한 포인트 수심은 1m~7m 범위로 아주 폭넓다. 그러나 가장 적절한 수심은 2m 전후이다. 다만 잡어가 너무 심하게 덤비는 곳이라면 놈들을 떼어놓을 수 있는 5m 이상의 직벽 수심층을 택하는 것이 좋다.

• **수초 분포** – 고탄낚시의 포인트는 수초의 유무와 관계없다. 수초가 있다면 생미끼 낚시처럼 적극적으로 공략해도 된다. 왜냐하면 떡밥이 메주콩처

럼 단단하니까. 그 중에서 가장 유리한 수초는 바닥이 깔끔한 곳에서 자라 오른 마름 등의 부엽수초가 있는 공간이다. 민악 연 등의 정수수초가 있다면 그들 틈새나 구멍을 공략하는 것이 좋고, 수중에 침수수초가 보일 경우는 채비가 자유롭게 드나들 수 있는 공간을 활용하는 것이 좋다.

• **지형** – 고탄낚시에 적합한 포인트 지형은 일반 생미끼 낚시와 건탄낚시에 적합한 모두를 망라한다. 대물 붕어의 접근과 이탈 경로를 예상하는 바닥 지형에 따른 수중 등고선 활용 또한 건탄낚시 경우와 동일하다.

■ 낚싯대 운용과 채비 요령

• **낚싯대** – 건탄낚시 때와 마찬가지로 4대를 기본으로 한다. 아무리 대물낚시라지만 고탄낚시도 떡밥낚시인만큼 정도 이상의 '다대 편성'은 불필요한 것이다. 길이는 건탄낚시 때보다 길 필요가 있는데, 5.0칸 이상의 긴 대를 운용하기도 한다.

• **채비** – 역시 대물낚시 채비답게 튼튼하게 구성하는 것이 좋다. 일반 대물낚시에 사용하는 경질대를 우신으로 하되 준경질대도 필요할 때가 있다.

찌는 적극적인 수초 공략을 대비한 고부력의 짧은 찌를 준비해야 하고, 수초대 중간의 넓은 공간에 채비를 드리울 수 있는 중부력의 중간 길이(40~50cm) 찌도 준비되어야 한다. 이에 원줄은 3~4호, 목줄은 케블러 3합사 정도면 되고, 바늘은 11~13호 정도로 두바늘 채비를 하거나 수초를 공략할 때는 외바늘 채비를 사용한다.

■ 고탄 떡밥 준비와 사용 순서

고탄 떡밥은 배합 과정에서 입자의 굵기를 잘 고려해야 한다. 반죽을 할 때도 최대한 입자를 주물러서 차지고 단단하게 해야 한다.

• **배합** – 거친 입자의 떡밥과 고운 떡밥의 비율을 5:5~3:7정도로 한다. 즉 차지고 단단하게 하기 위해서 고운 떡밥가루를 많이 활용하는 것이다.

떡밥의 성분은 건탄낚시 때와 마찬가지로 잡어가 있는 곳에선 향이 적은 곡물류떡밥을 선택하고, 여름 이후 또는 수심 깊은 포인트에선 향이 고소하고도 강한 볶은 곡물가루나 어분류의 배합 비율을 높인다.

• **반죽** – 골고루 주물러 쫀득하게 만든다. 배합된 떡밥가루 위에 물을 약간

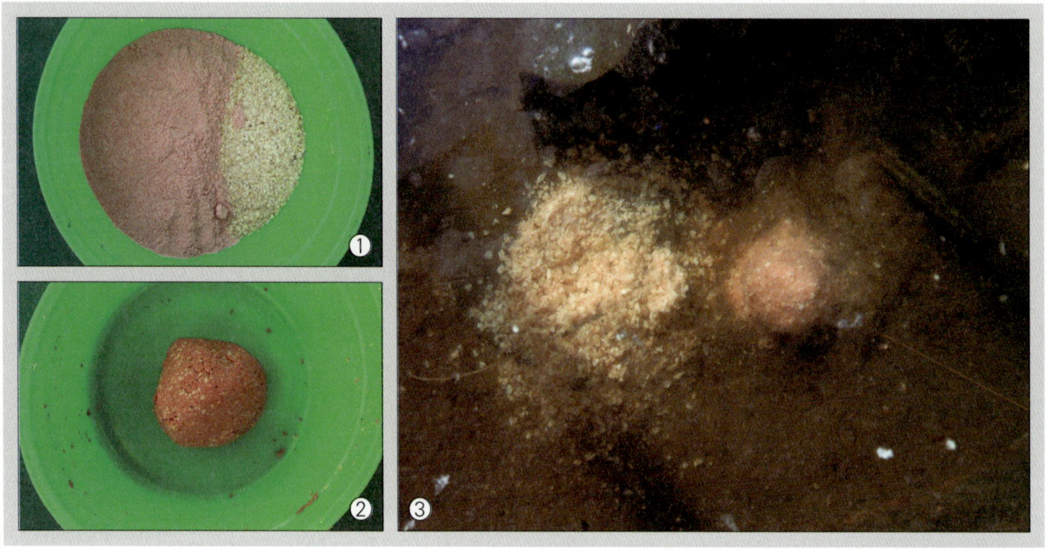

▲입자가 고운 떡밥에 입자가 거친 떡밥을 약간 섞은 상태의 고탄 배합(사진①)과 반죽 상태의 모습(②). ③번 사진은 건탄(왼쪽)과 고탄(오른쪽)이 수중에 투입된 지 30분이 지난 상태의 모습이다.

부어 스며들게 한 후에 손으로 주무르되, 차지고 단단한 감촉의 정도에 따라 물과 고운 떡밥가루를 조절하면서 반죽한다. 결국 고탄 떡밥은 단단한 고무찰흙 상태가 되면 적당한 것이다.

• **초기 집어용** – 집어용 떡밥은 위에서 설명한 반죽 상태처럼 해서는 안 된다. 초기 헛챔질로 집어를 할 용도의 떡밥은 꼭꼭 주무르지 말고 건탄 상태처럼 한두 번 바늘에 대고 눌러 달아 던지면 된다. 낚시를 시작하는 초기 5~10회 정도는 이런 상태의 집어용 떡밥을 달아 헛챔질을 해 주어야 한다.

• **실전 미끼용** – 집어 목적의 헛챔질이 끝나면 차지게 반죽한 떡밥을 밤톨만한 크기로 떼어 바늘에 대고 꼭꼭 눌러서 단다. 이런 상태로 투척을 하면 입수 도중 잡어가 몇 차례 건드려도 끄떡없이 거의 원형 상태 그대로 바닥에 도달한다. 착지한 이후로는 아주 천천히 물이 스며들면서 바늘을 가운데 감싸고 약간 부풀은 형상이 된다. 그리고 그런 상태는 1시간 이상 지속된다.

• **미끼 교환** – 고탄낚시에서 떡밥 교환은 최소 1시간 정도는 기다려야 하고, 길게는 3시간까지도 유효하다. 자주 낚싯대를 들어 올릴 필요가 없다. 건탄낚시 때보다 더욱 그렇다. 다만 미세하나마 찌가 움직이는 모습이 여러 차례 발생한 경우는 1시간 정도에 한 번은 갈아주는 게 좋다. 아무리 고탄 떡밥일지라도 바닥의 수서곤충이나 새우 · 참붕어 또는 붕어 치어 등이 떡밥을 흐트러뜨려버리기 때문이다.

■ 고탄 떡밥낚시 주안점

• **채비 투척** – 고탄낚시를 할 때도 정확한 채비 투척이 무엇보다 중요하다. 건탄낚시 경우와 마찬가지로 정확한 채비 투척을 위해서는 앞받침대의 방향을 정확히 꼽아야 하고, 그 받침대 방향을 기준으로 정확한 앞치기를 구사할 수 있어야 한다. 고탄 떡밥 또한 크게 달아 던짐으로써 투척 도중 옆 낚싯대나 받침대에 부딪칠 위험이 따른다. 역시 정확한 앞치기 자세가 요구되는 것이다.

• **입질 분석** – 떡밥이 덜 풀려 딱딱한 상태일 때는 톡톡 치는 찌놀음이 몇 차례 거듭된 이후 조금 솟는 듯하다가 그만 원상태로 돌아가는 경우가 많다. 이는 건탄낚시 때와 마찬가지다. 그러나 정상적인 활성도의 입질이라면 떡밥이 다소 딱딱하더라도 대물 붕어의 경우는 한입에 흡입을 하는데, 이때는 마치 옥수수나 메주콩낚시 경우처럼 예신과 본신의 동작이 차분하고도 중후하게 나타난다.

• **챔질 타이밍** – 역시 예신 때 준비하고 있다가 상승하는 찌 끝이 무거워지면서 멈추는 순간을 노려 챔질을 하면 정확하다. 일반 고형 미끼를 사용하는 대물낚시 경우와 크게 다르지 않다고 생각하면 된다.

건탄과 고탄의 수중 상태

17 전내림낚시

▲ 전내림낚시 포인트는 수중 장애물이 없는 곳이 선호되지만 굳이 수초를 피할 필요는 없다.

전내림낚시 찌맞춤 두 가지 사례

다소 생소할 수도 있는 '전내림낚시'에 관한 정의는 앞서 Part1에서 언급한 바 있다. 다시 한 번 간단히 요약하면 옥수수 내림낚시 또는 옥수수 슬로프낚시라 불리던 새로운 낚시 기법에 대한 용어 정립이 합리적이지 못할 뿐만 아니라, 옥수수는 물론 메주콩 · 지렁이 · 새우 · 참붕어 · 지렁이 등 온갖 미끼가 활용되는 기법이라는 점에서 필자 나름대로 '전내림낚시'란 용어를 제창하게 되었음을 첨언해 둔다.

전내림낚시를 위한 장비 및 채비 역시 Part1에서 이미 언급하였으므로 실전에 필요한 찌맞춤 요령부터 설명하기로 한다. 먼저 염두에 둘 것은 일반 찌를 사용하느냐 아니면 자체부력조절 찌를 사용하느냐이다.

■ 일반 찌를 사용할 때의 찌맞춤

A) 수조 찌맞춤

자체부력조절용 찌가 아닌 일반 찌를 사용할 때는 일단 채비를 만든 후 미리 수조에서 대략적인 찌맞춤을 한 후 낚시터 현장에서 정밀 찌맞춤을 하는 것이 통상적인 절차다.

집안의 수조에서 대략적인 찌맞춤을 할 때는 완전히 세팅된 채비를 수조에 넣고 찌톱이 수평 상태가 되도록 맞춘다. 이러한 찌맞춤을 현장에 가서 적용해 보면 무거운 상태가 되기 일쑤인데, 그럼에도 대략적인 수조 찌맞춤을 해두는 이유는 미리 편납을 적당량 감아 둠으로써 현장에서의 찌맞춤 시간과 노력을 줄이기 위함이다.

B) 현장 찌맞춤

낚시터 현장에 도착해 실전 찌맞춤을 할 때는 아래의 4단계 순서로 진행한다. 이때는 시간이 다소 걸리더라도 순서에 입각해 정밀하게 해야만 정상

전내림낚시 찌맞춤(1) - 일반 찌 사용시

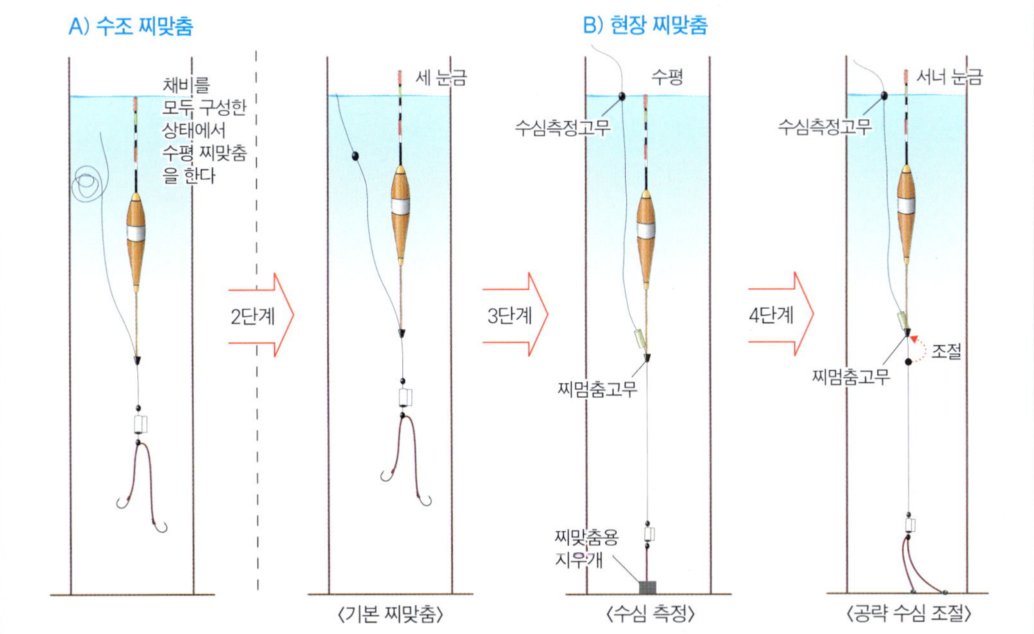

적인 채비 정렬을 도모할 수가 있다. 전내림낚시의 성패는 바로 이 현장 찌맞춤에서 결정된다고 해도 과언이 아니다. 수온이나 물의 농도, 수심 등 여건에 따라 미세한 부력 차이가 생기므로 낚싯대를 새로이 펼칠 때마다 다시 한 번 찌맞춤 상태를 확인해야 한다.

• **1단계, 편납홀더에 편납 감기** – 사전 수조에서 대략적인 찌맞춤을 한 경우는 편납홀더에 편납이 적당히 감겨 있는 상태일 것이다. 그러나 현장에서 바로 찌맞춤을 하는 경우라면 편납을 감되, 찌가 지닌 부력보다 약간 무거워 잠길 정도로 감는다.

• **2단계, 기본 찌맞춤**(수심과 무관한 찌 자체의 부력 맞춤) – 원줄에 부착된 찌멈춤고무를 내려 두 바늘이 모두 바닥으로부터 30cm 정도 뜬 상태가 되게 한 후, 편납을 조금씩 조절하여 찌 눈금 세 마디 부위가 수면과 나란히 되게 맞춘다. 이때는 수심과 관계없이 순수하게 찌 부력만 맞추는 것이다. 유독 세 마디 눈금에 맞추는 것은 낚시 도중 세 마디 눈금이 기준(약 7cm)이 되기 때문이며, 바늘을 바닥에서 30cm 정도 띄우는 것은 수심에 따른 저항 요소를 고려한 것이다.

• **3단계, 수심 측정**(당일 포인트의 수심을 측정하여 고정) – 당일 낚시할 포인트의 공략 수심을 측정하는 단계이다. 먼저 찌멈춤고무를 수심보다 위로 충분히 올린 후에 두 바늘을 합하여 찌 부력과 일치하는 수심 측정용 지우개에 달고 투척하여 찌톱이 수면과 일치하여 정지할 때까지 서서히 찌를 내려가면서 맞춘다. 반드시 위에서 아래로 내려가면서 맞춰야 한다.

찌톱이 수면과 일치하여 정지한 상태가 되었을 때 그 수심이 바로 당일 낚시할 포인트의 측정 수심이 된다. 따라서 이 상태에서 원줄의 수심측정고무를 찌톱 끝과 일치하게 고정시킨다.

• **4단계, 공략 수심 조절**(실제 낚시할 수심을 조절하여 결정) – 이 단계는 실제로 낚시를 할 수심을 결정하는 찌 높이 조절 단계이다.

이제 수심이 측정 되었으므로 당일 사용할 미끼를 달아서 3단계에서 고정시킨 수심측정고무는 그대로 두고 찌멈춤고무만을 조절하여 찌를 3~4눈금이 노출 되도록 세운다. 이렇게 해서 완성된 채비 정렬 상태는 아랫바늘이 바닥과 경사를 이루는 이른바 슬로프 상태가 되며, 윗바늘은 바닥으로부터 약간 떠 있거나 살짝 닿아 있는 상태가 된다.

■ 자체부력조절용 찌를 사용할 때의 찌맞춤

자체부력조절 장치가 있는 찌를 사용할 경우는 먼저 수조에서 조절 가능한 범위로 대략적인 찌맞춤을 한 후, 낚시터 현장에서 부력조절 장치만을 이용해 세밀한 찌맞춤을 한다.

• **1단계, 수심 측정** – 수조에서 대략적인 찌맞춤을 한 찌를 채비에 세팅한 후 부력조절 장치를 표준찌맞춤 상태로 조절하여 찌톱이 수면과 일치되게 하고 봉돌과 바늘은 떠 있는 상태가 되도록 맞춘다. 이후 부력조절 장치는 일체 건드리지 않고 찌톱 세 번째 눈금이 노출될 때까지 찌멈춤고무를 조금씩 위로 올려가면서 채비를 투척하는 동안 찌톱 세 번째 눈금이 수면에 노출되는 상태로 조절한다. 이렇게 되면 봉돌은 바닥에 닿고 목줄 또한 바닥에 깔려 있는 상태가 된다.

이것이 당일 낚시 할 포인트에서 봉돌이 바닥에 닿는 수심이다. 따라서 이 수심이 그 포인트의 실제 수심이므로 여기에 원줄 윗부분의 수심측정고무와 찌멈춤고무를 함께 위치시킴으로써 수심 측정은 끝난다.

전내림낚시 찌맞춤(2) – 자체부력조절 찌 사용 시

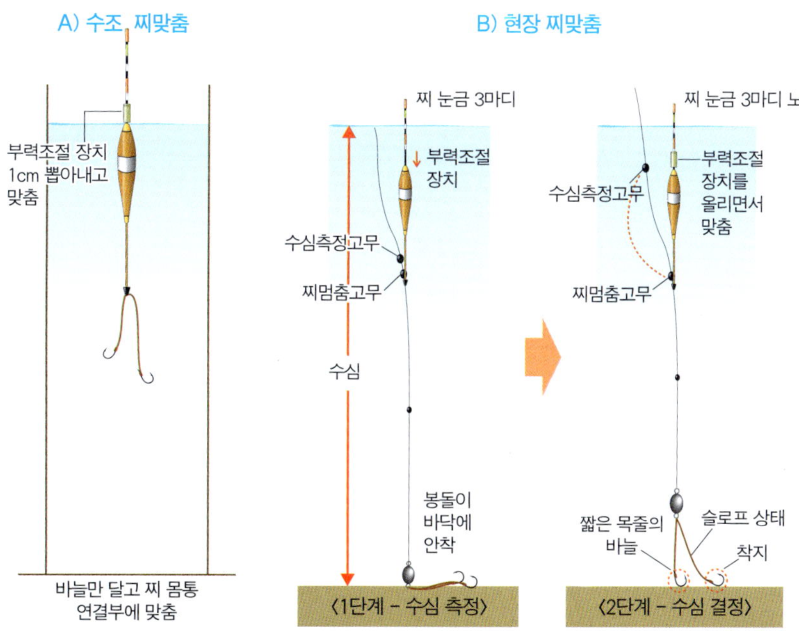

• **2 · 3단계, 수심 조절 및 고정** – 이제는 두 바늘에 당일 사용할 미끼를 달고 1단계의 수심측정고무 아래 있는 찌멈춤고무를 윗바늘의 목줄 길이만큼 내려서(만약 윗바늘의 목줄 길이가 30cm라면 그 길이에 맞춰 찌멈춤고무를 30cm 내린다) 투척을 한다. 이렇게 하면 1단계에서 세 번 째 눈금에 맞춘 찌가 다시 내려가서 찌 끝이 수면과 일치 되거나 약간 잠기게 된다. 따라서 이때부터는 수심에 맞춰 고정시킨 찌 높이는 일체 변동시키지 말고 찌 자체부력조절 장치만을 이용해 조금씩 찌가 떠오르도록 하는데, 다시 세 번째 눈금(약7cm)까지 찌가 떠올라 멈추도록 맞춘다.

이렇게 하면 바닥에 닿아 있던 봉돌이 찌의 자체부력조절 영향을 받아 다시 떠오르게 됨으로써 전체적인 채비 정렬이 안정을 이루게 된다. 즉 바닥에 닿은 바늘과 연결된 긴 목줄은 긴 슬로프 상태를 이루고, 짧은 목줄의 윗바늘은 바닥에서 약간 슬로프 상태이거나 살짝 닿는 상태가 되는 것이다.

▼ 옥수수 미끼를 사용한 내림낚시에서 옥수수 낱알을 찌 주변에 밑밥으로 뿌려주는 장면.

전내림낚시, 어떤 곳이 좋을까

■ 낚시터와 미끼 선정 기준

전내림낚시를 위한 낚시터는 광범위하다. 필자가 두 차례 전국일주 낚시 여행을 하면서 시도한 바에 의하면 옥수수나 떡밥 등의 곡물류 미끼는 물론 지렁이 · 새우 등 생미끼가 통하지 않는 지역이 없었다. 즉 전국 어디에서나 전내림낚시 기법을 구사할 수 있다는 사실을 확인한 것이다. 다만 전내림낚시의 특성상 그 재미를 배가하기 위해선 가급적이면 평균 수심이 1.5m 이상 되는 곳이 좋은데, 특히 2~3m 수심을 형성한 낚시터일수록 전내림낚시의 위력이 나타나고 그 멋과 맛도 뛰어난 편이다.

▼ 비가 내리는 날씨임에도 옥내림으로 풍성하게 올린 조과.

• **미끼에 따른 낚시터 선정** – 사용하고자 하는 미끼에 따라 낚시터 선정을 달리해야 할 경우가 많다. 즉 특정 미끼를 사용하고자 한다면 그 미끼가 잘 먹히는 낚시터를 찾는 것이 유리하다는 얘기다.

• **낚시터에 따른 미끼 선정** – 어느 특정한 낚시터를 불가피하게 가야만 한다면 위의 미끼에 따른 낚시터 선정에서 설명한 바와 같이 그 낚시터에서는 어떤 미끼가 잘 듣는가를 파악하여 그 낚시터 특성에 맞는 미끼를 준비해야 한다.

■ 포인트 선정 기준

전내림낚시를 구사하기 위한 포인트는 수초 등의 장애물에 대한 부담 없이 편안한 낚시를 즐길 수 있는 곳이 좋고, 찌맛과 손맛을 극대화할 수 있는 수심이 어느 정도 형성된 곳을 선정하는 것이 좋다.

• **수심** – 2m 전후한 수심대가 좋다. 수심이 1m 이내이면 낚시의 맛도 덜할 뿐더러 가는 원줄과 목줄이 자주 찌와 엉키게 되어 불편해진다. 이에 반해

수심 깊은 계곡형 저수지나 댐, 혹은 제방권에서의 2m 수심대는 대물 붕어들이 많이 활동하는 수심대이므로 포인트 선정 시에 유념해야 할 사항이다.

그러나 한여름 고수온 시기나 동절기 저수온 시기에는 3m 이상이 수심대가 유리하다. 고수온일 시기에는 깊고 시원한 곳을 공략하고, 저수온 시기에는 수온이 안정된 깊은 곳을 공략하는 것이다.

• **바닥 상태** – 바닥이 단단하고 깔끔한 상태인 포인트가 좋다. 만약 바닥에 침수수초가 있거나 침전물이 널려 있으면 바늘채비가 적절하게 자리를 잡는 데 지장을 초래하기 때문이다.

• **수초 여부** – 수초가 있는 곳에서는 넓은 수초 공간이나 수초 언저리 쪽에 찌를 세워 공략할 수 있는가를 미리 판단해야 한다. 연약한 전내림낚시 채비는 수초를 극복하면서 낚시를 구사하기가 어렵기 때문이다. 그러나 스스로의 테크닉으로 극복할 수만 있다면 수초를 가까이 하는 것은 유리하다.

입질 분석과 챔질 타이밍

■ 전내림 채비에 나타나는 입질 형태

전내림낚시를 할 때는 붕어가 처음 먹이를 취하는 순간부터 안전지대로 이동하면서 입안으로 먹이를 운반해 가는 과정 모두가 찌에 나타나 나름대로 그 변화를 읽을 수 있다.

• **예신**(豫信) – 전내림낚시의 예신은 아주 차분한 모습으로 찌 끝이 움직이는데, 비교적 활발한 경우에는 약간 밀어 올리다가 멈추는 모습으로 나타나고, 미약한 입질을 할 때는 찌 끝이 살짝살짝 미동하는 모습으로 나타난다. 이러한 예신은 한 차례로 끝나는 것이 아니고 2~3회 혹은 그보다 여러 차례 반복하기도 하며, 지속 시간도 단숨에 끝나는 경우보다는 상당한 시간을 두고 반복하는 경우가 많다. 따라서 이러한 예신이 들어오면 너무 긴장하지 말고 차분하게 다른 찌까지 시야에 두고 관찰을 한다.

• **본신**(本信) – 본신은 예신 이후 아주 차분하게 찌가 치솟아 오르다가 스르륵 끌려 들어가는 경우가 있는가 하면, 두세 마디 솟다가 잠시 멈춘 후 끌려 들어가는 경우, 그리고 그 자리에서 슬그머니 잠겨드는 경우도 있다. 이 같은 본신 과정은 일반 낚시 경우처럼 찌를 다 올린 상황에서 붕어가 미끼를

▼ 전내림낚시의 붕어 입질, 특히 옥수수 미끼를 사용할 때는 거의 찌를 올린다. 정점까지 치솟았다가 물속으로 빨려 들어갈 때가 챔질 타이밍이다.

뱉어내는 것이 아니고, 계속 먹이를 소화시키기 위해 입안 깊은 곳으로 넣으면서 안전지대나 편안한 곳으로 옮겨 가는 과정으로 이해해야 한다.

■ 전내림낚시 챔질 타이밍

따라서 전내림낚시의 챔질은 찌가 수면 아래로 잠겨들 때가 정확한 타이밍이다. 찌를 끝까지 높이 올린 경우에는 찌가 수면에서 사라지기 직전에 챔질을 하고, 찌를 중간만 올렸을 때는 찌가 수면에서 사라지는 순간을 챔질 타이밍으로 보면 된다. 이와는 달리 찌를 올리지 않고 바로 끌고 들어갈 때는 찌가 수면에서 사라져서 보이지 않을 때가 곧 챔질 타이밍이다.

목줄을 약간 짧게 해 찌맞춤을 달리한 경우는 찌가 솟는 정점이 챔질 타이밍이 될 수도 있는데, 이는 전내림낚시의 응용법이고 전내림낚시의 참맛이 아니므로 상세한 설명은 생략한다.

전내림낚시를 할 때는 강한 챔질은 피해야 한다. 원줄이 어느 정도 완충 역할을 해 준다고는 하나 목줄이 1호 정도라면 월척급 이상의 대물 붕어와 맞닥뜨렸을 때 자칫 무리가 될 수 있을 뿐만 아니라 수중의 대물 붕어를 크게 자극해 돌발적인 힘을 쓰게 만들 수 있는 것이다. 특히 전내림낚시에서는 대부분 바늘이 붕어의 목구멍 깊숙이 박히게 되는데, 손목 힘으로 살짝 낚아채는 동작만 가해도 바늘이 입안 깊은 곳에 박힌다. 따라서 챔질을 강하게 할 필요도 없거니와 바늘이 작다고 걱정할 필요도 없다.

전내림낚시 입질 분석 및 챔질

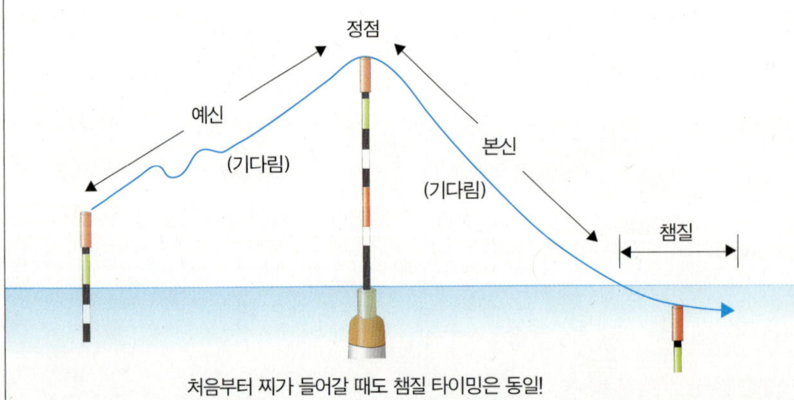

처음부터 찌가 들어갈 때도 챔질 타이밍은 동일!

미끼 종류에 따른 낚시 요령

전내림낚시 분야는 채비나 붕어의 씨알 선별, 낚시터 조건에 따라 구분되지 않고 오로지 사용하는 미끼에 따라 그 특징이 구분될 뿐이다. 즉 옥수수를 미끼로 하면 '옥내림', 새우를 미끼로 하면 '새내림', 지렁이를 미끼로 하면 '지내림', 메주콩을 미끼로 하면 '콩내림', 참붕어를 미끼로 하면 '참내림', 글루텐을 포함한 떡밥을 미끼로 하면 '떡내림'이라고 구분한다.

• **옥내림** – 전내림낚시 미끼로 사용하는 옥수수는 일반 대물낚시용 큰 옥수수 알갱이가 아니다. 일부 그러한 옥수수를 사용하여 씨알 선별력을 높일 수도 있겠으나 근본적으로 전내림 채비의 특성에 맞는 미끼는 옥수수의 아주 작은 알갱이가 적합하다. 다만 통조림 옥수수는 알갱이가 물러터진 것이 많으므로 가급적이면 형체를 유지하고 있는 알갱이를 골라 사용하는 것이 좋다.

옥수수를 바늘에 꿸 때는 그 방법이 특별히 따로 있는 건 아니다. 본인이 손쉬운 방법대로 빠지지 않게 꿰기만 하면 된다.

▼ 전내림 채비에 걸려든 붕어가 수면에서 용틀임을 하자, 나머지 바늘의 옥수수 미끼가 허공으로 튕겨 오르는 모습이 카메라에 포착되었다. .

• **새내림** – 전내림낚시에서 새우 미끼를 사용할 때는 가급적이면 작은 놈을 골라야 한다. 가장 가볍게 취할 수 있도록 붕어에게 배려해 주는 것이다. 그렇다면 씨알 선별은 포기하는 것인가? 그렇지 않다. 아주 잔챙이가 활발한 포인트라면 당연히 씨알 선별이 어렵겠으나 붕어 개체수가 많지 않은 곳에서는 작은 새우 미끼로도 월척급 이상의 입질을 받기 마련이다. 만약 잔챙이가 너무 설치는 곳이면 곧바로 중간 크기의 새우로 교체하여 기다리는 낚시를 하면 된다.

• **지내림** – 전내림낚시의 지렁이 미끼 역시 작은 놈을 골라 사용하거나 낚싯바늘 크기의 2배 정도로 토막을 내어 사용하면 입질을 정확하게 받을 수가 있다. 일반 대물낚시와는 다른 미끼 사용법으로 오해될 수도 있겠지만, 지렁이 끝을 물고 노략질하는 입질을 방지하고 확실한 입질을 유도할 수가 있기 때문이다.

지내림을 하는 도중 잔챙이나 잡어가 극성을 부릴 경우 곧바로 옥내림으로 전환하면 기대 이상의 효과를 거둘 수 있다. 만약 동절기여서 옥내림으로 전환이 어렵다면 통지렁이를 사용할 수도 있다.

• **콩내림** – 전내림낚시 미끼를 위한 메주콩은 가능한 한 작은 것을 골라 사용한다. 그리고 딱딱한 것보다는 무른 콩이 좋다. 대개의 경우 콩 미끼를 사용한 전력이 없는데도 옥내림이 되는 장소라면 아주 작은 콩 미끼에도 반응을 한다.

• **참내림** – 전내림낚시를 위한 참붕어 미끼 또한 2cm 전후의 작은 놈을 사용하는 것이 좋다. 그리고 채집망에 납자루가 주로 들어오는 곳이면 오히려 참붕어 대신 납자루 새끼를 골라 사용하는 것이 훨씬 효과적일 수도 있다. 참붕어 대신 납자루를 사용할 경우는 '납내림'이란 용어를 붙일 수 있을 것이다.

• **기타 미끼 사용** – 여기서 언급한 이외에도 붕어가 취할 만할 미끼라면 어느 것이든 다 활용을 할 수가 있다. 예를 들면 우렁이 속살 조각이나 삶은 통보리, 밥 알갱이 등이 그것이다. 또한 떡밥과 글루텐, 생미끼와 글루텐 등 다양한 짝밥낚시를 구사해 효과를 보기도 한다.

Photo fishing

조행(釣行)과 비행(飛行)

사진 · 허형

▲ 늦가을 아침의 창(窓)…. by 박상국

Part 5

전략

18 낚시터 유형별

▲ 대물낚시는 댐 · 저수지 · 소류지 · 강 · 수로 등 형태와 규모에 관계없이 다양한 특징을 보인다.

댐낚시터에서 즐기는 대물 사냥

▪ 댐낚시터의 특징과 낚시 패턴

댐낚시터에서 가장 두드러지게 나타나는 특징은 계절성이 강하다는 것이고, 다음은 떡밥낚시가 많이 이루어진다는 점이다.

• **강한 계절성** – 댐에서의 대물낚시는 늦은 봄부터 가을까지가 시즌이다. 겨울로 접어들면 대부분 낚시가 이루어지지 않는다.

댐에 서식하는 붕어들은 겨울이 되어 수온이 하강하면 일제히 수심 깊은 곳으로 이동해 버리고 연안 활동을 거의 하지 않는다. 그러나 초봄까지 깊은 곳에 움츠리던 댐의 붕어들도 봄이 무르익어 개나리꽃이 만개할 즈음이면 서서히 연안과 상류로 흩어져 종족번식을 위한 산란 준비를 한다. 같은 지역의 일반 수계에 서식하는 붕어들보다 거의 한 달가량 늦게 산란을 하는데, 바로 이 시기부터 댐낚시가 기지개를 켠다.

댐낚시의 최고 호기는 여름 장마기로 들면서 급속히 물이 불어날 때다. 특히 봄철 이후 지속된 배수로 인해 바닥을 드러낸 연안 또는 상류 지역에 육초가 무성하게 자랐을 무렵, 때맞춰 내린 장맛비로 물이 차오른다면 거의 모든 대물 붕어들이 이곳으로 모여 들어 일대 호조황을 안긴다. 이른바 '오름수위 찬스'를 맞는 것이다.

여름을 지나 가을로 접어들면서 가뭄 등으로 인해 수위가 절반 이하로 떨어질 때도 한 차례 찬스를 안긴다. 특히 수위가 낮아져 급경사가 드러나고 그 앞의 반반한 본바닥에 적당한 수심이 유지될 때면 대물의 입질을 받을 가능성이 매우 높아진다.

• **떡밥낚시 성행** – 댐에서의 대물낚시는 떡밥이 가장 우선이다. 이것은 우리나라 댐낚시의 역사가 입증한다. 충주호의 떡밥 대물낚시가 가장 유명했었고, 소양호와 파로호도 대표적인 사례다. 이때는 주로 건탄 떡밥을 이용한 낚시였다.

특이한 점은 충주호의 떡밥 대물낚시가 주로 깊은 수심대에서 이루어진 것과는 달리 소양호나 파로호에서는 완만한 수심대에서 이루어졌다는 것이다. 이때 얕은 수심대에서 살치 · 피라미 등의 잡어가 미끼 훼손하는 것을 방지하기 위해 고탄 형식의 떡밥을 사용하기 시작했다.

한편 댐낚시터에서 떡밥 이외의 대물 미끼로 특별히 사용되는 것이 있다. 다름 아닌 산지렁이와 청지렁이다. 한여름 고수온이 지속될 때 깊은 수심에 산지렁이 미끼를 드리우고 기다리는 대물낚시를 하다보면 기대 이상의 큰 입질을 받을 수도 있다. 그러나 수온이 하강한 늦가을 이후가 되면 떡밥이나 산지렁이보다는 적당한 크기의 줄지렁이(낚시점에서 미끼로 판매하는 일반 지렁이)를 여러 마리 꿰기로 공략하는 것이 유리하다.

◀ 강수량으로 수위가 상승할 때는 댐 상류 쪽 물골 주변이 찬스를 맞는다.

■ 포인트 선정 시 고려해야 할 사항

• 수위 변화 – 댐낚시터에서 포인트를 선정할 때는 여러 가지 일반적인 사항을 고려하면도 특히 수위 변화 추세를 중요시해야 한다. 만약 갈수 상황에서 물이 불어 오르고 있는 추세라면 물이 불어나고 있는 상류 쪽의 물골 주변을 가장 주목해야 한다. 여름철 '오름수위 특수'를 기대할 수 있는 포인트가 바로 이런 곳이다.

반대로 물이 줄어들고 있는 추세라면 중류 지대의 직벽 포인트를 선정하는 것이 좋다. 이렇게 물이 줄어들어 붕어들이 잔뜩 불안해 있을 때 그나마 대물 붕어가 접근하여 연안 취이 활동을 할 곳이라곤 직벽 지대뿐이기 때문이다.

• 기타 요소 – 댐낚시터에서 포인트를 선정하는 기준은 일반적인 대물낚시 경우와 크게 다를 바 없다. 그러나 댐의 경우는 수중장애물 지대와 수몰나무 지대 그리고 육초 지대 등이 확연히 구분되는 별도의 구역이 있으므로 이러한 곳이 곧 주목해야 할 대상이다.

■ 댐낚시 장비 및 채비 운용

• 장비 – 낚싯대는 여건에 따라서 극과 극으로 운용해야 하므로 다양한 준비가 필요하다. 연안의 수몰 나무나 육초가 잠겨들어 공략 지점을 형성하는 오름수위 때는 3.0칸 이내의 비교적 짧은 대가 좋고, 평상수위를 유지하거

나 갈수상태 혹은 배수가 진행 중이라면 4.0칸 이상의 긴 대가 필요하다. 특히 완만한 바닥 지형에서 낚시를 할 때는 긴 대를 이용해 먼 거리에 찌를 세우는 것이 유리하다.

• **채비** – 일반적인 대물낚시 채비에 준하면 된다. 다만 수심이 깊은 곳을 공략할 때는 고부력의 긴 찌를 선택한다. 최소한 6g 이상 부력, 길이 60cm 이상 되는 찌를 말한다. 1980년대 충주호 붕어낚시에서는 1m 이상의 장찌를 채비하여 그 찌가 다 솟아오르는 모습을 즐기는 낚시가 유행했었다.

■ 댐낚시 유의 사항

댐에서 낚시를 하다보면 수위 변화가 심할 경우 하룻밤 사이에 물이 불거나 줄어들어 주변을 몰라 볼 정도가 된다. 따라서 처음 낚시 준비를 할 때부터 수위 상승에 대비해 높은 위치에 자리를 잡거나, 수위 하강에 대비해 적절한 수중 경사도를 따져보아야 한다.

또한 댐의 물은 대류 현상이 아주 심하게 일어나는 경우가 많다. 그러나 그 흐름의 시간이 그다지 길지 않으므로 약해지기를 기다렸다가 낚시를 계속하면 된다. 특히 넓은 수면을 바라보며 낚시를 할 때는 너울파도가 밀려오는 것에도 유의해야 한다. 큰 댐의 너울파도는 바람 없이도 눈에 보이지 않게 갑자기 밀려와 낚싯대를 덮치는 경우가 있다. 필자도 떡밥이 그릇째 떠내려 가버려서 난감했던 경험이 여러 차례다.

▼ 댐낚시를 할 때는 바람이나 지나가는 보트가 일으키는 너울파도에 낚시도구가 휩쓸리지 않게 유의해야 한다.

강 낚시터에서 즐기는 대물 사냥

■ 강 낚시터의 특징과 낚시 패턴

강에서의 대물낚시도 댐에서와 마찬가지로 계절적인 영향을 많이 받고 미끼 사용에 있어서도 차별화 되는 특징이 있다.

• 여름 시즌이 최적 – 강낚시는 봄에 시작해서 늦가을에 마감한다. 흐르는 강물은 수온이 안정적으로 유지되지를 못하기 때문에 붕어가 비교적 늦게 올라붙고, 같은 지역의 저수지에 비해서 산란도 늦다. 이 중에서도 강낚시의 매력은 한여름철 고수온으로 마땅한 출조지를 정하기 어려울 때 피서를 겸한 좋은 출조 장소가 되며, 물흐름 속에 살아가는 강붕어의 강렬한 힘은 그 어느 낚시터에서 느낄 수 없는 최강의 손맛을 보여준다.

한편 큰 강에서 가지처럼 뻗어난 지류권 중에서도 물흐름이 안정되고 일조량이 많은 샛강은 본강에 비해 붕어의 산란이 빠른 편이다. 따라서 이런 곳에선 초봄부터 초겨울까지 낚시가 이루어지기도 한다.

▼ 무더운 여름 한철엔 시원한 강 낚시터가 그리워진다. 저수지들이 고수온에 허덕일 때는 강낚시가 특히 제격이다.

• **떡밥 · 지렁이 · 납자루 유리** – 강 대물낚시에서 가장 많이 사용하는 미끼는 떡밥이다. 이 떡밥은 댐에서와는 달리 주로 고탄 떡밥을 사용한다. 물흐름이 있는 곳인 데다가 피라미 · 모래무지 등의 잡어가 잘 덤벼들어 떡밥을 훼손해 흘려보내 버리기 때문이다.

강낚시 미끼는 한여름에는 주로 떡밥과 현장에 서식하는 납자루(각시붕어)를 직접 채집해 사용하고, 나머지 계절에는 떡밥과 지렁이를 '짝밥'으로 운용하는 것이 좋다. 만약 저수온기에 강낚시를 할 경우는 청지렁이를 사용하거나 줄지렁이를 여러 마리 꿰기로 사용하는 것이 유리하다

■ 포인트 선정 시 고려할 사항

강낚시 포인트는 물흐름이 없는 곳이 최우선이다. 물흐름이 약간 있더라도 찌를 세워 안정된 낚시가 가능할 정도로 물흐름의 중심에서 벗어난 곳을 선택해야 한다. 그런데 물흐름이 없는 곳을 선택한다고 해서 완전 만곡된 홈통을 찾아선 안 된다. 자칫 바닥에 침전물이 두텁게 쌓여 있을 경우가 있으므로 그 점을 미리 확인해야 한다.

강붕어들은 물흐름이 상한 곳보다는 약한 곳을 타고 활동하기를 좋아하며, 바닥이 감탕인 곳보다는 모래자갈로 되어 미네랄이 풍부한 곳을 선호한다. 그리고 이런 곳에 수중 장애물이나 연안 수초대가 마련되면 강붕어들의 특급 휴식처가 되는 것이다. 이 밖에도 강붕어를 만나기 좋은 곳으로는 강 가운데 쪽으로 돌출된 곶부리를 들 수 있고, 만곡진 지형의 직벽도 포인트가 된다. 끝으로 한 가지. 물이 불어나거나 흐름이 강할 곳일수록 연안 수초지대를 주목해야 한다.

■ 강낚시 장비 및 채비 운용

• **장비** – 낚싯대를 운용함에 있어서 강물이 불어 있으면 짧은 대, 강물이 줄어 있으면 긴 대를 선택한다. 연안 수심이 깊은 곳은 짧은 대, 연안 수심이 완만하여 멀리까지 비슷한 수심일 때는 긴 대를 선택한다. 특히 물이 흘러오는 상류 쪽에 짧은 대를

배치해야 채비의 엉킴을 예방할 수가 있다.

• **채비** – 강낚시 채비는 여느 곳과는 달리 몇 가지 유념해야 할 것이 있다. 우선 원줄이 물의 흐름에 잘 버텨야 하므로 비중이 큰 카본사가 유리하고, 찌 또한 물의 흐름에 지탱력이 있는 오뚝이형이 유리하다. 아울러 찌맞춤은 표준 이상으로 '무거운 찌맞춤'을 해야 한다. 바늘은 쌍바늘 채비를 기본으로 하고, 수초나 장애물 지대를 공략할 경우에는 외바늘 채비로 전환한다.

▪ 강낚시 유의 사항

강물은 우리가 생각하는 것보다 훨씬 빨리 불어나서 위험에 처할 수도 있다. 필자의 경험에 의하면 우리가 낚시를 하고 앉은 지역에는 비 한 방울 내리지 않고 햇볕이 쨍쨍한데도 수량이 급속히 불어나 자리를 옮기지 않을 수 없는 상황을 맞곤 했다. 상류 지역 먼 곳에서 큰 소나기가 내리거나 댐에서 물을 방류할 때 흔히 이런 상황이 벌어지는 것이다.

강물은 낮 시간에는 찌가 눕거나 잠길 정도로 흐르다가도 밤이 되면 덜 흐르는 경향이 있다. 그러니 마땅히 물흐름을 피해 낚시할 만한 곳이 마땅찮은데다가 그곳이 포인트로서 괜찮은 여건이라면 애써 피하지 말고 밤낚시에 기대를 걸어보는 것도 좋다. 밤에도 계속 물흐름이 강해 찌가 제대로 서 있지 않는다면 과감히 끝보기 낚시로 전환해 보는 것이다.

◀ 딱딱한 비늘을 철갑처럼 두른 강붕어들. 이른바 '돌붕어'들이다.

수로에서 즐기는 대물 사냥

수로에서의 대물낚시는 강 대물낚시와 유사하다. 다만 물흐름이 강보다 약하고, 바닥이 강보다 깔끔하지 못하다는 점이 다르다.

수로는 그 형태에 있어 큰 수로를 중심으로 작은 지류가 형성된 곳이 있고, 규모가 작은 독립 수로도 있다. 규모가 큰 수로의 경우는 본수로 쪽보다는 대개 지류권 수로에서 낚시가 이루어진다. 특히 규모가 큰 수로는 그 끝이 바다와 연결되는 곳들이 많은데, 이런 곳은 조수 간만의 영향을 받을 뿐만 아니라 빈번한 배수의 영향으로 수위 변화가 많이 일어난다.

■ 포인트 선정 시 고려해야 할 사항

▼ 갈대를 베어낸 늦가을 수로 풍경. 수로 낚시터는 가을부터 한겨울 동안 위력을 발휘한다.

• 본류권 포인트 – 수초가 발달하지 않고 물흐름을 타는 규모가 큰 수로는 강낚시 포인트와 유사한 개념이다. 다만 규모가 큰 수로일지라도 연안 둑을 바닥에서부터 견치석으로 쌓아올린 곳이 있는데, 이런 곳은 수심만 유지된

다면 좋은 포인트가 된다.

또한 큰 수로의 본류라고 하더라도 연안 수심이 깊지 않고 수초가 고루 발달한 곳이라면 좋은 포인트 역할을 한다. 그리고 만약에 보가 설치된 수로라면 그 보의 중간 이상 상류 쪽이 주요 대물 포인트가 된다.

• **지류권 포인트** – 지류에서의 주요 포인트는 합수머리 지점이다. 그 규모가 작은 지류일수록 합수머리 지점이 1급 포인트가 된다. 그렇다면 가장 위력적인 포인트는 어디일까? 지류권 수로에서 포인트를 선정할 때는 좀 심하다 싶을 정도로 상류 쪽을 택하는 것이 좋다. 신기하게도 대물 붕어들은 지류 최상류권의 수심 얕은 수초밭까지 타고 올라서 생활하기를 좋아하기 때문이다. 그러나 내륙에 위치한 수로 가운데 산골짜기에서 내려오는 찬물이 유입되거나 기온이 낮은 계절에 냉수 현상을 보일 때는 상류를 피해 합수머리 가까운 곳을 찾아야 한다.

▪ 수로낚시 장비 · 채비 및 미끼 운용

• **장비** – 특별히 따로 준비할 것이 없다. 그러나 한 가지 잊지 말아야 할 것이 있다. 지류권 좁은 수로 포인트에서는 맞은편의 수초대에 찌를 붙여서

▼ 수로 낚시터의 포인트는 본류 쪽보다는 지류가 만나는 합수머리 부근이 각광 받는다.

세워야 할 경우가 많으므로 5.0칸 이상의 아주 긴 대에 '직공 채비'를 잊지 말고 준비해 두어야 한다.

또 한 가지. 두터운 바지장화를 준비하는 것이 좋다. 수로에서는 연안에서 수심 얕은 물골을 건너가 포인트를 잡거나 얕은 물 위에 의자를 설치할 경우가 더러 생기기 때문이다. 특히 동절기에는 그런 경우가 더 많다.

• **채비** – 수로낚시 채비 역시 여느 장소와 다를 바가 없다. 그러나 겨울철 수로에서 제대로 낚시를 하려면 '수초직공 채비'를 꼭 마련해 가는 것이 좋다. 찌는 6g 이상의 고부력에 30cm 이내의 짧은 찌로서 톱 굵기가 1mm 이상 되는 솔리드 소재일수록 좋다. 수심 얕은 곳의 수초대를 공략하면서도 손상을 입지 않아야 하기 때문이다.

• **미끼** – 수로 대물낚시 미끼는 지렁이와 참붕어 · 납자루이다. 강 낚시터 여건과 유사한 수로의 본류에서는 떡밥 미끼도 무난하지만 대부분 수로에서는 지렁이가 가장 우선이다. 특히 동절기 수로낚시는 지렁이가 유일한 미끼라고 해도 과언이 아니다. 그러나 참붕어나 납자루가 번성한 수로라면 이것들을 미끼로 하는 것이 대물 붕어를 골라서 낚는 데 유리하다.

▼ 폭이 좁은 최상류 쪽 수로도 무시해선 안 된다. 직공채비로 워킹 낚시를 구사하면 의외의 소득을 거둘 수 있다.

■ 수로낚시 유의 사항

▲ 해안가 수로 진입로는 미끄러운 곳이 많아 비가 오지 않을 때도 차량 운행에 조심해야 한다.

수로는 내륙에 소재한 일부를 제외하고는 대부분 4계절 대물낚시가 가능한 장소다. 특히 큰 수로의 지류는 물이 마르지 않는 한 항상 유망 낚시터가 된다. 그러나 작은 독립수로 중에는 계절을 타는 곳들이 있다. 특히 산자락의 밭을 끼고 있는 수로는 벌판 끝이나 바닷가 수로에 비해 겨울낚시가 잘 안 된다.

해안가 또는 도서 지역 수로 중에는 간혹 물이 말라 낚시를 못하고 해를 넘기는 경우가 있다. 이러한 곳은 이듬해에도 기피하는 낚시터가 되기 일쑨데, 그러나 이런 수로도 물이 차서 한 해 농사철을 보내고 나면 거짓말 같이 겨울철 대물낚시가 잘 되는 경우가 있다. 그래서 전년도에 물이 말랐다는 얘기가 들리더라도 개의치 말고 여건만 좋아 보이면 낚싯대를 펼쳐 볼 필요가 있다.

수로는 대부분 진입 여건이 좋지 못한 편이다. 특히 해안가의 뻘바닥 수로는 진입로 또한 뻘바닥이어서 진입할 때는 문제가 없었을지라도 비나 눈이 내리게 되면 꼼짝달싹을 못하는 상황에 처할 수도 있다. 그러니 날씨가 불안한 날은 입구에 차를 두고 도보 진입을 해야 하며, 만약 차를 가지고 진입했다면 비나 눈이 내리기 시작하는 즉시 안전지대로 차부터 빼 놓아야 한다.

둠벙에서 즐기는 대물 사냥

■ 둠벙에서도 '용'이 나온다

둠벙의 정확한 뜻은 제방을 쌓아 물을 가두는 저수지와 달리, 전답 주변의 땅을 파거나 자연적으로 오목한 지형에 물을 가두어 놓은 곳을 말한다. 이런 소규모 수리시설은 대개 물길이 막혀 있어 붕어 자원이 특별히 유입되지도 않고 물이 마르지 않는 한 크게 유출되지도 않는다. 따라서 4계절 그 안에 있는 붕어 자원이 전부이고, 그 안에서 산란하고 자라서 개체 보존을 한다.

이 같은 둠벙 붕어들은 또 순진하고도 용감한 입질을 한다. 지렁이 한 마리를 가지고 노는 일 없이 왈칵 덤빈다. 그래서 예신과 본신이 정확한데, 둑밑 경사진 곳에서는 예신 후에 찌를 바로 끌고 들어가는 입질을 보인다. 입질 시간대는 둠벙의 특징에 따라 아침 또는 낮 시간대로 구분되지만 대부분은 이른 아침 시간대이다. 특히 밤에 소란을 피워 붕어에게 자극을 주게 되면 밤새 움직임 없이 지나기도 하므로 주의해야 한다. 또한 둠벙 붕어는

▼ 손 타지 않은 작은 둠벙일수록 비밀스럽고 입질하는 붕어 또한 용맹스럽다.

중심부보다는 가장자리 쪽에서 주로 먹이 활동을 한다.

호남 지방 해안가나 도서 지역 둠벙에서는 100평(약 18.2m×18.2m) 규모만 되어도 월척은 물론 4짜급 대물을 만날 가능성도 있다. '개천에서 용 나온다'는 말이 있듯, 둠벙은 규모가 작은 공간일지라도 알찬 대물 사냥터가 될 수 있다.

▪ 둠벙에도 포인트가 있다

목욕탕만한 둠벙에 무슨 포인트가 따로 있겠느냐고 반문할 수도 있다. 그러나 둠벙에도 포인트가 있기 마련이다. 우선 빙 둘러 둠벙의 연안 가장자리는 모두 포인트 역할을 한다. 그리고 둠벙 가운데에 둔덕이 있어서 수초가 자라고 있다면 그곳도 유망 포인트이다. 또한 둠벙 가운데까지 침수수초가 자라고 있다면 당연히 찌를 세워 보아야 한다.

특별한 포인트가 또 있다. 그 둠벙에 평소 물이 흘러드는 작은 물골이 있거나 비가 올 때 물이 흘러드는 골자리가 있다면 그곳이 가장 유망한 포인트이다. 그리고 둠벙에서 낚시를 할 때는 가급적이면 맞은편 둑 밑에 찌를 바짝 붙이는 것이 좋다. 만약 거리가 멀어 반대편에 찌를 못 세운다면 양옆으로 벌려서 좌우측 가장자리를 노리는 방법도 필요하다.

▶ 규모가 작은 둠벙에서도 뜻밖의 씨알을 만날 수 있다.

■ 번갈아 여러 둠벙을 파자!

• **미끼** – 둠벙에서 사용하는 미끼는 일반 붕어낚시 미끼와 별 다를 바 없지만 그 중에서도 특히 하절기에는 참붕어, 동절기에는 지렁이가 우선이다. 하절기에 지렁이 미끼를 사용하면 잔챙이가 워낙 덤비므로 참붕어 미끼로 씨알을 선별하는 것이 좋다. 물론 떡밥낚시도 되고 새우낚시도 된다. 그리고 메주콩이나 옥수수 미끼를 구사해도 된다.

• **이동** – 둠벙낚시는 한 둠벙만 고집하는 것보다는 여러 곳을 섭렵하는 것이 좋다. 밤 시간에는 정숙을 유지하면서 한 둠벙만 파고, 오전 시간에는 직공 채비 낚싯대 한 대만 들고 인접한 둠벙을 순회하면서 아침 운동 하듯 벌판을 한 바퀴 도는 재미가 꽤 쏠쏠하다. 물론 이때는 동행한 조우들끼리 서로 둠벙을 바꿔가며 공략하는 것이 좋다. 신기하게도 앞 사람이 찌를 세웠다가 지나간 바로 그 자리에서 뒷사람이 월척을 올리기도 한다. 설사 허탕을 치더라도 벌판을 한 바퀴 돌다 보면 상쾌한 아침 운동이 된다.

▼ 크고 작은 둠벙이 산재한 곳이라면 한 둠벙만 파지 말고 직공 채비를 하여 이곳저곳 섭렵해 보는 것이 좋다.

저수지에서 즐기는 대물 사냥

저수지 대물낚시는 너무 많이 알려졌고 알고 있는 내용이기 때문에 다른 장소와 특별히 다른 점만 언급하기로 한다.

■ 저수지 형태별 포인트 분석

• **대형 계곡지** – 대규모 계곡형 저수지는 상류 또는 골자리의 수초지대가 유망 포인트이다. 아무리 저수지의 규모가 클지라도 대물 붕어들은 가장 안정적으로 생활할 수 있고, 먹이사슬이 잘 형성된 상류나 골자리의 수초지대에 영역을 구축하기 때문이다. 그곳에서 붙박이 생활을 하지 않더라도 먹이 사냥을 위해 접근을 하므로 대물을 만날 확률이 높은 것이다.

• **소형 계곡지** – 소형 계곡지에선 연안의 무더기 수초나 제방 모서리의 수초지대가 포인트이다. 그 중에서도 작은 물골이 있는 근처의 수초 무더기는 최고의 포인트가 된다. 급경사를 이루어 발 앞의 수심이 급격히 깊어지는 곳보다는 완만하게 뻗어나간 지형에 형성된 수초일수록 더욱 탐나는 포인트가 된다.

▼산간에 위치한 저수지는 경사가 완만한 상류 쪽 수초대나 물이 흘러드는 유입부 근처가 포인트이다.

• **대형 평지지** – 평지에 조성된 대형 저수지의 경우는 콧부리와 골자리가 다 포인트 역할을 하며 제방도 주요 포인트가 된다. 이 같은 장소에 분포된 수초대도 고려해야 한다. 정수수초와 부엽수초 혹은 뗏장수초나 침수수초가 서로 어우러져 있으면서 작은 물골이 연결되거나 그 중심부로부터 붕어가 연안으로 접근할 수 있는 통로가 형성돼 있다면 그야말로 금상첨화다.

대개의 경우 대형 평지지는 각지형으로 2면 이상이 제방 석축으로 조성되어 있는데, 이 곳 석축의 수중 끝자락에 수초가 연결되어 있다면 분명 대물이 은거할 가능성이 많다.

• **소형 평지지** – 평지에 조성된 소규모 저수지일수록 수초가 잘 발달되어 있다. 따라서 처음 도착해 보면 모두가 그럴듯해 보이는 포인트다.

우선은 저수지 어느 한 쪽에 부들이나 갈대, 연 등의 정수수초가 선별적으로 발달해 있다면 그곳이 대물 붕어의 근거지가 된다. 특히 그곳이 상류지역으로, 다른 수초들과 연관되어 있다면 더욱 좋은 조건이다.

▼ 규모가 작은 계곡지 후미진 곳에는 수초가 발달하기 마련이다. 이런 곳이 포인트가 된다.

다음으로는 바닥에 뿌리를 박고 자라 오른 수초가 있는 곳이다. 수초가 수면을 덮고 있더라도 그 줄기가 바닥에 닿아 뿌리를 내리고 있지 않으면 대물 붕어가 머무르지 않는다. 이 밖에 대물 붕어가 접근하여 먹이 활동을 하는 곳은 수몰 나무 그루터기 등의 수중 장애물이 듬성듬성 있거나 떠 있는 수초가 밀려 있는 곳이다. 또 소형 평지지의 경우는 수심이 깊지 않으므로 제방 부근에도 수초가 형성됨으로써 좋은 포인트 구실을 한다.

• **준계곡지** – 준계곡지는 대개의 경우 상류 지역은 평지형 저수지와 유사한 형태를 띤다. 바닥 경사도와 수심, 수초 분포 등이 그렇다.

이러한 준계곡형 저수지에서의 대물낚시 포인트는 주로 상류에 집중된다. 그 상류 중에서도 물이 유입되는 골자리 부근이 가장 유망한 포인트다. 그러나 골자리라 하더라도 암반계곡에서 흘러드는 물은 그 일대의 수온을 떨어뜨리고 플랑크톤 생성을 방해하므로 대물 붕어가 머무르지 않는다. 따라서 그런 곳에서는 물흐름이 직접 영향을 미치지 않는 지점으로 비켜 앉는 게 좋다. 그러나 준계곡형 저수지의 포인트도 찬바람이 불면서 상류의 물이 맑아지기 시작하면 점점 중류 쪽으로 이동된다. 동절기에 대비한 붕어들이 안정적인 수심대로 이동하는 때문이다.

▼ 평지에 조성된 대형 저수지 역시 수초 종류가 다양하게 군락을 이루는 곳이 포인트 역할을 한다.

■ 명약도 듣는 때가 있고 안 듣는 때가 있다

저수지 대물낚시에서는 모든 미끼가 다 통한다. 그러나 저수지 붕어의 서식여건에 따라 잘 듣는 미끼가 있고 전혀 안 듣는 미끼가 있다. 명약도 사람의 체질에 따라 다르듯 붕어의 미끼도 그러한 것이다.

• **잘 듣는 미끼** – 그 저수지에서 잘 채집되는 수중생물은 다 잘 듣는 미끼가 될 수 있다. 즉 새우채집망에 새우가 많이 들면 새우가, 참붕어가 많이 들면 참붕어가, 납자루가 많이 들면 납자루가 주요 미끼가 된다. 그런데 낚시를 하다 보면 어떤 날은 새우가 잘 채집되지 않는데도 이상하게 새우 미끼에만 입질이 와서 준비한 미끼가 모자라 애를 태울 때가 있다.

이는 역설적인 현상이다. 분명 그 낚시터는 새우가 많은 곳으로 평상시엔 채집이 잘 되는데도 당일의 여건 변화에 따라 채집이 안 되었을 뿐, 대물 붕어는 습관적으로 새우 사냥을 나와 드물게 눈에 띄는 미끼 새우를 더욱 탐하게 되는 것이다.

▼ 새우가 많이 번식하는 저수지일수록 새우 미끼가 잘 듣지만 역설적으로 새우가 거의 채집되지 않는 곳에서 오히려 새우 미끼가 위력을 발휘하는 경우도 있다.

• **학습된 미끼** – 어느 특정 저수지에 특정 미끼를 사용한 낚시가 지속되면 그곳의 붕어들은 그 미끼에 익숙해지는, 이른바 학습 반응을 일으키게 된다. 예를 들어 옥수수나 메주콩을 계속 사용한 낚시터 등에서 그 미끼를 사용해 보면 이전과는 달리 빠른 반응을 보이는 것이다. 그런데 이러한 예는 역효과를 나타내기도 한다. 블루길이 극성을 부리는 저수지에서 블루길을 피하려 생미끼 대신 옥수수나 떡밥 위주로 대물낚시를 오래 하다 보면 블루길도 여기에 학습이 된 나머지 나중에는 옥수수나 글루텐이 들어가기가 무섭게 놈들이 덤벼 먼저 먹어치워 버리는 경우가 그것이다.

그러나 이렇게 학습된 먹이는 그 낚시터에서 특별 미끼가 된다. 그러므로 출조지를 정하고 떠날 때에는 혹시 그 낚시터에 학습된 미끼가 있는지를 확인할 필요가 있다.

• **공통적인 미끼** – 저수지낚시에서 가장 공통적인 미끼는 여느 낚시터와 마찬가지로 지렁이이고, 다음이 떡밥이다. 특히 지렁이는 낚시터 형태나 계절을 불문한 만능 미끼가 된다. 그러므로 확실한 정보를 가졌거나 경험이 있는 낚시터가 아니라면 지렁이 미끼는 기본으로 지참해야 한다. 종종 '대물 낚시꾼이 무슨 지렁이? 나는 새우만 쓴다!' 하는 사람을 볼 경우가 있는데, 그것은 혼자의 자만심이고 대물 붕어는 그 자만심을 비웃을 수도 있다.

• **잘 안 듣는 미끼** – 특정 장소에서는 특정 미끼가 지독하게 안 듣는 사례가 있다. 예를 들면 서로 인접한 저수지인데도 한 쪽에서는 메주콩낚시가 잘 되는데 옆 저수지에서는 까딱도 않는 경우가 있다. 또 어느 한 쪽에서는 참붕어낚시가 잘 되는데 인접한 다른 저수지에서는 새우에만 입질을 하는 사례가 그것이다.

그런데 낚시 현장에서 이러한 것을 감지하기가 쉽지 않다. 대물낚시는 하루 종일 입질 한 번 없이 끝나는 경우가 허다하기 때문에 그냥 오늘도 그랬으려니 하고 마는 것이다. 그래서 사전 정보가 필요하고, 만약 정보가 없이 출조를 한다면 두세 가지의 다양한 미끼를 준비해 반응을 살펴볼 필요가 있다.

Photo fishing

아름다운 방생

19 계절별 낚시

▲봄 · 여름 · 가을 · 겨울… 자연의 사계(四季)는 낚시인들이 가장 먼저 피부로 느낀다.

해빙기 대물낚시 전략

■ 해빙기 냉수 현상은 플랑크톤의 소멸을 뜻한다

낚시를 하는 물 속에는 각종 부유물과 동 · 식물성 플랑크톤이 포함되어 있으며, 이러한 부유물과 플랑크톤의 많고 적음에 따라서 우리에게 보이는 물색이 달라진다. 낚시인들이 흔히 물색을 말할 때, 흙먼지 입자처럼 미세 부유물이 많아 탁도가 높은 경우를 '물이 흐리다'라고 하고, 플랑크톤 등 수중 미생물이 번성하여 우유를 엷게 풀어놓은 것처럼 농도가 짙은 경우 '물색이 좋다'라고 표현한다.

그런데 해빙기 때에는 우리가 낚시를 하고 앉아 있는 동안에도 물색은 수시로 변한다. 낮 시간에도 물색이 눈앞에서 맑아지는 경우가 간혹 있는데, 이렇게 시간이 경과할수록 물색이 맑아진다는 것은 수중 플랑크톤이 급격히 소멸되고 있다는 증거이기도 하다.

■ 해빙기 냉수 상황 극복하기

• 상대적으로 수심 깊은 곳을 노려라! – 수온이 떨어져서 연안 물색이 맑아지면 붕어는 주변에서 수심이 깊고 안정된 곳으로 이동해 안주를 하게 된다. 따라서 연안 물색이 맑은 샘물처럼 보일 때는 아무리 대물낚시라 하더라도 최소한 침수수초 새순이 자라고 있는 지대에서는 2m 정도의 깊은 수심대를 포인트로 선정하는 것이 유리하다. 그러나 전내림낚시(옥내림이나 새내림 등)를 구사한다면 3m 전후한 수심대가 적당하며, 수초지대를 공략할 경우는 1.5m 정도의 수심도 무난하다.

▶ 해빙기 낚시의 대표적인 포인트 전경. 공략할 수 있는 거리 내에 이 같은 둔덕 포인트가 있다면 최우선으로 노릴 만하다.

• 긴 대로 원거리를 공략하라! – 만약 수심 차이가 크지 않은 완만한 지형이거나 수심 깊은 포인트 선정이 어려운 상황이라면 긴 대를 사용하여 원거리에 찌를 세우는 것이 좋다. 이러한 대처 방법은 붕어가 연안으로 접근하지 않고 멀리 떨어진 회유선을 따라 활동을 하게 되므로 그 거리를 공략하는 것이다. 이런 경우에는 4.0칸 이상의 긴 대를 운용하는 것이 유리하다.

• 물가에서 뒤로 물러나 앉아라! – 포인트가 아주 연안 가까운 곳에 형성된다고 판단되면 물가에서 뒤로 멀리 물러나 자리를 함으로써 붕어의 경계심을 줄여야 한다. 위치가 제방이라면 아래로 내려가지 말고 제방 위에서 낚싯대 편성을 하고, 논둑이나 급경사 지역이라면 최소한 물로부터 2m 이상 물러나 낚싯대 편성을 하는 것이 좋다. 제방이나 경사지대에서 뒤로 물러나는 것이 불가능하다면 4칸 이상의 긴 대를 옆으로 편성하는 방법도 있다.

■ 해빙기 수초는 냉수를 극복한다

• 침수수초지대를 공략하라! – 붕어가 노는 모습이 보일 정도로 맑은 물빛일지라도 바닥에서 침수수초가 자라 오르고 있는 곳에선 뜻밖의 입질을 받을 때가 많다. 그러나 이러한 침수수초지대일지라도 수심이 깊지 않다면 역시 긴 대를 사용하는 것이 좋다.

▼ 삭아 내린 줄풀이나 부들이 수면을 뒤덮고 있다면 해빙기 포인트로 제격이다.

• 뗏장수초 틈새를 공략하라! – 수면을 넓게 뒤덮고 있거나 어느 한 부분을 포근하게 덮고 있는 뗏장수초는 붕어에게 최고의 은신처를 제공하며, 먹잇감 또한 풍부한 곳으로 당연히 그 아래쪽에는 붕어가 웅크리고 있기 마련이다.

• 뒤덮은 수초 사이를 직공하라! – 줄풀이나 부들 등의 수초가 삭아서 수면을 덮고 있는 곳 역시 해빙기 포인트로 꼽힌다. 대물붕어에게는 이러한 곳이 최고의 휴식처이자 포근한 안식처이다. 따라서 이런 수초 더미는 건드리지 말고 직공 채비를 하여 아주 좁은 구멍에 찌를 세우는 것이 원칙이다.

• **듬성한 정수수초는 무용지물!** - 냉수 상황이 지속되어 바닥이 훤히 들여다보일 정도의 맑은 물빛에 듬성듬성 보이는 정수수초에는 붕어가 잘 붙지 않으며, 정수수초의 넓은 공간도 붕어가 노니는 곳이 아니다. 다만 중심부의 듬성한 정수수초가 일정한 선을 이루어 수초대와 수초대를 연결하는 통로가 형성돼 있다면 그러한 곳은 한번쯤 찌를 세워 볼만하다.

■ 미끼와 채비로 극복한다

• **살아 움직이는 미끼로!** - 냉수 상황에서 가장 유리한 미끼는 살아서 꿈틀대는 지렁이이다. 같은 미끼통 안에서 축 늘어져 있는 지렁이로는 입질을 유도하기가 어렵다. 만약 새우나 참붕어 미끼를 사용할 경우에도 가급적 싱싱한 놈으로 파장을 일으키게 하는 것이 좋다. 그리고 이 시기에는 아주 작은 놈이 우선이다. 이런 기준으로 만약 전내림낚시를 구사한다면 옥내림보다는 새내림이나 지내림 기법을 활용하면 입질을 보다 쉽게 유도할 수가 있다.

• **가늘고 예민한 채비로!** - 가능하다면 사전에 한 호수(號數) 낮은 채비를 세팅한 낚싯대를 사용하는 것이 좋다. 준비가 되지 않았다면 현장에서 채비를 새로 만들기가 사실상 쉽지 않으므로 최소한 목줄만이라도 투명하고 가

▼ 해빙기 시즌에는 물색이 맑은 곳을 피하고 뿌옇게 흐린 곳을 찾되, 바닥에서 새 수초 순이 자라 오르는 곳이면 더욱 좋다.

는 것으로 교환하는 것이 좋다. 작은 바늘과 함께.

그러나 이러한 제반 시도를 현장에서 당장 실행하기란 어려운 일이므로 항상 낚시가방에 전내림낚시 채비를 마련해 휴대하고 다니다가 곧바로 전내림낚시를 구사하면 이러한 예민한 상태를 극복하는 데 크게 도움이 된다.

■ 해빙기 대물낚시 유의 사항

• **찌 끝을 잘 읽어라!** – 활성이 떨어진 해빙기 붕어의 입질이 찌에 나타나는 것을 보면 다른 계절과 달리 아주 예민하면서도 다양한 형태로 나타난다. 이때 가장 어려운 입질 분석이 그 자리에서 아주 작은 동작으로 나타나는 모습인데, 만약 한 마디도 안 되는 찌올림일지라도 찌 끝이 아주 무거운 동작으로 서서히 오르는 듯하다가 체공 시간을 가질 때는 그것이 곧 본신이므로 즉각 챔질을 해야 한다.

• **최대한 정숙하라!** – 냉수대 상황에서 연안 낚시를 할 때는 최대한 정숙을 유지해야만 입질을 기대할 수 있다. 그러므로 앞에서 언급한 긴 대 사용과 뒤로 물러나 앉는 것에 추가하여 정숙을 유지하는 것이야말로 해빙기 낚시의 필요충분조건이다.

▼ 해빙기 붕어는 아직 활성도가 낮아 완벽한 찌놀림을 보여 주지 못한다. 최대한 찌 끝의 움직임을 주시해야 한다.

봄철 산란기 대물낚시 전략

■ 산란기 붕어의 생태와 낚시 패턴

• 붕어는 자연현상에 산란 시기를 맞춘다 – 붕어는 종족보존을 위한 본능으로 자연현상에 적응하여 산란 시기를 스스로 맞춘다. 그러므로 붕어의 산란 시기를 매년 같은 날로 예측하는 것은 넌센스다. 자연현상은 해마다 조금씩 달리 나타나고 그에 따라 붕어의 산란 시기도 변화하기 때문이다. 그러다보니 특정 장소에 출조해서 산란 전인가 후인가를 가늠하기란 쉽지가 않다. 물속에 들어가 볼 수도 없고, 어떻게 가늠해야 할까?

붕어의 산란은 지상의 개나리 · 진달래 · 벚꽃 등의 개화 시기와 맞물리는, 이른바 자연의 시계를 따른다. 즉 수중세계의 생태 시계도 지상의 생태 시계와 맞물려 돌아간다는 뜻이다. 따라서 그 낚시터 인근에 개나리가 만발하였다면 붕어의 산란 시기가 되었구나 생각하고, 이미 개나리꽃이 다 지고 초록색 잎이 자라고 있다면 산란 후기이겠구나 생각하면 된다.

▼ 붕어의 산란 시기는 서식처 주변의 꽃 피는 시기와 관계가 깊다.

• 산란 후의 어미붕어는 그 자리를 떠난다 – 산란을 마친 어미붕어는 그 자

리에서 알을 보호하지 않고 그 자리를 떠나 안정지대로 이동하여 휴식을 위한 기간을 갖는다. 장기간의 포란과 산란 과정에서의 몸부림 등으로 체력이 소진되고, 움직임이 둔화되어 천적으로부터 위험할 뿐만 아니라 산후 식욕마저 감퇴되어 안정 기간이 필요하기 때문이다.

• **산란기 조황의 특징** – 산란 전기에 대어 확률이 높은가? 아니면 산란 후기에 대어 확률이 높은가? 이는 접근하기 나름이다. 다만 모르는 사이에 짧게 지나쳐 버리는 산란 전기의 활발한 입질 시기를 맞추기란 하늘의 별따기만큼 어렵다. 그러나 산란 후기의 대형급 붕어가 적극적으로 먹이사냥을 하는 기간은 배수기 이전까지 길게 지속되므로 산란 후기에 대형급 붕어를 만나기가 쉽다.

▪ 산란기 낚시의 주요 포인트

산란기의 붕어는 산란할 장소를 찾아 연안이나 상류 쪽으로 접근한다. 그것은 알을 붙일 대상인 수초나 수중 장애물 또는 석축이나 바닥자갈 등이 있어야 하고, 얕은 수심으로 햇볕이 투과되어 수온 상승이 빨라야 하는 조건을 찾는 것이다.

▼ 포란 상태의 붕어 암컷. 배에서 알이 흘러나오고 있다.

따라서 산란기 낚시는 이러한 붕어의 본능적인 습성을 고려해 낚시터 유형에 따라 그 접근 방식을 달리해야 한다.

• **평지형 낚시터** – 평지형 낚시터의 경우는 대부분 연안과 상류 쪽 수심이 2m를 넘지 않고, 일조량이 많아서 산란 시기가 빠르다. 특히 평지형 낚시터에는 전역에 수초가 고르게 발달해 있는 경우가 많다. 따라서 이러한 곳에 서식하는 붕어의 산란은 상류와 연안 전역에서 이루어지고, 그만큼 포인트의 범위도 광범위해진다. 그 중에서도 어디를 주목해야 할까?

첫째, 특징적인 수초가 있는 곳이 유리하다.

둘째, 일조량이 많은 곳이 유리하다.

셋째, 물의 순환이 적당히 이뤄지는 곳이 좋다.

• **계곡형 낚시터** – 계곡형 낚시터의 특징은 중앙과 하류의 수심이 깊은 것이다. 그러므로 수초가 부분적으로 형성되거나 아예 없는 곳도 있으며, 대부분 상류 지역으로 냉수가 흘러든다. 따라서 평지형보다 산란 시기가 늦다. 이런 곳의 산란기 포인트는 단순하게 구분된다. 수초나 수중 장애물이 제한적이고, 붕어가 산란을 위해 집중적으로 찾아들 만한 장소가 한정되기 때문이다.

첫째, 상류 수초 무더기가 있는 곳이 유리하다.

둘째, 중류 연안에도 드문드문 수초가 있다면 놓쳐서는 안 된다.

▶ 수초에 붙은 붕어의 알. 그러나 수온 및 주변 여건이 맞지 않아 부화가 이루어지지 못한 채 죽은 알이다.

셋째, 제방에 수초 무더기가 있다면 이 또한 외면해선 안 된다.

• 수초가 전혀 없는 낚시터 – 붕어가 서식하는 저수지에 수초가 전혀 없다면 붕어는 어떻게 할까? 산란을 포기할까? 아니면 어떻게든 산란을 할까? 아무리 수초가 없더라도 붕어는 시기가 되면 산란을 한다. 수초가 없는 저수지 붕어의 산란 장소로 꼽는 1순위는 제방 석축이다. 수초가 없는 각지형 저수지에서 제방 부분에 산란을 하는 붕어를 관찰해 보면 쉽게 이해가 된다. 그러나 제방 석축의 경사가 급하고 수심이 깊어 햇볕이 투과되지 못할 정도라면 제외된다. 부화가 잘 되지 않기 때문이다. 그러므로 이런 조건 속의 붕어는 상류나 중류 연안에서 일조량이 풍부하고 지형이 오목한 곳에 산란을 한다. 이런 점을 고려해 수초가 없는 낚시터에서의 산란기 포인트를 꼽아 보면 다음과 같다.

첫째, 수심이 적당한 상류 쪽 만곡 지형이 유리하다.

둘째, 제방을 무시하면 안 된다.

셋째, 물골 지대가 유리하다.

■ 산란 전기(前期)의 대물낚시 주안점

'산란 전기'는 뱃속에 알을 가진 붕어가 알자리를 잡기 위해 접근하는 시기부터 집단적인 산란을 시작하기 전 단계까지를 말한다.

• 산란 전기 붕어의 특징 – 산란 전기가 되면 겨울 동안 활성과 비활성 집단으로 분리되어 전혀 움직임을 보이지 않고 움츠리던 비활성 집단의 붕어와 부분적인 취이 활동을 하던 활성 집단의 붕어가 구분되지 않고 전체가 연안으로 접근하여 회유 활동을 시작한다. 이때의 붕어는 겨울 동안 취하지 못했던 먹잇감을 찾거나 종족보존을 위한 산란처를 찾아서 일제히 상류 쪽이나 연안 수초지대로 모여들게 된다.

또한 체력 보강을 위해서 적극적인 섭이 활동을 전개하며, 산란 장소를 점유하기 위한 집단적인 영역확보 경쟁도 벌이게 된다. 그러므로 이 시기의 가장 큰 특징은 붕어의 경계심이 느슨해진다는 점이다.

• 산란 전기 유망 낚시터 – ①물색의 농도가 짙은 곳. ②일조량이 많은 곳. ③물 냄새가 와 닿는 곳. ④수초 속에서 작은 붕어들의 움직임이 발견되는 곳.

• **산란 전기 주요 포인트** – 산란 전기의 주요 공략 포인트는 당연히 수초를 끼고 있어야 한다. 그 중에서도 수심이 1.5m 이내로 얕아서 햇빛이 바닥까지 투과되는 곳이 좋고, 수초가 떠 있는 곳보다는 뿌리를 박고 줄기가 자라 오른 곳이 유리하다.

• **산란 전기의 미끼 운용** – 산란 전기 중에서도 이른 시기의 미끼는 동절기와 같이 지렁이가 우선이다. 특히 대물낚시를 구사하기 위해서는 굵은 지렁이 3~5마리를 한 바늘에 꿰어서 사용한다. 그러다가 산란이 임박한 시기가 되면 새우 · 참붕어 등의 생미끼와 메주콩 · 옥수수 등의 고형미끼도 효과를 발휘한다.

▪ 산란 중기(中期)의 대물낚시 주안점

• **산란 중인 붕어는 먹이 활동을 일시 중단한다!** – 산란을 시작한 붕어는 먹이 활동을 하지 않는다. 오직 종족번식을 위한 산란과 수정에만 온 정신을 쏟는 것이다. 이때는 붕어 특유의 경계심마저도 보이지 않고 사람이 접근하거나 말거나 발 앞에까지 접근하여 몸을 뒤집는 사례가 다반사다.

▼ 저수지 상류의 논에서 도랑물이 흘러드는 모습. 전형적인 봄 낚시 포인트이다.

• 해안가 낚시터가 산란 중이면 내륙을 찾아라! – 목적한 낚시터에 도착해 붕어가 산란 중인 것이 확인되면 인근에서도 산란이 늦은 낚시터를 찾아보아야 한다. 산란 시기의 차이는 해안가의 평지형 저수지나 수로 → 벌판의 수로나 저수지 → 내륙의 저수지 → 산간 저수지 등으로 그 순서가 진행되는 것이 통례이므로 이를 기준으로 후보지를 물색하면 된다.

• 상류가 산란 중이면 제방 쪽을 노려라! – 만약 다른 낚시터를 찾거나 옮길 여건이 되지 못한다면, 그리고 상류에서 산란이 한창이라면 제방권을 찾는 것이 차선책이다. 상류 쪽에서 산란이 한창일 경우 중류권 이하에서는 이미 산란을 했거나 산란 직전의 붕어들을 만날 수 있기 때문이다.

■ 산란 후기(後期)의 대물낚시 주안점

• 산란 후기가 본격 찬스 – 산란을 끝내고 일정 기간 안정을 취한 붕어들은 지속적이고 차분한 모습으로 먹이를 찾아다닌다. 매우 활발하게 먹이 활동을 전개하는 이 시기는 적어도 1주일 가량, 길면 한 달 이상도 지속된다. 이

▼산란을 끝낸 붕어들은 체력 회복을 위해 수초더미 같은 은신처에 박혀 오랫동안 꼼짝을 하지 않는다.

때의 호황 찬스는 마릿수낚시보다는 오히려 씨알 굵은 대물낚시에 최고의 만족감을 안긴다.

• **산란 후기 붕어의 특징** – 산란을 마친 붕어들은 일단 깊은 수심대나 수중 장애물 속의 안정된 곳으로 이동하여 산후 회복을 위한 일정 기간의 휴식을 취한다. 약 1주간의 회복기를 거친 붕어는 연안으로 먹이사냥을 나서는데 주로 해가 지고나면 서서히 연안으로 접근하여 새우나 참붕어 등 먹이사슬의 하층 생물을 사냥한다.

이 같은 산란 후기의 붕어는 정신없던 산란 때와는 달리 본능적인 경계심을 다시 찾게 되는데, 특히 산란하는 동안 스스로의 체력이 소진된 상황이므로 더욱 민감한 경계심을 보이게 된다. 따라서 산란 후기의 낚시는 평소보다 더욱 정숙을 유지해야 한다.

• **산란 후기 주요 포인트** – 첫째, 먹잇감이 많이 번식하는 곳을 염두에 두어야 한다. 산란 후기의 붕어는 그 어느 때보다 적극적인 먹이사냥을 전개하므로 당연히 붕어의 먹잇감이 풍부한 곳을 찾아야 하는 것이다.

둘째, 참붕어 산란장이 최고의 포인트다. 참붕어는 붕어보다 산란 시기가 늦은데, 붕어가 산란을 마치고 회복기가 되면 비로소 그 장소의 참붕어가 본격적인 산란을 시작한다. 그리고 붕어는 그러한 참붕어를 사냥한다. 바로 이러한 사항들이 우리에게 최고의 포인트를 제공하는 것이다.

• **산란 후기의 낚시 채비** – 덧바늘 채비가 단연 유리하다. 산란 후기에는 수면 가까이 자라 오른 침수수초나 수면에 떠 있는 뗏장수초대가 유망 포인트라는 점을 상기하자. 참붕어가 떠서 산란을 하고 새우도 즐겨 붙는 이런 곳에서 먹이사냥을 하는 붕어들의 눈높이에 맞는 채비가 바로 유동식 덧바늘 채비인 것이다.

여름 장마기 대물낚시 전략

■ 비는 붕어낚시에 유리할까 불리할까?

하늘에서 내리는 비는 많은 산소를 내포하고 있어 수중의 용존산소량을 늘리고 이에 따라 붕어의 활성도를 올리는 역할을 한다. 그러나 항상 유리하게 작용하는 것은 아니다. 당일의 수온 변화에 따라 극명한 차이를 나타내므로 이 점에 유의해야한다.

• **불리한 경우** – 하늘에서 내리는 비가 불리하게 작용하는 경우는 대기온도가 아주 낮은 날이다. 특히 늦가을부터 겨울을 지나 초봄까지의 시기에는 평균 수온이 낮은 상태에서 찬비가 내리게 되면 표층 수온을 급격히 떨어뜨려서 붕어를 긴장시키고 움츠리게 한다. 따라서 이때의 비는 '몰황'을 가져오기 일쑤이고, 혹간 입질을 하더라도 아주 민감하게 반응하여 찌올림이 아주 작고 짧은 입질로 끝나고 만다.

• **유리한 경우** – 표층 수온이 20℃가 넘는 하절기에는 찬비가 물속을 시원하게 해 주고 산소를 공급하는 역할을 해 붕어의 활성도를 최대로 높인다. 이때는 붕어뿐만 아니라 붕어의 먹잇감이 되는 수서곤충이나 수중 미생물들도 활성을 띠고 연안으로 많이 밀려 나오게 됨으로써 이를 먹이로 취하는 붕어는 가히 정신없이 연안으로 밀려 나와서 먹이 활동에 열중한다. 이때는 입질도 아주 활발하고 찌놀림도 좋다.

▼ 적서수온을 떨어뜨리는 비는 좋지 않지만 여름철 고수온을 떨어뜨리는 적당한 비는 붕어의 활성도를 높인다.

■ 오름수위 특수 제대로 누리려면!

• 새물 특수 여건 – 새물 특수를 보장하는 여건은 '장기간의 갈수상태' → '단시간의 집중호우로 급속한 수위 상승' → '한꺼번에 대량으로 흘러드는 새물 유입' 등이 발생하는 상황이다.

첫째, 장기간의 갈수상태란 봄철 이후 여름이 시작되기까지 영농을 위한 배수가 지속되는 동안 많은 비가 내리지 않아 갈수 상태가 오래된 것을 말한다. 둘째, 단시간에 내리는 집중호우란 시간당 30mm 이상, 1일 100mm 이상의 비가 내려 파랗게 자라 있는 바닥의 육초가 잠기는 상태를 말한다. 셋째, 한꺼번에 대량으로 흘러드는 새물은 계곡이나 농지를 거치는 동안 많은 유기물을 포함하기 마련인데, 이와 함께 산지렁이를 포함한 각종 벌레와 열매 및 씨앗 그리고 전답의 유기물에 이르기까지 아주 다양한 먹잇감들이 흘러드는 상황을 말한다.

▼ 봄비로 인해 황톳물이 저수지 무너미를 흘러넘치는 상황일 때는 미끼 선택의 폭이 제한적이다. 지렁이 미끼가 우선이다.

• 오름수위 미끼 – 오름수위 낚시에서는 동물성 미끼가 기본이다. 황톳물이 져 있다면 지렁이가 우선이고, 밀려드는 물이 맑은 물이라면 작은 새우가 효과적이다.

• **오름수위 포인트** – 앞서 잠깐 언급했지만 마릿수낚시를 한다면 최상류 쪽이나 물 흐름을 약간 벗어난 연안 쪽이 좋다. 그런데 만약 이런 곳에 황톳물이 심하다면 메기나 동자개가 극성을 부릴 가능성이 많으므로 심한 황토물은 일단 피하는 것이 좋다. 반대로 물이 너무 맑을 경우는 피라미가 극성을 부릴 것이니 그런 곳도 피해야 한다.

• **낚싯대 운용** – 물이 급격히 불어날 때의 붕어는 연안 가장자리를 타고 오른다. 그러므로 장마철 오름수위 때의 낚싯대는 긴 대보다는 짧은 대를 많이 사용한다.

• **특수 기간** – 오름수위 특수 조황은 장마 초기 큰비가 내렸을 때다. 그리고 새물 특수 기간은 초여름 한철에만 국한되는 것이 아니라 사실상 동절기를 제외하고는 봄부터 가을까지 연중 기회가 생긴다. 그러나 그 대표적인 시기 역시 첫 장마가 시작되는 6~7월에 가장 두드러지게 나타난다.

■ 오름수위 낚시 핵심 체크 리스트

① 낚싯대를 적게 펴고 장비는 단순화 하라! … 급속히 차오르는 수위에 따른 포인트 변화로 잦은 자리 이동을 해야 하기 때문이다.

② 시간당 30mm 이하면 소형지를 찾고, 1일 100mm 이상이면 대형지나 댐을 찾아라! … 시간당 30mm 이하의 경우 대형지나 댐은 오름수위 정도에 못 미치고, 1일 100mm 이상의 경우 소형지는 넘칠 수 있다.

③ 큰비 오는 날 미리 달려가서 자리를 준비하라! … 급속한 오름수위 시에는 미리 가서 바닥 상황을 체크하고 적절한 퇴로를 고려하는 등, 단계별 자리 설정을 해야 하고 첫 오름수위를 타는 붕어를 만나야 하기 때문에 억수같은 비를 맞으면서 포인트로 향해야 한다. 이미 물이 불어난 후에 현장에 도착하면 늦다.

④ 갈수 상태가 오래 되어 육초가 많이 자란 곳을 찾아라! … 그런 곳이라야 붕어들의 집중화 현상이 두드러지게 나타난다.

⑤ 계곡지나 준계곡지에 비해 평지지는 폭발력이 떨어진다! … 대물 붕어가 한 곳으로 집중되지 않고 전 연안으로 분산되어 접근하기 때문이다. 다만 평지지라도 큰 물골이 한곳에 집중된다면 폭발력을 가질 수 있다.

▲ 월척을 올린 아버지의 자랑스런 모습과 신기하는 듯 바라보는 아들의 표정에서 부자(父子) 모두 부자(富者)가 된 마음을 읽는다.

⑥ 첫 새물 찬스는 낮낚시가 유리하다! … 새물이 갑자기 유입될 때 큰 붕어는 낮에 주로 먹이 활동을 한다. 그리고 밤이 되면 야행성 어류가 주로 물골에 접근한다.

⑦ 첫 오름수위 때와 안정 수위의 낚시 자리는 다르다! … 첫 오름수위 때는 물골의 상류 쪽을 포인트로 하고, 시간이 경과하여 만수상태로 접어든 무렵엔 상류권 물골 아래쪽이나 작은 물골 또는 중류권의 골자리를 포인트로 한다.

⑧ 암반 계곡수가 그대로 유입될 때는 기존 물과의 혼합 지역이 좋다! … 암반 계곡에서 직접 흘러드는 큰물은 먹잇감이 유입되지 않을 뿐만 아니라 워낙 찬물이라서 오름수위의 효과가 없다. 냉수를 좋아하는 피라미만 득실거릴 수가 있다.

⑨ 연안 1m 전후의 얕은 수심대를 짧은 대로 노려라! … 물이 급속히 불어날 때의 붕어는 주로 가장자리 수심 얕은 지역으로 나와 회유하면서 먹이를 찾는다.

⑩ 황토 물 초기에는 적극 공략을 하고 지속 시에는 벗어나라! … 황토 물이 유입되는 첫날은 먹잇감이 많이 유입돼 붕어의 잔칫날이다. 그러나 2~3일 후면 황토 입자가 붕어의 아가미에 달라붙어 호흡에 지장을

▲ 오름수위 때의 포인트는 콧부리 안쪽으로 후미진 만곡 지형이 각광받는다.

주므로 붕어가 그 자리를 피하거나 먹이 활동을 하지 못한다.

⑪ 수몰 육초에 뻘물이 끼거나 잎이 노랗게 변한 자리는 피하라! … 수초에 뻘물이 끼면 붕어가 먹이 활동을 잘 하지 않는다. 또한 수중에서 수초의 잎이 노랗게 변색한 정도면 수중 용존산소량이 모자라는 곳이다.

⑫ 잉어가 소란스럽게 철퍼덕거리는 곳도 좋지 않다! … 첫 장마 오름수위 때 큰 잉어가 산란 활동을 많이 한다. 이런 때에는 붕어가 잘 접근하지 않는다.

⑬ 낚싯대를 차리기 전에 부유물 여부를 미리 파악하라! … 오름수위 때는 지금 당장이 아니더라도 낚시 도중 부유물이 떠밀려 와 낚시를 불가능하게 할 수도 있다. 따라서 부유물의 위치와 물흐름의 방향, 바람 방향 등을 고려해 미리 대비해야 한다.

⑭ 안전을 최우선으로 생각하라! … 큰 입질을 자주 받다 보면 물이 불어나는 것도 모르기 쉽다. 자리를 정할 때 필요 시 뒤로 물러날 수 있는 퇴로를 미리 생각해 두고, 물가에서 낚시를 하다 잠이 드는 등의 불안전한 행동은 삼가야 한다. 특히 차를 가지고 물가 가까이 가는 것은 금물이다. 또한 집중호우는 낙뢰를 동반하는 경우가 많으므로 천둥 번개가 칠 때는 낚싯대에 손을 대지 말아야한다.

가을 추수기 대물낚시 전략

옛 선비들은 가을을 천고마비(天高馬肥)의 계절이라 했는데, 우리 낚시인들은 이 가을철을 천고어비(天高魚肥)의 계절이라고 한다. 붕어가 살찌는 가을 추수기에 월척 타율을 높이려면 어떻게 해야 할까?

▪ 가을철 월척, 추수 마당은 어디일까?

• 준계곡형 소류지나 각지형 저수지 – 대부분 수계의 붕어들은 가을이 되면 연안으로 접근하여 활발한 먹이 활동을 전개한다. 그 중에서도 대물급을 만나기 쉬운 곳은 준계곡형 소류지와 각지형 저수지이다. 준계곡형 저수지는 하류권의 깊은 수심대와 상류권의 얕은 수심대가 뚜렷히 형성되는 곳으로, 특히 준계곡형 소류지일수록 상류 지역은 낮 시간의 일조량에 의해 수온 상승이 빠르다. 따라서 가을철 서리가 내리는 기간에도 월척급 붕어를 만날 확률이 높은 것이다.

▼갈대가 한살이를 다 하는 늦가을이면 수로 낚시터가 각광받는다.

또한 넓은 벌판의 각지형 저수지는 전역이 얕은 수심대로 평평하므로 전체적으로 일조량에 의한 수온 상승이 빠르고, 대부분 하절기 동안 수면을 덮고 있던 수초(말풀류와 마름 등)가 삭아 연안 지역에 풍부한 먹이사슬이 형성된다. 이에 대형급 붕어들이 연안으로 나와 먹이 활동을 활발히 전개한다.

• 가을이 깊어갈수록 수로 낚시터 각광 – 초가을까지는 모든 낚시터에서 붕어가 활황을 보인다. 그러다가 첫서리가 내릴 즈음이면 강이나 댐낚시는 하향세로 접어들고, 서리가 한창 내릴 때면 계곡지 또한 막을 내리게 되는데, 이때부터 이듬해 봄까지 수로낚시가 가장 확률이 높은 낚시터로 각광 받는다.

• **가을철 갈색 물빛 나쁘지 않다** – 몇 년 전, 경남 창녕 우포늪의 물색이 너무도 진한 갈색이어서 나름대로 수질검사를 해 본 적이 있다. 수초가 잔뜩 삭아 내린 상황이었다. BOD측정 결과는 1급수 수질이었다. 그러니 침수수초인 말풀류나 부엽수초인 마름 등이 여름을 지나 일제히 삭아들면서 물색이 갈색으로 변하고 있더라도 조금도 수질을 염려할 필요가 없으며, 오히려 이러한 장소가 추수기에는 더 좋은 낚시터가 될 수도 있다.

■ 가을철 대물, 어떤 곳에 머물까?

• **생자리를 파는 것이 타율을 높인다** – 입질 풍성한 가을, 어떻게 하면 대물의 타율을 높일 수 있을까? 앞서 설명한 조건의 낚시터에서 포인트를 찾을 때는 '생자리' 수초밭을 우선한다. 사람 접근한 흔적이 없는 곳일수록 좋다. 조황이 좋다는 정보를 듣고 찾은 곳일지라도 나름대로 포인트를 정할 때에는 지금까지 잘 나왔다는 자리보다는 새로운 생자리를 찾아 스스로 노력하여 낚싯대를 펴는 것이 타율을 높이는 비결이다.

• **마름이 떠밀려 와 침전되는 곳** – 삭아 내리다 남은 마름이 떠 밀려와 일정 공간 수면을 아직 덮고 있는 곳이라면 무조건 좋은 포인트라 생각해도

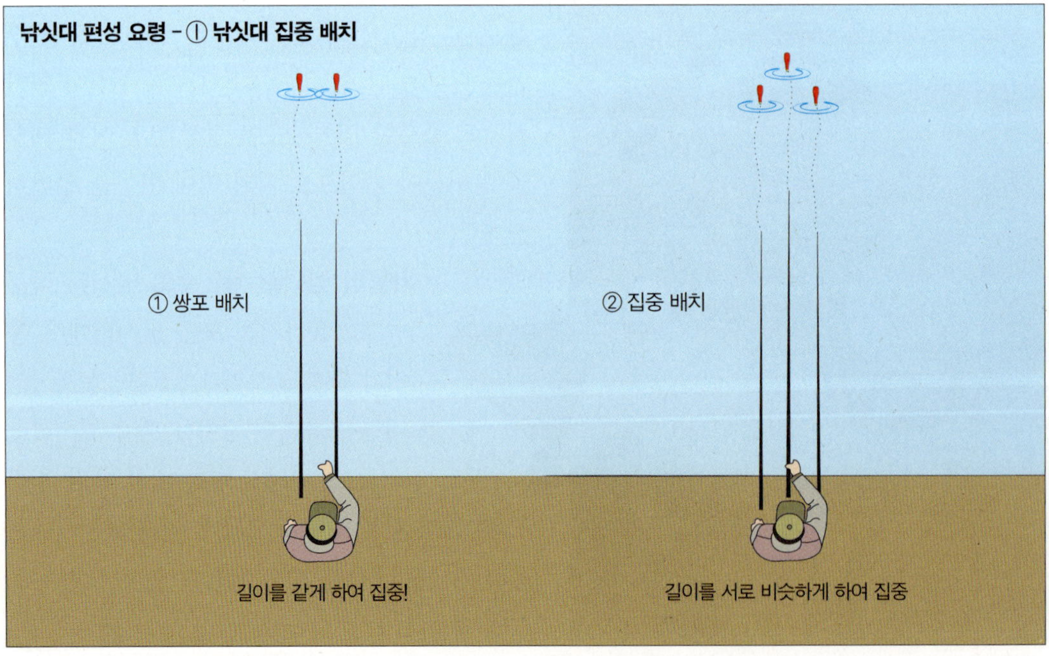

낚싯대 편성 요령 - ② 수로 연안 배치

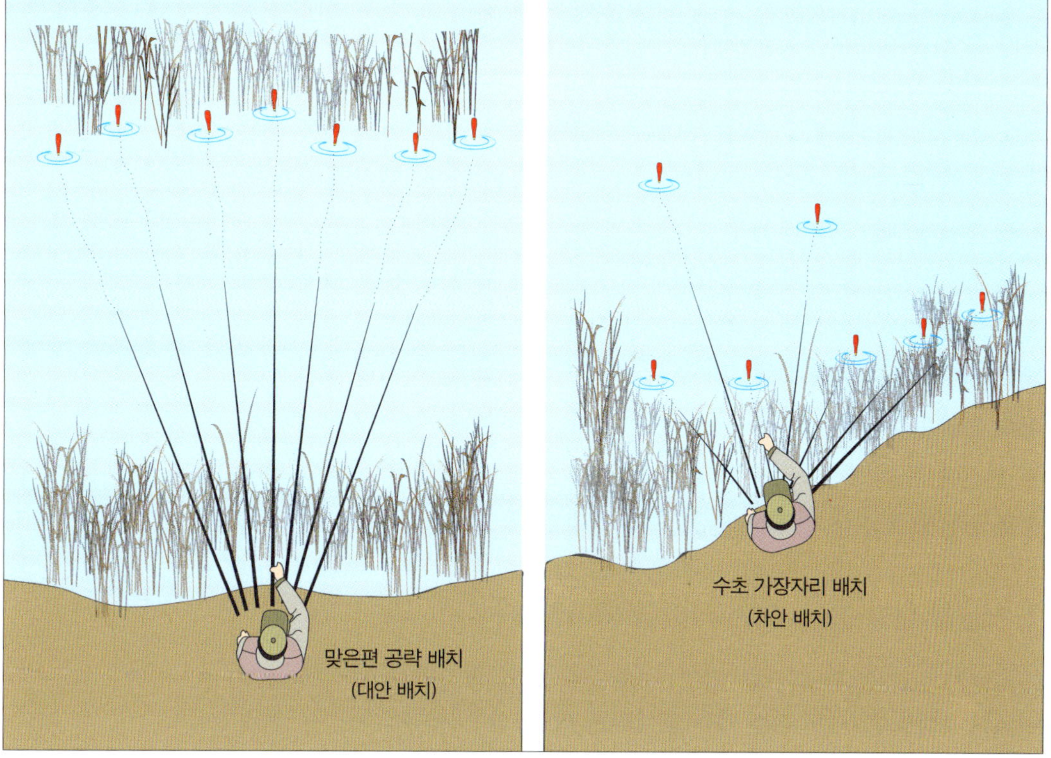

낚싯대 편성 요령 - ③ 수로 분산 배치

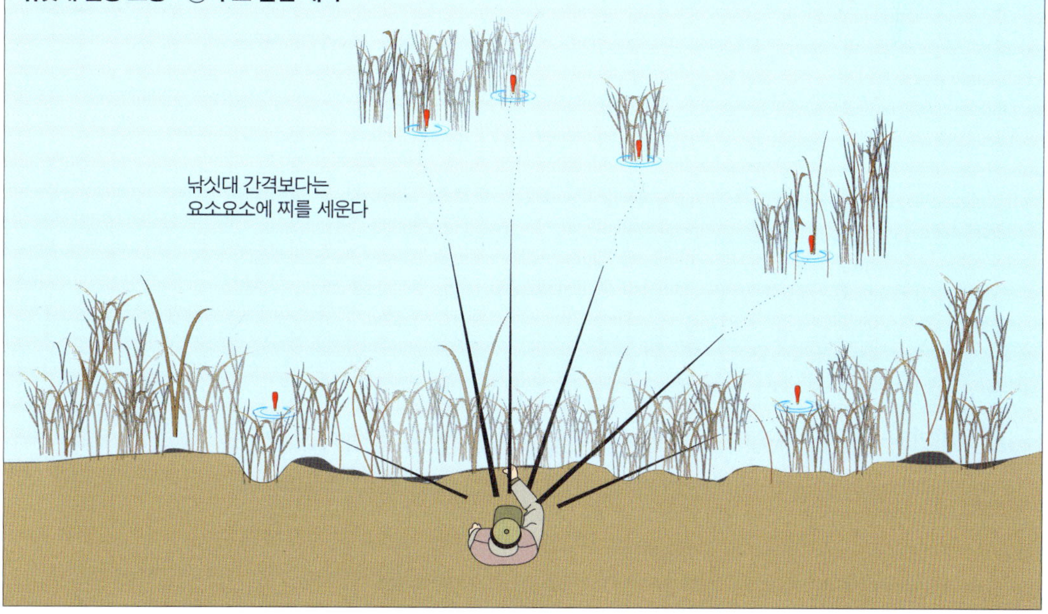

된다. 그 마름은 이미 뿌리와 줄기가 삭았고, 남은 잎만 바람에 쓸려 와 수면을 덮고 있는 형상이므로 그 아래의 물은 대류에 의한 순환이 이뤄져 가스 현상이 발생하지도 않을 뿐만 아니라 고부력 찌 채비를 던지면 몇 번의 시도에 찌가 자리를 잡고 서 준다. 월척 확률을 높이기 위해선 장애물 극복을 감수해야 하는데, 그래도 어렵다면 약간의 확률은 떨어지겠지만 작은 공간을 찾아서 찌를 세우면 된다.

이러한 곳을 수중 카메라로 촬영하여 관찰을 해 보면 물벼룩 · 새우 등이 몰려 있는데, 붕어의 입장에서는 먹잇감이 아주 풍부한 곳이다.

• **적당히 독립 수초대가 형성된 곳** – 사계절 유망 포인트이지만 특히 가을철에 위력을 발휘하는 곳이 독립 수초대이다. 특히 준계곡형 저수지에서 상류 연안에 한 부분만을 차지하고 무더기를 이루고 있는 부들 · 갈대 · 뗏장 수초 등은 대물 붕어가 좋아하는 궁전과 다름없다.

■ 가을철 대형 붕어, 어떤 먹이를 좋아할까?

• **큼직하게 원형대로!** – 대물낚시 입문 시절, 가장 참기 어려운 것이 입질이 없을 때와 있더라도 감질 나는 입질만을 할 때 참고 기다려야 하는 '인내력'이다. 그래서 자주 채비를 들어 올려 미끼가 붙어 있는가를 확인하고서 다시 던져 넣곤 하는데, 이러한 행위는 월척 붕어더러 '접근하지 말고 떠나시게!' 하는 행동과 다름없다. 큰 붕어가 조심스럽게 접근하여 미끼를 취할 시간적 여유를 빼앗아 버리는 셈이다.

또 어떤 사람들은 빠른 입질을 유도한답시고 미끼를 의도적으로 훼손하여 넣기도 하는데, 그것은 잡어나 잔챙이들에게 어서 와서 마음껏 깔짝대라고 미끼를 다듬어 주는 결과를 초래한다. 사실 그렇게 해서 낚아 올려놓고 보면 잡어이거나 중치급 미만인 경우가 대부분이다. 따라서 기왕 수초 속에 찌를 세우고 기다리는 대물낚시를 하려면 미끼는 큰 것을 고르되 손상시키지 말고 원형대로 사용해야 월척 붕어를 만날 가능성이 커진다.

• **모든 미끼가 유용한 계절!** – 초가을 삭은 침수수초대에서의 미끼는 모든 것이 다 유용하다. 가을로 접어들면서 풀 씨앗이나 작은 열매가 수계에 유입되면 물고기들은 이것을 먹이로 취하는데, 유입 먹이에 학습되는 이 시기의 붕어에게는 메주콩이나 옥수수 미끼가 특히 위력을 발휘한다.

▶ 월척 만세! 갈대와 억새가 어우러진 수로 낚시터에서 신바람 난 저자.

한편 가을은 겨울을 대비하는 계절로, 물고기들이 아주 적극적인 먹이사냥을 하는 계절이다. 참붕어나 새우 먹이들에 대한 공격성이 강해지는 시기이므로 참붕어나 새우 미끼 낚시 또한 어느 시기보다 잘 된다. 다만 낚시터 여건이나 후천적인 먹이학습(낚시인들에 의한)에 따라 글루텐 등의 특정 미끼가 효과를 발휘하는 곳도 있으므로 이런 점을 참고할 필요도 있다.

겨울 동절기 대물낚시 전략

대물낚시를 즐기는 동호인들은 한겨울에도 밤낚시를 구사하는 등 계절에 무관하게 자연으로 나가 일출과 일몰을 보고 또 밤하늘의 달과 별을 본다. 이런 것이 대물낚시 동호인들의 즐거움이요 호연지기이기도 하다.

이런 겨울 붕어낚시는 오늘에 이르러 유행하는 장르가 아니다. 이미 오랜 전부터 선지자들에 의한 겨울낚시가 시도돼 왔다. 특히 낚시춘추 1972년 12월호에 발표한 한형주 박사(낚시춘추 창간인)의 글을 보면 '낚시에 納會(납회)는 없다'고 하였고, '살을 에는 추위 속에서도 기운을 내어 다가서면 다른 계절에는 도시 맛볼 수 없는 겨울낚시의 珍味(진미)가 있음을 알게 된다'고 겨울낚시를 찬양하였다.

■ 낚시터 환경 변화와 겨울 붕어의 먹이 활동

겨울 낚시터는 일부 극도의 갈수 상태이거나(바닥 준설, 제방 공사, 동절기 제방 보호 목적 등으로), 얼음으로 덮여 있거나(중부 지방은 두꺼운 얼음, 남부 지방은 살얼음), 정수수초가 삭아 누워서 수면을 덮고 있는 형상을 보인다(침수수초나 부엽수초는 삭아서 소멸된다).

▼ 갈대가 삭아내려 수면을 이불처럼 뒤덮은 모습. 이런 곳에 구멍 뚫린 곳이 있다면 곧장 직공 채비를 내려 볼 일이다.

한편으로는 일교차가 커져서 냉수대가 자주 형성된다. 하절기 동안 물색이 좋아 즐겨 찾던 장소도 막상 이 시기에 가보면 샘물처럼 맑은 물색을 띠는 경우가 많고, 심할 경우는 낚시 도중에도 몇 시간 만에 물색이 변하는 것을 느낄 때가 있다.

• 붕어는 변온동물 – 붕어는 변온동물이다. 따라서 겨울철이 되어 수온이 하강하면 스스로 체온을 낮추는데, 그러다가 수온이 1℃라도 상승하면(어류에게 상대 수온의 1℃는 상온 생물의 10℃와 유사한 영향을 준다고 한다) 그때부터 부분적인 활동을 개시한다. 그러므로 수온이 내려가는 초저녁에서 밤중까지는 붕어가 점점 움츠리게 되고, 밤이 지나면서 수온 반전이 되는 시간대에 미세한 활동을 하다가 해가 떠서 수온이 상승하게 되면 비교적 활발한 먹이활동을 한다.

▼ 마른 덤불엔 서리, 입가엔 입김, 수면엔 살얼음이 낀 겨울 낚시터 풍경. 남녘 해안가 저수지에선 겨울에도 대물 열기가 멈추지 않는다.

■ 유리한 낚시터와 불리한 낚시터

• 유리한 형태의 낚시터 – 동절기에 유리한 낚시터는 해안가 평지형 저수지 및 수로 · 둠벙 등이다. 평지형 저수지 중에서도 일조량이 많고 수초가

잘 분포되어 있으며 규모가 작은 곳이 유리하며, 수로의 경우는 작은 규모의 고여 있는 수로나 큰 수로의 지류권으로, 물의 흐름이 없고 일조량이 충분한 곳일수록 유리하다.

둠벙 형태의 경우는 겨울 바람이 직접 닿는 황량한 벌판 쪽보다는 해안가 수로와 연결된 곳이나 바람막이가 되는 둑 아래, 또는 마을 앞 들녘에 위치한 곳으로 갈대가 띠를 두른 둠벙이 유리하다.

• **불리한 형태의 낚시터** – 아무리 해안가에 위치한 저수지라도 계곡지와 준계곡형 저수지는 불리하다. 또한 흐르는 강물과 대형 수로의 본류도 불리하다. 물론 댐의 경우는 겨울 낚시터에서 제외된다. 계곡형 저수지와 흐르는 강, 수로 또는 댐 지역의 붕어는 겨울이 되면 적정 수온대의 깊은 곳 장애물 등에 은거하면서 그 움직임을 최소화함으로써 우리가 낚시를 구사하는 연안에서는 만나기가 어렵기 때문이다. 이러한 상태의 붕어는 수중에서 손으로 만져도 거의 움직이지 않을 정도라고 한다.

• **일조량은 어떤 영향을 미칠까?** – 한 여름철 붕어는 산그늘이 지는 시원한 계곡지나 수초 그늘이 햇볕을 가려주는 장소에서 활성을 보이나 겨울에는 햇볕이 잘 드는 곳에서 활성을 보인다. 그러므로 겨울 낚시터는 아침에 해가 떠서 저녁에 해가 질 때 까지 가급적 햇볕이 많이 드는 장소가 유리하다.

■ 겨울 붕어, 어떤 곳에 머물까?

• **깊은 수심대 또는 수초 속으로** – 앞에서 '붕어는 변온동물'이라고 했다. 이러한 변온동물은 기온이 떨어지면 집단 행동이 크게 두 가지 형태로 나뉜다. 적정 수온대를 찾아 집단으로 이동하거나 그렇지 못하면 영역 내에서 안정된 곳을 파고들어 움직임을 최소화 하면서 겨울을 나는 것이다. 붕어도 겨울이 되면 대부분 적정 수온대로 집단 이동을 한다. 강이나 댐의 경우 특히 이러한 현상이 두드러진다. 그래서 강이나 댐은 겨울 동안 낚시가 잘 되지 않는 것이다.

그러나 규모가 작은 수로나 평지형 저수지의 경우는 집단으로 이주할 여건이 되지 못한다. 그러므로 이런 곳의 붕어는 수온 변화가 느린 중심부 혹은 수중 장애물의 틈새를 파고들거나 수초 속을 근거지로 하여 겨울을 난다.

• **수심과 물색 조건도 고려!** – 대물낚시 포인트는 연중 수초를 떠나지 않는

다. 초겨울로 들면서부터 특히 그러하다.

저수지 낚시터는 연안에 수초가 적당히 분포돼 있고 물색이 탁하면서도 1~1.5m 수심을 이루는 곳이 포인트로 유망하다. 그러면서도 주간에 일조량이 많고 주변이 조용한 곳이면 금상첨화다. 그러나 항상 이러한 여건을 찾기란 쉬운 일이 아니므로 평지형 저수지라면 제방이나 제방 가까운 포인트를 찾는 것이 가장 손쉬운 방법이다. 수로의 경우는 넓은 본류권보다는 폭이 좁은 지류권 중에서 연안 수초가 발달한 장소가 좋다.

▪ 겨울 붕어, 특히 먹이를 가린다

변온동물의 특징은 겨울이 되면 먹이를 먹지 않거나 아주 적게 먹는다. 다행히 붕어는 변온동물이면서도 겨울에도 먹이를 취한다. 그러나 먹이를 취하더라도 적게, 그리고 가려 먹는다.

붕어가 먹이를 가리는 것은 소화 흡수와 깊은 관계가 있는데, 겨울철 붕어는 고단백질을 요구하면서도 소화 흡수가 잘 되는 먹이를 우선으로 취한다. 그렇다면 겨울에는 어떤 미끼가 유리할까? 답은 지렁이나 구더기 등 고단백이면서도 소화 흡수가 쉬운 먹잇감이다. 따라서 겨울철에는 지렁이 혐오증이 있는 사람이라도 지렁이를 꼭 챙겨서 출조하는 것이 좋다.

▶ 겨울 붕어에게도 고단백 음식이 필요하다. 지렁이 미끼가 바로 그것이다.

■ 동절기 붕어 대물낚시 주안점

• **입질 시간은 붕어가 정하는 것!** – 필자는 겨울낚시의 즐거움을 배가하기 위한 조치로 낮낚시를 강조한다. 대물낚시나 마릿수낚시 모두 겨울철에는 아침 시간부터 낮 시간대가 유리하기 때문이다.

'진정한 대물 낚시꾼은 낮낚시에 연연하지 않는다.'고 호언하는 이가 있는데, 일면 이해는 하더라도 겨울철에 한해서는 대자연의 섭리를 무시하는 말이다. 대자연의 섭리, 즉 붕어가 활동하고 먹이를 취하는 시간대에 낚시를 해야 하거늘, 그 시간대에 낚싯대를 접고 일어선다면 붕어의 생체 리듬을 무시하는 결과인 것이다.

그렇다고 겨울 밤낚시는 소득이 없다는 뜻이 아니다. 추운 날씨가 지속되면 나름대로 낮은 수온대에 적응한 붕어는 비록 활발하지는 못하더라도 부분적인 먹이 활동을 전개한다. 장소만 잘 선택하면 겨울 밤낚시에도 소득이 따르고 특히 굵은 씨알을 만날 수 있다. 따라서 겨울 밤낚시를 하되 다음날 오전 시간대의 낮낚시도 염두에 두자는 것이다.

• **겨울 밤낚시 성공 전략** – 겨울낚시는 시간 안배가 중요하다. 이때 가장 고려할 것이 겨울 붕어의 생태적 습성이다. 즉 붕어가 움직이는 시간대에 집중하자는 것이다.

① 오후에 낚시터에 도착해 준비를 마치고 해질 무렵까지 낚시를 즐긴다.

② 어둡기 전에 저녁식사를 마친다.

동절기 입질 분석과 챔질 시기

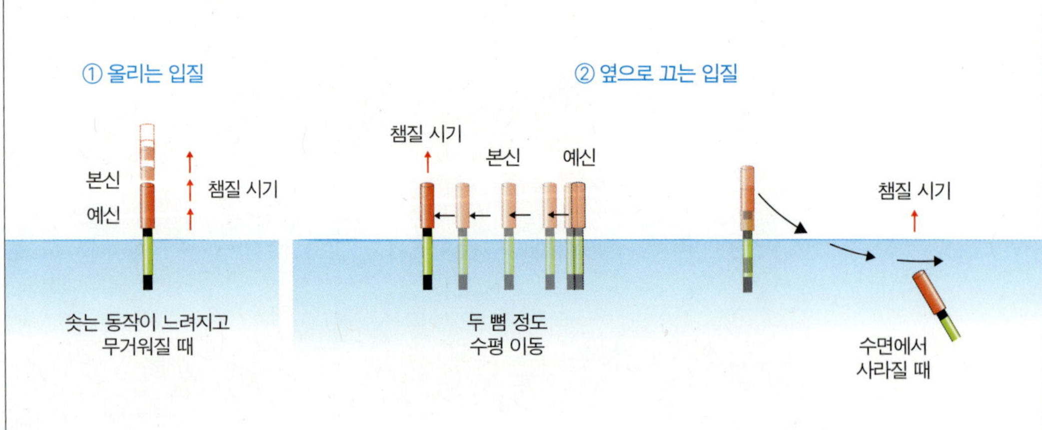

동절기 공략 요령 - ① 수로 연안 띠 얼음 공략

동절기 공략 요령 - ② 부분 결빙 때의 포인트

③ 케미컬라이트를 꿰고 밤 10~11시까지 밤낚시를 한다. 실제로 9시 이후는 휴식을 취하는 것이 좋지만 막상 물가에 앉으면 쉽게 잠이 오지 않으므로 이를 감안한 것이다.

④ 밤 11시~새벽 2시까지는 휴식을 취한다.

⑤ 새벽 2시~여명 시간까지 낚시를 한다. 대개의 경우 2시경이면 수온이 반전할 때로 입질이 기대되는 시간이기 때문이다.

⑥ 날이 밝아오면서 찌가 보이지 않는 잠깐의 시간 동안 의자에서 휴식을 취한다(약 30분~ 1시간 정도).

⑦ 이른 아침 요기를 한다. 따끈한 커피 한 잔이라도 하는 것이 좋다.

⑧ 일출 시간부터 오전 10~11시까지 낚시에 집중한다.

⑨ 11시 이후는 철수하여 복귀한다(밤낚시를 하였으므로 더 욕심을 부리지 않는다).

동절기 공략 요령 - ③ 얇은 얼음을 깨고 낚시할 경우

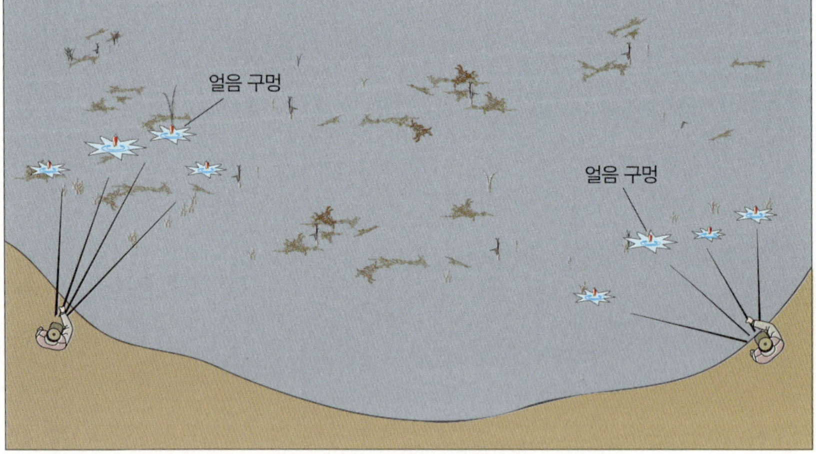

• **낮낚시 제대로 즐기기** – 첫째는 낚시인 자신이 대자연의 일부로 녹아든 모습을 스스로 보면서 낚시를 즐기는 것이고, 다음으로는 찌가 오르는 모습에서 밤의 찌불 대신 예쁘게 칠해진 찌톱의 색상을 감상할 수 있다는 것이다. '찌맛'이야 캄캄한 밤에 케미컬라이트가 환상적으로 치솟아 오르는 모습을 따라갈 수 없겠지만 밝은 낮에 3색의 찌톱이 오르는 모습도 그에 못지 않다. 또 한 가지 즐거움은 붕어를 탐색하는 일이다. 앞서 겨울 붕어는 활동이 적다고 했다. 그러니 수초직공 채비 낚싯대 한 대 달랑 들고 붕어를 탐색하면서 이동하는 '워킹 낚시'를 하면 그 나름대로 운동도 되고 재미도 있다.

① 여명 시간 전에 낚시터에 도착한다. 여명 시간대의 입질이 중요하다.

② 여명에 맞춰서 낚시를 시작한다.

③ 오전 낚시 → 점심 → 오후 낚시로 이어 간다. 이때에도 한가롭게 즐기는 자세가 좋다. 혹은 인접한 포인트를 따라서 워킹 낚시를 한다.

④ 오후 4시 이후는 철수하여 복귀한다.

Photo fishing

겨울연가

20 자연현상과 낚시

▲ 비와 바람, 달과 안개 등 온갖 자연현상은 낚시에 직·간접적 영향을 미친다.

비가 낚시에 미치는 영향

▪ 비가 수계(水系)에 미치는 영향

하늘에서 내리는 비는 많은 산소를 내포하고 있어서 수중의 용존산소량을 높여준다. 따라서 수중의 모든 생물들은 활성을 띠게 되며 대물 붕어 또한 활발한 움직임을 보이게 되므로 일단 비는 대물낚시에 도움이 된다. 그러나 이른 봄이나 늦가을 이후에 내리는 비는 표층 수온을 급격히 떨어뜨리게 되어 오히려 수중생물들을 움츠리게 한다. 그러므로 이 시기의 비는 대물낚시를 하는 데에도 악영향을 준다.

▶ 여름비는 육지는 물론 수계의 동식물에게도 활력을 불러일으킨다.

• **비가 불리하게 작용하는 경우** – 비가 대물낚시에 불리하게 작용을 하는 시기는 벌판의 추수가 끝난 다음인 늦가을부터 겨울은 물론 이듬해 이른 봄까지이다. 이 시기는 그렇지 않아도 수온이 차가워 붕어들이 움츠리는 시기인데, 여기에 차가운 비까지 내리게 되면 그야말로 엎친 데 덮치는 격이다.

이런 날 수중을 관찰해 보면 큰 붕어들이 수초 그늘 아래나 바위 틈 등의 장애물 사이에 자리를 잡고 조금도 움직이려 들지를 않는다. 그러니 아무리 맛있는 미끼를 진상해도 붕어는 거들떠보지를 않는다. 다만 비 내리는 시간이 길어져 붕어가 어느 정도 적응을 하게 되면 부분적인 먹이 활동을 하게 되는데, 이때에도 붕어의 동작이 워낙 작고 민감해 예신과 본신의 입질을 구분하기 어려울 정도이다.

• **비가 유리하게 작용하는 경우** – 늦봄부터 여름을 지나 가을까지 내리는 비는 지나치게 따뜻한 수온을 식혀 준다. 또한 고수온으로 산소가 결핍된 수중에 산소를 공급해 줌으로써 물고기들의 활성을 돕는다. 붕어의 활성도 증대는 물론 수서곤충을 비롯한 모든 수중생물의 활동도 증대되어 대물 붕어의 사냥 욕구를 자극한다.

따라서 따뜻한 계절에 내리는 비는 대물 붕어들이 연안으로 접근하는 계기를 부여하는데, 특히 여름철에 집중적으로 내리는 큰비는 '오름수위 특수'라는 호재를 안겨 주기도 한다.

■ 우천 시의 낚시터와 포인트 선정

비가 내리고 있을 때 낚시를 떠나려면 그 비가 어느 정도로 내릴 것인가를 고려해야 하며, 낚시터에 도착해서도 비의 양에 따라서 포인트를 달리해야 한다. 기상청 예보 기준으로 5mm 미만의 '적은 비'이거나 20mm 가량의 '다소 내리는 비' 정도라면, 그리고 계절적으로 추운 계절이 아니라면 평소와 같은 장소(낚시터 및 포인트)를 선택해도 된다. 그러나 한여름이 아닌 봄 · 가을에 20~80mm의 '다소 많은 비'가 내린다는 예보를 접하면 계곡형이나 준계곡형 낚시터를 피하고 평지형 소류지를 찾는 것이 유리하다. 이런 때 계곡지나 준계곡지의 붕어들은 잠시 깊은 수심대로 이동해 버리기 때문에 입질을 받아내기가 어렵다.

그렇지만 하절기에 80mm 이상의 '많은 비(호우주의보)'나 150mm 이상의 '매우 많은 비(호우경보)' 예보가 발효되었다면, 평지형 저수지는 그 규모에 관계없이 출조지에서 제외하고 무조건 계곡형이나 준계곡형 저수지 혹은 댐을 찾아서 물골자리 근처나 수몰 나무 포인트에 자리를 선정하는 것이 좋다. 특히 기상예보에서 시간당 20mm 이상의 강수량을 일컬어 '강한 비'라고 하는데, 이런 강한 비가 지속해서 쏟아질 때 우리 낚시인들이 흔히 말하는 '오름수위' 호조건이 연출된다.

■ 일기예보에 귀 기울이자

비가 오고 있거나 올 것이라고 예보가 되어 있는 날은 안전사항을 꼭 준수해야 한다. 장차 물이 차오를 범위를 예측해 미리부터 높은 곳에 자리하거나, 포인트의 변화로 추후 물러나야 할 상황을 염두에 두고 퇴로를 확보해 두어야 한다. 또한 자동차는 조금 멀고 불편하더라도 필히 안전한 장소에 주차시켜야 한다. 진입할 경우는 문제가 없었을지라도 비가 많이 내린 다음에는 상황이 완전히 달라져 오도 가도 못할 수도 있고, 미끄러운 길을 무리하게 운전하다가 사고로 이어질 수도 있다. 또한 유사시에 비상연락을 취할 수 있는 전화기를 잘 보관하고, 만약 호우주의보나 경보가 발효 중일 때는 시시각각 변화하는 일기예보에 귀 기울여야 한다.

달이 낚시에 미치는 영향

■ 달과 지구 생태계 그리고 낚시

달은 해와 더불어 지구상의 생태계에 가장 큰 영향을 미친다. 그 중에서 해는 낮에 떠서 우리의 모든 생활에 영향을 끼치므로 우리가 잘 적응하여 살아간다. 그런데 달은 어두운 밤에 떴다 지므로 눈에 잘 보이지 않는 생태계에 어떤 영향을 미치는 지에 대해 잘 알지 못한다. 특히 우리 낚시인들이 접하는 수중생태계와 달과의 관계에 대해서는 전문적이고도 학술적인 자료가 많지 않다.

▼ 반달(下弦)이 뜨는 음력 23일은 조수 간만의 차가 가장 적고, 보름달이 뜨는 음력 15일은 조수 간만의 차가 가장 큰 날이다. 이 같은 달은 생태계에 상당한 영향을 미친다.

• 달이 낚시에 영향을 미친다? 아니다?

그러다 보니 우리 낚시인들은 달과 수중생태계에 대한 얘기를 많이 하면서도 각기 다른 주장을 한다. 달빛과 인력의 영향에 대한 갑론을박을 하면서 '달은 조과에 지대한 영향을 미친다'라고 말하는가 하면, 다른 한편으론 '바다낚시와는 달리 민물낚시엔 별다른 영향이 없다'고들 한다. 물론 영향이 있다는 쪽이 대다수이지만 영향이 없다고 하는 일부 사람들의 주장도 아주 강하다. 그러나 양쪽의 공통점은 달이 낚시에 미치는 영향을 무언가 경험으로 느끼면서도 논리적인 근거를 제시하지 못한다는 점이다.

필자는 이에 대해 한 가지 좋은 자료를 소개함으로써 설명을 대신하고자 한다. 지난 2009년 10월 KBS에서 방영한 '달과 생명'이라는 1시간짜리 자연다큐 프로그램을 시청한 후 그 프로그램을 아예 DVD로 구입해 몇 차례나 열심히 보았다. 그 중에서 바다나 민물에 사는 거의 모든 생물들이 달의 밝기에 따라 빛과 인력의 영향으로 생체주기가 달라지고, 활동이 확연하게 달라지는 것에 대한 장면들에 감탄했

▲ 달이 밝은 날의 밤낚시 포인트는 산그늘진 곳이나 후미진 지형이 도움이 된다.

다. 특히 놀라운 것은 몇 백 년을 자란 큰 나무가 달의 밝기에 따라, 즉 만월(滿月 · 보름달) 시기에 그 둘레가 미세하게 커지는 부분이었다. 달이 우리 생태계에 미치는 영향을 극명하게 보여주는 사례였다.

바다의 밀물과 썰물 현상이 순전히 달의 인력에 의해 발생한다는 점, 서기 2000년을 전후한 30년간의 지진 발생원인 중 70%가 달의 인력 때문이었다는 분석 등, 지구상의 모든 생물 · 무생물에게 영향을 미치는 달의 인력이 수중생태계라고 해서 예외일 리 없고, 오히려 더 지대한 영향을 미친다는 점을 새삼 느낄 수 있었다. 자연생태계 먹이사슬의 하층에 속해 경계심이 강하면서도 특히 영특한 대물 붕어를 상대로 하는 낚시는 더 말할 나위가 없을 것이다.

■ 달의 인력(引力)을 고려한 포인트 선정

낚시를 하다 보면 붕어가 떼 지어 수면 위로 떠서 유영하는 모습을 보게 된다. 이런 날은 분명 낚시가 잘 되지 않는다. 떠 있는 붕어는 바닥에 있는 먹잇감에는 관심이 없고 조용히 휴식을 취할 뿐이다.

▲같은 준 · 월척급 붕어일지라도 낮에 올리는 것보다는 밤에 올린 것이 더 값지고도 매혹적이다.

이렇게 붕어가 수면에 떠오르는 것을 달의 인력과 연관시켜 보면 대체적으로 만월(滿月 · 보름)일 때와 달이 없는 삭월(朔月 · 그믐 및 초승) 때로 집약된다. 바로 달의 인력이 지구에 미치는 영향이 가장 클 때로, 해와 지구와 달의 일직선이 되는 음력 15일과 30일인 것이다.

단순히 달빛의 밝기가 붕어의 경계심을 자극해 낚시가 안 되는 것이라면 보름달이 뜬 날만 낚시가 안 되어야 하는데, 사실은 우리가 무심해서 그렇지 통계를 집약해 보면 무월광, 즉 그믐밤에도 보름 때와 비슷한 사례를 보인다. 이런 때에는 그나마 수심이 얕으면서 수초가 무성하게 발달한 곳이 주요 포인트가 된다. 수심 깊은 지역의 경우 일정 수심대까지는 붕어가 떠다니기 때문에 좋은 포인트 역할을 할 수가 없고, 그나마 연안 수심이 얕은 수초 속에는 대물 붕어가 자리하고 있다가 달이 떠오르기 전이나 기운 새벽 시간에 입질할 가능성이 많기 때문이다.

▪ 달빛의 영향을 고려한 포인트 선정

달이 밝을 때 특히 나쁜 영향을 많이 받는 곳은 산간 계곡지 등 물이 맑은 낚시터이다. 그리고 비록 평지형 저수지라 하더라도 연안에 은신할 장소가 따로 없이 물이 맑은 색을 띠고 있다면 입질 받기가 쉽지 않다. 그렇다면 달 밝은 밤에는 어떠한 포인트를 선택하는 것이 좋을까?

달이 밝은 날의 주요 포인트는 산이나 둑 혹은 나무의 그림자가 진 상류의 후미진 수초지대다. 특히 키가 큰 부들이나 연 등의 정수수초는 그 자체가 그림자가 되어 좋은 포인트 역할을 한다. 또한 연안이 직벽으로 형성되어 수심이 깊고 돌무더기나 고사목 같은 장애물이 복잡하게 얽혀 있는 중류권이나 하류권의 제방 부근도 포인트가 된다. 한편으로는 상시 가로등이나 건물의 불빛 등 밝은 불빛이 수면을 비추고 있어 붕어가 그에 적응이 된 곳도 달 밝은 밤의 선택 포인트가 된다.

▪ 달밤에 즐기는 낚시 풍류

낚시를 즐기면서, 특히 밤낚시를 하면서 달이 밝고 안 밝고에 따라 출조를 하고 안 할 수는 없다. 그러니 적절한 장소와 포인트를 찾아서 낚시를 하되 때로는 조과에 연연하지 말고 달밤 그대로를 즐겨야 한다. 특히 여러 사람이 함께 낚시를 할 때는 옆 사람에게 방해되지 않도록 소음을 내지 말아야 하고, 나 홀로 낚시를 하더라도 평상시보다 더욱 정숙을 유지하면서 움직임을 최소화해야 한다. 또한 달이 중천에 떠올라 있는 시간에는 적절한 휴식을 하고, 달이 뜨기 전이나 달이 기운 다음 시간에 집중을 하는 것이 요령이다.

달 밝은 밤, 조용히 하늘을 보며 선인들의 풍류도 읊조려 볼만하다.

추강에 밤이 드니 물결이 차노매라
낚시 드리우니 고기 아니 무노매라
무심한 달빛만 싣고 빈 배 저어 오노라.

조선조 9대 임금 성종의 친형으로 34세에 요절한 월산대군(1455-1489)이 남긴 작품이다.

'추강에 밤이 드니 물결이 차노매라…'

사진 · 허형

바람이 낚시에 미치는 영향

바람은 낚시를 구사하는 데 불편을 끼치는 큰 요인이지만 바람에 의해 수중생태계에도 변화가 생긴다. 그리고 바람에 의한 수중생태계의 변화는 낚시에 긍정적인 요인이 되기도 한다. 먼저 바람의 종류와 특징부터 살펴보기로 한다.

■ 육지에서 바다로 때로는 바다에서 육지로

바람은 크게 육풍과 해풍으로 나뉜다. 이러한 바람의 방향은 주로 밤과 낮, 밀물과 썰물 시간대에 달리 나타난다.

• **육풍**(陸風) – 육지에서 바다로 부는 바람을 말하며, 주로 밤 시간에 부는 바람이다. 이는 해가 지면서 육지의 대기온도가 먼저 하강하게 되고, 야간에 바다 쪽 공기가 상승하면서 육지 공기가 바다 쪽으로 부는 현상이다. 차고 건조한 바람으로 낚시에는 불리하다.

▼ 적당한 바람은 몰라도 이쯤 되는 강풍이면 낚시가 불가능하다.

• **해풍**(海風) – 바다에서 육지로 부는 바람으로 주로 주간이나 밀물 시간대에 생긴다. 온화하고 습한 바람으로 낚시에는 유리하다.

■ 풍향에 따른 바람이 미치는 영향

바람은 불어오는 방향에 따라서 각각의 명칭을 가지며 그 성질도 각각 다르다.

• **동풍**(샛바람) – 동쪽에서 서쪽으로 부는 바람. 백두대간을 중심으로 동쪽에서는 온화한 바람이나 백두대간을 통과한 후 서쪽에서는 차갑고 건조한 바람이 된다. 특히 여름철에 샛바람이 지속되면 기압과 수온이 떨어지는 등 낚시에 가장 나쁜 영향을 초래한다.

• **서풍**(하늬바람) – 서쪽에서 동쪽으로 부는 바람. 서해 바다를 지나서 우리나라에 불어오는 바람으로 온화하고 다습한 기운을 전해 낚시에는 유리하다. 어민들 사이에 '갈바람'이라 불리며 가을에 많이 부는 바람이다.

• **남풍**(마파람) – 남쪽에서 북쪽으로 부는 바람으로 흔히 비를 동반하는 바람이다. 고온 다습하며 태풍이 불어올 때의 바람이 대부분 마파람이다. 여름에 잦은 이 바람은 낚시에는 유리한 바람이다.

• **북풍**(된바람) – 늦가을~겨울에 많이 부는 바람이다. 대륙에서 불어오는 차고 건조한 바람으로 낚시에는 불리한 바람이다.

• **북동풍**(높새바람) – 주로 늦은 봄부터 초여름 사이에 주로 불어오는 고온 건조한 바람으로 태백산맥을 넘으면서 푄 현상을 일으켜 동쪽으로는 비를 내리게 하고, 서쪽으로는 건조하게 하며, 여름철 농작물에 냉해를 일으킬 정도로 수온을 떨어뜨리는 등 낚시에는 불리한 바람이다.

• **북서풍**(높하늬바람) – 차가운 기운의 바람으로 낚시에는 불리하다. 어민들 사이엔 '된갈'(된바람+갈바람)이라 불리며 우리나라 겨울에 잦은 계절풍이다.

• **남서풍**(서마파람) – 바다에서 불어오는 해양성 바람으로 낚시에는 유리하다.

• **남동풍**(동마파람) – 역시 바다에서 불어오는 해양성 바람이나 수온을 떨어뜨려 낚시에는 불리하다. 일명 '서마'(샛바람+마파람)로 불리며 우리나라 여름에 잦은 계절풍이다.

■ 우리나라의 계절별 기단 형성과 낚시

• **봄**(양쯔강 기단) – 남서풍 계열의 고온 다습한 바람이 분다. 봄에 서풍이 불면 낚시에 유리하고 동풍이나 북풍 계열의 바람이 불면 불리하다. 특히 시베리아 북서풍은 가공할 만큼 빠른 속도로 수온을 떨어뜨려 낚시를 어렵게 만든다.

• **여름**(북태평양 기단) – 남쪽에서 불어오는 해양성 바람으로 습하고 무더운 기운을 동반해 낚시에 도움이 된다. 그러나 이러한 여름철에도 북태평양 기단의 남풍이 아닌 동풍이나 북풍 계열의 바람이 불면 입질이 끊기는 현상이 발생한다. 붕어는 한여름에도 수온 변화에는 겨울처럼 민감한 것이다.

• **가을**(오호츠크해 기단) – 오호츠크해에서 발생한 기단의 바람은 동풍으로, 주로 초여름이나 초가을에 많이 분다. 동풍이나 북동풍이 불면 수온을 떨어뜨려 낚시가 잘 안 된다. 이러한 날에는 밤에 바람이 멎는 경우가 많은데, 바람이 멎고 난 후의 가을 밤낚시는 빠른 수온 상승으로 인해 좋은 조과를 기대할 수 있다.

• **겨울**(시베리아 기단) – 시베리아 기단의 바람은 북서풍으로 저온 건조한 바람이어서 붕어낚시에는 불리하다. 따라서 겨울철에는 바람이 없는 날을 택하여 출조하거나 햇볕이 잘 들고 바람막이가 되는 포인트를 선택해 낚시를 하는 것이 좋다.

■ 풍향에 따른 영향과 포인트 방향

동풍 계열의 샛바람 또는 높새바람(북동풍)은 수온을 하강시키는 바람으로 냉수 현상이 발생해 수중 생물들의 활성도가 떨어진다. 또한 북풍 계열의 된바람 또는 높하늬바람(북서풍)은 차가운 성질의 바람으로 생물체의 활동을 둔화시킨다. 따라서 동풍 및 북풍 계열의 바람은 수중 붕어뿐만 아니라 먹이사슬이 되는 수서곤충이나 플랑크톤의 형성에도 훼방을 놓아서 대물낚시에 악조건을 야기한다.

또한 마파람(남풍) 계열은 비나 태풍을 몰고 와서 낚시에 지장을 준다. '마파람에 게 눈 감추듯'이라는 속담처럼…. 그러나 우리가 낚시를 하는 국지적인 장소에서는 큰 흐름과는 다른 지형적 특성이 작용하므로 풍향이 낚시에 미치는 이론적 근거에 너무 집착할 필요는 없다고 본다. 바람의 방향과

▲ 해안가에 소재한 저수지는 바람이 잦은 편이다. 해풍이 부는 낮에 특히 그렇다.

풍속을 포인트로 극복하거나 낚시 기법으로 극복할 수도 있기 때문이다.

• **마주보고 할 경우** – 바람이 불어올 때 그 바람을 마주보고 앉아서 낚시를 할 경우는 수초가 없고 수심이 어느 정도 유지된 곳에서이다. 물론 수초가 있으면 좋겠지만 맞바람이 심하게 불어 물결이 밀려오면 채비가 수초에 엉키에 되어 낚시 자체가 어렵게 된다.

바람이 불어 수면에 파도를 일으키면 수중 용존산소량이 증가해 플랑크톤 형성이 활발해 지는데, 이때 형성된 플랑크톤과 부유 유기물들은 바람의 영향으로 내 앞으로 밀려오게 된다. 따라서 이를 먹잇감으로 취하는 붕어들도 내 앞으로 접근하게 되는 것이다.

• **등지고 할 경우** – 수심이 얕고 수초가 발달한 포인트에서 낚시할 때는 바람을 등지고 하는 것이 유리하다. 바람이 심하게 불면 수서곤충이나 작은 생물들이 모두 수초 속으로 파고들어 안주하게 되는데 이는 붕어도 다르지 않다. 특히 마곡 부위나 둑 또는 숲으로 바람막이가 되는 장소라면 바람을 등지고 앉아야 좋다. 이렇게 바람막이가 되는 포인트는 우선 물색부터가 다른 곳보다 좋고, 낚시를 구사하기도 편리하다.

기타 자연현상이 낚시에 미치는 영향

모든 자연현상은 생태계에 직접적 혹은 간접적인 영향을 미친다. 따라서 모든 자연현상은 낚시와 불가분의 관계이다. 지금까지 살펴 본 비와 달, 바람에 이어 기타 자연현상이 낚시에 미치는 영향을 추가해 본다.

• **일교차**(日較差) – 여기에서 일교차는 어제와 오늘의 일교차를 말하는 것이 아니고 어제 밤과 오늘 낮의 일교차를 논하는 것이다.

일단 일교차가 10℃가 넘으면 낚시가 잘 안 된다. 이런 경우는 시간 안배를 잘 해야 한다. 예를 들어 동절기 낮낚시의 경우, 해가 떠서 일정 시간이 지난 한낮에는 붕어가 제한적이나마 약간 움직임을 보이다가 시간이 조금 지나면 다시 움츠려 든다. 이후 밤낚시를 할 때는 어느 정도의 적응과 함께, 자정 이후 한밤중 대류가 일어나는 시간대에 잠시 반응을 보이기도 한다. 따라서 일교차가 큰 날은 한낮의 오후 시간과 한밤중을 지나 새벽으로 이어지는 시간에 집중해야 한다.

• **기압**(氣壓) – 고기압은 주변보다 기압이 높은 구역이며, 하강기류가 발달해 구름이 소멸됨으로써 맑은 날씨를 형성한다. 이에 비해 저기압은 주위보다 기압이 낮은 구역으로 상승기류가 발달하여 구름이 형성됨으로써 날씨가 흐려진다.

▼ 겨울뿐만 아니라 일교차가 큰 봄철에도 낚시복장에 유의해야 한다. 밤이 되면 겨울 못지않게 춥기 때문이다.

▶ 물안개 자욱한 낚시터. 여름철 아침안개는 무더울 징조다(교복지에서 필자 부부).

고기압 시에는 연기가 하늘로 가볍게 올라가듯이 수면에 압력을 주지 않는 상황이 되고, 저기압은 연기가 바닥으로 깔리듯이 수면에 압력을 주어 수압이 높아진다. 그러므로 낚시인들은 고기압일 때는 물고기가 바닥층에서 놀고, 저기압일 때는 중층에 떠서 논다고 말한다. 따라서 고기압이면서 평균 날씨를 보일 때는 비교적 낚시가 잘 되지만, 저기압이면서 을씨년스러운 날씨일 때에는 낚시가 잘 되지 않는다.

• **햇볕** – 어느 계절이든 낮에 햇볕이 잘 내려 수온을 높여 주어야 밤에 낚시가 잘 된다. 특히 동절기에는 햇볕이 필수적인 요소다. 낮 시간의 햇볕이 표층 수온을 상승시켜야 물의 순환이 이뤄지는데, 동절기에는 온화한 물이 연안으로 밀려 나오고, 하절기에는 선선한 물이 밀려 나옴으로써 붕어들도 그 물을 따라서 연안 활동을 하게 되는 것이다. 아무래도 대물낚시의 날씨는 맑아야 유리하다.

• **물안개의 영향** – 낚시 도중 수면에 일어나는 물안개를 보고 마치 수온이 상승하여 수증기가 이는 것으로 생각하기 쉬운데 이는 크나큰 오해이다. 물안개는 수면 위의 공기 중에 있는 수분이 대기온도가 하강하면서 기화되지 못하고 액화가 된 현상이 마치 수증기처럼 보일 뿐이다.

수증기가 위쪽으로 상승할 때는 대기온도가 수표면보다 높을 때이고, 수증기가 아래쪽으로 깔릴 때는 대기온도가 수표면보다 낮을 때이다. 따라서 물안개가 빠르게 위쪽으로 상승하여 사그라지지 않고, 수표면을 타고 자욱이 끼어 있는 날은 그림이야 환상적이겠지만 이런 날은 수증기가 걷힌 후에야 수중생태계가 활발해 진다.

21 수초와 대물낚시

▲ 여러 가지 형태의 수초. 사진 왼쪽으로부터 갈대, 말풀, 개구리밥, 연, 마름, 뗏장 수초(뗏장).

모든 수초가 항상 이로운 것은 아니다

▪ 수초 포인트의 가치는 상황 따라 따라 바뀐다

오히려 수초지대가 수질을 악화시키고 낚시에도 나쁜 영향을 초래할 수도 있다. 삭아 내린 수초 더미에서 가스 현상이 발생할 경우 붕어는 그곳을 회피하기 마련이다. 특히 갈수위 상태에서 삭아 내린 수초 더미가 장기간 방치되면 수질마저 악화시킨다.

봄철은 수초의 새싹이 한참 자라 오르는 시기로, 이맘때의 수초는 수중의 용존산소량을 증대 시킨다. 특히 부드러운 수초의 새싹을 좋아하는 수서곤충들이 그곳으로 몰리게 되며, 붕어는 그 수초의 새싹과 수서곤충들을 먹이로 취하기 위해 연안으로 몰려든다. 따라서 봄철의 수초지대는 당연히 유망 포인트로 주목을 받는다.

이후 여름으로 접어들면서부터는 고수온에 의해 수중의 수초 일부가 삭기 시작하는데, 만약 물의 순환이 잘 이뤄지지 않을 경우는 용존산소량이 부족하게 되어 붕어가 회피하는 장소로 변한다. 그러나 물의 순환이 원활한 곳이라면 크게 나쁜 영향을 초래하지 않는다.

그러다가 가을이 되어 적서수온이 유지되고 서늘한 가을비로 인해 물의 순환이 크게 일어나게 나면 다시금 대부분의 수초지대가 포인트로서 활기를 띠게 된다. 이후 겨울이 되면 일생을 마친 수초들이 수면에 드러누워 이불 역할을 함으로써, 추위에 움츠린 붕어들이 따뜻한 수온이 형성되는 이불 밑, 즉 삭은 수초대 부근으로 모여드는 것이다.

이렇듯 수초지대는 붕어가 태어나고 자라는 요람이자 생활터전이지만 수초의 성장과 소멸 과정은 붕어를 불러들이기도 하고 때로는 몰아내기도 한다.

■ 수초도 분포하기 나름이다

만약 전역 또는 광범위한 구역에 걸쳐 수초가 빼곡히 분포해 있다면 그런 곳은 유망 포인트가 되지 못한다. 붕어 입장에서 보면 수초지대 전역이 생활공간이 되므로 그곳에 사는 붕어는 전역으로 분산될 수밖에 없고, 그런 상황에서 낚싯대 몇 대 펼쳐놓고 앉아 대물 붕어를 기다린다는 것은 그저 요행을 바랄 뿐이다. 낚시 포인트란 붕어가 모여 있거나 모여들만한 일정 범위를 예상하고 겨냥하는 것인데, 분산이 예상되는 곳은 당연히 포인트에서 제외될 수밖에 없는 것이다.

그러나 저수지든 수로든 그 낚시터 어느 한곳에 특징적으로 수초대가 형성돼 있다면 그런 곳은 유망 포인트가 된다. 대물 붕어 입장에서 보면 그들 나름대로 좋아하는 수초대 환경을 찾아 경쟁적으로 자리다툼을 할 것이기 때문이다.

수초를 알면 대물이 보인다

■ 붕어가 좋아하는 수초, 계절별로 다르다

• 정수수초는 사계절 포인트 – 정수수초(挺水水草)란 바닥에 뿌리를 둔 물풀의 줄기나 잎이 수면 위로까지 길게 자라 오르는 종류를 말한다. 연(蓮) · 부들 · 갈대 · 줄풀 등이 대표적인 종류다. 어떤 이들은 연을 부엽수초로 분류하는데, 이는 잘못된 것으로 정수수초로 분류하는 것이 옳다.

정수수초는 그 줄기에 새우나 물벼룩 등 붕어의 먹잇감이 곧잘 붙고는 한다. 특히 하절기 고수온 시기에 폭넓은 그늘을 형성함으로써 은신처를 제공할 뿐만 아니라 급격한 수온상승을 막아 주어 대물 붕어에게는 좋은 서식처를 제공하고, 겨울에는 그 잎이 수면에 삭아 누워서 수온을 유지시켜 줌으로써 붕어의 안방 역할을 한다.

• 부엽수초는 하절기 포인트 – 부엽수초(浮葉水草)란 줄기는 수면 아래에 있고 그 잎이 수면에 밀착하여 떠 있는 종류를 말한다. 마름과 수련 등이 대표적인 부엽수초이며, 통상 봄에 자라 올라서 여름 동안 잎이 수면에서 번성하다가 가을로 접어들면서 잎이 삭아서 소멸되는 특징이 있다. 따라서 부엽수초지대는 늦봄부터 초가을까지는 좋은 포인트가 되지만 동절기에는 그 역할을 하지 못한다. 그러나 마름의 경우는 겨울 동안 바닥에서 새순을 틔우는데, 겨울낚시에서 마름 새순이 바늘에 걸려 나올 경우는 그곳이 곧 포인트라 생각하고 적극 공략할 필요가 있다.

▼ 참붕어 미끼를 물고 나와 연잎 위에 누운 붕어.

• 침수수초는 겨울~봄 포인트 – 침수수초(沈水水草)는 물 바닥에 뿌리를 박고 줄기가 자라 오르면서 수중에서 잎이 피는 종류를 말한다. 그러나 간혹 줄기가 다 자라 오르면 그 잎과 줄기가 수면에 도달하여 수면을 덮고 번성하기도 한다. 주로 말풀류가 이에 해당하며 붕어마름과 수세미풀이 대표적이다. 이러한 침수수초지대는 4계절 포인트로 유용한데, 특히 새순이 자라 오르는 동절기

▲ 수련 사이로 얼굴을 내민 붕어. 정수수초 종류와 달리 수련은 줄기가 심하게 질긴 편은 아니다.

와 봄철에 유망하며, 침수수초지대에 부분적으로 정수수초가 발달해 있는 곳은 최고의 포인트가 된다.

• **부유수초는 불안정한 포인트** – 부유수초(浮遊水草)는 뿌리에서 잎까지 몸 전체가 물에 둥둥 떠 있는 수초를 말한다. 개구리밥이나 부레옥잠 등이 이에 속하며, 일정한 자리에 안주하지 못하고 물결 따라 밀려다니는 특징이 있다. 그러므로 부유수초는 포인트 역할을 못하며 간혹 부유수초가 정수수초 사이로 밀려와 그늘막을 형성한 곳은 좋은 포인트 역할을 한다.

• **한여름의 뗏장수초는 가스 발생 지역** – 뗏장수초란 명칭은 학술적 용어는 아니다. 육지의 잔디처럼 보여 우리 낚시인들이 흔히 부르게 된 이름이다.

뗏장수초는 봄에 줄기를 뻗고 잎을 펴서 여름 동안 번성하다가 가을이 되면 색이 누렇게 변하고 겨울이 되면 잎이 삭으면서 그 줄기도 수면 아래로 가라앉는다. 붕어의 먹잇감이 되는 새우 · 참붕어 · 물벼룩 등 수서곤충과 플랑크톤이 많이 번성하는 곳으로 붕어가 사계절 좋아하는 수초이기도 하다. 그러나 한여름의 빌생한 뗏장수초지대는 물의 순환이 제대로 이뤄지지 않아 가스 현상이 발생하기 쉬우므로 포인트 선정 시 유의해야 한다.

■ 수초 포인트 선정 시 유념할 사항

• **물색이 맑은 곳은 피한다.** – 아무리 수초가 발달한 곳일지라도 물색이 너무 맑으면 붕어가 접근을 꺼린다. 우선은 경계심 문제이고 다음으로는 수서곤충이나 플랑크톤이 없으므로 붕어가 접근하여 먹이사냥을 할 이유가 없는 곳이기 때문이다. 이런 때는 차라리 수초가 없더라도 물색이 좋은 곳을 선택하는 것만 못하다.

• **썩은 수초 더미는 피한다.** – 수중에 수초 더미가 무더기로 썩으면 그곳에는 심한 가스 현상이 발생하고 용존산소량이 희박해 진다. 따라서 이런 곳은 붕어가 회피하는 곳이다.

• **청태가 낀 곳은 피한다.** – 청태가 파랗게 묻어나는 곳에선 붕어가 먹이활동을 하지 않는다. 혹 접근하더라도 청태의 새순을 약간 뜯어먹거나 그 위를 떠서 지나갈 뿐이다.

• **물때가 많이 낀 곳도 피한다.** – 특히 초봄에 많이 목격되는 현상이다. 겨울 동안 수면에 날아든 미세 먼지 등이 수온이 떨어지면서 수초 가닥에 달라붙어 잔뜩 감싸고 있는 형상이다. 이런 곳은 여름철 수온이 상승하여 부영양화 현상에 의해 물때가 벗어지기 전까지는 좋은 포인트 구실을 못한다.

◀ 부들 수초 위에 나란히 누운 붕어. 부들 줄기는 갈대만큼이나 질겨 채비가 걸리면 애를 먹는다.

수초를 다스리는 자, 대물을 소유한다

■ 피할 수 없는 대물낚시의 관문

• 수초를 이해하고 접근하라! – 붕어는 수초를 끼고 일생을 보낸다. 어미 붕어가 수초에 알을 낳고, 그 알에서 부화된 치어는 수초그늘을 요람 삼아 어린 시절을 보내며, 수초밭을 먹이 터전으로 성장한 성어는 다시 또 그 수초밭에다 다음 세대를 위한 씨를 뿌린다. 이 같은 사실을 익히 알고 있는 낚시인들조차 한편으론 수초를 두려워한다. 이와는 달리 어떤 낚시인들은 모든 수초를 또 만능으로 생각한다. 그러나 고수의 경지에 이르면 수초를 이해하고 가려서 적절히 공략하게 된다.

• 수초는 극복해야 할 대상! – 초보자가 수초를 두려워하는 이유는 두 가지다. 하나는 좁은 공간의 수초 사이에 찌를 세울 자신이 없는 것이고, 또 하나는 수초 속에서 큰 붕어를 걸더라도 제압해서 유도해 낼 자신이 없는 때문이다. 그러나 수초를 극복할 수 있는 채비와 요령을 익히고 나면 어느덧 친숙해지는 나머지 수초 없는 수면이 오히려 어색해지기도 한다.

• 찌 세우기를 두려워 말자! – 초보자가 수초를 공략하면서 찌를 적절히 세우지 못하는 이유는 다음과 같다.

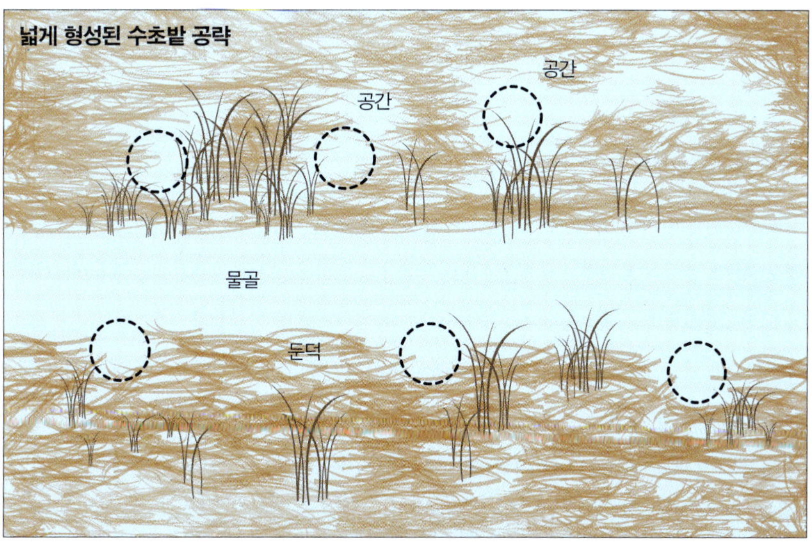

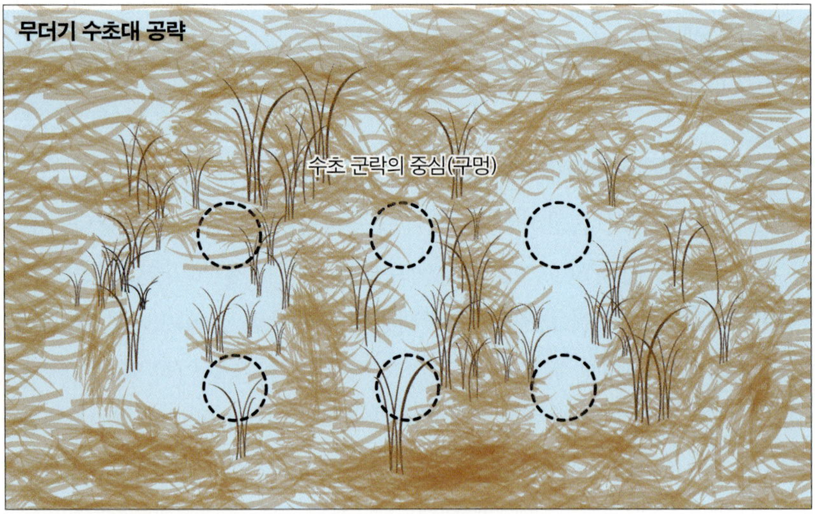

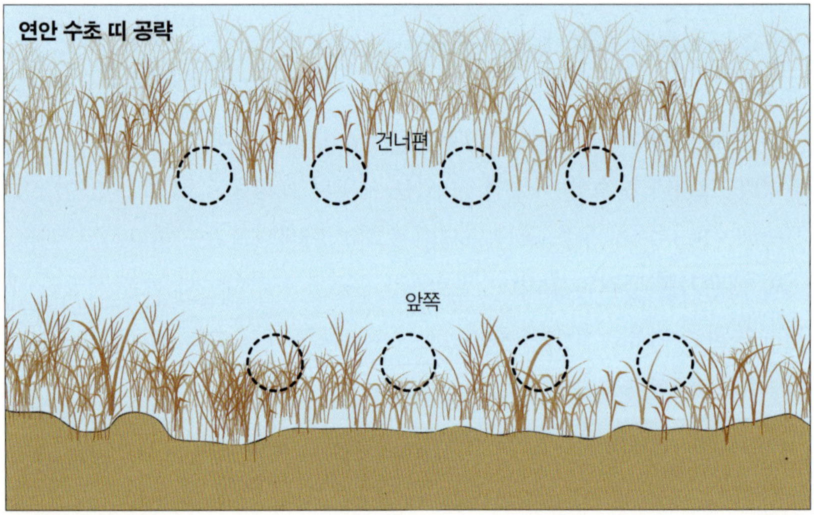

첫째, 불안한 마음으로 투척하기 때문이다. … 수초가 없는 포인트에서는 비교적 정확한 투척을 무리 없이 하는 사람도 수초가 있으면 그 정확도가 떨어져서 자꾸만 채비가 수초에 걸린다. 그것은 눈에 보이는 수초에 대한 두려움 때문이다. 채비 투척 도중 수초에 걸릴까봐서 불필요한 동작을 취하는 것이다. 따라서 평소에 하던 대로 투척을 하다 보면 수초 장애물에 대한 부담감이 없어진다.

둘째, 저부력의 찌, 연약한 채비를 사용하기 때문이다. … 저부력의 찌로 작은 수초 구멍에 찌를 세우는 것은 웬만큼 숙달된 사람에게도 쉬운 일이

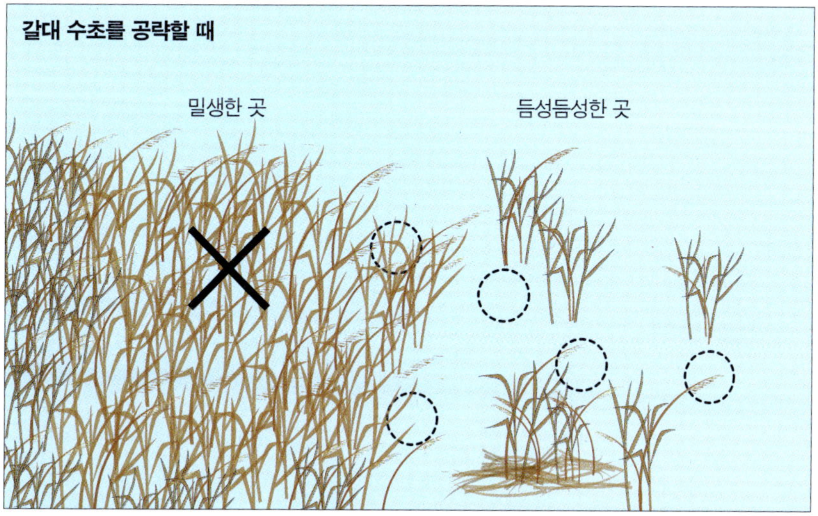

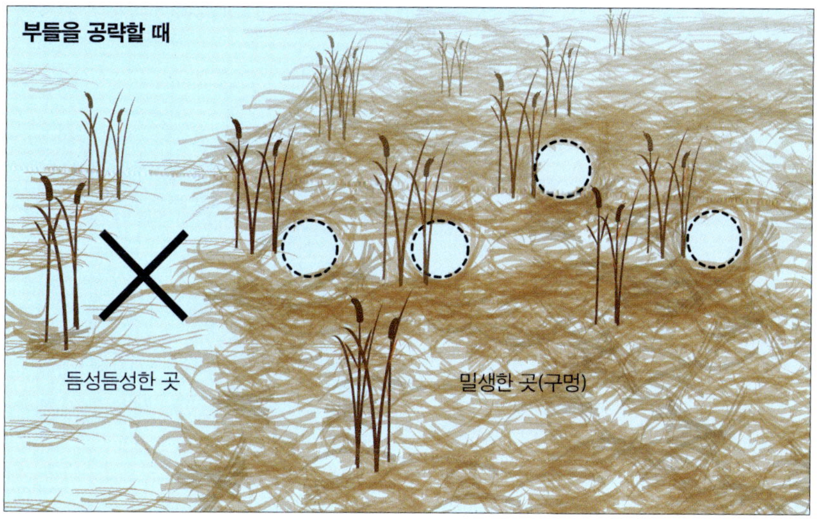

아니다. 하물며 채비까지 연약하다면 감히 수초 구멍에 찌를 세울 엄두가 나지 않아 기피할 수밖에 없다. 고부력 짧은 찌 채비를 활용하다 보면 조금씩 익숙해지면서 어느새 자신감을 갖게 될 것이다.

• **제압할 것을 미리 걱정하지 말자!** – "그런 곳에서 붕어가 물면 어떻게 꺼냅니까?" 밀생한 수초대의 작은 구멍이나 갈대 사이에 찌를 세워놓고 낚시를 하고 있을 때 지나가는 낚시인들로부터 가끔 듣는 얘기다. 그러나 그 같은 의문은 기우에 지나지 않는다. 입질을 안 해줘서 걱정이지 일단 입질만 받으면 월척급 붕어라도 능히 제압하여 꺼낼 수 있다. 일단 상황에 처하기

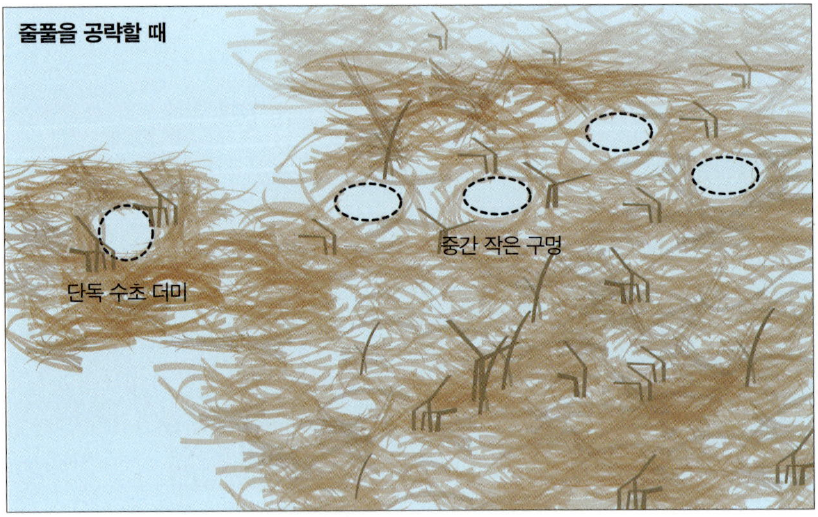

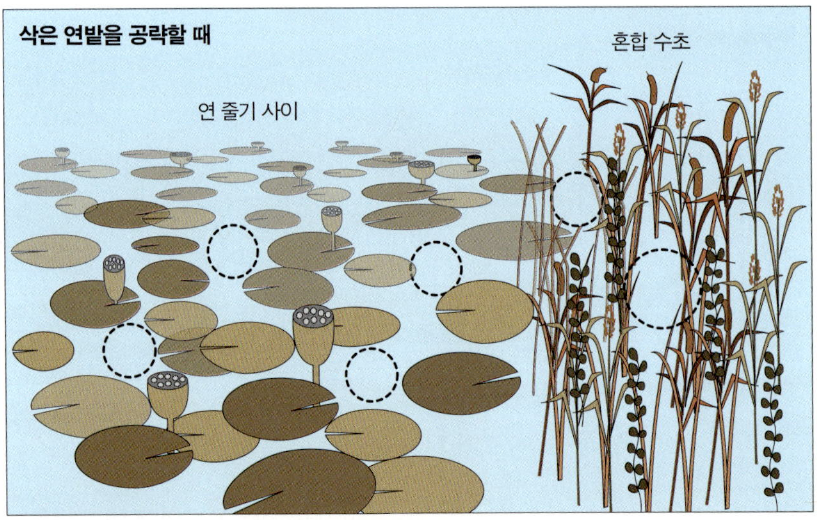

만 하면 낚시꾼의 본능이 발휘되고, 또 그런 경험이 쌓여 노련미가 생기는 것이다.

■ 수초대에 정확히 찌를 세우려면?

• 언저리 간접공략 – 수초 더미를 직접 공략하지 않고 수초 너머에 찌를 세우거나, 앞쪽에 붙이거나, 수초와 수초 언저리 선을 따라 찌를 세우는 방법이다. 그 중에서 수초를 넘겨 찌를 세울 때는 수초 선단보다 약간 긴 대를 사용하여 수초 너머로 채비를 던진 후에 살짝 수초 가까이로 끌어당기면 된다.

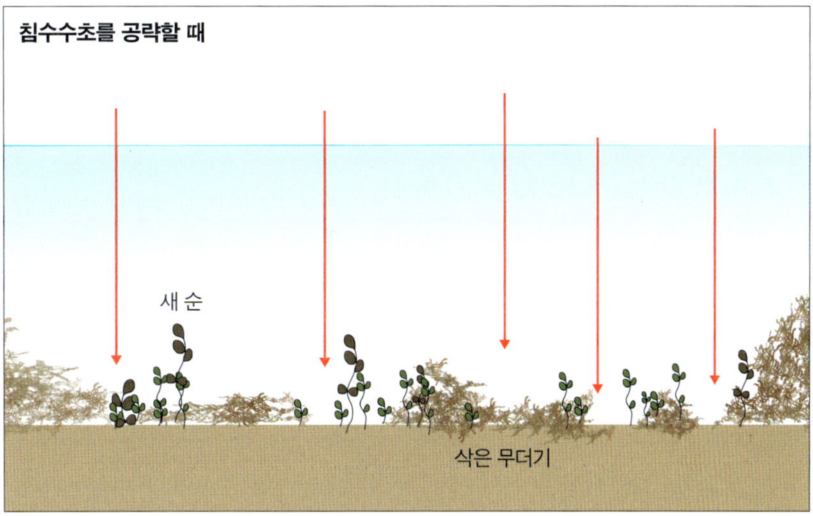

둘째로 맞은편 수초 앞에 찌를 붙일 경우는 수초 선상 혹은 수초와 수초 사이에 봉돌을 떨어뜨리고 그 위에 덮쳐서 찌를 떨어뜨리는 것이다. 이때는 최대한 맞은편 수초 가까이나 수초 사이에 봉돌이 떨어지게 하고 바로 그 자리에 찌를 떨어뜨리는 '제동 앞치기'를 한 후 원줄을 느슨하게 밀어주면 찌가 그 자리에서 곧바로 일어서서 자리를 잡는다.

셋째로 수초 공간 언저리 선에 찌를 세울 때는 가급적 근접 지점에 채비를 투척한 후 좌우측의 수초 선으로 찌를 약간 끌어 붙이면 된다. 이때의 요령은 위의 수초 넘겨 세우기나 앞쪽 수초 선에 찌 세우기 방법을 적절히 활용하면 된다.

• **수초 구멍 직접공략** – 언저리 공략과는 달리 수초밭에 작은 구멍이 있거나 인위적으로 작은 구멍을 만들어 그 속에 찌를 세우는, 보다 적극적인 방법이다. 제동 앞치기로 찌를 세우거나 직공 채비로 찌를 곧장 내리는 두 가지 방법이 있다.

첫째, 제동 앞치기를 하여 작은 수초 구멍에 찌를 세울 때는 작은 수초 구멍에 봉돌을 떨어지게 하는 한편, 곧바로 그 자리에 찌를 떨어뜨려서 자리 잡고 일어서게 하는 것이다.

둘째, 직공 채비를 이용한 찌 세우기다. 이는 들어서 넣고 들어서 뽑아낸다고 하여 '들어뽕'이라고도 하며, 수초의 작은 구멍을 공략한다고 하여 '구멍치기'라고도 부른다. 이 방법은 가급적 수초를 제거하지 않고 직접 공략할 때 활용한다. 이 방법을 구사하기 위해서는 수초직공 채비(들어뽕 채비)가 꼭 필요하다.

■ 채비는 강하고 단순한 것이 좋다

• **낚싯대는 경질대!** – 경질대라야 채비 투척도 쉽고 수초 속에서 붕어를 제압하여 유도하기도 좋다. 만약 연질대로 수초를 공략한다면 큰 물고기를 제압하는 데도 어려움이 따르고 낚싯대 파손을 우려하지 않을 수 없다.

• **채비는 강하고 단순하게!** – 원줄은 3~5호 카본사를 사용하고, 목줄은 3호 정도의 케블라 합사나 3호 정도의 나일론사가 적합하다. 찌는 30cm 전후한 길이에 1mm 이상 굵기의 톱이 부착된 6g 이상의 고부력 찌를 사용하고, 바늘은 12~15호 바늘을 외바늘로 사용하는 것이 좋다. 특히 직공 채비는 앞치기 채비보다 원줄을 한 치수 정도 강하게 사용하는 것이 좋고, 찌는 직공 전용으로 제작된 고리찌나 관통찌를 택해야 한다.

■ 저노동 고효율 수초 작업 요령

대물낚시의 고수는 수초를 있는 그대로 이용하되 인위적으로 과도하게 다듬지 않는다. 이에 대한 반론은 수긍하더라도 자연 그대로 이용하는 의연한 모습이 보기 좋은 것만은 사실이다.

필요에 따라 수초 작업을 할 때는 낚싯대의 운용을 가장 염두에 두어야 한다. 즉 수초 작업을 하는 공간은 곧 낚싯대를 운용할 공간이고, 곧 찌를 세울 공간인 것이다. 또한 수초 작업을 할 때는 수초의 종류와 분포도 생각해야 된다. 수초의 생장과 그 수초를 끼고 생활하는 대물 붕어의 습성을 살려야 하기 때문이다.

• **정수수초 종류** – 정수수초는 수면 위로 보이는 잎과 줄기는 무성하더라도 실제 수중에는 원줄기만 있어서 붕어가 자유롭게 활동할 공간이 형성된다. 아울러 그 공간은 채비를 바닥까지 내리는 데 크게 지장을 초래하지 않는다. 그러므로 정수수초를 작업할 때는 가급적이면 수면 위로 노출된 가지와 잎 일부만 제거해 찌 세울 자리를 마련하면 된다.

① 연(蓮) – 연은 넓고 큰 잎 하나만 제거해도 찌 하나 세울 공간이 확보된다. 그러나 바람의 영향을 받게 되면 인접한 연잎이 지장을 줄 수도 있으므로 2~3잎 정도를 끊어 낸다. 이때 연잎을 끊어내는 부분은 최대한 수면 아래쪽으로 수초칼을 눌러서 끊어 내는 것이 좋다. 유사시에 엉킴을 방지하기 위해서이다.

그러나 여러 개의 잎을 제거해 붕어를 끌어낼 경로까지 마련하고자 하거나, 넓은 공간을 시원하게 확보하고자 한다면 필요한 수면의 잎만 제거하는 형식이 좋다. 그렇지 않을 경우 붕어 입장에서 보면 너무 급격한 환경 변화가 생기게 되기 때문이다.

② 부들, 갈대 – 부들과 갈대는 연안 가장자리를 따라 띠처럼 형성돼 있거나 안쪽의 수심 얕은 둔덕에 집단으로 자리를 잡고 성장한다. 이러한 부들이나 갈대를 대상으로 할 때는 골을 내는 형식으로 한다. 수중

▼ 줄기가 질긴 정수수초 종류는 연과 부들, 갈대와 줄풀이 대표적이다.

연

부들

갈대

에 강한 줄기가 빼곡히 서 있기 때문에 찌 세울 자리와 붕어를 끌어낼 공간을 동시에 확보해야 하는 것이다.

③ 줄풀 – 줄풀은 부들 · 갈대와 비슷한 특징을 띤다. 연안 수심이 얕은 곳에 분포한 줄풀을 제외하고 안쪽에서 뿌리를 내린 줄풀은 줄기가 한 가닥이면서도 수중에서 곧바로 자라 오르지 않고 비스듬히 사선으로 자라는 모습을 보이는 경우가 많으며, 수면에서부터는 무성한 줄기와 잎으로 퍼진다. 따라서 이러한 줄풀도 부들이나 갈대와 같이 골 형식으로 제거 작업을 해야 한다. 그러나 만약 줄풀이 무성하지 않은 상태라면 찌 세울 자리만 동그랗게 확보하는 형식이 좋다.

④ 기타 정수수초 – 대부분의 정수수초는 생장 모습이 부들이나 갈대와 유사한 형태이다. 따라서 그에 준하여 수초제거 작업을 하면 된다. 한 가지 고려해야 할 것은 줄기가 거칠고 강한 종류일수록 공간을 넓게 확보해야 하고, 줄기가 듬성하고 부드러우면 구태여 너무 과도하게 작업할 필요는 없다.

• **뗏장수초** – 뗏장수초는 그 줄기가 수중에 심하게 뻗어 얽혀 있으므로 찌 세울 구멍을 확보하는 한편, 그 바닥 뿌리 부근까지 수초낫을 눌러서 다 제거하는 것이 좋다. 그리고 멀리 줄기가 뻗어나간 뗏장수초는 좌우로 벌리거나 당겨 내는 방법으로 공간을 마련하는 것이 좋다. 이러한 뗏장수초의 특징은 마치 공원 잔디밭 같이 빽빽이 자라 물이 전혀 보이지 않을 정도인데도 불구하고, 제거 작업을 한 후 찌를 드리워 보면 1m도 채 안 되는 수심에서 대물이 솟구쳐 새삼 그 위력에 감탄할 때가 많다.

▼ 뗏장수초로 불리는 겨풀, 물참새피, 물잔디는 육지의 잔디처럼 빽빽이 자라고, 수면에 잎을 드리우는 마름과 수련은 부엽수초에 속한다.

• **침수수초** – 침수수초를 제거할 때는 특별히 밀생한 곳만 손을 대고 웬만큼 공간이 뚫려 있거나 아직 덜 자라 부드러운 잎이 보이는 곳은 그대로 두고 공략하는 것이 좋다. 필요에 따라 침수수초를 제거할 때는 수중의 줄기를 끊지 말고 끌어 당겨서 공간을 확보하는 것이 좋다. 만약 그 부분을 끊어내게 되면 나중에 보이지 않는 물속 줄기로 인해 낚시에 지장을 받을 수 있기 때문이다.

• **부엽수초** – 부엽수초는 수면을 빼곡히 덮고 있어서 수중 공간이 없는 것처럼 보이지만 실제 수면에만 잎이 무성할 뿐, 수중 줄기는 그리 많이 얽혀 있지 않다. 그러므로 부엽수초를 건드릴 때는 주로 수면에 떠 있는 잎과 몇 가닥의 줄기만 제거하면 된다. 그러나 부엽수초는 단지 잎을 제거한 것으로 끝내선 안 된다. 마름이나 수련, 어리연 등의 부엽수초는 약간의 바람만 불어도 밀려다니면서 구멍을 다시 메워 버린다. 따라서 잎을 끊는 것보다 잎과 줄기를 살짝 당겨서 원(圓) 모양으로 마치 울타리를 치듯, 주변 잎 위로 끌어 올리는 방식으로 공간을 확보하는 것이 효과적이다.

• **부유수초** – 부레옥잠이나 개구리밥 등 수면에 떠 있는 부유수초는 유동적이기 때문에 별도의 작업을 해도 효과가 없다. 그러므로 엷은 곳에다 그대로 던져 찌를 세우거나, 그러한 여건이 안 된다면 아예 대를 펴지 않는 것이 현명하다. 다만 일정한 방향으로 바람이 불어 특징적인 한 곳에 부유수초가 쏠려 있을 경우는 그 아래에 대물 붕어가 잠입해 있을 가능성이 많다. 이런 때는 일부러 긴 대를 수면 위에 닿게 깔아 놓고 부유수초가 밀려 나오는 것을 차단하는 형식의 낚시를 구사하기도 한다.

▼ 수면을 떠다니는 개구리밥도 부유수초로 분류되며 물속에 줄기와 잎을 드리우는 말풀은 침수수초로 분류된다.

수련

개구리밥

말풀

▲ 낚시터에서 맞이하는 서설(瑞雪)…. by 이기선

Part 6

완성

22 붕어를 위하여

◀ 황금 비늘을 번득이는 월척 붕어가 수면 위로 그 모습을 드러내고 있다.

크기에 따른 다양한 별칭과 애칭

■ 월척(越尺)의 의미와 가치

붕어의 크기를 표현하는 용어로는 월척 · 턱걸이 · 준척 · 뼘치 · 감잎 · 깻잎 · 전차표 등 다양한 명칭들이 있다. 그 중에서도 월척(越尺)이란 크게 두 가지 의미를 갖는다. 낚시에서의 월척은 '한 자(尺)가 넘는 붕어의 크기'를 표현하는 한정된 의미이고, 또 하나 일반적으로 사용하는 월척의 의미는 한 자가 넘는 물고기, 즉 '큰 물고기'라는 포괄적 의미로 쓰이는 것이다.

• 월척의 사전적 의미

– **월척**(越尺)[명사] : 한 자가 넘음. 낚시에서 낚은 물고기가 한 자가 넘음, 또는 그 물고기'–

위에 인용한 바와 같이 월척의 사전적인 의미는 한 자가 넘는 모든 물체의 길이일 수도 있고, 특별히 낚시로 낚은 물고기 가운데 한 자가 넘는 크기를 지칭하는 것일 수도 있다. 따라서 낚은 물고기의 종류에 관계없이 한 자가 넘는다면 월척이라 불러도 사전적 의미로는 잘못된 표현은 아니다. 그러나 낚시에서만큼은 아무런 물고기에게 갖다 붙일 수 없고, 갖다 붙여서도 안 된다. 그렇다면 낚시에서 말하는 월척은 어떤 의미일까? 이를 정의하기에 앞서 우선 월척이란 수치 개념부터 살펴보기로 한다.

• **월척은 얼마 크기를 뜻하는가?** – 월척(越尺)은 한 자(尺) 넘는 것, 즉 30.3cm를 넘는 것을 말한다. '자(尺)'라는 표현은 우리나라를 비롯한 동양의 척관법(尺貫法)에서 규정하는 길이 단위로, 1푼(分=분)의 10배를 1치(寸=촌), 1치의 10배를 1자(尺=척)라 하며, 자보다 위로는 마 · 칸(6자), 장 · 리(=마장) 등으로 나타낸다. 이것을 미터법으로 환산하면 1자(尺)가 30.3cm, 1치(寸)는 3.03cm, 1푼(分)은 3.03mm, 1칸은 1.818m, 1리는 3.92km가 된다. 따라서 월척(越尺)은 30.3cm가 넘는 크기를 말한다.

■ 월척은 붕어를 기준으로 말한다

낚시인들이 말하는 월척이란 오로지 붕어를 기준으로 표현하는 것이다. 한 자가 넘는 물고기라도 잉어의 경우는 아직 새끼에 불과해 '발갱이'라는 별칭으로 불리고, 바닷고기인 감성돔의 경우에도 '크다'는 의미가 전혀 어울리지 않는 등, 월척이란 고귀한 존칭은 오직 붕어에게만 어울리는 표현이다.

실제로 잉어나 돔의 경우는 2년생만 되어도 한 자가 넘는 크기로 성장하며, 이후로도 성장을 계속하여 두 자 이상으로 자라는 경우도 많다. 하지만 붕어만큼은 평균 5년 이상을 성장해야만 한 자가 넘는 크기로 성장을 하며, 유전적 요소나 서식환경에 따라서는 월척까지 성장을 못하고 수명을 다하는 경우가 대부분이다. 따라서 붕어에 있어서 월척이란 클 만큼 다 컸고, 살 만큼 다 살았다는 의미까지 내포된 '희소가치'의 우대 표현인 것이다.

그렇다면 다른 물고기에 대한 월척의 가치 부여는 어떤 크기가 적합할까? 낚시인마다 이견이 있겠으나 필자 나름으로 재미삼아 부여한 크기는 다음과 같다. 잉어와 참돔은 60cm(2자), 감성돔 · 돌돔 · 벵에돔은 45cm 정도. 잉어와 참돔의 경우 60cm 정도 크기면 붕어의 월척과 비슷한 가치를 부여할 만하다고 생각하는데, 어쩌다 석 자(90cm)짜리 잉어나 참돔을 만난다면 4짜급 붕어를, 또는 1m가 넘는 대물이라면 5짜급 붕어를 연상할 수 있겠다. 감성돔 · 돌돔 · 벵에돔 또한 45cm가 넘으면 월척 붕어와 유사한 가치를 부여해도 될 것이다. 다만 돌돔의 경우는 같은 크기라도 민물의 돌붕어처럼 만나기가 쉽지 않은 희소가치가 있는 특징도 감안해야 할 것이다.

■ 붕어 크기에 대한 다양한 표현들

낚시인들 사이에 통용되는 붕어의 크기에 관한 여러 가지 별칭 중에는 옛날에 사용된 척관법(尺貫法)에서 유래된 것들이 많고, 붕어의 체형과 비슷한 식물의 잎과 관련된 명칭이 있는가 하면, 지난 세월의 시대상이 담긴 이름들도 있다.

▼ 뼘치급 즉, 22cm 가량에서 30.3cm 월척에 이르기까지 다양한 크기의 붕어들.

• **치**(寸) – 이는 척관법의 치(寸)를 그대로 적용한 것이며, 1치가 3.03cm 이니 만약 7치라면 7×3.03 = 21.21cm, 즉 21~23cm를 뜻한다. 따라서 9치는 27.27cm, 즉 28cm에 약간 모자란 크기가 된다. 그렇다고 준척(準尺)이라 함부로 말할 수도 없다.

• **뼘치** – 어른의 한 뼘 길이를 말하는 것으로 약 22cm, 7치 전후의 크기를 말한다.

• **준척**(準尺) – 국어사전에는 '낚시에서 낚은 물고기가 거의 한 자가 됨'이라고 정의하고 있다. 따라서 월척에 준한다, 즉 9치는 넘고 월척에는 아슬아슬하게 모자라는 붕어를 예우하여 준척이라고 하는 것이다. 그러니 7치 조금 넘는 붕어를 낚아들고 준척이라고 하는 것은 이치에 전혀 맞지 않는 표현이다. 뿐만 아니라 9치 붕어도 그냥 9치라고 부르는 것이 옳다. 준척이라는 표현을 함부

로 사용하지 말자는 것이다. 준척이라 함은 28~30cm 어간이어야 하기 때문이다.

• **털걸이(급)** – 이는 아주 아슬아슬하게 월척(혹은 4짜)에 도달한 크기의 붕어를 표현하는 용어다. 여기서 '턱걸이'라는 단어는 체육시간에 턱걸이 마지막 하나를 채우기 위해 온 힘을 다해 발버둥친 끝에 겨우겨우 철봉대에 턱을 갖다 대는 정도-, 그 어려운 도달 상태를 비유한 것이다. 수치로 말한다면 30cm는 겨우 넘겼으되 31cm에는 못 미치는 크기이다. 그래서 후한 인심으로 '턱걸이 월척' 또는 '4짜 턱걸이'라는 표현을 한다. 따라서 32cm가 넘는 붕어를 턱걸이라고 해서는 안 된다. 확실한 월척 붕어에 대한 결례인 것이다.

• **기타 용어** – 감잎, 깻잎, 전차표 등의 사물에 비유한 표현도 있다. 이러한 용어들은 있는 그대로의 사물을 연상하여 그 크기를 가늠하면 된다. 다만 전차표라는 이름은 60년대에 사라진 전차(電車)처럼 점차 우리들의 용어에서 사라져 가는 느낌이다. 이밖에 최근 회자되고 있는 4짜, 5짜는 글자 그대로 40~49cm, 50~59cm 크기를 말하는데, 대물낚시가 유행하면서 월척이란 단어만으로는 표현 한계를 넘는 특대형 붕어들이 속출해 붙여진 이름이다.

▼ TV 낚시 프로그램 촬영 도중 낚은 붕어를 들여다보는 저자.

스스로 치유하고 스스로 자란다

■ 붕어도 온갖 질환에 시달린다

입춘, 경칩이 지나고 춘분지절이 되면 수온이 점차 오른다. 이때는 수중 미생물은 물론 기생충과 수생균도 번성하는 적정 수온대(10~15℃)가 형성된다. 따라서 이 시기부터 붕어의 몸에는 각종 충과 균에 대한 방어수단으로 체액이 증가하며, 수질 오염도에 따라 그 정도가 더해진다. 그래도 이 시기의 붕어에게는 붉은 반점과 흰곰팡이 등의 감염 흔적이 종종 발견되고 간혹 검은 반점이 유별나게 많은 붕어도 만난다.

우리가 낚시를 하면서 만나는 붕어의 모습에서 육안으로 볼 수 있는 질병과 유사 현상들을 열거해 본다.

■ 붕어의 체액은 방호수단이다

모든 붕어는 체액(피부 점액질)을 몸에 감싸고 살아가는데, 오염도가 높은 곳에 서식하는 붕어일수록 체액을 더 많이 분비하여 두터워진다. 충이나 균

▼ 월척 붕어의 아가미로 파고든 거머리. 붕어의 일생은 이렇듯 외적의 침입에 시달린다.

의 침투로부터 자기 스스로를 보호하기 위한 수단인 것이다. 그러므로 홍천강이나 섬진강 같이 맑은 수질이 흐르거나 계곡수가 유입되는 산간 저수지에 사는 붕어들은 점액질이 많지 않아 손으로 잡으면 까칠까칠한 느낌이 들 정도다. 이에 비해 수질이 좋지 않은 정체된 수로나 오염수가 유입되는 저수지의 붕어는 점액질이 비늘을 두텁게 싸고 있어서 미끈미끈한 촉감이 든다.

특히 붕어의 체액은 수중 용존산소량과도 관계가 깊다. 붕어는 용존산소량이 낮아지면 점액질을 과다 분비하여 스스로를 보호하려고 하며, 용존산소량이 줄어들수록 무리한 점액질 분비를 하게 되면서 피부가 녹고 궤양이 발생하기도 하는데, 이러한 궤양 현상은 대부분 꼬리 쪽부터 몸통으로 진행된다. 따라서 붕어를 낚았을 때 몸통 쪽에 궤양 현상이 있다면 그 장소는 오염이 상당 기간 진행되었다고 생각해야 한다.

그렇다고 점액질이 많은 붕어가 사는 모든 수계가 오염되었다는 뜻은 아니다. 어디에 서식하는 붕어이든 기본적으로 몸을 감싸는 점액질을 가지고 있기 때문이다. 따라서 낚은 붕어의 몸에 상처나 감염 현상이 없다면 비록 미끈미끈한 점액질이 손에 묻더라도 그곳이 오염되었다고 속단할 필요는 없다.

■ 붕어의 피부병은 충과 균에 의한 감염

봄철에 붕어를 낚아보면 몸에 빨간 상처가 있는 개체가 많이 발견되는데, 이러한 현상은 산란기 전후부터 초여름까지 대부분 진행된다. 붕어에게 감염되는 기생충과 수생균은 대부분 동절기의 낮은 수온이 봄철로 접어들면서 15~20℃로 급작스런 상승을 할 때 가장 활성을 보인다. 이때 주로 번성하는 피부기생충으로는 물이 · 닻벌레 · 아가미흡충 · 피부흡충 등이 있으며, 이들은 붕어의 피부나 지느러미에 붙어 기생하면서 빨간 반점을 형성하고, 심하게 되면 피부 표피나 지느러미가 떨어져 나가는 궤양을 일으키기도 한다. 이런 때 낚은 붕어의 빨간 상처 부분을 손으로 짜거나 잘 관찰해 보면 육안으로도 충을 발견할 수 있다.

이러한 피부병 발병은 축사, 식당, 썩은 퇴비 유입수 등에 의한 생물학적 오염이 주원인이 되며 흙탕물이 다량으로 유입된 후에도 발생한다. 또한 수생균에 의한 발병은 수온 10~15℃에서 주로 발생하며, 하절기로 가면서 수온이 상승하면 이내 자연치유가 되는 특성이 있다.

수생균에 의한 피부병은 검붉은 색으로 피부가 녹아드는 궤양 현상과 하얀곰팡이가 피는 물곰팡이병이 있으며, 이러한 현상은 수질이 떨어진 수계일수록 많이 발생하고 충에 의한 감염보다 폐사율이 높은 편이다. 우리가 종종 볼 수 있는 작은 솜뭉치를 등에 달고 떠다니는 물고기가 바로 솜뭉치곰팡이균에 감염된 물고기이며, 체액이 손상되면 더 쉽게 발병하게 된다. 그래서 붕어를 낚았다가 다시 넣어주곤 하는 양어장 낚시터에서 흔히 발견되는 질병이다. 그러니 낚은 붕어를 살려 보내더라도 상처가 나거나 체액이 손상되지 않도록 조심스레 다뤄야 하는 것이다. 수건으로 감싸거나 집게로 잡게 되면 오히려 체액과 피부 손상이 더해질 뿐이다.

다만 이러한 충과 균에 의한 감염 현상은 오염된 수계뿐만 아니라 청정수계라 하더라도 우리가 주의를 기울이지 않으면 무심결에 어느 경로에 의해서 전파가 되어 그 수계 물고기들이 감염될 수도 있다. 즉 오염이 안 된 맑은 수계에서도 상처가 있는 붕어를 만날 수 있다는 얘기다. 그러니 다른 곳에서 낚은 물고기를 또 다른 곳으로 옮겨 방생하는 것은 주의해야 할 일이다.

■ 깨반점은 돌붕어라서? 아니면 오염 현상?

붕어 중에서 가장 힘이 좋다고 해서 흔히 선호하는 돌붕어 종류가 있다. 찬찬히 들여다보면 대부분 깨알 같은 검은 반점이 철갑처럼 강한 비늘과 지느러미, 아가미뚜껑 등에 찍혀 있다. 그래서 이 돌붕어를 '철갑붕어' '점박이붕어' '깨붕어' 등으로 부른다. 그러나 돌붕어를 '철갑붕어'라 부르는 것은 몰라도 그 이외의 별명은 이치에 맞지 않다. 그것은 꼭 돌붕어 아닌 일반 붕어들 중에서도 검은 반점이 있는 개체가 있기 때문이다.

주로 돌붕어에게 생기는 이 검은 반점은 장흡충의 원인균인 메타고니무스(Metagonimus)에 의해서 발생하는 것으로, 만약 피부에 기생하는 이 유충의 중간숙주인 다슬기가 서식하는 곳이라면 그 수계가 수로이든 저수지이든 그곳에 사는 일반 붕어의 비늘이나 지느러미에도 발생할 수가 있다. 따라서 검은 반점이 있다고 해서 꼭 돌붕어인 것도 아니고, 또 검은 반점이

▶ 깨 같은 반점이 점점이 박힌 돌붕어. 일반 붕어에게도 발견되는 반점은 피부병일 수도 있다.

많다고 해서 그곳의 수질이 모두 오염된 것도 아니다. 그 원인이 되는 다슬기는 오히려 1급수의 맑은 물에 살지 않는가.

또 한 가지. 돌붕어는 꼭 흐르는 강물에만 서식하는 것이 아니고 바닥이 암반 또는 자갈모래로 이루어진 댐이나 저수지, 혹은 계곡지의 제방 석축을 영역으로 살아가는 붕어 중에도 돌붕어가 있다. 돌 틈을 삶의 공간으로 살면서 그 환경에 맞게 적응한 것이다. 우리가 돌붕어라고 오해하는 까만 반점은 여름철 수온이 상승하면 적어지고 이른 봄이나 가을철 이후 수온이 하강하면 많아지는 특성이 있다.

■ 붕어는 사람 손에 화상을 입지 않는다

붕어가 냉혈동물이므로 36.5℃의 사람이 맨손으로 잡으면 화상을 입어서 체액이 녹아버리는 나머지 결국은 그 붕어가 죽게 된다고 주장하는 이들이 있다. 그러나 이것은 실제와는 다른 상상력을 바탕으로 한 주장이다. 붕어는 변온동물로 사람 손에 의해 화상을 입지 않는다.

우리가 얼음낚시를 할 때 낚은 붕어를 눈 위나 얼음 위에 놓아두고 한참 후에 보면 빳빳하게 얼어 있는 모습을 목격하게 되는데, 이때 냉동 붕어를 물속에 넣어보면 잠시 후 아무 일 없이 헤엄을 친다. 자세히 살펴보아도 동상이 걸린 흔적이 없다. 화상과는 정반대의 이야기지만 이렇게 붕어는 스스로 자기 체온을 변화시켜 외부 온도에 적응하는 생물이므로 어느 정도의 고온이나 저온에 화상이나 동상을 입지 않는 것이다.

다만 붕어를 보호한답시고 수건 등으로 감싸 쥐고 바늘을 빼는 경우, 오히려 체액 손상을 더 초래해 결국은 수생균의 침투로 하얀 물곰팡이병 등의 피부병을 유발하게 된다. 집게로 붕어를 잡을 경우도 마찬가지다. 비늘과 피부에 손상을 입혀 더 해롭게 하는 행위가 되는 것이다.

■ 붕어도 보호색을 띤다

붕어는 자기가 사는 수중 환경에 따라 보호색을 띤다. 뿐만 아니라 환경이 변화하면 스스로 체색을 바꾸는 능력도 지니고 있다. 대개의 경우 샘물처럼 맑고 투명한 수계에 서식하는 붕어일수록 등 쪽에 검은 색을 많이 띠고, 배 쪽엔 하얀색을 더 많이 띤다. 이와는 달리 염도가 있는 수계이거나 탁한 물이 유입되어 물이 흐려진 수계의 붕어는 전체적으로 흰색을 띠게 되고, 수초가 발달하고 일조량이 풍부한 수계의 붕어는 담황색을 띤다.

▼ 서식처에 따라 체색이 다른 붕어들. 붕어도 보호색을 띤다는 것을 알 수 있다.

또한 바닥 토양에 따라 다른 색깔을 보이기도 한다. 감탕 바닥의 붕어는 검정색을, 자갈모래나 마사토 바닥의 붕어는 담황색을 많이 띠며, 어느 곳이든 동절기에 마름 · 말풀 등의 수초가 삭아서 바닥을 까맣게 덮게 되면 흑갈색을 많이 띤다.

이렇듯 낚시터마다 붕어의 체색이 조금씩 다른 이유는 그곳의 서식환경이 각각 다르기 때문이며, 꼭 다른 낚시터가 아닌 동일 수계에서도 개체마다 서식하는 범주의 서식여건에 따라 체색을 달리하는 경우가 있다. 그래서 같은 저수지라도 제방 쪽의 붕어와 상류 수초대의 붕어가 서로 체색이 다를 수 있는 것이다.

■ 붕어의 체형은 서식환경과 유전자에서 비롯

우리가 가장 아름답다고 말하는 붕어의 체형은 등과 배 쪽이 완만한 유선형이다. 특히 등 쪽의 유선형은 마치 우리의 옛 초가지붕과 같고, 한복저고리의 섶이나 깃 윤곽과 같아 우리의 정서와도 일맥상통한다. 그런데 이 같은 붕어의 체형은 통일된 모습이 아닌, 여러 가지 형태를 보이기도 한다. 우리가 흔히 만나는 유선형의 붕어 외에 혹부리붕어 · 납작붕어 · 칼붕어 등으로 부르는 형체들이 그것이다.

이러한 붕어의 체형은 서식처에 따른 특성을 보이기도 한다. 섬 또는 해안가 평지형 저수지 등 연중 적정수온대가 길게 유지되거나 먹이사슬이 잘 형성된 곳에 서식하는 붕어일수록 체고가 높은 편이고, 흐르는 강물이나 찬 계곡물이 흘러드는 산간 저수지의 붕어는 날씬한 편이다. 또한 같은 저수지 내에서도 수심이 얕고 수초가 발달해 먹이사슬이 잘 형성된 상류지대를 영역으로 하는 붕어는 체고가 높은 반면, 수심이 깊어 수압 영향을 받으면서 힘든 유영으로 운동량이 큰 제방 쪽의 붕어는 체고가 낮은 편이다.

그러나 붕어의 체형을 결정하는 가장 큰 요인은 유전자이다. 즉 혹부리 붕어는 혹부리 붕어 종족을 퍼뜨리는 것이다.

■ 배스가 붕어를 키운다?

근래 들어 배스 등 외래어종의 위협에 대비하여 붕어의 체고가 높아졌다거나, 배스와 대응하기 위해서 4짜 붕어들이 빠르게 생겨난다고 주장하는 의견들이 있다. 수긍할 만한 주장일까?

당장에 배스가 유입되면 그 위협에 대응하여 붕어 스스로 당대(그것도 3년 정도의 단기간)에 진화를 하여 몸을 부풀려 체고를 높인다고 하는 것은 생태학적으로 가능한 것인지 아직 명쾌한 결론이 없다. 그러나 한 가지 가능성은 날씬한 붕어와 작은 붕어는 쉽게 배스의 밥이 되어버리고, 그나마 덩치가 큰 붕어만 살아남아 낚시에 걸려들 경우를 생각할 수 있겠다. 이러한 현상은 잔챙이 마릿수낚시만 잘 되던 저수지에 배스가 유입되고 나면 불과 3년 정도만 지나도 잔챙이는 거의 보이고 않고 대물 낚시터로 변모하는 사례들에서 어느 정도 수긍이 가는 사실이다.

그러나 이런 경우는 배스가 유입되기 전, 잔챙이 낚시가 잘 되던 때에도 큰 붕어가 없었던 게 아니라 잔챙이 등쌀에 큰 붕어가 덤빌 기회가 적었던 것으로 해석할 수도 있다. 만약 배스의 위협에서 살아남은 붕어라면 모두가 생존을 위해 4짜로 몸집을 키웠을 텐데, 배스가 서식하는 낚시터에선 대물뿐만 아니라 중치급마저도 입질 한 번 받기가 어려운 곳도 있기 때문이다.

두 가지 해석 가운데 어느 하나로 결론짓기 어렵지만, 배스 때문에 작은 붕어는 줄어들고 큰 붕어들만 살아남는다는 의견이 아무래도 설득력이 있는 것 같다.

▶ 작은 물고기를 한 입에 집어삼킨 배스. 육식성 배스가 유입된 수계의 붕어는 잔챙이들이 눈에 띄게 줄어든다.

대물 붕어에 대한 예우와 심리학

■ 취할 것인가, 살려 보낼 것인가?

• 원로 2인의 철학을 엿본다 – 한형주 박사는 청년 시절인 6.25때 월남하여 고학으로 서울대 의대를 나와 서울대 의대 교수로 40여년 간 재직하였고, 개인 병원을 운영하면서 평생 동안 낚시를 취미로 살아온 원로 낚시인이다. 또한 화가이자 수필가 활동을 하며 낚시 관련 저서로 『한형주의 붕어낚시』 『팔자섬의 메뚜기』 『물같이 바람같이』등 다수를 남겼고, 우리나라 최초의 낚시잡지인 〈낚시春秋〉를 창간해 오늘날에 이르기까지 우리 낚시인의 길잡이 역할을 하게 하였다.

▼ 낚은 붕어를 '취할 것인가? 살려 보낼 것인가?' 이 책의 저자는 '일단 살려 보내줄 붕어라면 살림망에 담지 말고 즉석에서 방류할 것'을 권한다.

예춘호 선생은 한때 유명 정치인이었다. 6, 7, 10대 국회의원을 지냈으며, 한때 박정희 정권의 공화당 사무총장이라는 3인자 자리에 있기도 했다. 그러나 그 유명한 군사독재악법인 3선 개헌에 반대함으로써 공화당에서 제명되었고, 이후 야당 생활을 거쳐 전두환 대통령 시절에는 '민추협' 활동 죄명으로 12년의 형을 선고받고서 2년여의 옥고를 치렀다. 매일 두 시간씩 묵향

에 젖는 서예가이자 수필가인 예 선생 역시 평생을 낚시와 더불어 살면서 낚시 관련 서적을 많이 남겼는데, 『낚시하는 마음』 『바람을 잡고 고기를 낚고』 『사계절 낚시풍경』 『바보들의 낚시예찬』 등이 그 대표적이다.

이 책에서 필자가 두 분의 원로 낚시인을 소개하는 이유는 필자가 낚시인으로 존경하는 대표적인 인물이라는 점 외에도 두 분이 남긴 글 가운데 낚은 붕어의 처리에 대한 의견이 두 갈래로 나뉘는 때문이다.

• **'낚은 붕어를 무조건 곧바로 방생해야 한다'** – 한형주 박사는 우리가 낚시로 잡은 붕어는 무조건 곧바로 방생해야 한다는 주장을 편다. 그것은 우리가 낚시를 하면서 붕어로 하여금 같이 동반하여 노닐자고 청해 놓고, 정작 즐겁게 놀고 나서 그 붕어를 살육하는 것은 야만적인 행위이니 이내 방생을 해야 도리라는 것이다. 참으로 사려 깊은 의견이다.

• **'낚은 물고기는 최대한 가치 있게 활용해야 한다'** – 예춘호 선생은 우리가 낚시를 통해 일단 물고기를 낚았다면 그 물고기가 천명이 다 되어 우리를 택해 잡혀준 것이니 최대로 가치 있게 대접해 주어야 한다고 말한다. 즉 요리를 잘 해서 맛있게 먹어주거나 꼭 필요한 사람에게 나눠 줌으로써 그 가치를 다하고 생을 마감할 수 있도록 배려해야 한다는 뜻이다. 낚을 때 쾌감을 느끼면서 괴롭히고는 다시 놓아주고 또 괴롭히는 것은 만물의 영장인 사람이 할 도리가 아니라는 것이다.

이 또한 얼마나 철학적인 사유인가. 그래서 필자는 한동안 혼돈의 시기를 가졌었다. 두 원로의 가르침이 모두 옳은데, 어느 쪽을 따라야 할 것인가의 갈등이었다.

• **'꼭 필요한 만큼 취하되 살려 보내려면 살림망에도 담지 말자!'** – 결국 필자는 보내는 쪽으로 마음을 정했다. 그때가 2000년도였으니 '취할 것인가 보낼 것인가'에 대한 갈등을 10년이나 겪은 셈이다.

그렇다고 모든 붕어를 살려 보내고 있을까? 필자는 이 부분에서 사실 절충안을 택했다. 즉 꼭 필요한 경우 꼭 필요한 만큼만 취하자는 것이다. 비록 애매모호에게 해석될 수도 있으나 나름대로의 기준은 있다. 월척급 붕어라면 한두 마리 정도, 그 이하라면 서너 마리 정도다. 이렇게 일 년에 서너 번 붕어찜 특유의 고소한 맛을 느끼면 되는 것이다.

필자의 지론을 다시 정리하자면 '꼭 필요한 만큼만 취하자! 그러나 꼭 필요치 않을 때는 살림망에도 담지 말고 방생하자!'이다. 기왕 방생할 거면 한 번 고생한 붕어를 밤새도록 또 고생 시키고서 자비를 흉내 낼 필요가 뭐 있겠는가? 그렇게 즐거움을 준 우리의 친구를….

■ 월척은 아직도 뭇 낚시인들의 로망(Roman)!

• 월척은 월척이다 – 요즈음에는 예전보다 월척을 쉽게 만난다. 옛날보다 월척급 붕어가 많아져서가 아니라 대형 붕어를 대상으로 한 낚시 기법이 발전한 때문이다. 그러나 예전에는 월척은 모든 낚시인의 꿈이었다. 그리고 시절을 거슬러 오를수록 월척은 더욱 큰 화젯거리였다. 1959년도에 발행된 〈조우(釣友 · 발행인 이재학)〉라는 한 낚시단체의 회보(會報) 표지에 실린 월척 어탁은 당대의 화젯거리였고, 1970년대만 해도 당대의 대학 총장 · 교수 낚시인들 사이에 월척 조사는 부러움의 대상이었다. 이에 월척을 낚은 본인은 뭇 지인들에게 자랑을 하고도 모자라 그 보물을 포르말린 병에 고이 넣어 보관한 이야기가 「업둥이」(이장규 박사 저)라는 낚시 수필에 담겨 있을 정도다.

▼ 자신의 낚시를 기념할 만한 붕어라면 어탁 한 장 남기는 것이 어떨까? 저자의 어탁 작업 모습.

한편 필자가 조우들과 어울려 서울에서 전라도 · 경상도까지 원거리 출조를 하던 1980년대에는 버스 가득 출조한 거의 전원이 '꽝'을 쳤어도 누군가 한 사람 월척을 거두었다 하면 귀로의 시간 내내 무용담을 나누며 모두가 제 일처럼 기뻐했고, 그 장본인은 또 버스에서 내리는 즉시 회원 전원에게 '월척턱'을 쏘았다.

그러나 요즈음은 어떠한가? 4짜가 아니면 큰 붕어 취급도 하려 들지 않는다. 분명히 잘못된 풍조다. 우리 주변에는 10년 이상의 조력에도 아직 월척 붕어를 만나지 못한 동호인들이 수없이 많다. 이런 순수 동호인들에게 월척은 아직도 동경의 대상이다. 사시사철 대어낚시만을 구사하면서 월척 몇 마리 쉽게 만난다고 하여 월척 붕어를 소홀히 취급하는 풍조는 바람직하지 못하다는 생각이다. 특히 '대물'이라는 용어에 '월척'의 가치가 폄하되는 것은 서글프기조차 하다.

• **월척 붕어는 기념해 주자!** – 호랑이는 죽어서 가죽을 남기고 그 호랑이를 잡은 사냥꾼은 이름을 남긴다. 우리가 만약 월척 붕어를 만나 한두 마리를 취하게 된다면 그 붕어의 흔적으로 사진을 찍어 두거나 어탁을 하여 나에게 낚여 준 고마운 붕어에 대해 보답의 징표를 남기면 어떨까? 그 징표 속에는 낚은 날짜, 장소와 내 이름도 남기면서….

낚시인에게 월척은 골프의 홀인원이나 볼링의 퍼펙트게임 기록만큼이나 기념할 만한 일이다. 홀인원이나 퍼펙트게임 기록 시에는 기록표와 함께 트로피를 만들어 보관하는데, 우리는 사진이나 어탁 표구를 하여 걸어두면 얼마나 좋겠는가.

▼ 솜씨를 발휘한 어탁은 두고두고 볼 만한 미술 작품으로도 손색이 없다.

Photo fishing

귀가(歸家)

사진 · 허형

23 낚시를 위하여

▲자연에서 활동하는 우리 낚시인들은 각종 해충과 동식물에 의한 피해 사례를 잘 익혀두어야 한다.

누구나 사건 사고에 노출될 수 있다

필자는 1991년 10월 어느 차가운 날 밤에 남한강에서 밤낚시를 하던 중 의자 밑에 둔 손전등을 찾다가 커다란 뱀이 똬리를 틀고 앉아 혀를 날름거리는 모습과 눈이 마주쳐 혼비백산이 적이 있다. 만약 무심코 손전등을 찾느라 손을 휘저었다면 필시 뱀에게 물렸을 것이다. 무언가 서늘한 느낌에 조심스레 살펴 사고를 피할 수 있었는데, 사람의 본능에 의한 예지력이 참으로 대단하다는 사실을 절감했다.

아무튼 그날은 불안함 속에서 밤을 보냈고, 이후로는 절대로 의자 밑에 물건을 두지 않는 버릇이 생겼다. 이외에도 포인트를 오가다 말벌에 쏘인 사건, 차 안의 낚시가방에서 기어 나온 지네 사고, 독나방이 옷 속으로 들어와 피부가려움증으로 고생한 사건 등, 아찔했던 사건 · 사고는 누구에게나 닥칠 수 있다는 교훈을 전하려 한다.

■ 자연 동물세계에서 더불어 낚시를 한다

우리가 낚시를 하는 자연 속에는 많은 벗(동식물)들이 있다. 그러나 그 벗들은 때로는 위험한 존재일 수도 있다. 낚시터에 앉아 잠시만 눈을 돌려보면 멀리 하늘을 나는 아름다운 새와, 풀숲에서 모습도 보이지 않고 음악을 연주해 주는 풀벌레, 그리고 발아래 줄지어 오가며 열심히 일하는 작은 개미들에 이르기까지, 온갖 동식물들이 살아 숨 쉬는 대자연 속에서 내 자신 또한 싫든 좋든 그들과 어우러지게 된다. 그러니 개중에는 우리에게 피해를 주거나 귀찮게 하는 것들이 있어 조심하지 않을 수 없다.

• **뱀**(蛇) – 대표적인 위험 동물이다. 특히 습도가 높은 장마철이나 추위지는 계절에 텐트 속이나 의자 밑으로 파고들기를 잘하며, 심지어 낚시가방

▼ 낚시터 주변에서 흔히 목격하게 되는 뱀. 그러나 독사가 아니면 크게 염려할 필요는 없다.

속을 들락거리기도 하고 심한 경우는 집에 와서야 가방에서 기어 나오기도 한다. 따라서 뱀이 접근할 만한 장소에서는 텐트나 낚시가방 등의 모든 지퍼를 꼭 닫아야한다.

만약 뱀이 발견되면 절대로 위협적인 동작을 하지 말고 조심스럽게 유도하여 다른 곳으로 보내야 한다. 뱀은 건드리지 않으면 덤비지 않기 때문에 자극을 주지 말고 유도해야 안전하다. 그러나 혹시 뱀에게 물리게 되면 지체 없이 물린 신체 부위로부터 심장 가까운 쪽을 끈으로 묶어서 사독이 혈관을 타고 전신에 퍼지는 것을 막고 나서 곧장 병원을 찾아야 한다.

예방을 위해서 낚시 자리에 명반 가루를 뿌린다거나 담배 가루를 뿌리는 방법이 민간요법으로 전해지기는 하나 결코 안심할 수 있는 대책은 아니다. 그보다는 풀숲을 다닐 때는 장화 착용을 하는 등 사전 안전조치가 필수다.

• **들쥐** – 사람에게 직접 접근하여 피해를 주지는 않으나 그 배설물에 의한 감염이 위험한 동물이다. 특히 등줄쥐는 유행성출혈열을 감염시키는 동물이다. 따라서 들쥐가 부스럭거리는 장소에서는 땅이나 풀에 피부가 직접 접촉이 안 되도록 주의해야 한다. 또한 들쥐가 있는 곳에서 낚시 자리를 비울 땐 꼭 떡밥 등의 미끼를 쥐가 접근하지 못하는 곳에 치워두어야 한다. 그렇다고 가방 속에 넣어두면 떡밥을 먹기 위해 가방에 구멍을 내고 들어가기도 한다는 점 역시 유념해야 한다.

• **족제비 · 수달 · 들고양이 · 뉴트리아** – 이 녀석들은 직접 사람을 물거나 질병을 옮기진 않는다. 다만 살림망을 다 찢어 놓아 사람을 황당하게 만든다. 특히 애써 낚은 물고기를 살림망에 넣어두고 잠시만 자리를 비워도 살림망에 구멍을 내어 물고기를 먹어치울 뿐만 아니라, 특히 들고양이는 준비해 간 음식에도 사람만 없으면 호시탐탐 덤벼든다.

• **멧돼지** – 가만히 있는 사람을 멧돼지가 공격하여 피해를 주는 일은 없다. 다만 멧돼지가 접근하면 두려운 마음에 멧돼지를 자극하기 때문에 공격적인 행동을 취하는 것이다. 그러니 혹시 멧돼지가 접근하는 소리가 들리면 이쪽에서도 헛기침이나 불빛 등으로 인기척을 내어 돌아가게 하면 된다. 밤중에 멧돼지가 물가로 오는 것은 단순히 물을 먹거나 물가의 풀뿌리를 파먹기 위한 행동이기 때문에 잠시 있다가는 돌아가니 성급하게 행동할 필요가 없다.

행여 어미를 따라다니는 새끼멧돼지가 귀엽다고 접근하다가는 어미의 공격이 곧바로 이어진다는 사실에 주의해야 한다.

• **방목 흑염소** – 들짐승이 아니라 사람이 사육하는 가축임에도 방목 흑염소는 낚시 도중 위험하기가 오히려 들짐승보다 더하다. 만약 암벽 아래 지점에서 낚시를 하는 도중 위쪽에서 염소가 접근하는 소리가 들리거나 가까이 접근하게 되면 염소를 다른 곳으로 보낸 후에 낚시를 해야 한다. 염소는 암벽타기를 즐기는 동물이라 머리 위에 돌을 굴려 떨어뜨려 큰 부상을 초래할 수 있기 때문이다.

실제로 오래 전 강원도 섬강 암벽 밑에서 밤낚시를 하던 필자의 머리 위로 큰 돌덩이가 떨어져 위험에 처한 경험이 있는데, 그때는 파라솔이 부서지면서 막아준 덕분에 큰 부상을 면했다. 그날 아침에 날이 밝아서 보니 강가에 내려온 흑염소가 100여 마리도 더 되어 보였다.

■ 해충은 쏘고, 물고, 가려움증을 유발한다

여름에 나 홀로 또는 가족과 함께 낚시터에 니기 총총히 떠 있는 밤하늘의 별을 보며 자연의 일부가 되어 낚시를 즐기는 것은 그 모습 그대로가 아름다운 그림이다. 그런데 이를 시샘하는 해충들이 가만 놔두지를 않으니 특히 한여름 밤 무더위 속에서 해충의 공격을 견뎌내기란 여간 고통스런 일이 아니다.

▼ 모기를 비롯한 해충을 피하려면 얼굴 모기장 착용이 가장 효과적이다.

• **모기** – 하절기 낚시에서 가장 극성스럽게 덤비는 것이 모기다. 모기는 특히 해질녘이나 새벽 시간에 군단을 이뤄 덤벼들고, 그 이외의 시간에도 밤새 사람을 못살게 하는 가장 귀찮은 해충이다. 더구나 집모기와는 달리 독하기는 왜 그리 독한지, 두 겹 옷도 사정없이 뚫고 물어뜯는다. 그러니 일단 하절기로 들면 모기를 예방하기 위한 보호망과 바르고 뿌리고 피우는 방충제가 필수 휴대품이다.

모기 접근을 줄이기 위해서는 땀 냄새가 나는 몸을 깨끗이 씻고, 가급적 화장품 등의 냄새를 지우는 것이 좋다. 모기에 물려 죽은 사람 봤느냐고 용감한 소리하는 사람들도 있는데, 오지게 당해 보지 않아 만용을 부리는 것이다.

• **지네** – 지네는 대개 산자락이나 근처 밤나무가 있는 곳에서 주로 목격되는데, 생긴 것부터가 징그러워서 만지는 사람은 없겠으나 잘못하여 물리면 강한 독에 고생을 하게 된다.

민화(民畵)를 보면 100년 묵은 지네의 적수로 꼭 닭이 등장하는데, 바로 지네와 닭은 상극이면서도 서로 가장 좋아하는 먹잇감이기 때문에 혹 낚시 자리에 닭 요리를 두었다면 특히 지네의 접근에 조심해야 한다.

지네에게 피해를 입는 가장 흔한 경우는 벗어 둔 신발을 신다가 신발 속에 들어와 있는 지네에게 물리는 경우인데, 일단 지네에게 물리면 독이 퍼지지 않도록 즉시 상처 부위의 심장 쪽 혈관을 묶어서 차단하고 병원으로 달려가야 한다. 특히 지네는 좁은 구멍을 기어들기를 좋아하므로 낚시가방 등을 단단히 잠가야 집에까지 모시고 가는 일이 없어진다.

• **벌**(蜂) – 낚시터에는 땅벌도 있고, 말벌도 있다. 또한 꽃에서 꿀을 따는 착한 일벌도 있다. 그 중에서 꽃에서 꿀을 따는 착한 벌은 사람이 잡지만 않으면 쏘지 않는데, 말벌은 대책 없이 공격해 오는 경우가 많다. 또한 땅벌도 무심코 지나가는 사람에게 떼로 덤벼들어 무차별 공격을 할 경우가 있으니 조심해야 한다. 자기들 구역을 침범하여 위협을 당했다고 생각하는 때문이다.

따라서 메말라 보이는 토양의 무덤이 있는 부근이나, 썩은 고목나무 뿌리와 바위가 어우러져 있거나, 양지쪽의 키 작은 풀밭을 지날 때는 혹시 땅벌의 비행 소리가 나는지 유의해야 한다. 그리고 벌에 쏘이게 되면 보통은 그냥 참고 시간을 보내기만 하면 되는데, 체질에 따라서는 봉독에 의한 쇼크로 생명이 위험할 경우도 있으므로 조금이라도 그런 증세가 보이면 즉시 응급후송을 해 치료를 받아야 한다. 벌은 건드리지 않고 조심해서 피하는 것이 최선의 예방이다.

• **독나방 · 독충** – 버섯과 나방은 화려할수록 독성이 강하다고 한다. 이는 벌레들도 마찬가지다.

잎이 벌레에게 갉아 먹힌 나무 아래에서 낚시를 한 다음에는 대부분 가려움증에 시달리게 되는데, 그것은 그 나무에 서식하는 독나방과 독충 때문이다. 행여 나방이 뒷목에 스멀스멀 기어가는 느낌이 들면 툭 털어버리는데, 그러고 나면 여지없이 피부가 가렵게 되고, 긁으면 점점 피부 돌기가 생기면서 진물이 나고 온 몸에 가려움증세가 퍼져 나간다. 독나방의 독가루나 벌레의 털에 있는 독이 피부에 닿아 가려움증을 유발하는 때문이다.

이를 예방하려면 우선 주변을 잘 살펴보고 포인트를 정해야 하고, 만약 독나방이나 벌레가 몸에 붙으면 자극을 하지 말고 스스로 떠나게 기다리거나 조심스럽게 털어내야 한다. 만약 가려움 증세가 느껴지면 지체 없이 몸을 깨끗이 씻고 치료약을 바른 후에 옷을 갈아입어야 한다.

• **개미와 거머리** – 이놈들은 크게 독을 가지고 위험을 초래하거나 질병을 일으키진 않는다. 약간 발진 정도의 피해를 입을 수 있으나 일단은 귀찮고 징그럽다.

개미는 애써 마련해 간 음식을 버려놓기도 하고, 가방이나 옷에 숨어서 집에까지 따라와 번식하기도 한다. 또 운전 중에 사타구니를 따끔따끔 물어서 위험에 처하게 하기도 한다. 이러한 개미의 침입을 막으려면 당분이 있는 사탕가루나 음식 찌꺼기를 철저히 제거해야 하며, 특히 마시다 만 음료수를 한동안 방치했다가 다시 마시려면 주의해야 한다.

▼ 물가에서 흔히 만나는 거머리. 장화를 신지 않고 물속에 발을 들여 놓으면 자신도 모르게 공격을 당한다.

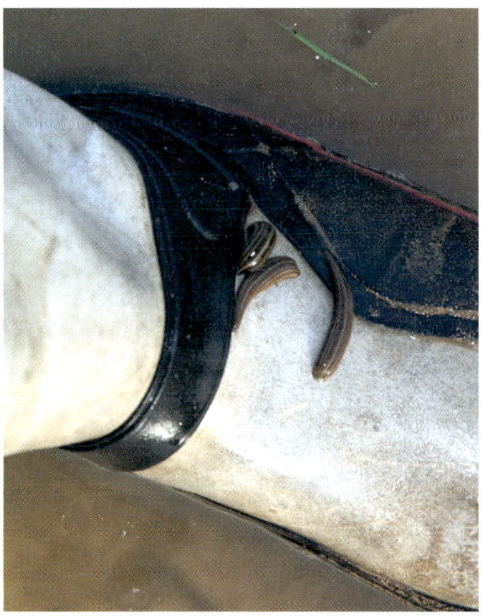

거머리는 물에 들어가지 않는 한 사람에게 덤비지를 않는다. 그러나 낚아 놓은 붕어의 피를 빨아먹어 금세 죽여 버리기도 하고, 간혹은 붕어 아가미나 살림망에 붙어 집에까지 들어와 사람을 놀라게 한다. 거머리가 붙는 것을 예방하려면 일단 물에 들어갈 때는 장화나 바지장화를 착용해야 하고, 만약 피부에 붙게 되면 흡혈하지 못하도록 붙는 즉시 떼어내야 한다. 또한 거머리가 많은 곳에서는 살림망도 천으로 된 망을 사용해야 거머리 피해를 막을 수가 있다.

■ 낚시 도중의 응급 상황과 처치

낚시뿐만 아니라 자연 속에서 즐기는 어떤 레저 활동도 응급 상황이 발생하거나 예상치 못한 질병에 노출될 수가 있다. 그럼에도 불구하고 우리는 어제도, 또 오늘도 별 탈이 없으니 그냥 무심코 대비 없이 야외활동을 한다.

• **필자의 경험** – 필자는 지금까지 낚시를 하는 동안 자신 또한 갑작스런 고

열로 고생을 한 경험뿐만 아니라 동행한 사람의 응급 상황 발생으로 야간 긴급 후송도 여러 차례 겪어 보았다. 심하게는 낚시TV 〈월척특급〉 방송 촬영 도중 동행한 사람이 낚시터에서 발병을 하여 그 방송이 나가기도 전인 일주일 만에 영원히 돌아오지 못할 길을 가버려, 임시 편집한 프로그램 테이프를 가져가 영전에 바친 슬픈 경험도 있다.

이렇듯이 낚시는 가정과 생활권을 떠나 거칠고 꾸며지지 않은 자연 속에서 즐기는 취미생활이므로 유사시에 대처할 수 있는 사전지식과 준비를 철저히 해야 하며, 아울러 예상치 않게 닥칠 수 있는 응급 상황과 거친 자연으로부터 발생할 수 있는 질병에 대해서도 사전 대비를 하여 건강하고 즐거운 낚시생활이 되도록 해야 한다.

• **동료끼리 상시 약 복용 여부를 알아두자** – 만약 동행 출조하는 동호인이 당뇨약이나 혈압약을 복용하는 사람이라면 출발 전에 필요한 약을 잘 휴대하였는지 일깨워주고, 식사 후에는 복용하였는지도 일깨워주는 것이 좋다. 물론 친한 사이가 아니라면 프라이버시 문제도 있어 어려운 일이겠으나 상대에게 불쾌감을 주지 않는 범위에서 확인은 해야 한다.

필자가 앞서 사례를 든 사고들도 대부분 당뇨 또는 고혈압 환자와 관련이 있는 사항이었고, 그런 일이 발생하기 전에는 투약 사실조차 알지 못한 사항이었다. 특히 여러 사람이 단체로 움직일 때는 사전 확인과 대비가 더욱 필요하다.

• **당뇨 환자의 증상과 응급 처치** – 당뇨병은 저혈당증이나 당뇨성 혼수 등의 증상으로 나타나는데, 저혈당증은 낚시에 심취하다가 식사를 거르거나 낚시 포인트 이동 및 준비 도중 과다한 운동을 했을 때 나타나며, 처음에는 허기 느낌과 발한, 현기증, 손떨림 증세가 있다가 심하면 혼수, 발작 증세가 나타나기도 한다. 이런 증세를 발견하면 즉시 설탕물이나 사탕 · 음료수 등을 투여하고 관찰하다가 그 후로도 몇 분 이내에 호전이 안 되면 응급후송을 해야 한다.

만약 당뇨성 혼수 증세가 와서 과호흡 상태에서 맥박이 약해지고 의식장애가 나타나면 즉시 응급후송을 해야 하며, 환자의 소지품을 확인하여 인슐린 주사를 휴대하고 있다면 최우선으로 처치를 해야 한다. 당뇨병 환자는 스스로 그 표식을 몸에 지니고 있기도 하므로 확인이 필요하다.

• **고혈압 환자의 증상과 응급 처치** – 고혈압 환자의 증상은 급격한 혈압 상승, 뇌졸중, 심근경색 등의 합병증을 수반한다. 만약 동행한 사람이 두통과 현기증을 호소하다가 말이 느려지고 안면 경련이 발생하는 모습을 보인다면 고혈압에 의한 발병이라는 것을 의심해야 하며, 환자를 평평한 곳에 눕게 해 안정을 취하게 하고, 그래도 더 심하여 실신 상태가 되면 즉시 사혈 조치(바늘 등으로 정맥의 피를 뺌)를 하고, 호흡과 맥박을 확인한 후 인공호흡과 흉부 압박 처치를 해야 한다.

이런 경우 본인이 응급후송을 하려고 당황스럽게 시간을 낭비하는 것보다는 119로 응급 연락을 하는 편이 더 안전한데, 119는 가장 빨리 도착할 뿐만 아니라 이동 간에 응급처치를 할 장비와 기술이 있기 때문이다.

• **일사병 환자의 증상과 응급 처치** – 일사병은 강한 햇볕에 장시간 노출되었을 때 발병한다. 피부가 차가워지면서 창백해지고, 땀을 흘리면서 현기증 · 두통 · 근육경련의 증세를 보이는 병이다. 이때는 발견 즉시 선선한 곳으로 옮겨서 편히 눕히고, 소량의 물을 나누어 먹이면서 온몸 마사지를 하여 기운을 차리게 하면 되는데, 만약 계속 답답해하거나 경련을 일으키면 즉시 허리띠와 단추를 풀고 양말을 벗기는 등 최대한 편하게 보호하고, 과도한 경련을 지탱할 수 있도록 팔과 다리를 잡아주어야 한다. 심한 경우는 곧바로 응급후송을 하여야 한다.

• **열사병 환자의 증상과 응급 처치** – 열사병은 고온상태에서 체온의 발산이 곤란할 때 발병하는데, 몸이 나른하고 현기증과 두통이 생기는 증세로 나타난다. 땀을 흘리지 않고 갑자기 쓰러지는 특징이 있다. 이때는 체온이 39~40℃까지 상승하며, 적절한 처치를 하지 못하면 치사율이 30~40%에 이르는 위험한 병이다.

만약 열사병 증세가 발견되면 즉시 시원한 곳으로 옮겨서 옷을 벗기고, 물수건을 덮어서 체온을 낮춰주어야 한다. 지속적으로 물을 뿌리면서 부채질을 해 주는 것도 좋은 방법이다. 이럴 때 간혹 목구멍으로 물을 떠 넣어주는 경우가 있는데, 의식이 없으면 절대로 물을 먹여서는 안 된다.

• **급체와 응급 처치** – 급체(急滯)는 음식을 먹고 난 후에 갑자기 손발에 힘이 빠지면서 속이 답답하고 맥이 풀리는 증세로 나타나는데, 심한 경우는 찬물을 급히 마시고 급체 증상을 일으키기도 한다.

급체 시에는 경우에 따라 온 몸의 힘만 빠지기도 하지만 대부분은 극심한 복통을 수반하는데, 어느 경우이든 음식을 취하고 나서 이런 증세가 나타나게 되면 곧바로 편안한 자세를 취하게 하고, 팔을 주물러 혈액순환을 원활히 한 뒤 엄지손가락의 손톱 위 부분을 바늘로 따서 피를 빼내고 안정을 취하게 하면 속이 편안해진다. 이때 급히 손을 딸 마땅한 침이 없다면 낚싯바늘을 라이터로 가열 소독한 후에 이용해도 된다.

■ 낚시터에서 감염될 수 있는 질병과 조치

• **배탈 설사** – 하절기에는 조금만 방심하여도 음식이 변하여 배탈을 유발하게 되고, 찬 음료수를 과도하게 마시고도 배탈이 나며, 특히 타지방의 물을 마시고나서 배탈이 나는 경우가 많다. 필자는 그래서 1년 내내 낚시가방의 상비약주머니에 정로환을 넣어 다닌다. 초기 증세 느낌이 있을 때 5알 정도만 먹고 나면 간단히 처치가 되기 때문이다. 이것은 몇 년 전 중국에 낚시여행을 가서도 아주 유용하게 써 먹었던 상비약이다.

• **말라리아** – 말라리아는 모기를 매개로 하여 감염되는 질병으로 5~9월 어간에 주로 발병하며, 감기와 유사한 증상으로 고열과 오한, 식은땀, 무기

◀ '웽~웽!' 호시탐탐 콧잔등을 노리는 모기. 잠든 낚시인은 사태의 심각성을 모른다.

력증 등의 증세를 수반한다. 예방책으로는 모기를 피하는 것이 최선이며, 낚시 후에 독감 유사 증세를 보이면 지체 없이 병원 치료를 받는 것이 안전하다.

• **유행성출혈열** – 야외활동을 하는 모든 사람이 주의해야할 질병으로 등줄쥐의 배설물에 의해 감염이 되는 질병이다. 감염이 되더라도 2주 정도의 잠복기를 거쳐서 고열, 무기력감 등의 증상이 나타나므로 무관심하기 쉬운데, 자칫하면 사망에까지 이르는 무서운 질병이다. 이를 예방하기 위해서는 풀밭에 함부로 앉거나 눕지 말아야 하며, 들쥐가 있는 포인트에서 낚시를 한다면 특히 피부 노출과 장비 관리에 주의해야 한다.

• **비브리오 패혈증** – 어패류에 의해서 감염되는 질병으로 해수온도가 18~20℃ 되는 여름철에 어패류를 생식하거나 피부 상처가 병원균에 노출되어 균의 침투로 감염되는 질병이다. 음식물을 먹어서 내과적으로 유입 시에는 급작 · 발열 · 오한 · 구토 · 설사 등의 증세를 보이며, 상처로 유입 시에는 부종과 홍반의 증세를 보이게 되는데, 매년 언론에 보도될 정도로 잦은 하절기 질병이다. 예방법으로는 모든 어패류는 끓여서 먹고, 상처가 있을 때는 함부로 갯물과 개펄에 접촉하는 것을 피하는 것이 좋다.

• **풀독** – 이슬이 있거나 비가 와서 젖은 풀에 피부 접촉이 있고나서 발병하는 피부질환으로 특히 풀에 스쳐서 생긴 작은 상처가 심한 풀독을 일으키는 병이다. 처음에는 피부에 좁쌀 같은 붉은 돌기가 생기면서 아주 가렵고, 시간이 지나면 진물이 나면서 부어오르기도 한다. 이를 예방하기 위해서는 피부가 젖은 풀과 접촉하지 않도록 유의해야 하고, 긴 팔 옷을 착용하되 젖은 풀밭을 지날 때는 꼭 장화나 우의를 착용하는 것이 좋다. 그리고 가렵더라도 긁지 말고 곧바로 치료약을 발라주면 쉽게 가라앉는다.

■ 낚시로 인한 신체 질환과 예방

• **요통**(腰痛) – 비교적 자주 낚시를 다니는 사람에게 흔히 발병하는 것인데, 장시간 같은 자세로 앉아 있어 허리에 무리를 주는 때문이다. 처음에는 서서히 진행되다가 그것을 무시하고 하루하루 시간을 지내다 보면 어느 날 갑자기 허리를 쓸 수 없는 지경까지 가게 된다. 따라서 허리에 무지근한 감이 오거나 약간의 통증이 오면 곧바로 허리뼈를 감싸고 있는 근육을 풀어

주는 운동을 하고, 이 증세가 지속되면 적절한 병원 치료를 받는 것이 좋다.

이를 예방하기 위해서는 항상 강조하는 '바른 자세 유지'와 주기적인 맨손운동 등으로 몸, 특히 허리 부분을 유연하게 해 주는 것이 좋다.

• **낚시 엘보** – 낚시 엘보는 팔꿈치에 무리가 가서 통증을 유발하는 질환으로 생소하게 들릴지 모르겠으나 낚시인에게는 의외로 많은 병이다. 특히 긴 대를 여러 대 펼쳐 팔에 무리를 주는 사람에게 발병되는데, 대개의 경우 한 번 걸리면 6개월은 족히 고생하게 되고 재발 가능성도 많은 병이다.

이러한 엘보 현상을 예방하려면 사전 몸 풀기를 하여 팔 근육과 뼈 관절에 유연성을 갖추는 것은 물론, 4.0칸(7m)대 이상을 사용할 때는 꼭 두 손을 사용하는 것을 습관화 하는 것이 좋으며, 급작스런 챔질 시 팔목과 팔꿈치 관절에 충격을 가하는 행위를 조심해야 한다.

◀ 낚시를 하는 도중에도 적절히 휴식을 취하는 지혜가 필요하다. 입질 없는 시간, 한줄 마음의 양식을 쌓는 것은 어떨까?

지나침은 미치지 못함과 같다 過猶不及

■ 낚시는 국민레저다

낚시는 남녀노소, 빈부귀천 없이 모든 국민이 가장 쉽게 접할 수 있고, 어느 정도의 거동만 가능하다면 요양 중인 환자도 물가에 나와 바람을 쏘이면서 자연과 가장 가까이 접할 수 있는 국민레저다.

이런 점에서 낚시는 여타의 레저스포츠와 차이가 있으며, 보이지 않는 물속의 불확실성과 물고기를 매개로 하여 혼자서 조용히 즐기는 명상레저다. 따라서 낚시는 대자연의 조화에 겸허해야 하고, 주변인들에게 겸손해야 하며, 낚시터에 맞는 분위기와 예절을 지켜야 한다.

대개 낚시터에서 보면 초보자는 몰라서 못하고, 중급자는 알고도 안하무인인 데 반해 사부 수준의 고급자가 되면 몸에 배인 예의범절을 갖추게 된다. 그러나 예의범절은 초보 시절부터 익혀야 한다. 그래서 그것이 습관화되어 낚시인으로서의 고매한 인격을 형성해야 한다. 이에 필자는 우리가 낚시터에서 지켜야할 예절 사항을 '낚시터에 도착해서부터 철수 때까지'를 30가지로 정리해 제시한다.

▼ 낚시대회 현상 모습. 낚시인들이 많이 몰릴 때는 서로가 예의를 갖추는 여유가 필요하다.

■ 낚시터 예절 30훈(訓)

① 낚시터 도착 시 소란스러운 행동은 삼가야 한다

큰 소리로 사람을 부르거나 여러 사람이 우르르 몰려다니는 행위는 시종잡배들의 행동처럼 보인다. 특히 자동차를 포인트 가까이까지 운행하는 것은 금해야 할 사항이다.

② 늦게 도착해 중간에 끼어드는 행위는 결례다

공간이 있을 때는 사전에 양해를 구하되, 이때에도 상대는 불쾌하면서도 할 수 없이 대답을 해야 하는 경우가 있으므로 신중해야 한다.

③ 타인의 살림망을 함부로 들어보지 말자

낚시터에 도착해 눈에 보이는 살림망 속은 누구나 궁금하다. 그러나 함부로 들어보아서는 안 되며, 꼭 필요하다면 주인의 허락을 득하고, 보고 나서는 잘 정리해 준다.

④ 먼저 온 사람보다 긴 대를 펴는 것은 예의가 아니다

먼저 낚시를 하고 있는 사람 옆에서 낚시 준비를 하게 된다면 옆 사람보다 긴 대를 펴지 말아야 한다. 옆 사람이 불쾌할 것이니 상호 어울리게 대 편성을 하는 것이 예의다.

⑤ 좁은 공간에서 다대 편성은 삼가야 한다

옆 사람과 찌가 서로 보이는 공간이라면 옆 사람의 시선에 불편함을 주지 않도록 낚싯대를 펼쳐야 한다. 옆 사람 찌에 겹쳐 보일 정도로 편성하는 것은 큰 실례다. 낚시 자리를 옮기거나 낚싯대 숫자를 줄여야 한다.

⑥ 다른 사람이나 수면에 손전등을 함부로 비추지 말자

밤낚시에서의 불빛은 붕어나 사람이나 다 싫어한다. 특히 정숙한 밤낚시를 즐기는 사람은 멀리에서 보이는 작은 불빛마저도 싫어한다. 그러니 낚시터에서 손전등을 이리저리 비추고 다니는 것은 결례다.

⑦ 대 낚시를 하는 옆에서는 릴대를 펴지 말아야 한다

옆 사람뿐만 아니라 좁은 공간이라면 마주보고 릴을 던져선 안 된다. 만약 그리하면 대 낚시인은 낚시를 포기할 수밖에 없다. 한편으로 대 낚시인은 이미 릴낚시를 하고 있는 근처는 피해서 자리를 잡는 것이 좋다.

⑧ 대 낚시인과 마주보고 하는 보트낚시는 금해야 한다

보트가 들고 날 때를 비롯해 대 낚시인과의 접촉은 피해야 한다. 특히 마주보고 찌를 세우는 행위는 절대로 하지 말아야 한다. 연안에서 접근하지 못하는 곳이 보트낚시 포인트이다. 반면에 대 낚시인은 이미 보트가 연안을 향하여 찌를 세우고 있다면 피해주는 것이 좋다.

⑨ 낚시 도중의 저속한 대화는 주변 낚시인에게 거슬린다

큰 소리로 대화를 하며 웃고 즐기는 본인들은 유쾌할지 모르지만 그 주변에 있는 모든 사람들은 괴롭다. 물속에서 그 소리를 듣는 대물 붕어도 아마 지겨울 것이다.

⑩ 과도한 밑밥 투여 행위는 불쾌감을 준다

수질 문제뿐만 아니라 옆 자리 낚시인은 낚시를 그만두고 싶어진다.

⑪ 낚시 도중 자주 돌아다니는 행위를 삼가야 한다

대물낚시를 하면서 집중하지 않고는 좋은 조과를 기대할 수 없다. 또한 주변을 자주 오락가락하면 옆 사람에게도 불쾌감을 준다.

⑫ 늦게 도착해 수초 제거하는 것은 삼가야 한다

늦게 도착해 옆 자리에서 수선스럽게 낚시 준비를 하는 것도 유쾌한 일이 아닌데, 더구나 수초 제거를 한답시고 소란을 피우면 옆 사람은 도망가고 싶어진다. 수초 제거는 해 있을 때 하고, 그보다 늦었으면 첨벙대면서 하지 말고 부담 없이 할 수 있는 공간으로 자리를 변동해야 한다.

⑬ 나무나 논둑 등 자연을 훼손하지 말아야 한다

매년 논둑 보강을 하는 농민 입장에서는 너무도 괴로운 일이다. 이러한 행위는 결국 '낚시인 출입 금지' 경고판을 설치하게 만드는 원인이 된다. 양심 있는 낚시를 해야 하는 것이다.

⑭ 함부로 남을 가르치려 드는 것은 결례다

묻지 않으면 간섭하지 말고 물으면 정중하게 의견을 얘기하라. 그러나 이 경우에도 큰 소리로 장황하게 설명하려 드는 것은 삼가야 할 일이다.

⑮ 물고기를 걸어 소란을 피우는 것은 불쾌감을 준다

물고기를 걸었을 때 고수는 차분하고 조용하게 유도한다. 그리고 동료가 걸어낼 때는 조용히 축하를 보낸다. 어느 경우든 큰 소리로 떠들면 결례다.

⑯ 장난삼아 돌 던지는 행위는 절대 삼가야 한다

특히 입질이 없는 낚시터에서 종종 볼 수 있는 모습인데, 한 사람의 장난이 열 사람을 불쾌하게 만든다.

⑰ 모닥불을 피우는 것은 너와 나의 낚시를 망친다

모닥불을 피울 정도로 춥다면 차라리 자동차 안으로 들어가는 것이 좋다. 모닥불을 피우는 것은 자연훼손, 사고위험 그리고 모든 사람의 낚시 분위기를 그르친다.

⑱ 과도한 음주 및 고성방가는 절대 금지 사항이다

술은 적당히 즐겁게 나누되 긴 시간이나 고성방가는 절대 금물이다.

⑲ 함부로 옷을 벗는 것은 혐오감을 준다

낚시복은 낚시인의 유니폼이다. 더구나 근래 낚시터에는 가족단위 출조가 많아졌다. 따라서 웃옷을 함부로 다 벗는 것은 금해야 한다.

⑳ 용변을 함부로 보아서는 안 된다

밟고, 냄새 나고, 파리 끓고, 농민이 화를 내는 원인이 된다. 불가피할 때는 멀리 인적이 닿지 않는 곳으로 가서 일을 보고 파묻는다.

㉑ 포인트 근처에서 차 시동을 걸고 자는 것은 삼가야 한다

누구나 낚시 자리 바로 뒤편에 주차를 하고 싶어 한다. 그러나 시동을 걸고 잠을 자려면 그 자리를 벗어나서 해야 한다. 시동에 의한 소음과 진동뿐만 아니라 차 문을 여닫는 소리의 충격은 대포 소리와 같은 것이다.

㉒ 낚시 외적인 방법으로 물고기를 잡는 일은 삼가야 한다.

물고기를 많이 잡으려고 욕심을 내는 것은 낚시의 도가 아니다. 낚시인은 정도 낚시 행위로만 물고기를 낚아야 한다.

㉓ 밤낚시 도중 불을 자주 밝히는 행위를 자제해야 한다

밤낚시를 할 때는 불을 한 번도 안 켜겠다는 각오로 낚시에 임하는 것이 좋다. 서툴러서 잠시 모자의 불이라도 켠다면 불빛을 가리고 사용하거나 상대편으로 불빛이 향하지 않도록 조심해야 한다.

㉔ 농작물에 피해를 주어서는 안 된다

농작물이 있는 가까이에는 아예 포인트를 잡지 않는 것이 좋다. 아무리 조심한다 해도 스쳐가는 것만으로도 피해를 야기할 수 있기 때문이다. 농민들은 우리가 붕어를 아끼는 것보다 훨씬 더 농작물을 아끼고 보살핀다. 우리는 취미지만 농민은 생존이다.

㉕ 주차 질서를 지켜야 한다

대부분의 낚시터 인근 도로는 협소하므로 농기계 소통뿐만 아니라 다른 차량이 오갈 때마다 불편을 겪는다. 차량 소통이 원활하도록 주차를 해야 하고, 주차된 차를 막아서 주차하는 것은 절대 피해야 한다.

㉖ 낚시에 걸려든 잡어를 함부로 버려선 안 된다

우리에게는 하찮은 잡어일지라도 생태계를 유지하는 귀한 생명이라는 사실을 명심하자.

㉗ 오물 투기는 불법이다

쓰레기는 100% 가지고 돌아오자. 낚시터는 우리가 아껴야 할 우리와 우리 후손의 놀이터다.

㉘ 장기간 자리 독점은 삼가 하자

좋은 자리를 독점하는 것은 욕심으로 낚시의 도기 모자란 소치다. 아무리 대물 붕어가 매일 나오는 자리라 하더라도 하루 낚시를 즐겼으면 비켜주는 것이 모두에게 기회 공평한 예절이다. 특히 시설물을 설치해 자리를 독점하는 것은 그 자체가 불법일 뿐만 아니라 불량배처럼 보인다.

㉙ 낚시터에서 과도한 애정행각은 볼 성 사납다

본인들은 사랑일지 몰라도 옆에서 보면 꼴불견이다. 낚시터에서 보는 아름다운 사랑은 가까이 앉아서 찌를 바라보며 열심히 낚시를 하는 중에 들릴 듯 말 듯 사랑의 대화를 나누는 모습이다.

㉚ 접근하지 말라는 낚시터는 피하는 것이 좋다

낚시터에서 좋은 소리 못 들으면 하루 종일 기분을 망친다. 그러므로 낚시를 펴기 전에 미리 알아보고 준비를 해야 하며, 문제가 없다고 생각했는데도 중간에 말썽이 생기면 즉시 마음 편한 곳으로 옮겨서 즐기는 것이 좋다. 지역민들이 낚시를 못하게 하는 데는 인허가 문제를 떠나 그만한 이유를 우리가 제공해 왔기 때문이라고 생각하는 것이 마음 편하다.

24 핵심! 대물낚시 100대 전략

대물낚시 전략 12장 100훈

01장 | 대물 붕어에 대한 이해 10훈

001. 대물은 유전적으로 타고나므로 있는 곳에 또 있다.
002. 서식환경이 좋은 곳에 대물이 많다.
003. 대물은 떼로 다니지 않고 독립행동을 한다.
004. 가장 안정되고 편한 곳이 대물이 차지하는 구역이다.
005. 작은 먹잇감은 잔챙이 차지, 큰 놈이 대물 차지다.

006. 대물은 움직이는 시간대가 따로 있다.
007. 대물은 지근 거리까지 사냥을 나온다.
008. 대물은 경계심이 강하다.
009. 대물은 1m 전후한 수초지대를 좋아한다.
010. 대물은 움직임이 차분하고 여유가 있다.

02장 | 대물낚시 채비 전략 10훈

011. 대물 채비는 튼튼하게 준비하라.
012. 낚싯대는 경질대를 사용하라.
013. 낚싯대는 1.0칸~5.0칸까지 다양하게 준비하라.
014. 원줄은 최소한 4호 줄을 사용하라.
015. 원줄은 짧게 사용하라.
016. 목줄은 최소한 케블라 3합사를 사용하라.
017. 바늘은 13호 이상 큰 바늘을 사용하라.
018. 수초직공 채비를 항상 휴대하라.
019. 덧바늘 채비를 활용할 준비를 항시 하라.
020. 전내림낚시 채비를 활용하라.

03장 | 찌 선택과 찌맞춤 5훈

021. 고부력 찌를 선택하라.
022. 30cm 전후의 짧은 찌를 선택하라.
023. 튼튼한 재료의 찌를 선택하라.
024. 표준 또는 무거운 찌맞춤을 하라.
025. 고리찌나 관통찌를 준비하라.

04장 | 대물 낚시터 선정 10훈

026. 전에 잘 나왔던 장소를 또 가라.
027. 지령이 오래된 곳을 택하라.
028. 해안가로 떠나라.
029. 숨은 소류지를 찾아라.

041. 1m 전후의 얕은 수심대를 공략하라.
042. 수초를 두려워하지 마라.
043. 가스 현상이 있는 수초대는 피하라.
044. 물때가 많이 낀 곳은 피하라.
045. 청태가 있는 곳은 피하라.
046. 물색이 맑으면 멀리 공략하라.
047. 급경사는 가까이, 완경사는 멀리 공략하라.
048. 수중 둔덕을 찾아라.
049. 갈수위 땐 제방 쪽, 만수위 땐 상류로 향하라.
050. 멀리서부터 접근하면서 분석하라.

06장 | 낚시 자리 준비 10훈

051. 편하게 운용할 수 있는 대 편성을 하라.
052. 견고하게 준비하라.
053. 옆 사람과 기까이 편성하지 마라.
054. 맞은편 불빛을 미리 예측하고 찌 방향을 결정하라.
055. 급격한 수위변동을 미리 고려하라.
056. 식사 장소로부터 멀리 떨어져라.
057. 자동차 소음으로부터 떨어져라.
058. 수초는 최소한만 건드려라.
059. 찌 시야를 확보하라.
060. 움직임을 최소화 할 수 있도록 미리 대비하라.

07장 | 낚싯대 편성 전략 5훈

061. 수심이 얕을수록 긴 대를 운용하라.
062. 수초 형성에 맞춰 낚싯대 길이를 정하라.
063. 물, 바람이 오는 쪽에 짧은 대를 펴라.
064. 과도하게 많이 펴지 마라.
065. 가장자리 공략을 고려하라.

08장 | 채비 투척 및 찌 세우기 5훈

066. 용감하게 투척하라.
067. 맞은편 수초 선에 찌를 세워라.
068. 원줄사각 정도의 사소한 것을 걱정하지 말라.
069. 봉돌이 함몰된다고 근심하지 말라.
070. 목줄이 꼬인다고 다시 꺼내어 확인하지 말라.

09장 | 찌놀음과 챔질 전략 10훈

071. 찌 끝을 잘 읽어라.
072. 섣부르게 챔질하지 말라.
073. 대물의 찌놀림은 무겁다는 사실을 명심하라.
074. 대물이라고 꼭 찌를 높이 올리는 것은 아니다.
075. 잔입질과 헛입질은 그냥 두고 기다려라.
076. 봉돌이 커도 대물은 잘 올리니 의심하지 말라.
077. 큰 미끼일수록 더 기다렸다가 챔질 하라.
078. 손목챔질을 익혀 순간챔질을 하라.
079. 헛챔질을 두려워하지 말라.
080. 챔질은 짧고 강하게 하라.

10장 | 제압과 유도 전략 10훈

081. 챔질과 동시에 낚싯대를 세워라.
082. 원줄을 느슨하게 주지 말라.
083. 강제집행을 하여 단숨에 수초 위로 띄워라.
084. 수면에 띄워서 공기를 먹여라.
085. 차고나가는 대물의 머리를 돌려 세워라.
086. 수초 위로 미끄럼을 태워 가볍게 끌어내라.
087. 낚싯대를 뒤로 과도하게 젖히지 말라.
088. 손으로 힘주어 줄을 잡지 말라.
089. 손바닥에 올려서 조심스레 들어내라.
090. 스스로 항복하고 나오게 하라.

11장 | 미끼 운용 전략 5훈

091. 미끼를 크게 써라.
092. 미끼를 훼손시키지 말고 기다려라.
093. 낚시터 현장에 맞는 미끼를 선택하라.
094. 계절에 맞는 미끼를 운용하라.
095. 미끼를 자주 바꾸지 말고 믿고 기다려라.

12장 | 시기별 대물낚시 전략 5훈

096. 산란 전후 시기를 잘 판단하고 집중하라.
097. 장마기 오름수위 찬스를 놓치지 말라.
098. 늦가을 마름이 삭아 밀린 장소를 공략하라.
099. 겨울철 삭아 누운 수초대의 작은 구멍을 공략하라.
100. 모든 것의 최우선은 안전임을 명심하라.

낚시 첫걸음 시리즈 – 입문 · 초 · 중급자용

1 송귀섭의 붕어낚시 첫걸음

FTV 〈월척특급〉을 통해 잘 알려진 평산 송귀섭 선생이 그의 일생에 걸친 낚시 노하우를 알기쉽게 풀어낸 '전통 붕어낚시 교과서'

송귀섭 | 올컬러 248쪽 | 13,000원

2 붕어 전층낚시 첫걸음

일본 떡붕어낚시 명인(名人) 고야마 게이조씨가 특별 집필한 붕어 전층낚시 바이블. 부록으로 '한국의 名떡붕어낚시터 200선' 수록.

고야마 게이조 | 올컬러 204쪽 | 13,000원

3 루어낚시 첫걸음 – 바다편

볼락 · 우럭 · 광어 · 오징어 등, 맛있는 바닷고기를 간편한 루어 하나로 손쉽게 낚아 먹는 재미와 비결을 담은 바다 루어낚시의 입문서.

조홍식 | 올컬러 244쪽 | 13,000원

4 루어낚시 첫걸음 – 민물편

쏘가리 · 배스 등 루어로 낚이는 모든 담수어종의 장비 · 기법을 망라. 실전을 방불케 하는 해설, 방대한 사진과 그림 중심의 루어낚시 입문서.

조홍식 | 올컬러 444쪽 | 18,000원

5 은어낚시 첫걸음

은어의 독특한 습성을 이용, 은어로 은어를 낚는 '놀림낚시'의 원리와 기법을 초심자의 눈높이에 맞춰 가장 쉽게 해설한 책.

히라이 칸지 | 올컬러 268쪽 | 15,000원

6 바다낚시 첫걸음(上)

입문자와 경험자를 위한 바다낚시 2종 세트. 우리나라 바다낚시 대상어 50여 종의 생태 및 습성, 멋지게 낚아 맛있게 먹는 법까지를 상 · 하 두 권의 책에 담았다.

예조원 편집부 / 올컬러 360쪽 / 17,000원

7 바다낚시 첫걸음(下)

상 · 하 각권 기초편과 실전편으로 구성된 이 책은 바다낚시 전반을 이해할 수 있는 다양한 기초 상식과 어종별 실전 기법을 사례별로 소개해 누구나 적시적소에 활용할 수 있게 하였다.

예조원 편집부 / 올컬러 352쪽 / 17,000원

실전! 시리즈 – 초 · 중 · 고급자용

1 실전! 붕어낚시

품절

2 실전! 붕어 대물낚시

품절

3 실전! 붕어 전층낚시

표층낚시 · 상층낚시 · 중층낚시 · 심층낚시 · 슬로프낚시 및 바닥낚시 · 세트낚시 등 분야별로 콕콕 찍어주는 '전층낚시' 실전 안내서.

이동윤 | 320쪽 | 13,000원

4 실전! 월척 쉽게 낚는 책

'초고속 월척 사냥술'로 불리는 〈서찬수의 갓낚시〉를 체계화한 이론서, 새우 미끼로 떡밥보다 더 많은 마릿수를 올리는 비결은?

허만갑 | 312쪽 | 13,000원

5 실전! 에깅 & 지깅

'세상에서 가장 맛있고 짜릿한 낚시'라는 부제가 달린 이 책은 '에깅낚시'와 '지깅낚시'의 이론과 실제를 동시에 터득하게 해준다.

낚시춘추 편집부 | 올컬러 316쪽 | 15,000원

Steady seller

한국의 名방파제 100+100선

국내 최초의 항공사진 및 초정밀 포인트 지도로 분석한 입체형 가이드 북. 名방파제 200선과 전국 1,000여개 방파제 색인 수록!

낚시춘추 편집부 | 올컬러 336쪽 | 15,000원

우리바다 어류도감

국내 최초! 육상 및 수중에서 촬영한 우리 바다 어류 334종 자연 모습 그대로! 낚시인과 낚시점, 수산업 관계자들의 필독 애장서.

명정구 외 | 올컬러 288쪽 | 30,000원

송귀섭의 붕어 대물낚시

취대비취소(取大非取小)! 30.3cm 월척을 넘어 4짜, 5짜를 위한 특급 프로젝트. FTV 월척 전도사 송귀섭 씨가 밝히는 대물 붕어 공략의 준비에서 완성까지.

송귀섭 / 올컬러 400쪽 / 17,000원